石城遺宝　訳注

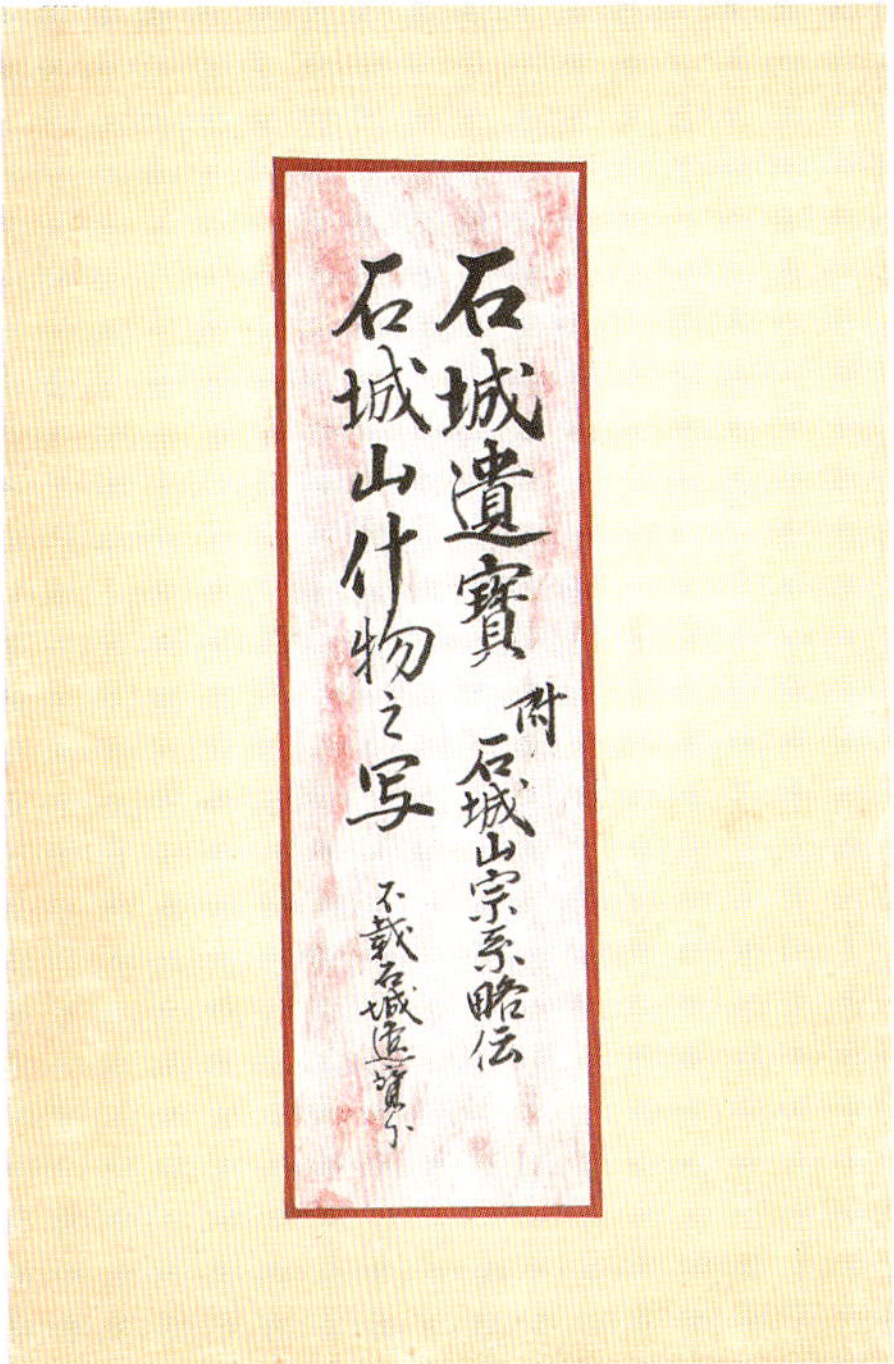

月堂宗規坐像（妙楽寺）

檜材　寄木造　玉眼　彩色　総高104.0㎝

室町時代　十五世紀

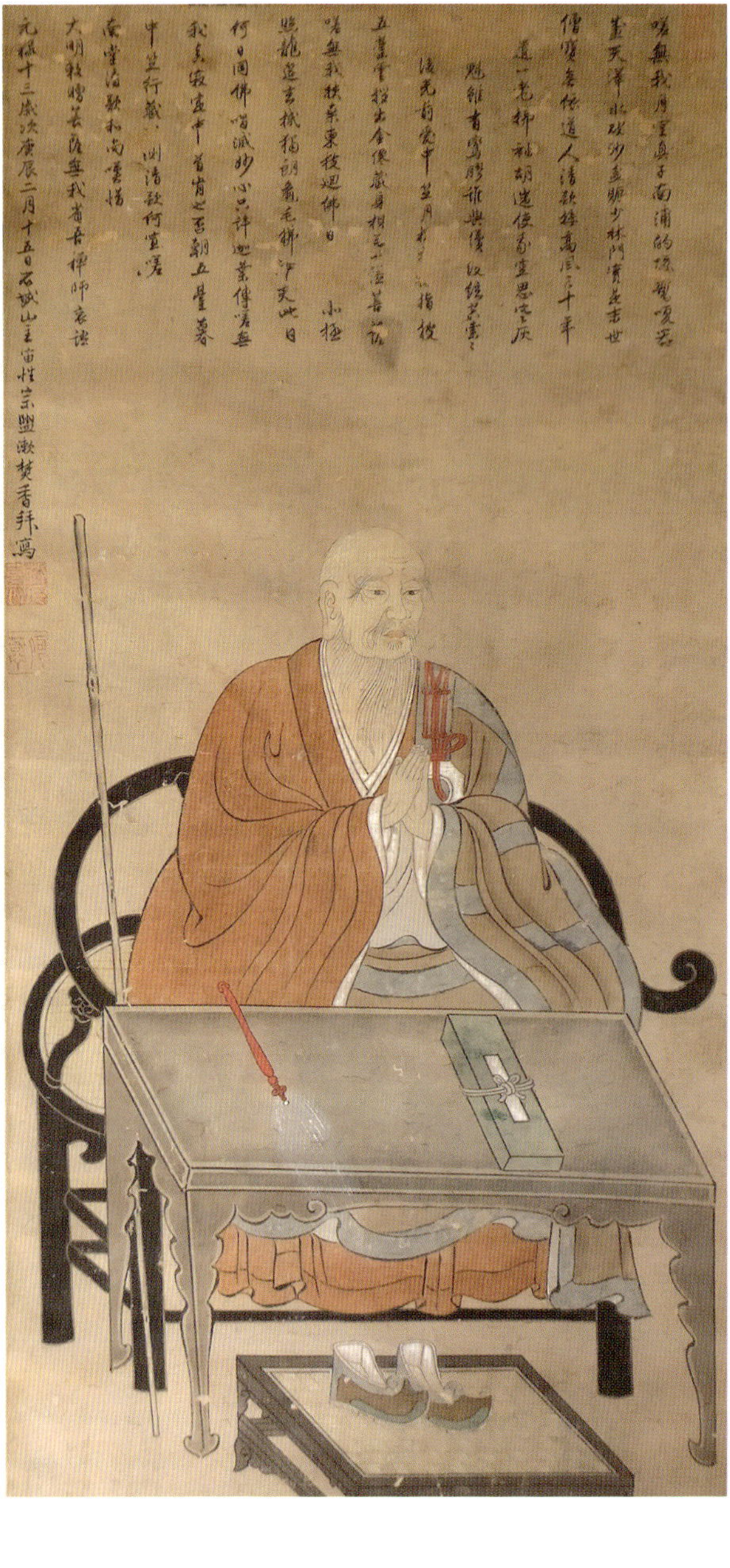

性宗紹宙筆（賛）「無我省吾頂相」（糸島市 善応寺）
紙本着色　縦一〇二・五㎝　横四八㎝　元禄十三年（一七〇〇）筆
＊南堂清欲の賛文を写したもの。原文は〔79〕に見える。

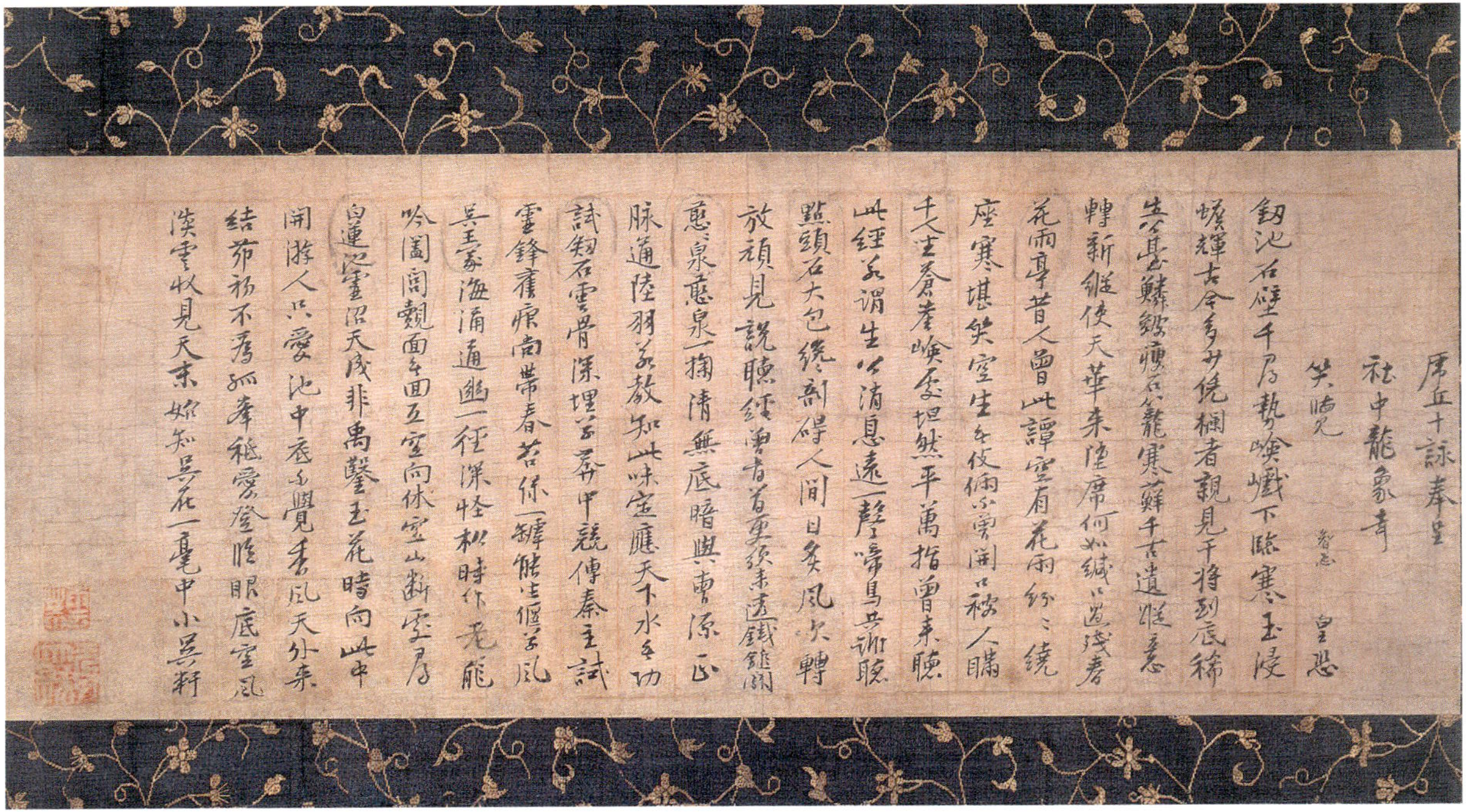

虚堂智愚「虎丘十詠」（ＭＯＡ美術館）

紙本墨書　縦25.1cm　横63.5cm　南宋時代

＊訳注〔１〕～〔10〕

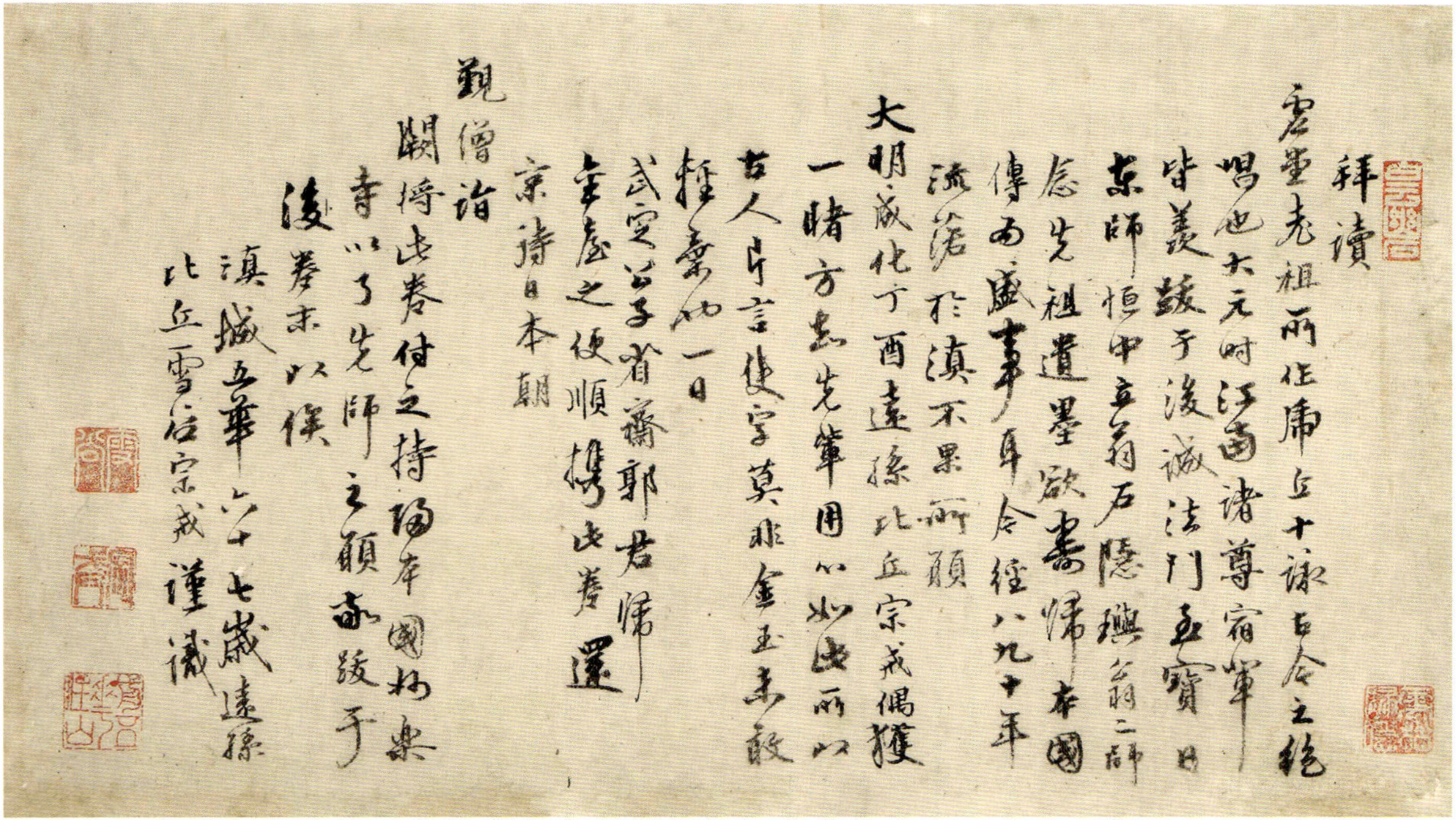

雪谷宗戒「虎丘十詠跋」（福岡市博物館）

紙本墨書　縦29.5cm　横44.0cm　成化十三年（1477）

＊訳注〔23〕

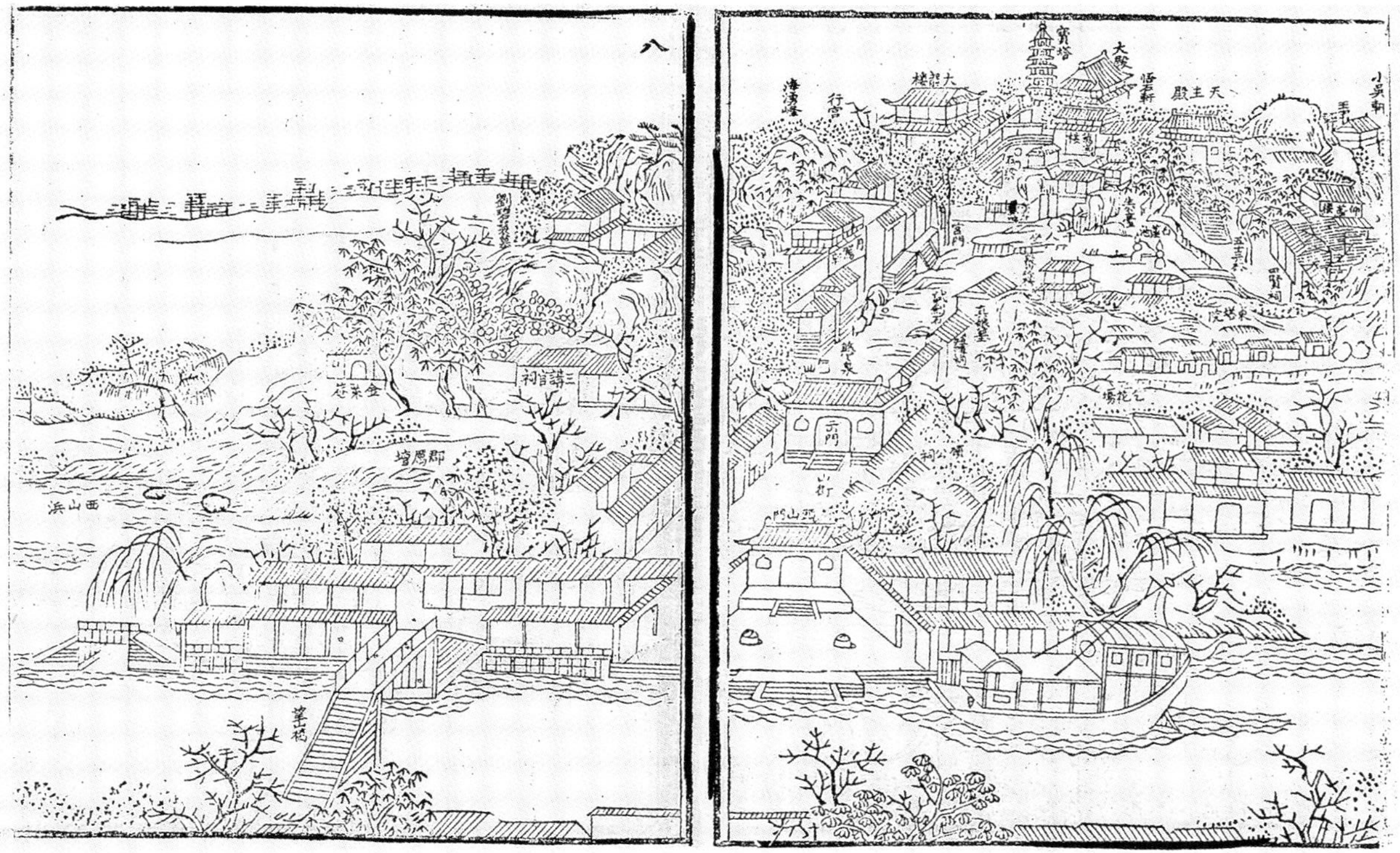

顧詒禄撰『虎邱山志』二十四巻（乾隆三十二年〈1767〉序刊本）

巻頭附録「虎丘山全図」虎丘十境部分（七丁裏・八丁表）

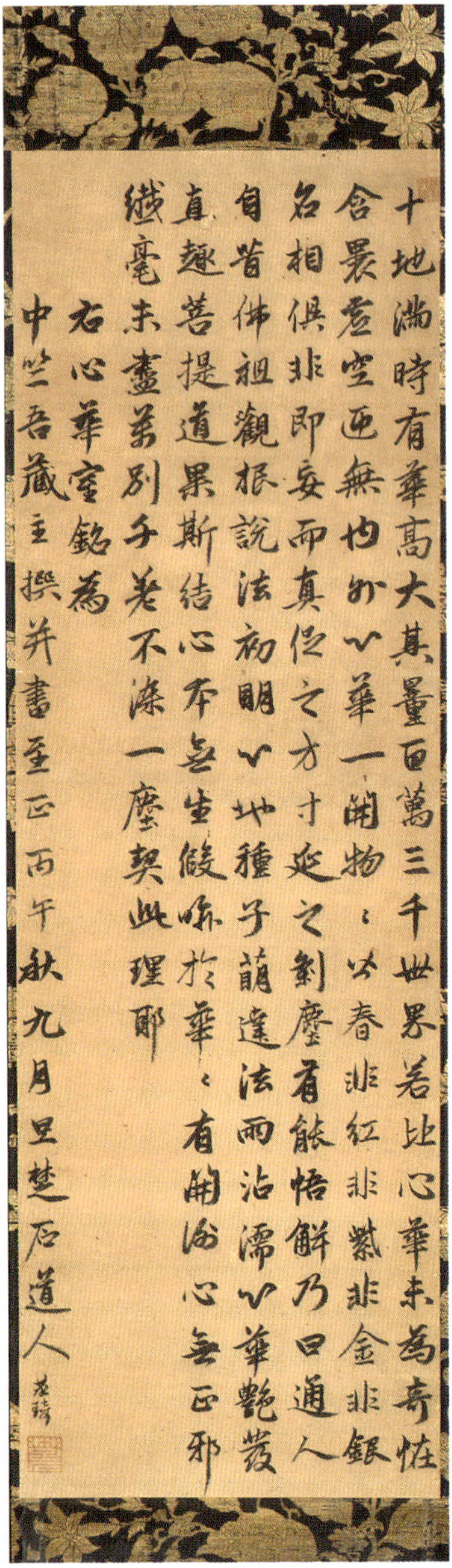

楚石梵琦「無我省吾心華室銘」　重要文化財（永青文庫）
紙本墨書　縦一〇四・二cm　横三三・三cm　至正二十六年（一三六六）
＊訳注〔61〕

序文

本年は、当山が開創されて七百年に当たる。その記念として今回、『石城遺宝』の訳注本を出版することにした。

『石城遺宝』は従来、入手閲覧が困難であったが、昭和六十年五月、先住職省吾和尚の一周忌を記念し、小衲の手で編纂した「前住籍」と「系譜」を附した復刻版を作成し、五十部限定で出版した。そして、その一冊を手に入れた廣渡正利氏が、注釈をつけ、平成三年に文献出版社から活字本として上梓された。

ただ、廣渡氏の注釈書は、郷土史家としての立場から、歴史的事実については、それなりに良く調べられたものであったが、いかんせん禅宗独自の文章については専門外であり、口語訳も附されておらず、本文の書き下し文や語注も、禅的な内容理解に踏み込んでいなかった。その意味で、全く満足のいくものではなく、非常に残念であった。

廣渡氏の出版直後に、この思いをある先生にお話ししたところ、「もう一度、妙楽寺から『石城遺宝』を出されたらどうですか」と慰めいただいた。そして今回、二十五年ぶりにその機会を得ることができた。その意味で、この出版は私にとって最大の喜びなのである。今後、諸師が当山の『石城遺宝』を参考文献として使用される時には、是非とも原本とこの「野口・廣田本」を参考にしていただきたい。

妙楽寺は、正和五年（一三一六）、郷人が息浜《おきのはま》に庵を構え、月堂和尚を住まわせたのが濫觴だと伝えられている。兄弟弟子である大徳寺開山、大燈国師宗峰妙超が、洛北紫野の地に安居した翌年のことである。

寺号である妙楽寺という呼称が、いつ用いられ始めたのかは明らかでないが、元徳元年（一三二九）、月堂和尚が元国より日本にやってきた明極楚俊禅師に大應国師の頂相の賛を依頼するが、その賛文の中に「妙楽方丈規長老、賛を請う」とあることから、庵が作られてから少なくとも十三年後には「妙楽」と呼ばれる寺になっていたことが分かる。その後、七堂伽藍が完備し、「妙楽圓満禅寺」という寺号を堂々と掲げ、室町幕府より西海道第三位という諸山の寺位を下賜され「官寺」になったのが、貞和二年（一三四六）のことである。

妙楽寺の大伽藍は、月堂の法嗣である無方宗応和尚などの力によって建立されるが、「妙楽寺記録」に「鎌倉より探題衆は代々皆この寺の檀越タル由也」とあり、開基檀越が北条時頼公であることからして、妙楽寺創建時の鎮西探題であった北条種時・随時から、元弘三年（一三三三）に戦死する北条英時の時代までは、鎮西探題が檀越だった可能性がある。そして、それを支えたのは、当然、博多の商人たちであったと考えられる。

鎌倉幕府が滅び、南北朝時代を経て室町幕府になると、鎮西探題に替わって今の祇園町辺りに九州探題が設置されることになる。川添昭二氏の説によると、伽藍建立時の大檀越は、室町幕府が制定した初代九州探題（鎮西管領）であった一色範氏であろうとされる。貞和二年（一三四六）八月、その一色範氏の愁訴で、室町幕府は息浜《おきのはま》を含む博多を管領在所に指定し、支配権を得た一色氏は息浜を対外交渉の要地として外国船の入港を管理すると共に、妙楽寺に大伽藍を建立し「官刹」にすることによって、その建造物を最大限に利用することになるのである。この後も妙楽寺は、渋川氏など歴代の探題と深い結びつきを持っている。

さて、大伽藍が建立される時、無我和尚は月堂の休息所として三層の「呑碧楼」という楼閣を寺の西南の隅に建てている。この呑碧楼は、極めて立派な楼閣であったらしく、国内はもとより元国や明国にも広く知れ渡り、内外の高名な禅僧や居士たちによって詩偈が詠まれた。ところが、やがて呑碧楼は台風によって大破したと伝えられており、その威容を誇った期間は決して長くはなかった。そのため、後に呑碧楼の肩代わりとして二層の山門が使われ、この楼門の上に呑碧楼の額が掲げられることになる。

応永二十六年（一四一九）十一月、室町幕府は大蔵経の購入という名目で、当山十二世の無涯亮倪を正使とし、陳外郎延祐の孫である平方吉久を副使として朝鮮に派遣している。これは、朝鮮を倭寇が頻繁に襲ったため、同年、李氏朝鮮が倭寇討伐を名目として倭寇の拠点である対馬を攻撃する「応永の外寇」が起こり、その真相を解明するための使節派遣であった。その回礼使として、翌二十七年に朝鮮から宗希璟らの一行がやってきて、妙楽寺に宿泊している。更に宝徳三年（一四五一）には、遣明船派遣の際の根拠地となるなど、室町期には中国・朝鮮諸国との対外交渉の場として妙楽寺は大きな役割を果たしている。その際、石城僧とか円福寺僧とか呼ばれる宗金という人物が活躍している。彼は僧侶なのか商人なのか明らかでないが、研究者によれば「妙楽寺に籍を置く僧侶だ」とされている。

ところで、妙楽寺は何度も戦火に遭遇している。先ず、享禄二年（一五二九）、秋月種実の博多侵略の時であり、その後、天文七年（一五三八）には博多大火事があり、永禄二年（一五五九）の筑紫惟門の乱の際には、八月十九日に戦火によって陽伯和尚の秉払上堂の語が焼失している。更に、天正十四年（一五八六）には、博多を治めていた大友軍のところに薩摩軍が攻め入ってくる。『石城志』によれば、「当寺、古《いにし》へは校割《（寺宝）》若干ありしが、天正十四年、兵火の時、悉く焼失せり。虚堂和尚の虎丘の十詠、並に元・明・本朝の諸名宿の墨蹟数軸、一櫃に入て、賊難を遁れんため、檀那田中紹府といふ者へ預け置ける処に、賊兵是を奪ひ取、筑後まで帰りけるを、紹府逐行、大黒銀六百目出して、右の一櫃を取返せり。慶長年中、長政公是《これ》を聞及ばせ給ひ、大豆百石を賜りて、彼一櫃をめし上らる。其写等は今に此寺にあり」とある。

これら一櫃の寺宝墨蹟のうち、「虎丘十詠」は将軍秀忠に献上され、更に酒井雅楽頭に下賜され、跋文もそれぞれ切断されて、一部は重臣等に渡されている。幸いに眼目たる「虎丘十詠」と東巌浄日の跋文は、今、熱海のMOA美術館に、閑極法雲と雲外雲岫の跋文は出光美術館に、霊石如芝の跋文は大和文華館にそれぞれ所蔵されており、雪谷宗戒の跋文は三奈木黒田家より福岡市博物館に寄贈され現存している。また、楚石梵琦が無我省悟に与えた「心華室銘」は永青文庫に残されている。

先の『石城志』にもあった通り、これら寺宝の墨蹟の写しは、後世、妙楽寺に秘蔵されていたのであり、これを住持であった性宗紹宙が師古外和尚や同門の紹膺の協力を得て、元禄十三年（一七〇〇）に編集上梓したのが『石城遺宝』なのである。

ことのついでに、『石城遺宝』の編集者である性宗紹宙和尚のことを紹介しておきたい。

師は糟屋郡炭焼村に生を受け、崇福寺の古外和尚の徒となり参禅弁道、その法嗣になっている。そして元禄八年（一六九五）、当山二十四世として住持し、同十一年には開山堂を再建する。しかし、住すること九年、故有って妙楽寺を辞し、博多河原町にあった家老吉田増年の別宅「此君居」に転居している。その後、宝永六年（一七〇九）には、小堀遠州の菩提寺である江州孤篷庵を現在地に再建し、翌七年には古外和尚の語録である『三為録』の序文を撰述している。『三為録』そのものは、更に正徳二年（一七一二）に孤篷庵の玉仙和尚が跋文を加え、上梓されている。その他、正徳五年（一七一五）初夏に、大宰府光明寺の知龍和尚の需めに応じて「菅天神伝衣記」を著したことが知られている。晩年には、古外を開祖に勧請した京都伏見の龍徳庵に移り住み、そこで終焉を迎えたようである。

性宗和尚は無我省悟和尚に対する畏敬の念が強く、江州孤篷庵に住していた時に無我和尚の頂相を模写し、自ら着賛しており、その頂相は今も孤篷庵に大切に保管されている。彼は古外和尚の高足であると同時に能筆家であり、その書風は古外や立花実山によく似ており、また博く学問にも通じた人物であった。ただ残念なことに古外と同様、大寺に住することなく生涯を終えている。『吉田家伝録』によると、「性宗は往昔崇福寺に住せる古外座元の門弟にして禅法厳密に行なへり。幾ほど無く退寺し山州伏見龍徳庵に住し、享保十二年丁未ノ歳四月二十二日遷化す」とある。

最後になるが、『月堂和尚語録』と同じく現花園大学教授・国際禅学研究所所長で長性寺住職である野口善敬師と、妙心寺派教化センター教学研究委員会の委員長で西宮市順心寺住職である廣田宗玄師のお二人には、法務御多忙の中、訳注・現代語訳を附していただいた。ここに満腔の謝意を表する次第である。

平成二十八年十二月吉辰

妙楽寺三十九世住持　桂堂　誌

目次

《附》

凡例

○本書の底本には、福岡市博多区御供所町妙楽寺所蔵の元禄十三年版『石城遺宝』復刻本を使用した。

○『石城遺宝』は、本来、「石城遺宝叙」・「虚堂愚禅師虎丘十詠」（小見出しのない跋文を含む）・「石城山呑碧楼記」（小見出しのない「呑碧楼題詠」・「無我省吾関係偈頌」を含む）に加え、「石城山宗系略伝」・「遺宝集中諸師略伝」の二本と「跋文」が附されて構成される。さらに今回は、『石城遺宝』から漏れた賛などをまとめた「石城遺宝拾遺」（大見出しは「石城山什物之写 不載石城遺宝分」で、小見出しが「石城遺宝拾遺」）を付け加えた。しかし、本書では便宜上、小見出しのない『虎丘十詠』の跋文・「呑碧楼題詠」・「無我省吾関係偈頌」も一章として取り扱い、これらに「解説」と「法系図」も追加した。

○訳註の内容は、「原文」「書き下し文」「口語訳」「語注」の順とし、項目の間を＊で分けた。

○漢字表記については、『石城遺宝』が写本のため字体にばらつきがあるので、全体を通して常用漢字を使用した。ただし、固有名詞に関しては旧字を用いた箇所や、一部、別体の文字で残したものもある。また、「弁」と「辨」「辯」など、もともと別字であるのに他の字に置き換えて現用されている漢字については、区別をするため、もとの文字を残した場合がある。

○「書き下し文」の仮名部分は現代仮名遣いとした。ただし、「出ず」は否定形と終止形の区別がつかないので、終止形の場合は「出づ」と表記した。

○訓読は、基本的には底本の訓点にしたがって訓んだが、訓み換え、また送り仮名を改めた箇所もある。

○「口語訳」は直訳を心がけたが、意味を明らかにする上で必要と思われる場合は〔 〕で適宜ことばを補った。

○「語注」に引用した書籍については、その初出の個所に版本等を明記した。また、大正新脩大蔵経については「T」、大日本続蔵経〔卍続蔵〕については「Z」、嘉興大蔵経については「J」、乾隆大蔵経については「L」、永楽北蔵大蔵経については「P」、国家図書館善本仏典選録については「D」、中国漢文大蔵経補編については「B」、卍新続蔵経については「C」の略号を用いた。

○使用した辞書類の略号は次の通りである。

『漢語』…『漢語大詞典』（漢語大詞典出版社）
『大漢和』…諸橋轍次『大漢和辞典』（大修館書店）
『中国語』…大東文化大学『中国語大辞典』（角川書店）※影印本…『現代漢日辞海』（北京大学出版社）
『中日』…愛知大学『中日大辞典』増訂第二版（大修館書店）
『禅学』…駒沢大学『新版禅学大辞典』（大修館書店）
『禅語辞典』…古賀英彦『禅語辞典』（思文閣出版）
『中村』…中村元『仏教語大辞典』（東京書籍）
『岩波』…中村元等編『仏教辞典』第二版（岩波書店）
『俗語解』…芳澤勝弘編注『諸録俗語解』（禅文化研究所）
『漢辞海』…戸川芳郎監修『全訳 漢辞海』（三省堂）
『禅林象器箋』…無著道忠著・村田無道校字『禅林象器箋』（貝葉書院）
『中国学芸大事典』…近藤春雄『中国学芸大事典』（大修館書店）

『五山禅僧伝記集成』…玉村竹二『五山禅僧伝記集成』新装版（思文閣出版）
『国史大事典』…『国史大事典』（吉川弘文館）
『近代漢語大詞典』…『近代漢語大詞典』（中華書局）
『日本国語大辞典』…デジタル版・http://japanknowledge.com/
『デジタル大辞泉』…デジタル版・http://japanknowledge.com/

○語注で使用した書籍のうち、主なものについては次の略称を用いた。
『虎邱山志』…中国名山勝蹟志叢刊第四輯・沈雲龍教授主編・顧詒禄著『虎邱山志』（文海出版社）
『虎丘山小志』…中国名山勝蹟志叢刊・沈雲龍教授主編・陸璇卿著『虎丘山小志』（文海出版社）
『本朝高僧伝』…財団法人鈴木学術財団編集『大日本仏教全書』第六三巻（講談社）
『延宝伝燈録』…財団法人鈴木学術財団編集『大日本仏教全書』第七〇巻（講談社）
『扶桑禅林僧宝伝』…財団法人鈴木学術財団編集『大日本仏教全書』第七〇巻（講談社）
『続扶桑禅林僧宝伝』…財団法人鈴木学術財団編集『大日本仏教全書』第七〇巻（講談社）
『「月堂和尚語録」訳注（附行状）』…野口善敬・廣田宗玄共訳『「月堂和尚語録」訳注（附行状）』（中国書店・二〇一〇）
末木訳…末木文美士編『現代語訳 碧巌録』（岩波書店 上・二〇〇一、中・二〇〇二、下・二〇〇三）
禅研本…入矢義高監修『景徳伝燈録』（禅文化研究所、三［巻七・八・九］・一九九三、四［巻一〇・一一・一二］・一九九七、五［巻一三・一四・一五］・二〇一三）＊巻数については、本文中では英数字で表記。

○語注で引用した原文資料のうち、訳注書があるものについては、それを収めるシリーズ名の略称と頁数を明記した。

岩波文庫本…岩波文庫（岩波書店）
新釈本…新釈漢文大系（明治書院）
筑摩本…禅の語録（筑摩書房）
禅研影印本…基本典籍叢刊（禅文化研究所）
仏教経典選本…仏教経典選（筑摩書房）
中央公論社本…大乗仏典（中央公論社）

○語注で使用した右記以外の書籍の版本は、初出の個所に明記した。外典については、できるだけ校点本や信頼できる版本に拠るよう努めたが、資料収集・閲覧の制約等もあり、『四庫全書』や手持ちの版本を用いた場合がある。

『石城遺宝』訳注

石城遺宝叙

和氏抱璞於楚山下、三献三（ママ）刖而不憂。唯以明珠不値識者為憂。径山虚堂愚禅師、昔在虎丘、放撒満把珠、時人収不得。特有約翁礼公、翻身剣池、蒼龍窟裡捉著将来。諸老一睹、奮然左袒、攘腕有与為。或跨龍首而編龍髯、或拊龍背而掎龍尾、怒鱗穿骨、敢不顧眄。於是璧本無瑕、光増瑩徹。果為宗門之至宝矣。恒中立・石隠璵、歴参大元、途中掇転、投之於石城山妙楽円満禅寺、会委于狼煙戦車之塵、葆光幾乎三百年。横岳紹庸謂山主宙性宗云、冀琢之磨之、永照来葉。余乃告二子、道之尊、徳之貴、自磨々他、不亦善乎。若復以詩藻文華之観、則亀玉毀櫝中、奚翅百雉砕也矣。

元禄十二星躔己卯仏成道日

崇福老隠如実拝書

＊

和氏《かし》、璞《あらたま》を楚山《そざん》の下《もと》に抱えて、三たび献じ三（ママ）たび刖《あしき》らるれども憂えず。唯だ明珠の識者に値《あ》わざるを以て憂いと為すのみ。径山《きんざん》の虚堂愚禅師《きどうぐぜんじ》は、昔、虎丘《くきゅう》に在りて、満把《まんぱ》の珠を放撒《ほうさん》するも、時の人収め得ず。特《ひと》り約翁礼《やくおうれい》公のみ有りて、身を剣池《けんち》に翻し、蒼龍窟裡《そうりゅうくつり》に捉著《そくじゃく》し将《も》ち来たる。諸老一睹《いっと》し、奮然《ふんぜん》として左袒《さたん》し、腕を攘《はら》いて与《ため》に為すこと有り。或いは龍首《りゅうしゅ》を跨《また》いで龍髯《りゅうぜん》を編《あ》み、或いは龍背《りゅうはい》を拊《う》ちて龍尾《りゅうび》を掎《ひ》き、怒《ど》鱗《りん》、骨を穿《うが》つも敢えて顧眄《こべん》せず。是《ここ》に於いて璧本《たまもと》瑕《きず》なく、光、増ます瑩徹《えいてつ》す。果たして宗門の至宝為《た》り。恒中《こうちゅう》の立《りゅう》、石隠《せきいん》の璵《よ》　大元に歴参し、途中に掇転《てってん》して、之れを石城山妙楽円満禅寺《せきじょうざんみょうらくえんまんぜんじ》に投ぜんとするも、会《たまたま》狼煙戦車の塵に委《まか》して、光を葆《つつ》むこと幾乎《ほとん》ど三百年。横岳《おうがく》の紹庸《しょうよう》、山主《さんしゅ》の宙性宗《ちゅうしょうしゅう》に謂いて云く、「冀《こいねが》わくは之れを琢《たく》し之れを磨《ま》して、永く来葉《らいよう》を照らさんことを」と。余《よ》、乃《すなわ》ち二子に告ぐ、「道の尊く徳の貴き、自ら磨し他を磨さば、亦た善からずや。若《も》し復《ま》た詩藻文華《しそうぶんか》の観を以てせば、則ち亀玉《きぎょく》、櫝中《とくちゅう》に毀《こぼ》つこと、爰《なん》ぞ翅《た》だに百雑砕《ひゃくざっさい》のみならんや」と。

元禄十二星躔己卯仏成道《げんろくじゅうにせいてんきうぶつじょうどう》の日

崇福老隠如実拝書《そうふくろういんにょじつはいしょ》す

＊

〔中国の春秋戦国時代に〕和氏《かし》〔という男〕は、璞《あらたま》を楚山《そざん》のふもとで手に入れて、〔厲王《れきおう》と武王《ぶおう》と文王《ぶんおう》の三人に〕三度献上し、〔最初に献じた厲王と武王の時に〕二度足を切られたけれども〔そのことを〕嘆いたりはしなかった。ただ美しい珠のことが分かる人物に出会わなかったことを嘆いただけなのだ。径山《きんざん》の虚堂智愚禅師《きどうちぐぜんじ》は、昔、虎丘山《くきゅうざん》で、〔『虎丘十詠《くきゅうじゅうえい》』という〕手に一杯の珠〔のような言葉〕を撒《ま》き散らしたが、当時の人々は、〔その珠を〕手に入れることが出来なかった。ただ約翁礼公《やくおうれいこう》だけが、〔『虎丘十詠《くきゅうじゅうえい》』の一つに選ばれている〕剣池《けんち》〔の中〕に身を翻《ひるがえ》して、蒼龍《そうりゅう》の〔棲む〕窟《いわや》で〔龍の顎《あご》の下にある宝珠《ほうじゅ》を〕取って持ち帰った。諸老宿たちは〔約翁礼が龍のごとき『虎丘十詠』と格闘しているのを〕一見するや、奮いたって手助けし、腕をまくって〔約翁礼に〕協力した。〔諸老宿たちは〕あるいは龍の首に跨がって龍のあごひげを編み、あるいは龍の背中をたたいて龍の尾を引っ張り、〔龍が〕怒って〔立てた〕鱗《うろこ》が骨まで突き刺さったとしても、決して〔動揺して〕振り返ったりしなかった。こうして〔和氏《かし》の〕璧《たま》〔のよう〕にもともと瑕《きず》など無い〔『虎丘十詠』の存在は〕、ますます光り輝くことになった。まちがいなく〔『虎丘十詠』は〕宗門の至宝なのである。恒中宗立《こうちゅうそうりゅう》・石隠宗璵《せきいんそうよ》は、大元〔の国〕に〔渡って、諸師を〕歴参し〔て彼の地で没するが〕、その途中で〔故郷の日本へと心の〕向きを変えて、これ（＝『虎丘十詠』）を石城山妙楽円満禅寺《せきじょうざんみょうらくえんまんぜんじ》に届け〔ようと願い、自分たちでは果たせなかったものの、中国滇城《てんじょう》（雲南省）の僧である雪谷宗戒《せっこくそうかい》の力によって妙楽寺へ送ることができ〕た。〔しかし〕たまたま〔当時の日本は応仁の乱で〕戦塵にまみれていたので、〔『虎丘十詠』は、その〕輝きを三百年近く隠してしまった。横岳《おうがく》〔山崇福寺《さんそうふくじ》にいる中巌《ちゅうがん》〕紹庸《しょうよう》が、〔石城〕山主《住職》である紹宙性宗《しょうちゅうしょうしゅう》にこう言った、「どうか、これ（＝『虎丘十詠』）を琢磨《たくま》して、永久に後世〔の人々の心〕を照らし出〔す智慧の明かりに〕したいものだ」と。そこで私は二人の弟子〔である紹庸と紹宙〕に告げた、「尊貴な道徳で、自分自身を磨きあげ〔るだけでなく〕、他人も磨き上げることになるならば、なんと素晴らしいことではないか。もし〔『虎丘十詠』を〕美しい詩文だと〔いう上っ面だけの見方で〕見るならば、〔『論語』にもあるように、貴重品である〕亀の甲や宝玉を〔大事に仕舞った〕小箱の中で壊してしまい、〔跡形もなく〕粉微塵にしてしまうだけのことであろうか。〔叢林にとって大変な損失なのである〕」と。

元禄十二年（一六九九）己卯《つちのとう》仏成道《ぶつじょうどう》（十二月八日）の日

〔横岳山〕崇福〔寺の〕老隠居で如実〔と号する古外宗少《こがいそうしょう》が〕拝書した

＊

○和氏抱璞…不値識者為憂＝『韓非子』「和氏」条（岩波文庫本①・p.245）、および『史記』巻八三（中華書局校点本・p.2471）に見える逸話。春秋戦国時代、卞和《べんか》という人物が、楚の国の山中で粗玉を手に入れ、それを厲王に献じたところ、偽りだとしてその左足の筋を切られた。次に武王の時に再び献じたが、今度は右足の筋を斬られた。卞和は、自分の主張を信じてもらえないことを激しく嘆いたが、文王の時に至って、ようやくそれが宝玉だと認められた。こうしてこの粗玉は「和氏の璧玉」と呼ばれるようになった。文中に見える「刖」は、あしきる。脚の筋を断ち切る刑。

◯径山虚堂智愚禅師＝「径山」は、中国浙江省杭州府臨安県天目山の東北にある山。山麓に径山興聖万寿禅寺があった。中国五山の一つで径山寺と称せられた。「虚堂智愚」は、一一八五年に生まれて一二六九年に遷化した禅者。諱は虚堂、字は智愚という。四明象山の人。はじめ普明寺師蘊によって出家、のち雪竇・浄慈寺に留錫、金山の運庵普巌に参じて大悟した。ついで諸老の門を遍歴し、紹定二年（一二二九）興聖寺に出世、ついで光孝・顕孝・延福・瑞巌・宝林・育王・浄慈・径山に歴住した。南宋咸淳五年十月七日示寂す。「語録」十巻がある。南浦紹明（大応国師）は、虚堂が径山に在る時、その会下に参じ法を嗣いだ。

◯虎丘＝江蘇省蘇州平江府の虎丘山雲巌寺のこと。

◯約翁礼公＝他の資料には見えない禅僧だが、この『石城遺宝』に見える記述から、虎丘山雲巌寺にいて、蔵主の任に在った人物であることが分かる。〔16〕〔19〕〔20〕参照。

◯剣池＝虚堂智愚が詠んだ「虎丘十詠」の一つに選ばれた池の名で、虎丘山にある。

◯蒼龍窟＝「蒼龍」は、青い龍。方位の四神（蒼龍・白虎・朱雀・玄武）の一つとしては東方を指す。「蒼龍窟」は、その蒼龍が蟠居する窟の意で、幽玄深遠の処、本分の宗旨を象徴する（『禅学』p.757）。

◯径山虚堂愚禅師、昔在虎丘…蒼龍窟裡捉著将来＝『碧巌録』第三則の頌に「二十年来曾て苦辛し、君が為に幾《いく》たびか蒼龍窟に下る（二十年来曾苦辛、為君幾下蒼龍窟）」（T48-143a）とあるのにもとづく。龍の頷下の宝珠を手に入れるために、蒼龍の窟に下る。喪身失命を厭わない人でなければできないことであることから、真に大事を明らめるには幾多の師家の炉鞴に投じて辛辣な鉗鎚を受けなければならないことに喩える（『禅学』p.757）。この因縁は、『大智度論』巻一二（T25-151a~152a）に見える、能施太子が龍王の頭上にある如意宝珠を取るために苦労して海に入るという話にもとづいたもの。ここでの蒼龍は虚堂のことであり、蒼龍の棲む窟は虎丘山にある剣池を指す。

○左袒＝助ける。味方する（『中日』p.2510）。

○龍髯＝龍のあごひげ（『漢語』第一二冊・p.1486）。

○顧眄＝左右や周囲を見回す（『漢語』第一二冊・p.361）。ここは、単に振り返るという意味ではなく、決意の揺るがなさを表現したものであろう。

○璧本無瑕＝『史記』巻八一「藺相如伝」に見える逸話にもとづく。先の「和氏の璧」に続けて載せられている。秦の昭王は、趙の国宝であった和氏の璧が欲しく、十五の城と和氏の璧との交換を申し出た。趙は藺相如《りんそうじょ》という人物を使者に立てて秦と交渉する。相如は秦王が城を譲る気など無いことを見ると、璧に瑕があると言って、璧を秦王から取り戻し、また璧を壊すと脅すことで、自らの命も守った。

○恒中立＝恒中宗立（?～一四一二）。『石城山前住籍』に拠れば、妙楽寺第八世住持。応安三年（一三七〇）頃、法兄の石隠宗璵と共に入明遊学。径山万寿寺の象原仁叔に参ずる。明で示寂。〔83〕参照。

○石隠璵＝石隠宗璵（生卒年未詳）。『石城山前住籍』に拠れば、妙楽寺第七世。法弟恒中宗立と共に入明。諸方を歴参したが、帰朝の機会に恵まれず示寂。世寿八十七。〔82〕参照。

○途中拶転、投之於石城山妙楽円満禅寺＝「拶転」は、向きを変えること。「船頭を拶転すれば是れ故郷（拶転船頭是故郷）」（『楚石梵琦禅師語録』巻一七「送中天竺吾蔵主還日本」Z124-127b）、「船頭を拶転し風に順い舵を把り去らん（拶転船頭順風把舵去也）」（『雪嶠信禅師語録』巻一「到雲門顕聖請上堂」L153-689a）などとあるように、乗っている船の向きを変える表現として用いられることが多い。雪谷の跋文に拠れば、恒中と石隠は「虎丘十詠」を妙楽寺に届けたいと願いながらも、願いを果たせず中国で没したとされるし、石隠の跋文では自分自身で日本へ行く気はなかったことが明らかであるから、二人は自らの修行だけに打ち込んでいた関心の向きを、故郷である日本の禅門へと向けたというのであろうか。この叙を書いた古外宗少は当然跋文を見ていたはずであるから、少し言葉足らずの感がある。

○狼煙戦車之塵＝狼煙は戦いの「のろし」、戦車は戦争で兵士を乗せる車。「狼煙戦車之塵」で「戦塵」のこと。ここでは応仁の乱のことを指す。

○葆光＝光を包み隠す。才能を表にあらわさないこと（『漢語』第九冊・p.474）。

○幾乎＝ほとんど、あやうく（『禅語』p.77）。

○横岳紹庸＝横岳山崇福寺の僧。諱は中巌、紹庸と号した。古外宗少に法を嗣ぎ、姪浜興徳寺（六九世）に住した。性宗和尚の法弟、とする本もある。

○宙性宗＝諱は性宗、紹宙と号した。崇福寺古外和尚の法嗣。元禄八年（一六九五）妙楽寺に住した。のち古外和尚に随侍して京都大徳寺孤篷庵に寓し、ついで伏見に龍徳庵を創建した。享保十二年（一七二七）四月二十二日江州小室孤篷庵に寂す、とする本もある。

○来葉＝後の時代。後世のこと（『漢語』第一冊・p.1303）。

○道之尊、徳之貴＝『老子』第五一章に、「道の尊く、徳の貴きは、夫れ之《そ》に命ずること莫《な》くして、常に自《おのずか》ら然り（道之尊、徳之貴、夫莫之命而常自然）」（岩波文庫本・p.233）とあるのを踏まえる。

○詩藻文華＝美しい詩文。ここでは見かけ上の華やかさを指す。

○亀玉毀櫝中＝『論語』「季氏」篇に「亀玉毀於櫝中」（岩波文庫本・p.224）とほぼそのままある。「亀玉」は、亀の甲や宝玉のこと、「櫝」は引き出し付きの小箱のこと。貴重なものをしまっていた箱の中で壊してしまうこと。

○百雑砕＝『碧巌録』第一三則・頌著語などの禅録に使われている語で、すべての価値などを木っ葉微塵に破砕してしまうこと（『禅語』p.393）。

○星躔＝もともと、日月や星の軌道のこと（『漢語』第五冊・p.680）。ここでは歳のこと。

○仏成道日＝十二月八日。釈尊が菩提樹の下に坐して開悟した日。

○崇福老隠如実＝古外宗少のこと。江雲宗龍の法嗣。崇福寺（八二世）に住した。如実・宇宙谷山人と号した。書を能くし、茶道の奥義を極めた。立花実山は古外和尚に参じ親交があった。九州大学医学部構内にある「千利休点茶之跡」の石碑の執筆者である。元禄七年（一六九四）、実山は崇福寺で古外和尚を導師として「利休忌」を営んだ、とする本もある。『横嶽志』の「横嶽山前住籍」には、「第八十二世 古外宗少。嗣法龍江雲。宝永三丙戌年（一七〇六）二月十七日示寂」とある。

石城遺宝

虚堂愚禅師虎丘十詠

○『虎丘十詠』には、MOA美術館に所蔵される虚堂智愚直筆本（以下「直筆本」）が現存する。また、かなり後の時代の資料ではあるが、牧雲通門（一五九九～一六七一）の『牧雲和尚嬾斎別集』巻八（『嘉興蔵』巻三一所収、以下「牧雲本」）に、『虎丘十詠』が収められている。また、乾隆三十二年（一七六七）序刊の重修本『虎邱山志』二十四巻（『中国名山勝蹟志叢刊』所収、以下「虎邱山志」）の巻一三「芸文二」に（1）「剣池」、（4）「千人坐」、（6）「憨憨泉」、（7）「試剣石」、（9）「白蓮池」、（10）「小呉軒」の六首が収載されている。今回はこの三本と対校を加えた。

〔1〕剣池

石壁千尋勢嶮巇、下臨寒玉浸蟾輝。古今多少凭欄者[1]、親見干将到底稀。

【校注】（1）凭欄者＝牧雲本は「憑欄者」に作る。「凭」は「憑」の異体字。虎邱山志は「凭闌」に作る。

＊

剣池《けんち》（〔名〕剣〔が埋められた〕池）

石壁千尋《せきへきせんじん》勢い嶮巇《けんぎ》たり、下《しも》に臨めば寒玉蟾輝《せんき》を浸《ひた》す。古今多少欄に凭《よ》る者あるも、親しく干将《かんしょう》に見《まみ》えて底《そこ》に到るものは稀《まれ》なり。

＊

剣池《けんち》

〔細長い形をした池の回りを取り囲んだ〕千尋〔も〕の高さで聳えた石壁の勢いは嶮峻《けわ》しく、〔石壁の上から〕下を臨めば清らかな光を放つ月の丸い姿が〔剣池の底に〕沈んでいる〔ように見える〕。古来、〔池にかかった橋の〕欄干《らんかん》に倚〔ってこの池を見〕る者は多いが、〔この池に埋められたとされる名刀を作った〕干将《かんしょう》にじかに相見して〔月がある〕その底にまで徹する者は稀である。

＊

○剣池＝春秋時代の呉王闔廬（？～紀元前四九六年）が葬られた場所で、埋葬の際、剣を愛好していた闔廬のために息子の夫差が「扁諸」「魚腸」などの名剣三千柄を殉葬したので剣池と名付けられたとされる（『虎邱山志』巻四「剣池」条）。また、もともと闔廬は山に葬られていたが、秦の始皇帝や孫権が剣を求めて山を掘削し、その穿ったあとが深潤になったものが剣池だとする説もある（『虎丘山小志』「虎邱剣池」条・p.15~16）。

○千尋＝「尋」（約一八〇センチメートル）の千倍。転じて、非常に長いこと。また、きわめて深いこと。

○嶮巇＝切り立った山や崖（『漢語』第三冊・p.870）。

○寒玉＝清らかな玉石。ここでは月のこと（『漢語』第三冊・p.1544）。

○蟾輝＝月光のこと（『漢語』第八冊・p.981）。

○干将＝春秋時代の有名な刀匠の名。呉王に献じた名刀に、自らの名を付けた干将と、妻の名を付けた莫邪という陰陽一対があったことで知られる（『漢語』第二冊・p.915）。ここでは腕利きの禅匠の譬喩。

〔2〕生公台

粼皴[1]瘦石籠寒蘚、千古遺蹤意転新。縦使天華[2]来堕席、何如緘口送残春[3]。

【校注】（1）粼皴＝直筆本・牧雲本ともに「鱗皴」に作る。（2）天華＝牧雲本は「天花」に作る。（3）送残春＝直筆本・牧雲本ともに「過残春」に作る。

＊

生公台《しょうこうだい》

粼皴《りんしゅん》たる瘦石《そうせき》、寒蘚《かんせん》を籠《こ》み、千古の遺蹤《いしょう》、意転《うた》た新たなり。縦使《たと》い天華の来たりて席に堕《お》つるも、何ぞ如《し》かん口を緘《つぐ》んで残春を送らんには。

＊

生公台《しょうこうだい》（生公《竺道生》〔が『涅槃経《ねはんきょう》』を講じた石の〕台《だい》〔座《ざ》〕）

魚の鱗《うろこ》のようにひび割れて削られたように鋭くとがった石に冬枯れした苔がいっぱい張り付き、千古《大昔》の遺跡が〔それを見る私の〕意《気持ち》を一層新たにする。たとえ〔もし竺道生《じくどうしょう》のように経典を説いて〕天から花が舞い堕ちて来るとしても、〔道生《どうしょう》のように喋ることなく、台座の上で〕静かに〔坐禅をし、〕口を閉じて残春を送るにこしたことはあるまい。

＊

○生公台＝「生公石」とも呼ばれる。今の蘇州の虎丘山の麓にあり、竺道生が経を講じた場所だと伝えられている（『漢語』第七冊・p.1490）。『虎丘山小志』の「生公講台」条に、「千人石（＝千人坐）の北に生公講台有り。一に説法台と名づく（千人石之北、有生公講台。一名説法台）」（p.14）とある。〔4〕条の「千人坐」の別名とする資料もあるが、「千人坐」と「適《まさ》に対す（適対）」（同前「千人石」条）とされている。千人坐の盤石に連なった北側にある一段高い台座状の部分を指すのであろう。『虎邱山志』巻四の「山水」には特に項目として挙げられていない。「生公」は、東晋から劉宋にかけて活躍した竺道生《じくどうしょう》（?～四三四）のこと。彭城（江蘇省徐州）生まれ。竺法汰（三一九～三八七）に従って出家。廬山の慧遠の下で研鑽を積み、後に長安に赴いて鳩摩羅什《くまらじゅう》に師事する。四〇九年、建康（現南京）に帰るが、道生の説く説が当時の仏教界を刺激したため、一時、虎丘山に逃れ、やがて廬山に入り、「悉有仏性」の教義を宣揚した（『岩波』p.755、参照）。『仏祖統紀』巻二六「法師道生」条に、「師、擯せられて南に還り虎丘山に入る。石を聚めて徒の為に『涅槃経』を講ず。『闡提』の処に至りて則ち有仏性を説き、且つ『我れ説く所の如き、仏心に契うや』と曰わば、群石、皆な為に点頭《うなずく》す（師被擯南還入虎丘山。聚石為徒講涅槃経。至闡提処則説有仏性、且曰、如我所説契仏心否、群石皆為点頭）」（T49-266a）とある。

○鄰皴＝未詳。ただし『虎丘十詠』の原本では「鱗皴」（J3-600a）に作っており、「鱗のような表皮の皹《ひび》や裂け目のこと（像鱗片般的皸皮或裂痕）」（『漢語』第一二冊・p.1262）。ここでは「鱗皴」の意味で訳した。

○痩石＝削られたように鋭く尖った石（『漢語』第八冊・p.338）。

○寒蘚＝「蘚」は苔のこと。似た語に「寒苔（冬の苔）」という語がある（『大漢和』巻三・p.1072）。「寒葉（枯れ葉）」（同上・p.1065）、「寒草（枯れてさびしい草）」（同上・p.1068）などの語のように、「寒」には「凋謝（草木がしおれる）」、枯敗（枯れる）」（『漢語』第三冊・p.1542）の意があるから、ここでは冬の枯れて茶色になった苔の意味であろう。

○天華＝讃歎の意味を込めて天上世界から天人が降らせる華。『釈氏要覧』巻下の「講経天花墜（経を講じて天花墜つ〕」条に、「梁の法雲講ずる次《おり》、天華散墜す。又た唐の西京勝光寺の道宗講ずる時、天華、講堂を施遶し、戸内に飛流す。但だ地に委《つも》らず、之を久しくして還って無し（梁法雲講次、天華散墜。又唐西京勝光寺道宗講時、天華施遶講堂、飛流戸内。但不委地、久之還無）」（T54-295c）とあるように、経典を立派に講じた時には天から花が降ってくるとされる。

○何如＝一般に二字で「いかん」と読むが、底本の訓読に従って、「何ぞ如《し》かん……には」と訓んだ。

○縦使天華来堕席、何如緘口送残春＝竺道生が講経して天華が降ったとする表現としては、『虎丘隆和尚語録』「平江府虎丘雲巌禅寺語録」の上堂に、「豈に見ずや、生公台の畔に、空より華が落雨《あめふ》り、頑石点頭《うなずく》することを（豈不見、生公台畔、空落雨華、頑石点頭）」（Z120-400c）とある。

〔3〕花雨亭(1)

昔人曾此談(2)空有、花雨紛紛(3)遶(4)座寒　堪笑空生無伎倆、不曾開口被人瞞(5)。

【校注】（1）花雨亭＝牧雲本は「雨花台」に作る。（2）談＝直筆本は「譚」に作る。（3）紛紛＝牧雲本は「繽紛」に作る。（4）遶＝直筆本・牧雲本ともに「繞」に作る。（5）瞞＝牧雲本は「顢」に作る。

＊

花雨亭《かうてい》

昔人曾て此《こ》こに空有《くうう》を談じ、花雨紛紛《ふんぷん》として座を遶《めぐ》りて寒し。笑うに堪えたり空生《くうしょう》に伎倆《ぎりょう》無きことを、曾て口を開かずして人に瞞《まん》ぜらる。

＊

花雨亭《かうてい》〔竺道生が説法した時、諸天が〕花〔を〕雨〔降らせた〕亭《あずまや》
〔亭の名前からすると〕昔、曾てここで〔仏教の〕「空」と「有」について議論する人がいて、〔天人が讃歎して〕雨ふらす花が〔説法している〕座の周りに盛んに舞い落ちて寒い〔ほどだったのであろう〕。笑うべきは空生《須菩提》に〔「空《くう》」を説く〕伎倆が無かったことだ、かつて口を開くことなく〔「空《くう》」について説示をしたものの〕人に馬鹿にされてしまったのだから。

＊

○空有＝物事に実体があるとするのが「有」、実体がないと見るのが「空」。仏教では万事万物は因縁和合によって生じるから本来無自性で「空」であるとする（『中村』p.279、参照）。
○花雨＝〔2〕の「天華」の注を参照。仏教語としては、「諸天が仏が説法をする功徳を諸天が讃歎して、雨のように花をまき散らす（諸天為賛嘆仏説法之功徳而散花如雨）」（『漢語』第九冊・p.291）こと。
○堪笑＝「可笑」に同じ。「おかしい」「滑稽」の意（『漢語』第二冊・p.1144）。
○空生＝釈尊の十大弟子の中で「解空第一」と称された須菩提（Subhūti）の漢訳名（『中村』p.282、参照）。
○昔人曾此談空有……不曾開口被人瞞＝雪竇重顕の『明覚禅師語録』巻二に見える、須菩提が坐禅をしている時に、神々が花を降らせて、須菩提が何も言わないことで般若を説いたことを讃えた逸話に拠る。「須菩提、巌中に宴坐し、諸天、華を雨ふらして讃歎す。尊者云く、『空中に華を雨ふらして讃歎するは、復《は》た是れ何人ぞ』と。云く、『我れは是れ梵天なり』と。尊者云く、『汝、云何《いかん》が讃歎す』と。天云く、『我れ尊者の善く般若波羅蜜多を説くを重んずればなり』と。尊者云く、『我れ般若に於いて未だ曾て一字も説かず。汝、云何《いかん》が讃歎す』と。天云く、『尊者は説

くこと無く、我れは乃ち聞くこと無し。無説無聞、是れ真に般若波羅蜜多を説くなり』と。又復《ま》た地を動かして華を雨ふらす（須菩提巌中宴坐、諸天雨華讃歎。尊者云、空中雨華讃歎、復是何人。云、我是梵天。尊者云、汝云何讃歎。天云、我重尊者善説般若波羅蜜多。尊者云、我於般若未曾説一字。汝云何讃歎。天云、尊者無説、我乃無聞。無説無聞、是真説般若波羅蜜多。又復動地雨華。）」（T47-680a）。

〔4〕千人坐

蒼崖[1]嶮[2]処坦然平、万指曾来聴此経[3]。若謂生公消息遠、一声啼鳥共誰聴。

【校注】（1）蒼崖＝虎邱山志は「蒼厓」に作る。（2）嶮＝虎邱山志は「険」に作る。（3）来聴此経＝虎邱山志は「来此聴経（此《ここ》に来たりて経を聴く）」に作る。意味としては虎邱山志の方が分かりやすい。

千人坐《せんにんざ》

＊

蒼崖嶮《そうがいけわ》しき処坦然《たんねん》として平かなり、万指曾て来たりて此の経を聴く。若し生公《しょうこう》の消息遠しと謂わば、一声の啼鳥《ていちょう》誰と共にか聴かん。

＊

千人坐《せんにんざ》（〔竺道生の説法を聞く聴衆が〕千人坐〔ることのできる石〕）

蒼《あお》い苔《こけ》の生《は》えている崖の険しい場所で〔ありながら〕広々として平らである、千人〔もの弟子たち〕がかつて〔この場所に〕やって来てこの『〔涅槃〕経』〔を講ずるの〕を聴いたのだ。もし〔竺道《じくどう》〕生《しょう》公の存在を示す痕跡が〔もう〕遠い〔過去のものになった〕と言うならば、〔誰も来ないこの広い場所で、真理を唄う〕一声の鳥のさえずりを誰と一緒に聴いたらよいのか。

*

○千人坐＝「千人石」とも呼ばれる（『虎邱山志』巻四「千人坐」条）。「剣池」と並び称される虎丘山の名勝で、竺道生が講経したところとされる（『漢語』第一冊・p.831）。千人が座れるほどの大きな盤石で、「広さ畝を数う可《べ》くも、一草を生ぜず（広可数畝、不生一草）」（『虎丘山小志』「千人石」条・p.14）と言われる。

○蒼崖＝青い苔が生えている崖（『大漢和』巻九・p.836）。

○万指＝数多くの人。手の指の数が一万という意味で、千人を意味するとする説（『漢語』第九冊・p.465）と、指折り数える指の数が一万で、一万人とする説（『中村』p.1286）とがある。ここでは竺道生の多くの門人のことを指す。

○消息＝さまざまな意味があるが、ここでは「徴兆、端倪」（『漢語』第五冊・p.1203）が近い。手がかりとなる「なごり」「痕跡」といった意味であろう。

○一声啼鳥共誰聴＝第二句の「万指」との対比で、聴衆が誰もいない状態を示している。あちこちに転がっている石と一緒に聞くと言うのであろうか。〔2〕の「生公台」の注を参照。似た表現としては、『明覚禅師語録』巻五の「春晴野歩」という五律の第四句に、「啼鳥共誰聞」（T47-702a）とある。

〔5〕点頭石

大包纔剖碍人間(1)、日炙風吹転放頑。見説聴経曾肯首、更須来透鉄鎚関(2)。

【校注】（1）人間＝牧雲本は「人問」に作る。（2）鉄鎚関＝牧雲本は「鉄門関」に作る。

＊

点頭石《てんとうせき》

大包《だいほう》纔《わず》かに剖《わ》れて人間を碍《さ》う、日《ひ》炙《あぶ》り風吹きて転《うた》た頑を放《ほしいまま》にす。見説《みるなら》く経を聴きて曾て肯首《こうしゅ》すと、更に須らく来たりて鉄鎚関《てっついかん》を透るべし。

＊

点頭石《てんとうせき》（〔竺道生の説法を聞いて〕点頭《うなづ》〔いた〕石）

天地が分かれた途端に世間に立ちはだかり、太陽が照り風が吹き付けて益々頑《かたく》なになっている。聞く所によると、かつて〔この石は、竺道生《じくどうしょう》が〕経〔を講ずるの〕を聞いて頷いたとのことだが、さらに〔石を砕くほどの虚堂《わたし》の〕鉄槌《てっつい》の関門を透らねばなるまい。

＊

○点頭石＝白蓮池の中にある石（『虎丘山小志』p.15）。「点頭」は、うなずいて賛成や了解を示すこと（『漢語』第一二冊・p.1356）。『虎邱山志』巻四「点頭石」条に、『十道四蕃志』を引用して、「僧竺道生、経を虎邱寺に講ずるも、人の信ずる者無し。乃ち石を聚めて徒と為し、与《ため》に至理を譚ずれば、石皆な点頭す、故に名づく（僧竺道生講経虎邱寺、人無信者。乃聚石為徒、与譚至理、石皆点頭、故名）」（4a）と述べられている。

○大包＝宇宙のこと（『漢語』第二冊・p.1332）。ここは「天地」と訳した。

○纔…＝～するや否や、～したとたん（『禅語』p.156）。
○碍人間＝『虚堂和尚語録』巻七「就明書懐」条に、「流菜は深隠に非ず、那《なん》ぞ堪えん故山に復《かえ》るに。未だ影跡を忘ずる能わざれば、終に是れ人間を碍う（流菜非深隠、那堪復故山。未能忘影跡、終是碍人間）」（T47-1039c）とあり、『犂耕』「終是碍人間」の項には「人の知る所と為りて金文（寺名）に住す。是れ人間に障碍せられて自在を得ざるなり（為人所知、住金文。是被人間障礙、而不得自在也）」（禅研影印本・p.913）と注され、受け身に読んでいるが、今回は取らない。
○日炙風吹＝太陽が照りつけ、風が吹きつける。諸辞書に見えないが、似た語に「日炙風篩」があり、「太陽に晒され風に吹かれる。長い道のりの苦労を形容したもの（日晒風吹。形容長途跋渉之苦）」（『漢語』第五冊・p.544）とされる。例えば『汾陽無徳禅師語録』巻中に、「風吹き日炙り、日炙り風吹くこと、年を許らず（風吹日炙、日炙風吹不計年）」（T47-609a）とあるように、禅録に頻出する表現である。
○放頑＝かたくなさを発揮すること（『禅語』p.422）。用例としては『応庵曇華禅師語録』巻一の「鏡清放頑」（Z120-404a）がある。
○見説＝「聴説」と同じく「聞くところによれば」の意（『漢語』第一〇冊・p.319）。古くは「説くならく」と読まれたとされる（『禅語』p.106）。ここは底本に従って「みるならく」と訓む。

〔6〕憨憨泉

憨泉一掬清無底、暗与曹源正脈通。陸羽若教知此味、定応天下水無功。

＊

憨憨泉《かんかんせん》

憨泉《かんせん》一掬《きく》すれば清くして底無し、暗に曹源《そうげん》と正脈《しょうみゃく》通ず。陸羽《りくう》をして若《も》し此の味を知らしめば、定めて応に天下の水に功無かるべし。

＊

憨憨泉《かんかんせん》（〔梁の〕憨憨《かんかん》〔尊者《そんじゃ》の眼病を治す〕泉）

憨憨泉の水を一掬《ひとすく》いしてみれば〔その泉の水は〕清らかで〔澄んでおり〕底《そこ》が無い〔かと思えるほど透き通っている〕、〔この泉の水は〕ひそかに〔六祖慧能《ろくそえのう》大師がおられた〕曹《そう》〔渓《けい》の水《すい》〕源《げん》と正〔しく水〕脈を通じているのだ。〔茶神と称される〕陸羽《りくう》がもしこの〔泉の水の〕味を知ったならば、きっと天下の〔他の名〕水は役に立たなくなることであろう。

＊

○憨憨泉＝『虎丘山小志』「憨憨泉」条に、「〔その水は〕清潔なること常に異なり、能く目の疾を医す。梁の時の憨憨尊者の遺跡に係る。人の蹧塌を恐れて、亭を築きて柵を作り、鉄の糸もて網を作りて、以て之を護り、人をして穢物を投ずるを得ざらしむ（清潔異常、能医目疾。係梁時憨憨尊者遺跡。恐人蹧塌、築亭作柵、鉄糸作網、以護之、使人不得投穢物）」（p.12）とある。

○暗与曹源正脈通＝もともと「曹源」は「禅宗六祖曹渓慧能の法源」（『禅学』p.724）を指し、「正脈」は「正統な法脈」（p.586）を意味するが、ここでは泉の水の水源・水脈とかけた言葉となっている。

○陸羽＝（?～八〇四）。唐の復州竟陵（湖北省）の人。別名、疾。字は鴻漸・季疵。号は桑苧翁・東崗子。嬰児の頃に竟陵の禅師知積に水辺で拾われて育てられたといわれる。上元初年（七六〇）頃から苕渓（浙江省）の畔に廬を結び、門を閉じて書物を読んだ。太子文学・太常寺太祝の官に召されたが就かなかった。苕渓に移住してから顔真卿の保護を受け、『韻海鏡原』三六〇巻の編纂にも関係した。茶を好んでその妙理に達し、著に『茶経』三巻がある。茶道の元祖と目され、茶を売る店では茶神として祀っている。『新唐書』巻一九六「隠逸列伝・陸羽」条に伝がある（『中国学芸大事典』p.795、参照）。

○無功＝ここでは「手柄がない（没有功労）」（『漢語』第七冊・p.103）こと。

〔7〕試剣石

雲骨深埋草莽中、竟[1]伝秦主試霊鋒。旧痕猶[2]帯春苔緑、一罅能生偃草風。

【校注】（1）竟＝直筆本は「競」に作る。（2）猶＝直筆・本牧雲本ともに「尚」に作る。

＊

試剣石《しけんせき》

雲骨深く埋む草莽《そうもう》の中、竟《つい》に伝う秦主《しんしゅ》霊鋒を試《こころ》むと。旧痕《きゅうこん》猶《な》お春苔《しゅんたい》の緑を帯びて、一罅《か》能く草を偃《たお》す風を生ず。

＊

試剣石《しけんせき》（〔秦王《しんおう》が〕剣〔の切れ味〕を試みた石）

草むらの中に深く埋もれている雲骨《石》、伝説によれば秦王は〔この石を切って〕霊鋒《鋭い切っ先》〔の刀の切れ味〕を試みたそうである。〔その〕古い痕跡は春の苔の緑を帯びており、一《ひと》〔太刀《たち》〕の割れ目からは草《人々》をなびかせる〔徳の〕風が生じている。

＊

○試剣石＝『虎邱山志』巻四「試剣石」条に『呉郡志』を引いて、「秦皇、剣を試すの石、或いは呉王と名づく。未だ孰《いず》れか是なるかを知らず（秦皇試剣石、或名呉王。未知孰是）」（4a）とあるが、『虎丘山小志』「試剣石」条には、これを呉王のこととして、次の様に述べている。「憨憨泉の東に、石中分かつこと截るが如き者有り、『試剣石』なり。列国の時、干将・莫邪、雌雄の二剣を煉成して、呉王闔閭に献与す。呉王適《たま》たま事有り、天を仰ぎて暗卜し、即ち以て石に試すに、石分かれて二と為る（憨憨泉之東、有石中分如截者、試剣石也。列国時、干将・莫邪、煉成雌雄二剣、献与呉王闔閭。呉王適有事、仰天暗卜、即以試石、石分為二）」（p.12）。

○雲骨＝「石」のこと（『漢語』第一一冊・p.642）。

○偃草＝『論語』「顔淵篇」に「君子の徳は風なり、小人の徳は草なり、草、これに風を上《くわ》うれば必ず偃《ふ》す（君子之徳風也、小人之徳草也、草上之風必偃）」（岩波文庫本・p.166）とあるのにもとづく。

〔8〕呉王家[1]

海涌[2]通幽一径深、怪松[3]時作老龍吟。闔閭[4]覿面無回互[5]、休向空山[6]断処尋。

【校注】（1）呉王家＝牧雲本は「呉王墓」に作る。（2）涌＝牧雲本は「湧」に作る。（3）怪松＝牧雲本は「怪来」に作る。（4）闔閭＝牧雲本は「闔問」に作る。（5）無回互＝牧雲本は「無迴跡」に作る。（6）

休向空山＝直筆本は「空向休空山」に作って最初の「空」の一字が多く、「休向」が「向休」となっている。

＊

呉王冢《ごおうつか》

海涌《かいゆう》、幽《ゆう》に通ずる一径深し、怪松《かいしょう》、時に老龍《ろうりゅう》の吟を作《な》す。闔閭覿面《こうりょてきめん》して回互《えご》無し、空山の断処に向かいて尋ぬるを休《や》めよ。

＊

呉王冢《ごおうつか》（〔かつて虎丘山がある蘇州にあった〕呉〔国の〕王〔であった闔閭《こうりょ》〕の冢《はか》）

海湧山《かいゆうざん》（＝虎丘山）に〔ある〕幽《冥界》に通じる奥深い一本の小道、〔その両脇に生えた〕奇異な〔枝振りの〕松が時おり老龍《りゅう》が歌をうたう〔かのような音を立てている〕。〔そこで呉の王の〕闔閭《こうりょ》と目の当たりに謁見して〔彼と私とが〕完全に一つとなっているのだ、人気《ひとけ》の無い、山が途切れる〔山奥の辺鄙な〕場所で〔さらに彼〕を探すのはやめなさい。

＊

○呉王冢＝呉王の闔閭の墓。「呉」は春秋時代に、虎丘山のある蘇州に存在した国の名。

○海涌＝虎丘山の別名。『虎丘山小志』「陸璇卿叙言」に、「虎邱山、又た海湧山と名づく（虎邱山、又名海湧山）」（p.1）とある。

○通幽＝ここは「幽《冥界》に通じる（謂与神鬼交通）」（『漢語』第一〇冊・p.930、参照）と訳したが、この語には他に「静かで美しい場所（通往幽勝之処）」（同上）という意味もあって、その場合は、「静謐な中を通り抜ける一本の小道」という訳になろう。ちなみに「幽勝」は「幽静而優美」（同上・第四冊・p.440）の意。
○闔閭＝紀元前五一四～紀元前四九六年在位。春秋時代の呉の国王。諱は光。専諸を使って呉王の僚を暗殺して王となる。後に越王勾践に敗れて没する（『漢語』第一二冊・p.144、参照）。
○闔閭覿面無回互＝闔閭が目前に現れて、ピタリと一致して隙間がない。『人天眼目』巻一に「驪珠光燦爛、蟾桂影婆娑。覿面無回互、還応滞網羅」（T48-300b）とそのままの表現があるが、似た表現は「覿面提持、更無回互」（『虎丘隆和尚語録』Z120-400c）、「覿面相呈、更無回互」（『嘉泰普燈録』巻一九「澧州霊巌仲安禅師」条・Z137-138b）など、禅録に多数見える。ここは、『人天眼目』巻二の、「平懐常実帯」の「大慧」の頌に「更無回互本円成、覿面無私一体平」（T48-310a）とあるのを参考にした。
○空山＝人気の無いひっそりとした山（『中国語』p.1736、『漢語』第八冊・p.410、参照）。
○休向空山断処尋＝虚堂による原本は「空向休空山」に作って一字多い。最初の「空」は衍字であろうが、この一字を取り去っても次の二字が「向休」とひっくり返っており、原本では意味が取れない。

〔9〕白蓮池

霊沼天成非禹鑿、玉花(1)時向此中開。遊人(2)只愛池中底、不覚香風天外来。

【校注】（1）玉花＝牧雲本・虎邱山志は「玉華」に作る。（2）遊人＝直筆本は「游人」に作る。

＊

白蓮池《びゃくれんち》

霊沼《れいしょう》天成、禹鑿《うさく》に非ず、玉花《ぎょくか》、時に此の中に向《お》いて開く。遊人只だ愛す池中の底《こと》、覚えず香風の天外より来たることを。

＊

白蓮池《びゃくれんち》（〔竺道生が説法した時、千葉の〕白蓮〔が咲いた〕池）

〔この〕霊な《不思議》沼《小さな池》は自然に出来上がったもので〔それは夏国《か》の〕禹王《う》が作った〔ような人造の〕ものではなく、〔竺道生《じくどうしょう》が説法した〕時に玉花《蓮の花》がこの〔池の〕中に開いた〔と言われる〕。〔ここを〕訪れる者は好きなだけなのだ、〔その〕池の中で、〔咲いてもいない蓮の花の〕良い薫りを含んだ風が不意に天の外から吹いて来ることが。

＊

○白蓮池＝生公台の下にある池。竺道生が説法した時、この池に千葉の蓮華が生じたので、この名が付いたと伝えられている（『虎邱山志』巻四「白蓮池」条・3a）。
○禹鑿＝禹が治水のために掘削した溝渠などを指す。「禹」は堯・舜と並び称される中国古代の帝王で、舜の後を継いで中国最古の王朝とされる夏を開いた。黄河の治水事業を行なって功績を挙げたことで知られ、洪水を防ぐために溝渠を整備したとされる（『漢語』第一冊・p.664）。
○玉花＝蓮の花（水花・荷花）のこと（『漢語』第四冊・p.479）。
○遊人＝遊覧する人。観光客。〔名勝地などを〕訪れる人（『中国語』p.3773）。
○天外＝天の外。遙かに遠いところ。転じて、意外なところの意（『中国語』p.3038、『漢語』第二冊・p.1411）。

〔10〕小呉軒(1)

結茆(2)初不為孤峰、祇愛登臨眼底空。風淡(3)雲収見天末、始知呉在一毫中。

【校注】（1）小呉軒＝直筆本は偈の末尾にこの三字がある。（2）茆＝牧雲本・虎邱山志は「茅」に作る。
（3）淡＝虎邱山志は「澹」に作る。

＊

小呉軒《しょうごけん》

茆《ぼう》を結ぶは初めより孤峰《こほう》の為《ため》ならず、祇《た》だ愛す登臨《とうりん》して眼底《がんてい》の空なることを。風淡く雲収まりて天末《てんまつ》を見れば、始めて知る呉《ご》は一毫《いちごう》の中《なか》に在ることを。

＊

小呉軒《しょうごけん》（〔虎丘山がある〕小〔さな〕呉〔の国を見渡せる〕軒《建物》）

茅葺きの簡素な家を建てたのは、もとより孤峰〔である虎丘山〕とは関係がない、ただ〔山に〕登り〔川に〕臨むことで〔世間の雑事が〕眼中に無くなることを愛するからだ。風は穏やかで雲は消え去り〔視界が開けた〕空の彼方を見渡してみて、〔大国であった〕呉が一毫《毛先ほど》の中にある〔取るに足らないものである〕ことがやっと分かった。

＊

○結茆＝「結茅」に同じ。茅を編んで簡素な家を建てること（『漢語』第九冊・p.805）。
○登臨＝山に登り、川に臨むこと。遊覧を指す（『漢語』第八冊・p.538）。
○眼底空＝物事への分別や執着が眼中から消え失せること。たとえば『大覚普済能仁琇国師語録』巻七「雑著」の「顚仙謡」に「憎愛胸中に尽き、是非眼底に空ず（憎愛胸中尽、是非眼底空）」（L154-783b）とあり、『古庭禅師語録輯略』巻三「拈頌」に「衲僧家は、直に須らく眼底空空、胸間落落たるべし（衲僧家、直須眼底空空、胸間落落）」（J25-255c）とある。
○天末＝天の果て。極めて遠い場所のこと（『漢語』第二冊・p.1409）。
○呉＝虎丘山がある蘇州に、春秋時代に存在した国名。

右、十詠畢。真書之題有下虎丘十詠、奉呈社中龍象、幸笑覧、智愚皇恐十七字[1]。

【校注】（1）真書之題……智愚皇恐十七字＝直筆本は冒頭に「虎丘十詠、奉呈社中龍象、幸笑覧、智愚皇恐」の十七字がある。

*

右、十詠畢わる。真書の題に「虎丘の十詠　社中の龍象に呈し奉る、幸いに笑覧せんことを。智愚皇恐」の十七字有り。

*

右、〔虎丘山にちなんだ〕十詠を終える。　真筆本の題には、「『虎丘十詠』は、社中《道場》の龍象《僧侶》に奉呈したものである。ご笑覧頂くことを願っている。〔虚堂〕智愚、恐れ畏ま〔って申し上げ〕る」〔という内容〕の十七字がある。

＊

○社中＝「社」というのは、本来は白蓮社に代表されるような念仏結社のことであろうが、ここは単に、グループを作って仏教を学び、修行する者たちのこと（『中村』p.602、参照）。

○皇恐＝恐縮する。文末に添える謙遜を示す用語。「惶恐」「恐惶」に同じ。一般的には、「惶恐頓首」「恐惶敬白」「惶恐再拝」など、四字句として用いられることが多い。また、『漢語』「皇恐」条（第八冊・p.261）、「惶恐」条（第七冊・p.662）参照。

虎丘十詠跋

○『虎丘十詠』には十三篇の跋文が存在するが、そのうち〔11〕と〔15〕（出光美術館）・〔14〕（MOA美術館）・〔16〕と〔17〕（個人蔵）・〔20〕（大和文華館）・〔23〕（福岡市博物館）が現存している。今回は、それぞれと『石城遺宝』所収のものとで対校を加えた。

〔11〕跋虎丘十詠　法雲

先師虎丘十詠、往年[1]司蔵日、禅悦遊戯[2]耳。倒指六十余歳。想見当時、笑翁会中、勝集如雲、賡唱者多矣。胡為此紙独存。礼蔵司[3]得之、装背示余。余炷香拝読、不覚堕涙。侍僧曰、老和尚順世已二十年、師亦七十四矣。何憤情之如是。遂謂之曰、汝不聞孝子諱爺名耶。礼師従旁、研墨蘸筆、請書于軸後、以紀往事。余復不辞[4]。至元戊子長至後十日、中呉薦敬不肖法雲。

※本跋文は、原本が出光美術館に所蔵されている。対校した結果は以下の通り。（1）往年＝往々。（2）遊戯＝游戯。（3）蔵司＝蔵主。（4）復不辞＝不復辞。

＊

虎丘十詠に跋す　法雲《ほううん》

先師の『虎丘十詠《くきゅうじゅうえい》』は、往年《おうねん》、蔵《ぞう》を司《つかさど》る日《ひ》の禅悦遊戯《ぜんえつゆげ》なるのみ。指を倒せば六十余歳。想い見るに当時《そのかみ》、笑翁《しょうおう》の会中《えちゅう》、勝集《しょうしゅう》すること雲の如く、賡唱《こうしょう》する者《もの》多し。胡為《なんすれ》ぞ此の紙独《ひと》り存するや。礼蔵司《れいぞうす》之《これ》を得て、装背《そうはい》して余《よ》に示す。余、香を炷《た》きて拝読して、覚えず涙を堕とす。侍僧曰《じそういわ》く、「老和尚、順世《じゅんせ》して已《すで》に二十年、師も亦た七十四。何ぞ憤情《ふんじょう》、是《か》くの如くなる」と。遂に之に謂いて曰く、「汝、孝子、爺《ちち》の名を諱むことを聞かずや」と。礼師、旁《かたわら》に従い、墨を研《す》り筆を蘸《ひた》して、軸後に書して、以て往事《おうじ》を紀《しる》さんことを請う。余、復《ま》た辞せず。至元戊子《しげんぼし》長至の後十日、中呉薦敬《せんけい》の不肖法雲《ほううん》。

＊

虎丘十詠に跋する

〔閑極《かんき》〕法雲《ほううん》

先師〔虚堂智愚《きどうちぐ》禅師〕の『虎丘十詠《くきゅうじゅうえい》』は、〔虚堂禅師が〕かつて〔笑翁妙堪《しょうおうみょうかん》禅師の元《もと》で〕蔵《ぞう》〔経《きょう》の〕司《管理者》であった日《とき》の、禅《坐禅》〔に励んで得た〕悦《よろこ》〔びや、無心なままの〕遊戯《ゆげ》〔三昧《さんまい》の境地を記したもの〕にほかならない。指を折って〔数えてみれば、あれからすでに〕六十年余り〔が過ぎたの〕である。当時のことを思い返してみれば、笑翁《しょうおう》〔妙堪《みょうかん》禅師〕の会中には、すぐれた者たちが雲のように集まって、互いに詩歌を贈り合う〔ことで自らの禅境《ぜんきょう》を磨く〕者が多くいた。〔それなのに〕どうして〔虚堂禅師が書いた〕この紙（＝『虎丘十詠』）だけが残ったのであろうか。〔約翁《やくおう》〕礼蔵司《れいぞうす》はこれを手に入れ、表装して私に見せた。私は香を焚いて拝読し、思わず涙を落とした。侍僧が言った、「〔虚堂〕老和尚が遷化してすでに二十年〔が過ぎ〕、師《あなた》もまた七十四〔歳の高齢になっておられます〕。憤りの気持ちを、どうしてこのよう〔に沸き起こされるの〕でありましょうか」と。そこで〔私は〕彼に〔このように〕言ったのだ、「お前は知らないのか、孝行息子は父親の名を呼ぶことさえも躊躇《ためら》うものだということを」と。〔約翁〕礼師は、〔法雲《わたし》の〕側《そば》に従い、墨をすって筆を〔その中に〕浸し、〔『虎丘十詠』の〕軸の裏に〔成り行きを〕書いて、過去の事実を記録することを求めた。私は決して断らず〔にこれを記したものである〕。至元《しげん》〔二十五年〕戊子《つちのえね》〔一二八八〕の夏至の二十日、中呉《蘇州》の薦敬《せんけい》〔寺〕の不肖〔の弟子である閑極《かんき》〕法雲《ほううん》〔が書いた〕。

＊

○法雲＝『石城遺宝』に収められる〔84〕の「諸師略伝」に拠れば、字は閑極。虚堂智愚の法嗣。虎丘・承天等の諸刹に住する。『五燈会元続略』巻三「閑極雲禅師」条（Z138-479c）や、『増集続伝燈録』巻五「蘇州虎丘閑極雲禅師」条（Z142-422a）・『継燈録』巻四「閑極雲禅師」条（Z147-388b）などに少しの問答を載せる。

○禅悦遊戯＝「禅悦」は、坐禅に徹した時に感じるよろこび（『中村』p.853）。「遊戯」は、任運無作の境に達して得た人の自由無礙な坐作進退（『禅学』p.1246）。ここは、坐禅に励んで喜悦を得て、自由自在でのんびりとした暮らしを送っていたことの表現。

○倒指六十余歳＝『物初賸語』巻二四に収められる「笑翁禅師行状」に、「宝慶乙酉、虎丘に移る。明年、閫帥の方巌王侍郎居安、其の室人と嘗て道を帥《ママ》（＝師）に問う。雪峰真覚の故家、閫刹の第一為《た》るに、久しく人を得ず、宏規寝弛することを慨く。師は恢張を命ずるの旨を得て、乃ち行くことを命ぜらる（宝慶乙酉移虎丘。明年閫帥方巌王侍郎居安、与其室人、嘗問道於帥。慨雪峰真覚故家、為閫刹第一、久不得人、宏規寝弛。命師恢張之得旨乃行）」とあって、宝慶元年（一二二五）に、笑翁は虎丘山に入り、翌年には雪峰山に移ったことが分かる。そして、笑翁の下で修行していた虚堂智愚が『虎丘十詠』を著したのも同じ時期のことである。ちなみに、この跋文が書かれた至元二十五年（一二八八）からは、六十三、あるいは六十四年前のことである。

○笑翁＝笑翁妙堪（一一七七〜一二四八）のこと。明州（浙江省）慈渓の人。俗姓は毛氏。十歳で野庵道欽に付いて仏教を学び、やがて臨安（浙江省）の霊隠寺にあった松源崇岳（一一三二〜一二〇二）に参じ、次いで天童山にあった無用浄全に参じて嗣法する。初め明州妙勝寺に出世し、次いで同州の光孝寺、台州（浙江省）報恩寺、平江（江蘇省）の虎丘山、福州（福建省）雪峰山に歴住の後、霊隠寺に住する。宰相史弥遠の帰依で明州大慈寺を開き、また台州の瑞巌寺・温州（浙江省）の江心寺に移り、浄慈寺・天童寺・育王山等の五山を歴住する。淳祐八年三月二十七日示寂。世寿七十二、法臘五十二。その伝としては、物初大観撰「笑翁禅師行状」（『物初賸語』巻四、『阿育王山続志』巻一一・13a）があり、その他、『続伝燈録』巻三四（T51-703c）・『補続高僧伝』巻一一（Z134-101b）・『南宋元明禅林僧宝伝』巻五（Z137-334a）・『五燈会元続略』巻二（Z138-451b）・『増集続伝燈録』巻一（Z142-380a）・『続燈存稿』巻一（Z145-17d）などに立伝されている。また、『禅学』（p.1193）参照。

○賡唱＝詩歌を互いに贈り合うこと（『漢語』第一〇冊・p.275）。

○礼蔵司＝約翁礼公のこと。〔叙〕の「約翁礼公」の注を参照。

○装背＝書画を表装する（『漢語』第九冊・p.82）。

○老和尚順世已二十年＝「順世」は、禅僧が亡くなること。示寂・遷化に同じ。「世のならいにしたがって」死ぬ、というところからくる。禅者に生死はないが世間の相に順《したが》うこと（『中村』p.677、参照）。この跋文が書かれたのは一二八八年のことで、虚堂が遷化したのは一二六九年のこと。

○孝子諱爺名＝『嘉泰普燈録』巻二八「丞相張無尽居士五首・廬陵米価」条に、「陰森夏木杜鵑鳴、日破浮雲宇宙清。莫対曾参問曾哲、情知孝子諱爺名」（Z137-203d）とある。孝行息子は父親の名を呼ぶことを避ける、という意味。

○蘸＝ひたす。物を水中に入れる（『大漢和』巻九・p.1040）。

○不復＝二度とは〔前のようには〕……しない（でない）（『漢辞海』p.502）。

○長至＝夏至のこと。夏至は日中が一番長いがゆえにこのように表現する（『漢語』第一一冊・p.584）。「後十日」は二十日のこと。
○中呉薦敬＝「中呉」は、昔の蘇州府の別称（『漢語』第一冊・p.590）。「薦敬」は未詳であるが、おそらくは寺院名であろう。

〔12〕仝　虚谷

虎丘十題、虚堂老師、在衆時作。語鏗鏘而意逸。未必当時社中龍象、有過二此作矣。逮其晩年、水落石出、縦意所如、信手所書、迭宕於規矩之外、而不違規矩也、又過此数十倍。客窓翫釈数日、因書此以俟知言者。言之与吾言同異何如耳。至元辛卯夏五、住江西大仰山芻草虚谷希陵。

＊

仝《どう》　虚谷《ひよく》

虎丘の十題は、虚堂《きどう》老師、衆に在りし時の作なり。語は鏗鏘《こうそう》として意は逸《いっ》す。未だ必ずしも当時社中の龍象、此の作に過ぐるもの有らず。其の晩年、水落ちて石出でて意の如《ゆ》く所を縦《ほしいまま》にし、手に信《まか》せて書する所、規矩《きく》の外に迭宕《てっとう》とし、規矩に違わざるに逮《およ》びては、又た此に過ぐること数十倍せり。客窓《きゃくそう》に翫釈《がんしゃく》すること数日、因りて此れを書して以て言を知る者を俟《ま》つ。之を言うこと、吾が言と同異何如《いかん》なるのみ。至元《しげん》辛卯夏五《しんぼうなつご》、江西大仰山《こうせいだいぎょうざん》に住する芻草虚谷希陵《すうそうひよくきりん》。

＊

同　虚谷《ひよく》〔希陵《きりん》〕

『虎丘十詠《くきゅうじゅうえい》』は、虚堂《きどう》〔智愚《ちぐ》〕老師が、大衆〔の一人〕であった時の作である。〔その〕語《ことば》は流れるようで〔また〕力もあり、内容はひときわ優れている。当時の社中《道場》の龍象《僧侶》〔が作った詩の中で〕、この作品よりも優れたものはまず無い。〔虚堂禅師が〕その晩年に、〔池の〕水が無くなって〔底にあった〕石が現れ〔るかのように、本当に〕心の趣くまま、手の進むまま書いた〔もの〕、常識を超えて迫力がありながら、〔一方〕常識に違うこともないものに至っては、さらにこの〔『虎丘十詠』の〕数十倍〔優れたもの〕である。〔私は〕旅先で〔この『虎丘十詠』を〕鑑賞して内容を理解すること数日、これ（＝跋文）を書くことで〔虚堂禅師の〕言葉〔の真意〕が分かる者〔が現れるの〕を期待して待つものである。この〔『虎丘十詠』で虚堂が〕詠っていることと、私の〔跋文の〕言葉と、どう違うかが分かるであろうか。至元《しげん》〔二十八年〕辛卯《かのとう》（一二九一）夏五月　江西《こうせい》の大仰山《だいぎょうざん》に住する芻《修行僧》の草《弟子》である虚谷希陵《ひよくきりん》〔が書いた〕。

＊

○虚谷＝虚谷希陵（一二四七～一三二二）のこと。字は西白。臨済宗楊岐派破庵派。婺州義烏（浙江省金華）の人。雪巌祖欽から嗣法し、延祐三年（一三一六）に杭州径山に住する。入内して世宗から仏鑑禅師の号を賜り、後に成宗から大円、仁宗から慧照、文宗から大辨と加贈される。至治二年四月十二日示寂。世寿七十六、法臘五十七。著述として『瀑岩集』、および『語録』・『偈頌』、凡そ若干巻が刊行されていたとされるが（『道園学古録』巻四八、四部叢刊初編本・11b）、伝わっていない。伝として「大辨禅師宝華塔銘」（『道園学古録』巻四八、四部叢刊初編本・9b）があり、その他、『増集続伝燈録』巻五（Z142-424d）、『続燈正統』巻一三（Z144-379d）、『続燈存稿』巻六（Z145-64c）、『継燈録』巻四（Z147-386a）などに立項されている。また、『禅学』（p.234）参照。

○鏗鏘＝元来は『礼記』に「君子の音を聴くは、其の鏗鏘《こうしょう》を聴くのみに非ざるなり、彼亦た之に合う所有るなりと（君子之聴音、非聴其鏗鏘而已也、彼亦有所合之也）」（新釈本㊥p.591）とある通り、「音楽の音」の意味であるが、他に孟郊の詩『答盧仝』（『孟東野詩集』巻七）に「君文真鳳声、宣隘満鏗鏘」とあって、これは作品の音節が流暢で、言語に力があることの形容である（『漢語』第一一冊・p.1377）。ここは後者の意味であろう。

○社中＝たがいに結社して道を学ぶ団体。社は結社の意。『禅林象器箋』第六類「称呼門」の「社中」条（p.190）に「凡そ衆を結して道学を講磨する者を社中と曰う（凡結衆講磨道学者曰社中）」とある。

○龍象＝禅宗では、すぐれた識見・力量を有する禅僧、学徳兼備の仏道修行者をいう（『禅学』p.1275）。

○水落石出＝冬に水が涸れて底の石が現れること（『大漢和』巻六・p.881）。

○規矩＝「規」は円を描くぶんまわしのことで、「矩」は方を描く差し金のこと。則るべき規準の意味であり、特に禅の道場での規則を指す（『禅学』p.195、参照）。

○迭宕＝締まりがないという意味もあるが、ここは、気性が豪快で、束縛を受けないという意味。迭蕩に同じ（『漢語』第一〇冊・p.758、『大漢和』巻一一・p.22）。

○客窓＝旅行先の宿舎の窓。また旅行先の宿舎をあてにする、という意味（『漢語』第三冊・p.1449）。

○知言＝人の言を聞いて、その言葉がどういう心から出たものか、どういう意味かを知るということ。『論語』「堯曰篇」の「言を知らざれば、以て人を知ること無きなり（不知言、無以知人也）」（岩波文庫本・p.276）に拠ったもの。

○江西省大仰山＝「仰山」は、袁州府（江西省）宜春県の南方六〇里にある山名。唐、僖宗の頃（八七三～八八八）仰山慧寂がこの地に禅院を開創し、その師、潙山霊祐の宗風を挙揚した（『禅学』p.220）。

○芻草＝「芻草」は「苾芻《びっしゅ》」（【S】bhikṣu、比丘のこと。修行僧）のこと。「草」は「種草（児孫のこと。法を嗣いだ者を植物の苗に喩えたもの）」のことであろう。比丘の弟子、出家の弟子。

〔13〕仝　　妙坦

言語乃載道之器。先身行之、而後載之言也。此先径山作虎丘十章、脱口皆超逸絶塵。蓋其意在言前、用在説処、自然而然。所論筆力、老少優劣之殊、山谷所謂、周公孔子不可無小過、過則不害聡明智慧。知言者為如何。元貞丙申夏、拝于虎丘、題澄祖墖下間房　妙坦。

仝《どう》　　妙坦《みょうたん》

言語は乃ち道を載《の》するの器なり。先ず身《みずか》ら之を行いて、而る後、之を言に載するなり。此れ先径山《きんざん》作の虎《く》丘《きゅう》の十章、脱口《だっく》皆な超逸絶塵《ちょういつぜつじん》なり。蓋し其の意は言前に在り、用は説処に在り、自然にして然り。論ずる所の筆力、老少優劣の殊なりは、山谷《さんこく》が所謂《いわゆ》る「周公・孔子も小過無かる可からざるも、過ちは則ち聡明智慧を害せず」なり。言を知る者、如何とか為す。元貞丙申夏《げんていへいしんなつ》　虎丘《くきゅう》に拝し、澄祖墖下《ちょうそとうか》の間房《かんぼう》に題す。妙坦。

＊

同　　〔竺西《じくせい》〕妙坦《みょうたん》

言語は道を載せる器である。〔ただし〕まず〔その内容をきちんと〕自分で実行してから言葉〔という器〕に載せるのである。先の径山《きんざん》〔住持である虚堂智愚《きどうちぐ》禅師〕の作である、この『虎丘〔十詠〕』の十章は、口から出された言葉が、皆な卓抜したもので、〔どれも〕世俗〔の汚れ〕から離れている。思うに、その真意は言葉になる前に〔すでに分かって〕存在しているのであり、〔その〕用《はたらき》は説いた〔その〕ところに〔具わって〕存在しているのであって、〔それは〕そうなるべくしてそうなっているのである。〔『虎丘十詠』の詩の、それぞれ〕問題にしているところの〔文章の〕筆力《表現力》に、老《円熟味》や少《青臭さ》といった、優劣の差〔があるの〕は、黄山谷《こうさんこく》（＝黄庭堅）が「周公や孔子〔の作品〕にも多少の過《欠点》は無いわけではないが、過《欠点》というものは、〔彼らの〕聡明な智慧を害《そこ》なうものではない」と言っている〔通りである〕。言葉〔の真意〕が分かるお方は、どうお考えであろうか。元貞《げんてい》〔二年〕丙申《ひのえさる》（一二九六）の夏、虎丘山《くきゅうざん》に〔向かって礼〕拝をし、澄祖《ちょうそ》の塔下《墓》の〔そばの〕静かな部屋で題《書き記》した。〔竺西《じくせい》〕妙坦《みょうたん》〔が書いた〕。

＊

○妙坦＝竺西妙坦（一二四五〜一三一五）のこと。初号は竹渓。臨済宗楊岐派松源派。浦江（浙江省）の人、霊隠寺の虚舟普度から嗣法する。無錫（江蘇省）の保寧寺に出世し、ついで慧山・華蔵・承天・霊隠に歴住する。大徳二年（一二九八）に華蔵寺に、至大元年（一三〇八）に天童山に移る。延祐二年示寂。世寿七十一。伝記として黄溍撰「天童坦禅師塔銘」（『金華黄先生文集』巻四一、四部叢刊初編本・16a）があり、その他、『増集続伝燈録』巻五（Z142-423c）に立伝されている。また、『禅学』（p.1193）参照。

○脱口＝口から出ること。『管子』に「言、口より脱して天下に行わせしむ（言脱於口、而令行乎天下）」（新釈本㊥

・p.453）とある。

○其意在言前＝『碧巌録』第二六則・頌著語に「已在言前」（T48-167a）とある。言葉にする前に、すでに分かっているのだ、ということ。言葉以前の以心伝心（末木訳㊤p.429）。

○自然而然＝人の力を借りずに自然に。『漢語』に「自然の勢いから出て、人の力に左右されず、あらかじめ予想していた成功を収めること（謂出于自然之勢、不経人力干預而収到預期的成効）」（第八冊・p.1328）とある。

○山谷所謂、周公孔子不可無小過、過則不害聡明智慧＝「山谷」は黄庭堅（一〇四五～一一〇五）のこと。宋代の詩人。洪州分寧（江西省）の人。字は魯直。号は涪翁（涪叟）、また山谷道人。諱は文節先生。中央の官僚として、順調に出世したが、後半生は流罪などの不遇の中で生涯を終えた。蘇軾に学び、蘇門の四学士の称がある。江西詩派の祖。引用文は、『山谷集』巻二八「又跋蘭亭」条に「譬如周公孔子不能無小過、過而不害其聡明睿聖」（四庫全書本・一丁表）とある。なお、引用文中の「周公」（紀元前一世紀頃）は、周の文王の子で武王の弟。名は旦、謚は文、または元。武王を助けて殷王朝を滅ぼし、武王の死後は幼少の成王を助けて政治を行い、周王朝の基礎を固め、制度礼楽を定めた。『論語』「述而篇」に「子曰く、『甚だしいかな、吾が衰えたるや。久し、吾れ復《ま》た夢に周公を見ず（子曰、甚矣、吾衰也。久矣、吾不復夢見周公也）」（岩波文庫本・p.91）とある通り、孔子は周公をとても尊敬しており、後に「周孔」といわれて千聖として祀られている（『中国学芸大事典』p.328、参照）。

○知言＝言葉の真意が分かる。『論語』「堯曰」篇に、「言を知らざれば、以て人を知る無きなり（不知言、無以知人也）」（岩波文庫本・p.276）とあるのを踏まえる。

○澄祖埨下＝「澄祖」は禅僧の名と思われるが未詳である。「埨下」は塔下。澄祖の墓のある場所。

○間房＝静かな部屋。閑房（『大漢和』巻一一・p.732）。

〔14〕仝　　浄日

老虚堂虎丘十詠、乃其茂年時作也。随境発機、即事顕理、平易嶮峻[1]、模写逼真。想見当[2]運肘揮毫、気焔已凌霄矣。于時社中、豈無他人。而此紙独存、非般若霊験而何耶。礼蔵司[3]持以見示。恍如坐我剣池而窺万丈之清、毛髪森聳。故泚筆以題其後云。大徳癸卯仏成道後、天童浄日八十四歳、書于方丈之南窓。

※本跋文は、原本がMOA美術館に所蔵されている。対校した結果は以下の通り。（1）嶮峻＝険峻。（2）当＝当時。（3）蔵司＝蔵主。

＊

仝《どう》　浄日《じょうにち》

老虚堂《ろうきどう》の『虎丘十詠』は、乃ち其の茂年《もねん》の時の作なり。境に随いて機を発し、事に即して理を顕《あらわ》し、平易《へいい》嶮峻《けんしゅん》、模写《もしゃ》、真《しん》に逼《せま》れり。肘を運び毫を揮《ふる》うに当たりて、気焔《きえん》、已《すで》に霄《しょう》を凌《しの》ぐことを想見す。時に社中、豈に他人無からんや。而るに此の紙独り存するは、般若の霊験に非ずして何ぞや。礼蔵司、持して以て示さる。恍《こう》として我が剣池に坐して万丈の清を窺い、毛髪森聳するが如し。故に筆を泚《ぬら》して以て其の後に題すと云う。大徳癸卯仏成道《だいとくきぼうぶつじょうどう》の後、天童浄日《てんどうじょうにち》八十四歳、方丈の南窓にて書す。

＊

同　〔東岩《とうがん》〕浄日《じょうにち》

老虚堂《ろうきどう》〔智愚《ちぐ》禅師〕の『虎丘十詠』は、その壮年の時の作である。境《場所》に従って〔禅的な〕機《はたらき》を発《おこ》し、事《物事》に即して理《真理》を顕《あらわ》して、平易なことも嶮峻《難解》なことも、〔虎丘山の景色を〕写し取って、真実〔の姿〕に迫っている。〔虚堂禅師が〕腕を動かし筆を揮っていた時の燃え上がる程の迫力は、空を突き抜ける程であったことが分かる。その当時、社中《道場》には〔虚堂禅師の〕他にも〔それなりの〕人がいたはずである。しかし、この紙《作品》だけが残っているということは、〔悟りによって会得した〕般若《はんにゃ》の〔智慧の不可思議な〕霊験《れいげん》でなくして何であろうか。〔約翁《やくおう》〕礼蔵司《れいぞうす》は、持参して〔私に『虎丘十詠』を〕見せてくれた。〔その時、私は〕まるで〔本当に〕我が剣池に坐り、非常に深くて清浄〔な剣池の水〕を見つめて、〔そのあまりの美しさに〕毛髪が逆立つかのよう〔な感動を覚えたの〕である。だから筆に墨をつけて、その後に題するものである。大徳《だいとく》〔七年〕癸卯《みずのとう》（一三〇三）仏成道の後〔の日である十二月九日〕、天童《てんどう》〔山《ざん》の東岩《とうがん》〕浄日《じょうにち》、八十四歳が、方丈の南窓《窓辺》にて書いた。

＊

○浄日＝字は東岩（東巌とも）。南康都（江西省）の人。十五歳で出家した後、諸師に参ずるも契わず、西巌了慧《せいがんりょうえ》（一一九八〜一二六二・嗣無準師範）に参じて法を嗣ぐ。景定年間（一二六〇〜一二六四）に、円通寺・東林寺・育王山・雪竇山に住した後、大徳四年（一三〇〇）天童山に住し、そこで示寂。行年八十八、法臘七十一。その伝としては、袁桷撰「〔天童日禅師〕塔銘」（『天童寺志』巻七・23a、『清容居士集』巻三一・叢書集成新編・第六五冊・p.539）があり、その他、『補続高僧伝』巻一一（Z134-113c）、『続燈正統』巻一三（Z144-381a）、『五燈全書』巻五〇（Z141-58b）などに立伝されている。

○茂年＝年若く元気な盛りの年（『漢語』第九冊・p.333、参照）。
○運肘揮毫＝腕を動かして筆を揮う。「揮毫」は『漢語』に「筆を運ぶ。書写や絵画を描くことをいう（運筆。謂書写或絵画）」（第六冊・p.778）とある。
○般若霊験＝悟りによって会得した智慧の功徳。「般若」は、さとりを得る真実の智慧のこと（『中村』p.1115）、「霊験」は、祈願や信仰に対して、神仏の不可思議な感応のあること（『中村』p.1437）。
○万丈之清＝「万丈」は、とても長い、深いということの形容（『漢語』第九冊・p.460、参照）。剣池の深く、水が清らかなことの表現。
○恍如坐我剣池而窺万丈之清、毛髪森聳＝「恍如……」は、「まるで、あたかも……のようである」（『漢辞海』p.523）の意。この一文を底本では、「恍として我れを剣池に坐らしめて万丈の清を窺い、毛髪森聳するが如し」と訓んでいるが、「坐我剣池」の部分は少し無理がある。今回は素直に「我が剣池に坐し」と訓み、「我が〔愛する〕剣池に坐って」といった意味に解した。「森聳」は、森が茂りそびえるさま（『大漢和』巻六・p.405）。毛髪がまるで木々が茂った森のように逆立つこと。
○方丈南窓＝「南窓」は、南側にある窓という意味であるが、大体、窓は南向きであるため、結局は広く窓自体を指す（『漢語』第一冊・p.901）。ここは方丈の窓辺、という意味であろう。

〔15〕仝　　　　　云宙（ママ）

径山虚堂和尚、在衆時作虎丘十詠。遺墨尚鮮。諸大老羨其句法精巧。殊不知、当時曾於剣池中、擁得古剣一口、胆気不弱、将報不平遶天下、開罵人口、為人天師、自此而発。嗚呼、覧其十詠者、誰復思其剣耶。

大徳癸卯良月、前智門云宙拝題。

※本跋文は、原本が出光美術館に所蔵されている。対校したが、字句の異同は無い。

＊

仝《どう》　云宙《うんちゅう》

径山《きんざん》の虚堂《きどう》和尚《おしょう》、在衆《ざいしゅう》の時、『虎丘十詠』を作る。遺墨《いぼく》尚《な》お鮮やかなり。諸大老、其の句法の精巧なるを羨む。殊に知らず、当時、曾て剣池《けんち》の中に於いて、古剣一口を攄《ふる》い得て、胆気弱らず、将に不平を報ぜんとして天下を遶《めぐ》り、人を罵る口を開きて、人天の師と為ること、此れ自りして発することを。嗚呼《ああ》、其の十詠を覧る者、誰か復た其の剣を思わんや。大徳癸卯良月《だいとくきぼうりょうげつ》、前智門《ぜんちもん》の云宙《うんちゅう》拝題す。

＊

同　云宙《雲岫》

径山《きんざん》の虚堂《きどう》〔智愚《ちぐ》〕和尚が、〔修行道場の〕大衆〔の一人として修行中〕であった時に『虎丘十詠』を作った。その遺墨《いぼく》〔の内容〕はいまだに新鮮である。諸々の大老《優れた禅僧》たちは、その〔『虎丘十詠』で使われている〕句法の精巧なことを羨んでいるが、〔彼らは〕全く分かっていないのだ、その当時、〔虚堂禅師は〕剣池《けんち》の中で〔呉王闔廬《こうりょ》のために埋められた〕古い剣一口《いとふり》を振り回して、気概は〔全く〕衰えておらず、〔多くの禅僧が真理を理解できずにいるという〕不平を訴えようとして天下を回り、人を罵る〔ための〕口を開いて〔説法をし〕、人天《この世》の師《指導者》となったが、〔それは〕これ（＝『虎丘十詠』）から始まったことであることを。ああ、その〔虚堂禅師の〕『十詠』を覧る者で、誰が一体、〔虚堂禅師がふるった〕その剣のことを思うであろうか。〔いや、誰にも分からないであろう〕。大徳《だいとく》〔七年〕癸卯《みずのとう》（一三〇三）良月《陰暦十月》、智門《ちもん》〔寺の〕前住職である〔雲外《うんがい》〕云宙《雲岫》が拝して題した。

＊

○云宙＝雲外雲岫（一二四二～一三二四）のこと。「云」は「雲」の略字。「宙」は誤字で、もともと「山」の下に「由」を書いた字であり、「岫」の別体である。雲岫は、字は雲外。別に方嵒とも号す。明州（浙江省）の昌国の人。曹洞宗の直翁徳挙の下で出家し、後に嗣法。悟道後も叢林の名宿に歴参する。初め慈谿の石門に住し、次いで象山の智門寺、明州の天寧寺に継住し、その後、竺西妙坦の後を継いで明州天童寺に住持する。泰定元年八月二十二日示寂。来朝した東陵永璵はその法嗣である。著述として『雲外雲岫禅師語録』一巻（Z一二四）があり、別に『宝鏡三昧玄義』があったとされるが伝わっていない。伝記として、南石文琇撰「天童雲外禅師伝」（『雲外雲岫禅師語録』附録・Z124-507b）があり、その他、『続伝燈録』巻三五（T51-709a）、『五燈会元続略』巻一（Z138-427d）、『増集続伝燈録』巻一（Z142-391a）、『続燈存稿』巻一一（Z145-127a）などにも立伝されている。また、『禅学』（p.73）参照。

○在衆＝修行中の僧侶。『碧巌録』第六八則・本則評唱に「三聖是臨済下尊宿。…在衆中、昂昂蔵蔵、名聞諸方」（T48-198a）とある。

○遺墨＝故人が生前に書いた直筆の書簡、草稿、書画など（『漢語』第一〇冊・p.1218、参照）。

○殊不知＝「殊＋否定詞」の形で、「まったく、少しも」という意味（『漢辞海』p.770）。

○当時曾於剣池中、擁得古剣一口＝「古剣」は、剣池に闔閭とともに埋葬されたとされる名剣のこと。〔1〕の「剣池」の注を参照。

○胆気＝物怖じしない精神と勇気（『漢語』第六冊・p.1390、参照）。

○将報不平遶天下開罵人口、為人天師＝「将報不平遶天下」は、雪竇重顕（九八〇～一〇五二）の『明覚禅師語録』巻

五「送昭敏首座」条に「風前把欲贈行人、将報不平繞天下」（T47-698c）とそのままある。また「開罵人口」は、『虚堂録』巻四「真讃・自讃」条に「人を罵る口を開かずんば、以て其の慈を見難し（不開罵人口、難以見其慈）」（T47-1013b）とあって、『虚堂録』の注釈書である無著道忠（一六五三～一七四四）の『虚堂録犂耕』には、「若し学者を罵詈するの言語無ければ、則ち慈悲心有ることを見難し。然るに今ま現に罵るが故に其の慈を見るなり（若無罵詈学者之言語、則難見有慈悲心。然今現罵故見其慈也）」（禅研影印本・p.464）とあって、虚堂が学者を罵るのは自らの慈悲心からのことであって、学者はまた、それによって虚堂の慈悲心を知ることが出来るのだと述べている。ここも同様に、慈悲心から天下をめぐって学人たちを痛罵して指導すること。

○人天師＝仏十号の中の「天人師」と同じく、天上世界と人間世界の者を救う指導者の意。仏は六道すべてを救済するが、その中で主として天・人を済度するからとされる。『大智度論』巻二「序品」に、「問いて曰く、『仏は能く龍・鬼神等、余道の中に堕して生ずる者を度す。何を以て独り天・人の師と言うや』と。答えて曰く、『余道の中に生ずる者を度すること少なく、天・人の中に生ずる者を度すること多ければなり』と（問曰、仏能度龍・鬼神等堕余道中生者。何以独言天人師。答曰、度余道中生者少、度天・人中生者多）」（T25-72c）とある。

○良月＝陰暦十月の異称。満ち足りていて良い月の義からいう。十は盈数（『大漢和』巻九・p.503）。

○智門＝智門光祚（生卒年不詳）が住した智門寺のことであろうか。智門寺は、鈴木哲雄『中国禅宗寺名山名辞典』（山喜房仏書林・二〇〇六年）の「智門寺（湖北徳安府随県）」条（p.298）には「→竜居山」とあり、「竜居山」条には、「竜居山は随州の西南七〇里にある。隋の文帝が微なりし時（帝位に就く以前）の居宅が基で、今は智門寺となっている。雪竇井がある（通志七）」（p.435）とある。

〔16〕仝　道洵

(1)剣気猶存、石痕未断。老虚堂虎丘十詠中、其一題憨憨泉(2)、末句有云、陸羽若教知此味、定応天下水無功。過得龍門風波更滄。設此老人、尚住世間、聞余此語、必為点頭。約翁蔵主、洎諸覧者、当具択焉。己巳良月、華頂老釈道洵、書于天台(3)盤陁石上之閑房(4)。

※本跋文は、原本を奈良県の某者が所蔵している。対校した結果は以下の通り。（1）剣気……未断＝ナシ。（2）憨憨泉＝憨、泉。（3）天台＝天台山。（4）閑房＝閒房。

＊

仝《どう》　道洵《どうじゅん》

剣気《けんき》猶お存し、石痕《せきこん》未だ断《た》えず。老虚堂《きどう》の『虎丘十詠』の中、其の一に「憨憨泉《かんかんせん》」と題し、末句に、「陸《りく》羽《う》、若《も》し此の味を知らしむれば、定めて応《まさ》に天下《てんか》の水に功無かるべし」と云うこと有り。則ち其の自《みずか》ら任ずることの重き、宜《よろ》しく如何とすべきや。然りと雖も、惜しむらくは、其の壮年の気、鋭なりと雖も、而も未だ老いずして且《か》つ剛なり。即今、一句子有り、面前に抛在《ほうざい》せん。「龍門《りゅうもん》を過ぎ得て風波更に滄《あ》ふれり」。設《たと》い此の老人、尚お世間に住するも、余が此の語を聞かば、必ず為に点頭せん。約翁蔵主《やくおうぞうす》、洎《およ》び諸《もろ》もろの覧る者、当《まさ》に具《つぶ》さに択《えら》ぶべし。己巳良月《きみりょうげつ》、華頂《かちょう》の老釈道洵《ろうしゃくどうじゅん》、天台盤陁《てんだいばんゆう》石上の閑房《かんぼう》に書す。

＊

同

〔東磵《とうかん》〕道《どう》洵《じゅん》

〔試剣石《しけんせき》には〕剣〔の殺〕気がまだ残っており、〔その剣によって斬りつけられた〕石の痕《あと》はまだ消えていない。老虚堂《きどう》〔智愚《ちぐ》禅師が作った〕『虎丘十詠』の中のその一に、「憨憨泉《かんかんせん》」と題された〔詩があり、その〕最後の句に、「〔茶神と称される〕陸羽《りくう》がもしこの〔泉の水の〕味を教えられたならば、きっと天下の〔他の〕水は役に立たないであろう」と言っているが、その〔憨憨泉の水に喩えられる六祖慧能《えのう》から続く仏法の流れを担うという責務を、虚堂禅師が〕自ら背負う重さは、どれほどのものであろうか。とはいえ、惜しいことに、その〔『虎丘十詠』を著した虚堂禅師の〕壮年〔時代〕の気勢は、鋭くはあっても、まだ老練さがなく剛《かた》い。今、〔ここに〕一句がある、〔お前たちの〕面前に拋《披露》してやろう。「〔鯉がその滝を登り切れば龍になるという〕龍門《りゅうもん》を過ぎてから、風や波はもっと強くなる」。たとえこの〔虚堂〕老人がまだ世間《この世》にとどまっていたとしても、私のこの言葉を聞けば、必ず〔龍門を過ぎた俊英を痛めつける気力を持ち続けなければならないと、納得して〕頷いたことだろう。約翁蔵主《やくおうぞうす》や諸々の〔『虚堂十詠』を〕覧る者たちは、きちんと〔そこに込められた虚堂禅師の思いを〕見分けなければならない。己巳《つちのとみ》（＝大徳九年乙巳《きのとみ》・一三〇五年？）良月《陰暦十月》、〔天台山の中の一つである〕華頂《かちょう》〔山に住している〕老僧である〔東磵〕道《どう》洵《じゅん》が、天台《てんだい》〔山の〕盤陁《ばんゆう》の石上《せきじょう》にある閑《しず》〔かな〕房《部屋》で書いた。

＊

○道洵＝〔89〕の「諸師略伝」に「道洵、東磵と号す。台の僊居の人。古田垕に嗣ぎ、温州江心に居す（道洵、号東磵、台之僊居人、嗣古田垕、居温州江心）」とある。古田垕は、『続燈正統目録』（Z144-235d）に拠れば断橋妙倫（一二〇一～一二六一）の法嗣で、断橋は無準師範（一一七八～一二四九）に法を嗣いでいるから、臨済宗虎丘派破庵下の禅僧ということになる。

○剣気＝剣の殺気（『大漢和』巻二・p.353、参照）。あるいは、剣を揮った時に発する一筋の光。常に人の才能や才気に喩えられる（『漢語』第二冊・p.752、参照）。ここは「試剣石」のこと。〔7〕条の「試剣石」を参照。

○題憨憨泉末句…定応天下水無功＝「憨憨泉」は、〔6〕条に「憨泉一掬清無底、暗与曹源正脈通。陸羽若教知此味、定応天下水無功（憨憨泉の水を一掬《ひとすく》いしてみれば〔その泉の水は〕清らかで〔澄んでおり〕底が無い〔かと思えるほど透き通っている〕、〔この泉の水は〕ひそかに〔六祖慧能大師がおられた〕曹《そう》〔渓《けい》の水〕源と正〔しく水〕脈を通じているのだ。〔茶神と称される〕陸羽《りくう》がもしこの〔泉の水の〕味を知ったならば、きっと天下の〔他の〕水は役に立たなくなるであろう）」とあって、憨憨泉の水を六祖慧能から続く法脈に喩えている。

○抛在＝「抛」は、もともと「放り投げる」ことであるが、転じて「露、顕現（さらけ出す）」（『近代漢語大詞典』下冊・p.1408）の意味を持つ。「在」は、動詞について対象や場所を表す。「著在」「執在」「坐在」（『禅語』p.156）。

○即今有一句子、抛在面前、過得龍門風波更澁＝道洵自身が作った一句ではなく、『希叟紹曇禅師広録』巻五「拈古并頌」に「挙。南泉云、不是心、不是仏、不是仏。拈。過得龍門、風濤更悪」（Z122-142c）とあるのを踏まえている。希叟紹曇（生卒年不詳）は、宋代の禅僧で無準師範の法嗣。『五家正宗賛』四巻の著者として知られる。なお、文中にある「龍門」とは、黄河の上流で、山西省河津県と陝西省韓城県との間にある急流のこと。鯉がこれを登れば龍に化すという。『後漢書』巻六七「党錮列伝・李膺伝」条に「膺、独り風裁を持し、以て声名自《おのず》から高し。士の其の容接を被る者有れば、名づけて登龍門と為す。〔注〕『辛氏三秦記』に曰く、「河津、一名龍門、水険しく通ぜず、魚鼈の属、能く上るもの莫し。江海の大魚、龍門の下に薄《せま》り集うもの数千、上るを得ず。上れば則ち龍と為るな

り」と（膺独持風裁、以声名自高。士有被其容接者、名為登龍門。〔注〕辛氏三秦記曰、河津、一名龍門。水険不通、魚鼈之属莫能上、江海大魚、簿集龍門之下数千、不得上。上則為龍也）」（『四庫全書』巻九七・一三丁表）とあるのに拠る。『大漢和』巻七「登竜門」条（p.1217）参照。

○点頭＝うなづく（『禅語』p.327）。承知の意をあらわして頭を下げること。また、会得し納得すること（『禅学』p.897）。

○約翁蔵主＝約翁礼公のこと。〔叙〕の「約翁礼公」の注を参照。

○己巳良月＝「己巳」は「乙巳」（大徳九年・一三〇五）の誤りであろうか。一連の跋文は概ね撰述年次の古い順番に並べられており、前後が大徳年間のものであるから、この道洵の題跋も同じ時期のものと見るのが妥当であろう。ただ、もし「己巳」が正しいとするならば、一番近いのは天暦二年己巳（一三二九）であるから、二十四年後のものということになる。「良月」は陰暦十月の異称。

○華頂老釈道洵、書于天台盤陒石上之閑房＝「華頂」は天台山の主峰。浙江省天台県の東北五十二里にある。海抜一一一〇メートル（『中国歴史地名大辞典』上冊・p.1020、中国社会科学出版社・二〇〇五年）。天台智顗が開いた天台山国清寺の北にあり（『仏祖統紀』巻六・T49-182a）、禅門でも丹霞天然などこの峰に住した禅僧は少なくない。この題跋を撰した道洵と法系上も近く、同時代に活躍した無見先覩（一二六五～一三三四）が「華頂に四十年いて、苦行を続け、山を下りなかった（其居華頂四十寒暑。苦行堅守、足跡未嘗下山）」（『無見先覩禅師語録』巻頭附録・黄溍撰「無見覩禪師語録序」・Z122-231a）とされ、華頂の善興禅寺に住していたことは良く知られている。「盤陒」は不明。似たものに「盤陀」、あるいは「盤陀石」という語が有り、両者ともに「石のわだかまって平らでないさま」（『大漢和』巻八・p.137）という意味。「盤陒」では意味が通らないし、「陒」は「陀」の異体字である「陁」とも近いから、「陀」の誤字という可能性が大きい。「閑房」は、何もない静かな部屋のこと。『漢語』「閒房」条に「空寬寂静的房屋」（第一二冊・p.81）とある。

〔17〕仝　祖誾

名山題詠、世間未易数、此老虚所作、乃虎丘之職方乗也。然地以人重、人以道顕、語以名伝。不作名尊宿、則此紙化為游塵久矣。礼蔵司(1)軸而珍之、名耶道耶。剣池無恙。其自問諸水浜。徳巳冷泉祖誾拝首。

※本跋文は、原本を奈良県の某者が所蔵している。対校した結果は以下の通り。（1）蔵司＝蔵主。

＊

仝《どう》　祖誾《そぎん》

名山の題詠、世間未だ数え易《やす》からず、此の老虚の所作は、乃ち虎丘《くきゅう》の職方乗《しょくほうじょう》なり。然れども地は人を以て重く、人は道を以て顕われ、語は名を以て伝わる。名尊宿と作《な》るにあらずんば、則ち此の紙、化して游塵と為ること久しからん。礼蔵司《れいぞうす》、軸にして之を珍とするは、名か道か。剣池恙《つつが》無し。其れ自ら諸《こ》れを水浜《すいひん》に問え。徳巳《とくみ》、冷泉《れいせん》の祖誾拝首《そぎんはいしゅ》す。

＊

同　〔悦堂《えつどう》〕祖誾《そぎん》

素晴らしい山《寺》について詠ったものは、世間では数え切れない〔ほどに存在する〕が、この老虚堂《きどう》〔智愚《ちぐ》禅師〕の作ったものは、虎丘《くきゅう》山の職方乗《しょくほうじょう》（＝地方官が作成した正式の史書）〔と呼ぶべき内容のもの〕である。しかし、地《国》は〔そこに住む〕人〔の立派さ〕によって尊重され、人は〔踏み行っている〕道〔の立派さ〕

によって〔世に〕顕れ、語《言葉》は〔その語を発した人の〕名前〔の立派さ〕によって伝わるものだ。〔これを書いた虚堂禅師が〕優れた尊宿となっていなかったならば、この紙《作品》は、〔焼き棄てられて〕とっくの昔に、舞い散る塵《ちり》と化していたことであろう。〔約翁《やくおう》〕礼蔵司《れいぞうす》は、軸《巻物》にしてこれを大切にしているが、〔それは虚堂という〕名前を〔大切にしているの〕か〔それとも虚堂が踏み行った〕道〔を大切にしているの〕か。剣池《けんち》は〔今でも虚堂禅師の時代と変わることなく〕平穏無事であるから、自分で〔剣池の〕畔《ほとり》に〔行って〕問いかけてみなさい。〔大《だい》〕徳《とく》〔九年乙《きのと》〕巳《み》（一三〇五）冷泉《れいせん》〔亭《てい》がある霊隠寺の悦堂《えつどう》〕祖闇《そぎん》が拝首し〔書い〕た。

＊

○祖闇＝悦堂祖闇（一二三四～一三〇八）のこと。端平元年八月生まれ。南康郡（江西省）の人。俗姓は周氏。十三歳で郡の嘉瑞寺で出家し、別山祖智と断橋妙倫に参じた。後に婺州（浙江省）双林寺の介石智朋に参じて嗣法する。九江（江西省）の西林に出世し、至元二十五年（一二八八）開先寺に住し、さらに東林寺に移る。元貞年間（一二九五～一二九七）の初め、入内説法して金襴衣と通慧禅師の号を賜る。大徳九年（一三〇五）霊隠寺に住する。至大元年、示寂。世寿七十五。伝記として、黄溍撰「霊隠悦堂禅師塔銘」（『金華黄先生文集』巻四一、四部叢刊初編本・9a）があり、その他、『続伝燈録』巻三六（T51-713a）、『五燈会元続略』巻二（Z138-455b）、『増集続伝燈録』巻三（Z142-399c）、『続燈存稿』巻三（Z145-38d）、『継燈録』巻二（Z147-371b）などに立伝されている。また、『禅学』（p.761）参照。

○題詠＝ある風景や事物・書画・あるいは事件について詠って、詩を書写して記念とする。またはその詩。ここは詩そのもののこと（『漢語』第一二冊・p.330、参照）。

○職方乗＝「職方」は、官名。職方氏は周礼夏官の属で、天下九州の地図を掌り、四方の貢物を取り扱う。隋は職方侍郎を置き、唐は兵部に職方郎中を置いた。五代・宋はこれに因り、明は改めて職方清吏司と為し、清はこれに因った。民国は内務部に職方司を置き、地方彊界、および土地統計の事を掌らせた。あるいは各々治むべき地方を司ること（『大漢和』巻九・p.232、参照）。「乗」は、史書。春秋時代の晋の史書。あるいは単に歴史書（『漢辞海』p.38、『大漢和』巻一・p.350、参照）。用例としては『雲臥紀譚』巻上に「豫章の職方乗に、但《た》だ『詩僧斎己が粥の疏と、己の書する所の文墨、観る可し』と云いて、其の詞を収めず（豫章職方乗、但云、詩僧斎己粥疏、己之所書文墨可観、不収其詞）」（Z148-3b）とある。

○地以人重、人以道顕、語以名伝＝「地以人重」は、禅録では清代の『宗統編年』巻一二（Z147-94a）に見えるものが唯一であるが、外典では、例えば元代の『定宇集』巻一二「星洲寺記」条（四庫全書本・八丁裏）など、これ以後の資料の諸処に見える。「人以道顕、語以名伝」については諸資料に見えない。

○名尊宿＝「尊宿」は、もともとは、「すぐれた者。年長者。見聞するところ多く、学業高く、世の師範となる人」という意味であるが、禅家の場合、「尊は敬語、宿は長老。修行の経歴が長くて、力量もすぐれている老僧のこと。徳高く年輩の高僧に対する敬称」という意味（『中村』p.892、参照）。

○礼蔵司＝約翁礼公のこと。〔叙〕の「約翁礼公」の注を参照。

○水浜＝水辺（『漢語』第五冊・p.888、参照）。

○冷泉＝悦堂が住持していた霊隠寺の西南の一隅にある有名な冷泉亭のこと。白居易の「冷泉亭記」の存在によって広く知られている。この亭の「冷泉亭」という扁額は、「冷泉」の部分が白居易の書であり、「亭」の一字は北宋の蘇東坡が補筆しものとされている。

○拝首＝また「拝手」ともいう。古代の男子の跪いて行う礼の一種。跪いた後、両手を胸の前で合わせ、頭を手のところまで下げることをいう（『漢語』「拝手」条、第六冊・p.427、参照）。

〔18〕仝　　寿永

天沢老人虎丘十題之作、議者唯只取其年歳深遠紙筆故新、為人宝重耳。独大白円応翁謂、其随境発機、即事顕理、平易嶮峻、模写逼真。当時運肘揮毫之時、気焔已凌霄去。可謂、知人之言也。大徳改元十月廿三日、虎丘寿永拝手。

＊

仝《どう》　寿永《じゅえい》

天沢老人《てんたくろうじん》、虎丘十題《くきゅうじゅうだい》の作は、議する者、唯只《た》だ其の年歳《ねんさい》の深遠《じんのん》、紙筆の故新《こしん》を取りて、人に宝重《ほうちょう》せらるるのみ。独り大白《たいはく》の円応翁《えんのうおう》謂わく、「其の境に随いて機を発し、事に即して理を顕《あらわ》し、平易《へいい》嶮峻《けんしゅん》、模写《もしゃ》、真《しん》に逼《せま》れり。当時、肘を運び毫《ごう》を揮《ふる》うの時、気焔《きえん》、已《すで》に霄《しょう》を凌《しの》ぎ去る」と。謂いつ可《べ》し、人を知るの言なりと。大徳《だいとく》改元十月廿三日、虎丘《くきゅう》の寿永拝手《じゅえいはいしゅ》す。

＊

同　〔東州《とうしゅう》〕寿永《じゅえい》

天沢老人《てんたくろうじん》〔こと、虚堂智愚《きどうちぐ》禅師〕の『虎丘十題《くきゅうじゅうだい》』という作品は、評価する者が、ただその〔作品が作られた〕時代の遠さや、その軸《巻物》が新しいか旧《ふる》いかを問題にしているので、人々から宝物のように扱われているだけのことである。〔しかし〕太白山〔天童寺《てんどうじ》〕の円応翁《えんのう》（＝東岩浄日）だけは〔『虎丘十題』について、次のように評している〕、「〔虚堂禅師は〕その境《場所》に従って〔禅的な〕機《はたらき》を発《おこ》し、事《物事》に即して理《真理》を顕して、平易なことも嶮峻《難解》なことも、〔虎丘山の景色を〕写し取って、真実〔の姿〕に迫っている。その〔虚堂禅師が〕腕を動かし筆を揮っていた時の燃え上がる程の迫力は、空を突き抜ける程であった」と。〔この言葉は本当に〕人を知っている〔君子の〕言葉であると言えよう。大徳《だいとく》改元（元年・一二九七）十月二十三日、虎丘〔山に住する〕〔東州《とうしゅう》〕寿永《じゅえい》が拝手〔して書いた〕。

＊

○寿永＝生卒年不詳。号は東州。石林行鞏（一二二〇～一二八〇）に嗣法し蘇州の虎丘山に住する。石林は滅翁文礼の法嗣で、松源崇岳の再伝の弟子である。兄弟弟子に著名な横川如珙がいる。〔91〕の『諸師略伝』にも名前が見える。詳しい伝記は分からないが、『山庵雑録』巻上（Z148-164d）に記事があり、『増集続伝燈録』巻五（Z142-419d）に「上堂」五則が載せられている。その他、『続燈正統』巻二一（Z144-377c）・『続燈存稿』巻六（Z145-68d）・『五燈全書』巻五〇（Z141-61a）・『続指月録』巻六（Z143-440a）といった燈史類にも名前が挙げられているが、「送僧偈」一首と「約斎居士張鎡入道話頌」一首が収載されているだけである。なお、顧詒禄撰『虎丘山志』二十四巻の巻九「高僧」章には名前が挙げられていない。

○天沢老人＝虚堂智愚のこと。

○紙筆＝紙と筆、書写用具の意味から転じて、文章や文字のこと（『漢語』第九冊・p.770、参照）。ここは『虎丘十詠』のことであり、その軸のこと。

○大白円応翁＝「大白」は、「太白山天童寺」のこと。寧波府（浙江省）鄞県の東六十里にある。山中に五山の第三位天童山景徳禅寺がある。晋代には太白山、唐代には天童山と称する。山名は、晋の義興がここに庵を結んだ時、太白星が現れて童子となり、毎日薪水を供するのを感じたので、太白山と名づけられ、また唐の法璿禅師がここで『法華経』を誦んだ時に、天童の進供するのを感じたので、天童山と呼ばれるようになったという（『禅学』p.813、参照）。「円応翁」は、東岩浄日のこと。〔14〕の「浄日」の注を参照。

○其随境発機…気焔已凌霄去＝〔14〕に、「随境発機、即事顕理、平易嶮峻模写逼真、想見当運肘揮毫、気焔已凌霄矣」とある。

○知人＝『論語』「堯曰篇」に「言を知らざれば、以て人を知ること無きなり（不知言、無以知人也）」（岩波文庫本・p.276）とあって、人の言葉の深意を正しく理解することで、その人の真意まで知ることができる人を君子という と定義している。ここは虚堂智愚の言葉を東岩浄日が正しく理解していると述べたもの。

○拝手＝〔17〕の「拝首」の注を参照。

〔19〕仝　　法塞

笑翁和尚主虎皐、先師典笁墳、攡彼十勝為十詠。約翁踵門軸而示之。然語墨倶真、不与版行、将恐、刺荊於大方之眼、以惑来者乎。偏指百余載、豈不肖子随世高下、証其攘羊。合掌而帰諸。徳辰臘、法塞拝書。

＊

仝《どう》　法塞《ほうさい》

笑翁《しょうおう》和尚《おしょう》、虎皐《こふ》に主たるとき、先師、笁墳《じくふん》を典《つかさど》り、彼の十勝を攡《ひろ》いて十詠と為す。約翁《やくおう》、門に踵《いた》りて軸にして之を示す。然も語墨倶《とも》に真なれども、与《ため》に版行せざるは、将に恐るらくは、大方の眼を刺荊して、以て来者を惑わさんか。指を傴《かが》むるに百余載、豈に不肖子、世に随いて高下し、其の羊を攘《ぬす》むを証せんや。合掌して諸《これ》を帰す。徳辰臘《とくしんろう》、法塞拝書す。

＊

同　法塞《ほうさい》

笑翁《しょうおう》〔妙堪《みょうたん》〕和尚が虎皐《虎丘》で主僧《住職》であった時、先師〔たる虚堂智愚《きどうちぐ》禅師〕は、経典〔の管理〕を司っていて、〔その間に〕彼《虎丘山》の〔地の〕十〔箇所の景《けい》〕勝《しょう》を選んで十詠〔として詩〕にした。〔そして〕約翁《やくおう》〔礼《れい》公〕が、〔虎丘山の〕門に至って〔虚堂禅師に参じ、そこで入手した『虎丘十詠』を〕軸《巻物》にして〔私に〕見せたのだ。しかし、〔その詩の〕語《言葉》も墨〔で書かれた手跡〕も共に真《素晴らしいもの》であるけれど、〔これまで〕版《出》行《版》されなかったのは、〔『虎丘十詠』の内容が〕叢林〔の中で修行する人々〕の眼を荊《いばら》〔の棘《とげ》〕で刺して、後人を惑わすことになるのを恐れたからであろうか。指を折〔って数え〕れば百年余り〔経っているし〕、どうして不肖子《私（法塞）》が、世間〔の人々〕と同じように〔『虎丘十詠』に〕高下《優劣》をつけ、〔『論語』「子路篇」中の喩えのように〕羊を盗んだと証明〔して父親ともいうべき虚堂禅師について論評〕できようか。〔だから〕合掌して彼（＝約翁礼）に〔『虎丘十詠』の軸をそのまま〕返したのだ。〔大《だい》〕徳《とく》〔八年甲《きのえ》〕辰《たつ》（一三〇四）臘《十二》〔月〕、法塞《ほうさい》が拝書した。

＊

○法塞＝未詳。虚堂のことを「先師」と呼んでいるから、虚堂の法嗣ということになる。

○笑翁和尚＝笑翁妙堪のこと。〔11〕の「笑翁」の注を参照。虚堂は笑翁のもとに参じていた。

○虎阜＝虎丘のこと（『漢語』第八冊・p.804、参照）。
○主僧＝住職のこと（『漢語』第一冊・p.705、参照）。
○竺墳＝天竺の墳典の略で、仏教書のこと。墳典は三墳五典のことで、中国の代表的な古典のこと（『中村』p.581、参照）。
○刺荊於大方之眼＝「大方」は、大叢林。方は諸人の帰嚮するところ。出世間（『禅学』p.816）。全体で、「叢林で修行する人の眼を荊の棘で刺すようなものだ」という意味になる。「塗毒鼓」などに類似した表現であろう。
○来者＝将来の人。後輩（『漢語』第一冊・p.1300）。
○偪指百余載＝冒頭に「笑翁和尚主虎阜、先師典竺墳、擁彼十勝為十詠」とある通り、『虎丘十詠』を虚堂智愚が著したのは、虚堂が笑翁妙堪の下で修行している時のことであった。〔11〕の「倒指六十余歳」の注で述べたように、『物初賸語』巻四に収められる「笑翁禅師行状」に拠れば、笑翁は虎丘山には宝慶元年（一二二五）に一年間だけ住しており、虚堂が『虎丘十詠』をまとめたのは、この時のことであると考えられる。ちなみに、本跋文が著されたのは、一三〇四年のことで、実際には百年ではなく七十九年か七十八年後のことである。
○随世高下＝辞書類に見えない。似た語に「随世浮沈」というものがあり、「俗に従って浮沈すること（猶言随俗沈浮）」（第一一冊・p.1104）という意味である。ここは「世俗と同じように良いとか悪いとか優劣をつける」という意味であろう。
○証其攘羊＝『論語』「子路篇」に見える語。父親が羊をごまかしたことについて、その子がどう対処するかについての問答。孔子はたとえ悪事であっても、親子の関係を重視すべきという立場をとる。「葉公が孔子に話した、『私どもの村には正直者の躬《きゅう》という男がいて、自分の父親が羊をごまかした時に、息子がそれを知らせました』と。孔子は言われた、『私どもの村の正直者はそれとは違います。父は子のために隠し、子は父のために隠します。正直さはそこに自然にそなわるものなのですよ』と（葉公語孔子曰、吾党有直躬者、其父攘羊、而子証之。孔子曰、吾党之直者異於是。父為子隠。子為父隠、直在其中矣）」（岩波文庫本・p.260）。

○徳辰臘＝「徳」は元朝の大徳年間のこと。「辰」は辰の年のこと。大徳年間には「辰」は八年しかない。「臘」は十二月のこと。

〔20〕仝　　如芝

約翁礼蔵主、自呉門来遊台雁。携径山先師和尚、処衆時虎丘十詠、出以為示。展閲未既、心折沸零。且需下注脚。先師無此語、注脚向什麼処下、遂再拝帰之、若過雁山謁静翁、慎勿出此、恩深怨深。翁必諱見。

徳辰臘初、如芝拝手。

※本跋文は、原本が大和文華館に所蔵されている。対校したが、字句の異同は無い。

＊

仝《どう》　如芝《にょし》

約翁礼蔵主《やくおうれいぞうす》、呉門自《よ》り来たりて台雁《たいがん》に遊ぶ。径山《きんざん》先師和尚、衆に処する時の『虎丘十詠』を携え、出だして以て示さる。展閲未だ既《つ》きざるに、心折《くじ》け沸零《なみだお》つ。且つ注脚を下さんことを需《もと》む。先師に此の語無し、注脚、什麼《いずれ》の処に向《む》かってか下さん。遂に再拝して之を帰す。若し雁山《がんざん》を過《よ》ぎりて静翁《じょうおう》に謁するも、慎んで此れを出だすこと勿《な》かれ。恩深ければ怨み深し。翁必ず見ることを諱《い》まん。徳辰臘初《とくしんろうしょ》、如芝《にょし》拝手す。

＊

同　〔霊石《りんしい》〕如芝《にょし》

蔵主《ぞうす》の約翁礼《やくおうれい》公は、呉門（蘇州）からやって来て、〔江浙行省《こうせつぎょうしょう》（浙江省）の〕天台山《てんだいさん》と雁蕩山《がんとうざん》を遊歴した。〔同省の〕径山《きんざん》〔に住していた虚堂智愚《きどうちぐ》〕先師和尚が、大衆《修行僧》の〔一人として虎丘山《くきゅうさん》で修行に励んでいた〕時の〔作である〕『虎丘十詠《くきゅうじゅうえい》』を携え、〔懐《ふところ》から〕出して〔私に〕見せた。〔私は〕まだ読み終わらないうちに、心が挫《くじ》けて涙が落ちた。その上、〔約翁礼公は、私に〕注脚を下すことを求めた。〔しかし、そもそも不立文字であり、虚堂〕先師には、この〔『虎丘十詠』などという〕言葉は〔たとえ実際に書いていたとしても本当は〕なかったのである。〔それなのに〕どこに注脚を下すというのか。そこで、再拝してこれを〔約翁礼公に〕返した。もし雁蕩山《がんとうざん》に立ち寄って、静《じょう》翁に会ったとしても、ゆめゆめこれを出してはいけない。恩が深ければ〔その分〕怨みも深いものだ。〔静〕翁はきっとこれを見ることを憚られるであろう。〔大《だい》〕徳《とく》〔八年甲《きのえ》〕辰《たつ》（一三〇四）臘《十二月》の初め、〔霊石《りんしい》〕如芝《にょし》が拝手《低頭》し〔て書い〕た。

＊

○如芝＝霊石如芝（生卒年不詳）のこと。虚堂智愚の法嗣。嘉興府（浙江省）興聖寺に出世し、台州（浙江省）湧泉寺・嘉興府本覚寺に遷る。その後、杭州（浙江省）浄慈寺に勅住している（『禅学』p.991、参照）。『山庵雑録』巻下（Z148-179b）に拠れば、霊石が本覚寺から浄慈に移ったのは、泰定年間（一三二四～一三二七）の初年、八十四歳の時のこととされるから、この題抜は恐らく本覚寺にいた時の作であろう。また、『増集続伝燈録』巻五（Z142-422c）に伝がある。

○約翁礼蔵主＝〔叙〕の「約翁礼公」の注を参照。
○台雁＝『虚堂録』巻七に「僧遊台雁」（T47-1036a）と題された偈があり、『犂耕』ではこの「台雁」について、「天台雁蕩」（禅研影印本・p.842）と注している。天台山と雁蕩山のこと。
○展閲＝本を読むこと（『漢語』第四冊・p.46、参照）。
○静翁＝未詳。虚堂の法嗣の一人であろう。
○拝手＝〔17〕の「拝首」の注を参照。

〔21〕仝　仁叔

虚堂老人虎丘十詠、乃在衆日、禅寂之暇、遺習未除、游戯翰墨、示其流輩耳。若其佩運庵之法印、号令人天、開鑿盲聾、如際天之洪濤。豈可窺其涯哉。先輩諸老、皆為之発揚矣。日東恒中立西堂受業師、法嗣虚堂。蓋法門師孫也。購之好事者、俾書其末。因作而言曰、此公家旧物、携帰本国、希世之宝也。宜善加護焉。洪武九年、歳在丙辰、夏六月幾望日、径山比丘天台仁叔拝首敬書。

＊

仝《どう》　仁叔《にんしゅく》

虚堂《きどう》老人の『虎丘十詠《くきゅうじゅうえい》』は、乃ち在衆の日、禅寂の暇《いとま》、遺習《いしゅう》未だ除かず、翰墨《かんぼく》に游戯《ゆげ》して、其の流輩《るはい》に示すのみ。其の運庵《うんなん》の法印《ほういん》を佩《お》びて、人天《にんてん》を号令するが若きは、盲聾《もうろう》を開鑿《かいさく》すること、際天《さいてん》の洪濤《こうとう》の如し。豈に其の涯涘《がいし》を窺う可《べ》けんや。先輩の諸老、皆な之が為に発揚せらる。日東《にっとう》の恒中《こうちゅう》立西堂《りゅうせいどう》の受業《じゅごう》の師は、法を虚堂《きどう》を嗣《つ》げり。蓋し法門の師孫なり。之を好事《こうず》の者より購《あがな》い、其の末に書せしむ。因りて作りて言いて曰く、「此れ公家《くげ》の旧物《くもつ》、携えて本国に帰らば、希世《きせい》の宝ならん。宜しく善く加護すべし」と。

洪武《こうぶ》九年、歳は丙辰《へいしん》に在り、夏六月《なつろくがつ》幾望《きぼう》の日、径山《きんざん》の比丘天台仁叔《てんだいにんしゅく》、拝首《はいしゅ》して敬書《けいしょ》す。

＊

同　〔象原《ぞうげん》〕仁叔《にんしゅく》

虚堂《きどう》〔智愚《ちぐ》〕老人の『虎丘十詠《くきゅうじゅうえい》』は、昔、〔虚堂禅師が〕大衆《修行僧》〔の一人として道場〕にあった日《とき》、坐禅をしていない合間には習気《じっけ》がまだ除かれていなかったので、〔修行に専念できずに〕書画を楽しんで、仲間に見せたものにすぎない。〔後に〕運庵《うんなん》〔普巌《ふがん》禅師〕の法印《印可》を受けて、人間界や天上界に号令をかける段になると、盲者《もうしゃ》や聾唖者《ろうあしゃ》〔に喩えられるような仏法への無智〕を切り開くこと、まるで大空に押し寄せる大波のようであった。どうして、〔虚堂禅師ほどの禅者が至った境地の〕その限界を窺い知ることができようか。先輩の諸老宿は、皆なこれによって発奮させられたのだ。日東《日本》の恒中宗立西堂《こうちゅうそうりゅうせいどう》の受業《出家》の師〔である南浦紹明《なんぽじょうみん》禅師〕は、法を虚堂〔禅師〕に嗣いだ。つまり〔恒中は〕師《虚堂》の法孫なのである。〔恒中は〕これを物好きな人から買って、その末に〔附ける跋文を私に〕書かせようとしている。そこで〔私は文章を〕作って〔こう〕言ったのだ、「これは〔虚堂禅師の法を嗣ぐ者たちの〕公家《本家》の旧物《家宝》であるから、携えて本国〔たる日本〕に帰れば、世にも稀な宝物となるであろう。よく大切にしなければならない」と。

洪武《こうぶ》九年丙辰《ひのえたつ》（一三七六）の歳の、夏六月幾望《十四日》の日に、径山《きんざん》の比丘《僧侶》である天台仁叔《てんだいにんしゅく》が拝首して敬んで書いた。

＊

○仁叔＝？～一三八〇。号は象原。この文の末尾にあるように「天台」とも号していたようである。『諸師略伝』では「象原仁叔」に作るが、「仁淑」とも。古鼎祖銘（一二八〇～一三五八）の法嗣。『増集続伝燈録』巻五「杭州径山象原仁淑禅師」条（Z142-432c）に拠れば、初め天目山に出世し、洪武元年に嘉禾の天寧に移る。洪武五年には鍾山法会に招かれて入内し、ついで径山に住し、洪武十三年（一三八〇）に示寂している。

○在衆＝「衆僧と共に、一緒に」（『禅学』p.373）という解釈もあるが、例えば『大慧普覚禅師語録』巻一八「鄭成忠請普説」に、「山僧、在衆の日、潙仰・曹洞・雲門・法眼下、都《すべ》て工夫を做し去り来たる（山僧在衆日、潙仰曹洞雲門法眼下、都去做工夫来）」（T47-887c）とある通り、単に大衆と共にいる、というだけではなく、大衆と一緒に修行に励む、という意味。

○禅寂＝坐禅・静慮のこと（『禅学』p.685、参照）。

○遺習＝諸経典や禅録には用例が無いようであるが、『仏祖統紀』巻四八に、「裸屍以て葬り、七時を以て作礼するは、蓋し黄巾の遺習なり（裸屍以葬、以七時作礼、蓋黄巾之遺習也）」（T49-431b）という一文があり、「習い覚えた習慣」といった意味で用いられている。

○翰墨＝筆や墨。または筆や墨で書いた書画のこと（『漢語』第九冊・p.675）。

○流輩＝同じことをやっている仲間。ここでは修行仲間のこと（『漢語』第五冊・p.1274）。

○運庵＝運庵普巌（一一五六～一二二六）のこと。松源崇岳の法嗣であり、虚堂智愚の嗣法の師。

○法印＝禅門では、『景徳伝燈録』巻三「第二十八祖菩提達磨」条に見える、「内、法印を伝えて以て証心に契い、外、袈裟を付して以て宗旨を定む（内伝法印以契証心、外付袈裟以定宗旨）」（T51-219c）という達磨の語に使われたことで知られる。「三法印」や「四法印」など、仏法のしるしや標識を意味する場合もあるが（『中村』p.1228、『禅学』p.1118）、ここは仏法そのものの意。

○際天之洪濤＝「際天」は、「天に接する。空に続く」（『大漢和』巻一一・p.956）、「洪濤」は「大波」（『大漢和』巻六・p.1110）の意。『虚堂録』巻三「臨安府浄慈報恩光孝禅寺語録」に、「際天の洪濤有り、以て呑舟の魚を容《い》る可し（有際天之洪濤、可以容呑舟之魚）」（T47-1009a）とあるが、これより以前、『禅林僧宝伝』巻二一「慈明禅師」条に「際天の雲濤有り、乃ち呑舟の魚を容る可し。九万里の風有り、乃ち乖天の翼を負《お》う可し（有際天之雲濤、乃可容呑舟之魚。有九万里之風、乃可負乖天之翼）」（Z137-263b）とある。ちなみに「呑舟之魚」とは、『列子』に「呑舟の魚は枝流に游ばず（呑舟之魚不游枝流）」（岩波文庫本㊦・p.143）とあるように、舟を呑むほどの大魚のことで、大人物に喩えられる。

○豈可窺其涯涘哉＝「涯涘」は、「辺際、界限」（『漢語』第五冊・p.1348）の意。『景徳伝燈録』巻九「洪州黄檗希運禅師」条に「自余の施設は皆な上機に被らせ、中下の流《たぐい》は涯涘を窺う莫し（自余施設皆被上機、中下之流莫窺涯涘）」（T51-266c、禅研本③p.282）とあるなど、用例は多い。

○恒中立西堂＝恒中宗立のこと。『月堂和尚語録』に、南浦紹明の法嗣である月堂宗規の嗣法の弟子の一人として挙げられているが（拙著『『月堂和尚語録』訳注（附行状）』p.327）、南浦紹明に参じたかどうかは他の資料には見えない。「石城遺宝叙」の「恒中立」の注を参照。「西堂」は、叢林で、他山の前住の人のこと（『禅学』p.648、参照）。

○受業＝師について出家者としての道業を受けること（『禅学』p.503、参照）。

○好事者＝物好きな人。物事に深く心を寄せる人。好事家（『大漢和』巻三・p.631、参照）。

○公家旧物＝「公家」は、諸侯の王国、もしくは朝廷・国家・政府のこと（『漢語』第二冊・p.69）。ここは禅家のことであるから、法の本流のこと。「旧物」は、先人から伝えられた物。古くから所有している物（『漢語』第八冊・p.1300）。

○希世＝世に稀で珍しい（『大漢和』巻四・p.416、参照）。
○幾望＝陰暦の十四日、あるいは十四日の月のこと（『漢語』第四冊・p.449、参照）。
○拝首＝〔17〕の「拝首」の注を参照。

〔22〕仝　石隠

虚堂禅師四代孫、日本妙楽寺僧、八十七歳宗璵、得先祖遺墨年深。若有日本僧来、付此字日本妙楽寺、余了願心也。宗璵石隠書。

＊

仝《どう》　石隠《せきいん》

虚堂禅師《きどうぜんじ》四代の孫《そん》、日本妙楽寺《みょうらくじ》の僧、八十七歳の宗璵《そうよ》、先祖の遺墨を得ること年深し。若し日本の僧来たること有りて、此の字を付して日本妙楽寺に寄せば、余、願心を了ぜん。宗璵石隠《そうよせきいん》書す。

＊

同　石隠《せきいん》〔宗璵《そうよ》〕

虚堂《きどう》〔智愚《ちぐ》〕禅師〔から数えて〕四代〔目〕の〔法〕孫で、日本の妙楽寺《みょうらくじ》の僧である八十七歳の〔石隠《せきいん》〕宗璵《そうよ》〔こと私〕が、〔法の上での〕先祖〔である虚堂禅師〕の遺墨（＝『虎丘十詠』）を入手してから随分と年が経った。もし、日本の僧侶がやって来て、この〔私の〕字《言葉》を附して〔虚堂禅師の遺墨を〕日本の妙楽寺に送る〔ことができる〕ならば、私は願心《ねがい》を遂げる〔ことができる〕。石隠宗璵が書いた。

○石隠＝石隠宗璵のこと。〔82〕の「宗系略伝」に拠れば、法を月堂宗規に嗣ぎ、妙楽寺に住する。八十七歳で中国で示寂。

＊

〔23〕仝　　雪谷

拝読虚堂老祖所作虎丘十詠、古今絶唱也(1)。大元時、江南諸尊宿輩、皆羨跋于後。誠法門至宝。日東師恒中立翁・石隠璵翁二師、念先祖遺墨、欲寄帰本国。伝而盛事耳。今経八九十年、流落於濵、不果所願。大明成化丁酉、遠孫比丘宗戒、偶獲一睹、方知、先輩用心如此。所以古人片言隻字、莫非金玉、未敢軽棄也。一日武定公子省斎郭君、帰金台之便、順携此巻還京、待日本朝覲僧詣闕、将此巻付之、持帰本国妙楽寺、以了先師之願。敬跋于巻末(2)以俟。濵城五華、六十七歳、遠孫比丘、雪谷宗戒謹識。

※本跋文は、原本が福岡市美術館に所蔵されている。対校した結果は以下の通り。（1）古今絶唱＝古今之絶唱。
（2）于巻末＝于後巻末。

＊

仝《どう》　　雪谷《せっこく》

虚堂《きどう》老祖の作りし所の『虎丘十詠《くきゅうじゅうえい》』を拝読するに、古今の絶唱なり。大元の時、江南の諸尊宿の輩、皆な羨みて後に跋す。誠に法門の至宝なり。日東の師、恒中立翁《こうちゅうりゅうおう》、石隠璵翁《せきいんよおう》の二師、先祖の遺墨を念じ、本国に寄帰せんと欲す。伝えて盛事とせんとするのみ。今、八九十年を経るも、滇《てん》に流落し、所願を果たさず。大明の成化丁酉《せいかていゆう》、遠孫比丘宗戒《そうかい》、偶《たま》たま一たび睹《み》ることを獲て、方に知る、先輩、心を用うること此くの如くなることを。古人の片言隻字、金玉に非ずということ莫きが所以《ゆえ》に、未だ敢えて軽く棄てざるなり。一日、武定《ぶてい》の公子、省斎郭君《せいさいかくくん》、金台に帰るの便に順いて、此の巻を携えて京に還り、日本朝観《ちょうきん》の僧、闕《けつ》に詣《いた》るを待ちて、此の巻を将《もっ》て之に付して本国妙楽寺《みょうらくじ》に持ち帰りて、以て先師の願を了ぜんとす。敬《つつし》みて巻末に跋して以て俟《ま》つ。滇城《てんじょう》の五華《ごけ》、六十七歳の遠孫比丘、雪谷宗戒《せっこくそうかい》、謹んで識《しる》す。

＊

同　雪谷《せっこく》〔宗戒《そうかい》〕

虚堂《きどう》〔智愚《ちぐ》〕老祖の作った『虎丘十詠《くきゅうじゅうえい》』を拝読したが、〔これは〕古今に並ぶもののない優れた詩作である。大元《たいげん》の時代、江南《こうなん》（浙江省）の尊宿たちが、みな〔『虎丘十詠』に〕憧れて、〔競うように〕後《うし》ろに跋《後書き》をつけた。〔これは〕誠に法門の至宝である。日東《日本》の師《僧侶》である恒中宗立翁《こうちゅうそうりゅうおう》と石隠宗璵翁《せきいんそうよおう》の二師は、〔法の上での〕先祖の遺墨《いぼく》〔である『虎丘十詠』〕のことを気にかけ、本国〔である日本〕に持ち帰りたいと思ったが、〔それは、日本に〕伝えて立派な行いにしたいと考えたからに他ならない。〔それから〕今〔に至るまで〕、八九十年が過ぎたが、〔いまだに〕滇《雲南省》に漂泊していて、願いは果たされずにいる。大明《だいみん》の成化《せいか》〔十三年〕丁酉《ひのととり》（一四七七）に、遠〔い後世の法〕孫の比丘《僧侶》である宗戒《そうかい》〔こと私〕が、たまたま一度、目にすることができ、初めて、〔禅の〕先輩がこれほど心を砕いておられたことを知った。古人のわずかな言葉であっても、〔我々にとって〕宝物でないことはないから、決して軽々しく捨てないのである。ある日、武定《ぶてい》〔侯〕の公子である郭省斎君《かくせいさいくん》が、金台《北京》に帰るついでに〔私が依頼したことには〕、この巻物を携えて京《みやこ》に戻り、日本僧が天子に拝閲するために宮殿に訪れるのを待って、〔もしやって来たならば〕この巻物を彼に託し、本国〔である日本〕の妙楽寺に持ち帰って〔もらいたい〕、〔それによって私は〕先師の願いを叶えようとするものである。謹んで〔『虎丘十詠』の〕巻末に跋《あとがき》して、〔悲願が成就することを〕期待する。〔雲南《うんなん》の〕滇城《てんじょう》の五華《ごけ》〔山《ざん》に住している〕、六十七歳の遠〔い後世の法〕孫の比丘《僧侶》である雪谷宗戒《せっこくそうかい》が謹んで識《しる》した。

*

○雪谷＝未詳。
○絶唱＝詩文の作品として最高の水準のもの（『漢語』第九冊・p.839）。
○恒中立翁、石隠璵翁二師＝「恒中立翁」は、恒中宗立のこと。〔83〕の「宗系略伝」を参照。「石隠璵翁」は、石隠宗璵のこと。〔82〕の「宗系略伝」を参照。
○盛事＝大きな出来事。立派なこと（『漢語』第七冊・p.1426）。
○滇＝現在の雲南省のこと。狭義では雲南東部滇池付近の地区を指すが、一般に雲南省の簡称として用いられている（『漢語』第六冊・p.6）。
○遠孫＝祖師から数代経た法孫のこと。法を継承した後世の児孫のこと（『禅学』p.131、参照）。
○片言隻字＝少しの文字（『漢語』第六冊・p.1040）。
○金玉＝文字通りには黄金と珠玉の意で、貴重ですぐれたものの比喩として用いられる（『漢語』第一一冊・p.1142）。

○武定公子省斎郭君＝未詳。「武定」は、朱元璋に仕え、雲南を平定して明建国の功労者となり、洪武十七年（一三八四）に「武定侯」に封ぜられた郭英（一三三五〜一四〇三）のことであろうか。『明史』巻一〇五「表第六・功臣世表一」（中華書局校点本・p.3074）参照。
○金台＝昔、燕の都があった北京のこと（『漢語』第一一冊・p.1176）。
○滇城五華＝「滇城」は、前述した通り、雲南のこと。「五華」は、現在の雲南省昆明にある五華山のこと（『中国歴史地名大辞典』上・p.342、中国社会科学出版社・二〇〇五年）。

右十詠跋畢

＊

右十詠跋畢わる。

＊

右、『虎丘十詠』の跋《あとがき》が畢《お》わる。

呑碧楼記

〔24〕石城山呑碧楼記

来復

吾無我上人搏桑産也。参歴中国有年矣。一日謁余而告曰、吾受経之地、瀕于東海、四顧混然、水雲一碧。嘗作小楼、為先師月堂禅燕之所。因顔曰呑碧、以識其勝。敢請師一言記之。余曰、噫、子之所謂呑碧者、独有見於海乎。海於虚空、其猶印水耳。即一隙而窺其明、挙一滴而測其広、虚空也大海也。然則孰為優劣哉。蓋虚空之量、包括無外。空体廓周、充徧法界。紺潔虚朗、如浄瑠璃。覩之不無、攬之不有。心存目寓、融接無辺。呑碧之義、豈不有得於是乎。雖然、空不自空、即空是色。色不自色、即色是空。空色一如、無染無雑。故知、如来妙心、菩薩妙色、皆同一真、非有別法。譬之普賢毛孔、世間種種名像等物、悉入其中、無有留礙。登斯楼者、作是観已、廼至百億刹土、百億日月、百億須弥、帝青光明、洞照眉睫。曾何有間於毫芒也哉。余以是説記呑碧之義。上人其諭之否乎。嗚呼、天下好楼居者多矣。吸光飲緑。然率以燕酣相歓、鮮有休息于禅悦者。今上人独見於道、而識以呑碧、則斯楼高顕殊特、視慈氏之宮、不為侈矣。余記之何辞。

洪武歳在閼逢摂提格、春二月二十有四日、杭州府霊隠禅寺住持豫章釈来復記。

*

石《せき》城《じょう》山《ざん》呑《どん》碧《ぺき》楼《ろう》記《き》　来復《らいふく》

吾無《ごむ》我上人《がしょうにん》は、搏桑《ふそう》の産なり。中国に参歴《さんれき》すること年有り。一日、余に謁して告げて曰く、「吾が受経《じゅきょう》の地は東海に瀕《ひん》し、四顧《しこ》混然《こんぜん》として水雲一碧《すいうんいっぺき》なり。嘗て小楼を作りて、先師月堂禅燕《げつどうぜんえん》の所と為す。因りて顔《がん》して『呑碧《どんぺき》』と曰《い》い、以て其の勝を識《しる》す。敢えて師に一言之に記さんことを請う」と。余曰く、「噫《ああ》、子《なんじ》の所謂《いわゆ》る呑碧は、独《た》だ海を見ること有るのみ。海の虚空に於けるや、其れ猶お水に印するがごときのみ。一隙に即《つ》きて其の明を窺い、一滴を挙して其の広さを測るは、虚空なり大海なり。然らば則ち孰《いず》れか優劣を為さんや。蓋し虚空の量は、包括すること外《ほか》無し。空体廓周して、法界に充徧す。紺潔虚朗なること浄瑠璃の如し。之を観《み》れば無にあらず、之を攬《と》れば有にあらず。心に存し目に寓して、融接無辺なり。呑碧の義、豈に是れに得るに有らざるか。然りと雖も、空自《おのずか》ら空ならず、空に即して是れ色。色自《おのずか》ら色ならず、色に即して是れ空。空色一如、染も無く雑も無し。故に知る、如来の妙心、菩薩の妙色、皆な同一真にして、別法有るに非ざることを。之を普賢《ふげん》の毛孔、世間種種の名像等の物、悉く其の中に入れて、留礙有ること無きに譬う。斯《こ》の楼に登る者、是の観を作し已《お》わらば、廼至《ないし》、百億の刹土、百億の日月、百億の須弥、帝青の光明、洞《あき》らかに眉睫を照らさん。曾て何ぞ毫芒を間《へだ》つこと有らんや。余、是の説を以て呑碧の義を記す。上人、其れ之を諭《さと》るや否や。嗚呼《ああ》、天下、楼居を好む者多し。光を吸い緑を飲む。然れども率《おおむ》ね燕酣を以て相い歓び、禅悦に休息する者有ること鮮《すく》なし。今、上人、独り道を見て、識《しる》すに呑碧を以てすれば、則ち斯の楼の高顕殊特、慈氏の宮に視《くら》べて、侈《おご》れりと為《な》さず。余、之を記すること、何ぞ辞せん。洪武《こうぶ》、歳は閼逢接提格《あっぽうせっていかく》に在り、春二月二十有四日、杭州府霊隠《れいいん》禅寺住持、豫章《よしょう》の釈来復《らいふく》記す。

＊

石城山呑碧楼記《せきじょうざんどんぺきろうき》

〔見心《けんしん》〕来復《らいふく》

無《む》我《が》省《しょう》吾《ご》上人は、日本の生まれである。中国で〔名匠たちに〕歴参すること多年、一日《あるひ》、私に相見《しょうけん》してこう言った、「私が〔昔、仏教の〕経典について教えを受けていた場所は、東〔シナ〕海に面して、四方〔の景色〕が渾然《こんぜん》として〔分かれることなく溶け合い〕、水《海》と雲《空》が一つになって紺碧《真っ青》〔に見える場所〕でした。かつて〔そこに〕小さな楼台を作り、先師、月堂《げつどう》〔宗規《そうき》禅師〕が禅燕（＝隠居）される居所といたしました。そこで『呑碧《どんぺき》』という扁額を掛け、その勝〔れた景色〕を標榜しました。〔そこで〕師《あなた》（＝見心）に〔その呑碧楼について〕、一言、記《文章》をつくって頂くようお願い致したいのですが」と。私は〔こう答えて〕言った、「ああ、あなたが仰《おっしゃ》る『呑碧』というのは、海を見ているだけだ。海と虚空《おおぞら》との関係は、〔虚《おお》空《ぞら》の碧さを海の〕水にハンコで押したようなもので〔同じ紺碧色をしているので〕ある。一つの穴から〔でも〕その〔紺碧の〕明かるさを窺う〔ことができる〕し、一滴を取りあげ〔ただけでも〕、その〔紺碧の〕広さを測ることができるのが、虚空《おおぞら》であり、大海である。だとすれば、どこに〔両者の〕優劣を付けようか。思うに、虚空の量は〔すべてを残すところなく〕包みこんでいて内外〔の区別〕がなく、虚空の本体は隈無く法界《全世界》に充満しており、浄らかな瑠璃《青い宝石》のように、紺碧で清らかで、透き通って輝いている。〔虚空には何も無いようだが〕よく見れば〔紺碧の色があるから〕「無《む》」ではないし、〔かといって虚空を〕摘《つ》まもうとしても〔摘まめないから〕「有《う》」でもない。心には〔ありありと〕存在しているし、眼にも〔しっかりと〕宿っており、無限に融け合い混じり合っている。『呑碧』〔という名称〕の意味は、ここから得られたものであろう。とはいえ、空《くう》は空そのものなのではなく、空がそのまま色なのであり、色《しき》は色そのものなのではなく、色がそのまま空なのである。〔つまり〕空と色は一つであって、染《けがれ》も雑《まじり気》も無いものなのである。だから、如来の妙なる心と菩薩の妙なる色《すがた》とは、ともに同一の真実〔の存在〕であって、別々の法《存在》が有るわけではないことが分かる。これを〔『華厳経』では〕普賢《ふげん》菩薩の毛孔に、世間の様々な名像《名称や形態》といったものをすべてその中に入れて、〔何らの〕障碍も無いことに喩えている。この〔呑碧楼という〕楼台に登る者が、このような理解をしたならば、百億の刹土《国》、百億の日月、百億の須弥山が、帝青《青空》の光明《ひかり》に、明るく眉睫《目の当たり》に照らし出されることになるであろう。どうして毛先ほども隔てがあったためしがあろうか。私は、このような説で「呑碧」の意味を〔書き〕記した。〔無我〕上人よ、これが分かるだろうか。ああ、天下に楼台で暮らすことを好む者は数多くおり、〔太陽の〕光を浴びたり、〔木々の〕緑〔が吐き出す新鮮な空気〕を吸い込んだりしている。しかし大概は酒を飲んで寛《くつろ》いで交歓するだけで、禅悦に〔ひたって〕休息する者は稀である。今、〔無我〕上人だけは道を悟り、「呑碧」〔の二字〕を〔楼の名称として〕標示しているのだから、この楼台の壮大さ華麗さを、〔兜率天《とそつてん》上の〕弥勒《みろく》菩薩の宮殿に擬《なぞら》えても、思い上がりとはなるまい。〔だから〕私はこれ（＝「呑碧楼」の立派さ）を記すことを、何で断わる理由があろうか」と。〔明の〕洪武《こうぶ》〔七年〕甲寅《きのえとら》（一三七四）の歳の、春二月二十四日、杭州府（浙江省）霊隠《れいいん》禅寺の住持、豫章《よしょう》（江西省）〔出身〕の釈来復《らいふく》が記した。

＊

○来復＝見心来復（一三一九～一三九一）のこと。臨済宗松源派。豫章（江西省）豊城県の人。俗姓は王氏。別号は蒲庵。径山の南楚師説の法嗣で、月江正印や明極楚俊の法侄に当たる。元末の兵乱を避けて会稽山に入って定水院に出世し、鄞州（浙江省）の天寧寺を経て、至元七年（一三四一）に五山の霊隠寺に住持する（『浄慈寺志』巻一〇、中国仏寺史志彙刊本・33a）。明代に入り、洪武初年は厚遇を受け、洪武三年（一三七〇）には「十大高僧」の一人として応宣説法し、金襴の袈裟を下賜され（『径山志』巻三、中国仏寺史志彙刊本・12b）、洪武十五年（一三八二）には、僧官として「僧録司左覚義」に除され高位を極める（『護法録』巻九・J21-679b）。しかし、洪武二十四年（一三九一）、讒訴により「胡惟庸の獄」に連坐して刑死する（同前）。法嗣として日本の以亨得兼（佐賀県鳥栖市萬歳寺の中興開山）がいる。その伝は、『護法録』巻九「蒲庵禅師画像賛」（J21-678c）、『継燈録』巻五（Z147-401a）、『径山志』巻三「法侶」（12b）、『浄慈寺志』巻一〇（33a）などに見える。著述として、『蒲庵集』存六巻（巻一至六）附『幻庵詩』一巻（『禅門逸書初編』第七冊、洪武刊本）、『蒲庵集』不分巻（『禅門逸書初編』第七冊、鈔本）、『蒲庵詩文集』六巻（静嘉堂・写本）、および『澹游集』三巻（『五山版中国禅籍叢刊』第一一巻・臨川書店）が存する。ただし、これらの著述の中に、「石城山呑碧楼記」は収載されていない。なお、関係する論攷として、井手誠之輔「頂相における像主の表象―見心来復像の場合」（『仏教芸術』二八二号・二〇〇五年）、同「見心来復編『澹游集』編目一覧（附、見心来復略年譜）」（『美術研究』三七三号・二〇〇〇年）がある。また、〔97〕の「諸師略伝」を参照。

○吾無我上人＝月堂の二番目の法嗣である無我省吾（一三一〇～一三八一）のこと。花園天皇の庶子として生まれ、月堂の印可を得た後、元末明初の中国へ二度にわたって渡り、彼の地で遷化する。明の洪武帝に招かれて禁裏で説法し、死後、菩薩号を勅贈されている。著に『一心妙戒教』一巻があり、その伝は「大明勅贈菩薩無我省吾禅師行状」（『一心妙戒教』附録）に詳しい。また、〔43〕の「牛頭山省吾」の注、〔79〕を参照。

○搏桑＝日本のこと。「扶桑」とも書く（『漢語』第六冊・p.796）。

○受経＝経書の講義を聞いて、師弟の間で相伝すること（『漢語』第二冊・p.886、『大漢和』巻二・p.707）。

○東海＝東シナ海のこと。中国では「東海」と呼ぶ。

○四顧混然、水雲一碧＝「四顧」は、四方を見ること、あるいは四面（『漢語』第三冊・p.602）。「混然」は、一般的には、混乱した、あるいは乱雑な、という意味であるが、ここは渾然一体、という意味（『漢語』第五冊・p.1378）。「水雲」は、水と雲。多くは水と雲が混ざった景色をいう（『漢語』第五冊・p.875）。四方を海に囲まれ、大海原に雲が浮かぶ雄大な風景を謳った語。

○先師月堂＝月堂宗規（一二八五～一三六一）のこと。南浦紹明の法嗣。「知足子」「水月道人」とも号する。博多妙楽寺の開山。〔77〕および拙著『「月堂和尚語録」訳注（附行状）』解説「月堂宗規――九州における大応禅の挙揚者――」を参照。

○嘗作小楼、為先師月堂禅燕之所、因顔曰呑碧、以識其勝＝月堂宗規の長養のために、博多の商人たちが、正和五年（一三一六）に「石城庵」と呼ばれる一宇を創建したが、南北朝時代の貞和二年（南朝正平元年・一三四六）、月堂宗規の法嗣の無我省吾が、同じく商人たちの協力を得て石城庵を改修して「石城山妙楽円満禅寺」と名を改めた。妙楽寺は、創建当初は博多津の息浜《おきのはま》にあり、七堂伽藍が整い、二十九宇の塔頭と十三ヶ寺の末寺を有する大寺院であった。当初、呑碧楼は寺の西南の隅に建てられたが、ほどなく壊れたため、その扁額だけが山門に移され、後に妙楽寺の建造物のうち、外門が潮音閣、山門が呑碧楼と呼ばれることになる。なお、ここの「顔」は、堂、あるいは門にかけてある横額、扁額のこと（『漢辞海』p.1564）。また「以識其勝」の「勝」は、四方を海に囲まれた素晴らしい景色のことで、「勝景」の意。「識」は、底本では「識《あらわ》す」と送り仮名が付されている。

○禅燕＝熟語としては諸辞書に見えない。「燕」には、休む、安んじる、といった意味があり、また似た語に「燕居」（家でくつろぐ）や「燕室」（休息するための部屋）・「燕処」（安んじ居る）などがあり、さらに「燕坐」という語もあって、「坐禅」と同義である。これらを考え合わせると、「穏やかに坐禅をしながら暮らす場所」という程の意味であろう。「禅燕」の用例としては、「禅燕して自ら湖に牧《やしな》う（禅燕自牧于湖）」（『雲臥紀譚』巻下・Z148-16c）や「禅燕して自ら娯しむ（禅燕自娯）」（『新修科分六学僧伝』巻一三・Z133-327d）などがある。

◯包括無外＝内外の区別なく全てを一括りに包みこむ。似た表現として『圜悟仏果禅師語録』巻一九に「太虚包括して遺漏無し（太虚包括無遺漏）」（T47-800c）とある。

◯空体廓周＝「廓周」は、どこまでも広がっている、行き届いている、満ちているの意。『碧巌録』第三五則・頌評唱に「廓周沙界勝伽藍」（T48-174a、岩波文庫本㊥p.55）とあって、末木訳では「無数にある世界に満ち満ちているすばらしい伽藍」（㊥p.61）と訳されている。

◯紺潔虚朗＝「紺潔」「虚朗」ともに熟語として辞書類に見えない。「紺潔」は、空や海の汚れない青色、清らかな紺碧を指しているのであろう。「虚朗」の禅録での用例としては、例えば『景徳伝燈録』巻三〇「五台山鎮国大師澄観答皇太子問心要」条に、「唯忘懐虚朗、消息沖融」（T51-459c）とあり、からっぽで明らか、という程の意味。

◯譬之普賢毛孔…無有留礙＝八十巻『華厳経』巻三一に、「無著無縛の解脱心を以て、普賢清浄の法門を成就し、一毛端量の処に於いて、悉く尽虚空・遍法界・不可説不可説の一切の国土を包容し、皆な明らかに見せしむ。一毛端量の処の如く、遍法界・虚空界の一一の毛端量の処も、悉く亦た是《か》くの如し（以無著無縛解脱心、成就普賢清浄法門、於一毛端量処、悉包容尽虚空遍法界不可説不可説一切国土、皆使明見。如一毛端量処、遍法界、虚空界一一毛端量処、悉亦如是）」（T10-166b）とあるのを踏まえる。

◯百億刹土、百億日月、百億須弥＝仏教的な宇宙観にもとづいた語句。仏教の宇宙観によれば世界の中心に高くそびえる巨大な山。大海の中にあって、金輪の上にあり、その高さは水面から八万ヨージャナあって、九山八海がとりまいている。その周りを日月がめぐり、六道・諸天はみなその側面、または上方にある。その頂上に帝釈天の住む宮殿がある（『中村』「須弥山」条・p.629）。

◯帝青＝青空（『漢語』第三冊・p.709）。

○洞照眉睫＝「洞照」は、明るく照らす意（『漢語』第五冊・p.1147）。「眉睫」は眉《まゆ》と睫《まつげ》。人の容貌や風格などを指すが（『漢語』第七冊・p.1194）、ここは『列子』「仲尼第四」に、「其れ介然《かすか》の有《もの》、唯然《わずか》の音有れば、遠くは八荒《天下》の外に在り、近くは眉睫《まゆやまつげ》の内に在りと雖も、来たりて我を干《おか》す者は、我れ必ず之を知る（其有介然之有、唯然之音、雖遠在八荒之外、近在眉睫之内、来干我者、我必知之）」（岩波文庫本㊤p.168）とあるように、すぐ目の前のこと。

○毫芒＝毛先ほどに細く尖っている。極めて細微なことの比喩（『漢語』第六冊・p.1010）。

○燕酣＝寛いで酒を楽しむこと。熟語としては辞書類に見えない。「燕」はくつろぐこと（『漢語』第七冊・p.282）。「酣」は酒を楽しむこと（『漢語』第九冊・p.1397）。「燕」が「宴」に通ずることから、「宴酣」で、宴たけなわの意となるが（『大漢和』巻三・p.1018）、今回は取らない。

○禅悦＝（11）の「禅悦遊戯」の注を参照。

○高顕殊特＝「高顕」は、建物などが広大であること、また広大で輝くきらめく建築物のこと（『漢語』第一二冊・p.966）。また「殊特」は、特殊の意（『漢語』第五冊・p.161）。呑碧楼が壮大華麗で他とは違った特別な建造物であることを指す。

○慈氏宮＝兜率天にいる弥勒の宮殿。「慈氏」は弥勒菩薩のこと。「慈氏宮」は『虚堂録』（T47-994a）に用例があり、『犂耕』の説明に「大士は弥勒の応身なるが故に、慈氏宮有り。今、境に託して云う、『天上の兜率の慈氏宮中、且く何の法を説くや』と（大士弥勒応身故、有慈氏宮。今託境云、天上兜率慈氏宮中、且説何法也）」（禅研影印本・p.182）とある。

○洪武歳在閼逢接提格春二月二十有四日＝「洪武」は、明代の元号で、一三六八年から一三九八年。「閼逢」は、十干（甲・乙・丙・丁・戊・己・庚・辛・壬・癸）のうちの甲の別称。紀年法で用いる（『漢語』第一二冊・p.128）。「接提格」は、古代の紀年法で用いる十二支のうちの一つ。寅年に当たる（『漢語』第六冊・p.974）。つまり、「洪武歳在閼逢接提格春二月二十有四日」で、明の洪武七年甲寅（一三七四）春二月二十四日ということになる。
○杭州府霊隠禅寺＝杭州（浙江省）霊隠山にある。詳しくは北山景徳霊隠禅寺。かつて僧慧理が庵居して訳経に従事した場所。会昌の破仏の後、呉越王が五百羅漢堂を建立し、諸堂を整備し、永明延寿をして開堂せしめた。宋代には五山第二に位し、明教契嵩・仏海慧遠・仏照徳光・松源崇岳などがここに化を張った。また南宋代、大川普済はここで『五燈会元』を撰した。清代に至り、雲林寺と改名した。山内には、飛来峰（小朶峰）・直指堂・冷泉亭・北高峰・呼猿洞（白猿洞）・石蓮峰・合澗橋・鷲嶺・九里松径・翠雷亭・蓮峰堂・梅檀林などの勝地がある（『禅学』p.1301）。詳しくは、清の孫治撰、徐増重編『霊隠寺志』八巻（『中国仏寺志彙刊』第一輯、『中国仏寺志叢刊』、所収）を参照。

呑碧楼題詠

○漢魏より清に至る詩文のうち、わが国に関するものを、江戸時代の豊後（大分県）の儒者である伊藤威山（生没年不詳）がまとめて天保十一年（一八四〇）に刊行した『隣交徴書』巻之二（二二丁裏〜二三丁裏）に、〔29〕〔30〕〔31〕〔32〕〔33〕の五首が収載されているので、それぞれ対校を加えた。

〔25〕寄題呑碧楼

南堂遺老清欲

石城楼上倚欄干、万里秋空一望呑。龍巻黒雲帰洞府、日行黄道堕金盆、三辺翠浪開天塹、両岸青山夾海門。広不可量深莫測、灼然方外有乾坤。

＊

呑碧楼《どんぺきろう》に寄題《きだい》す　　南堂遺老清欲《なんどういろうせいよく》

石城の楼上、欄干《らんかん》に倚り、万里の秋空一望に呑む。龍は黒雲を巻きて洞府に帰り、日は黄道を行きて金盆を堕《お》とす。三辺の翠浪、天塹を開き、両岸の青山、海門を夾《はさ》む。広くして量る可からず深くして測る莫《な》し、灼然として方外に乾坤有り。

＊

呑碧楼《どんぺきろう》に寄題《きだい》（＝現地に行かずに詩を詠むこと）する　　南堂遺老《なんどういろう》〔了庵《りょうあん》〕清欲《せいよく》

石城《せきじょう》〔山妙楽寺《ざんみょうらくじ》の呑碧楼〕の楼上の欄干《らんかん》にもたれて〔景色を眺めると〕、〔遠く〕万里の〔果てまで続く〕秋空を一望のもとに呑〔み込〕む〔かのように見渡せる〕。龍は黒い雲を巻きおこし〔ながら仙人の〕洞府《すみか》に帰り、日《太陽》は〔天空を動く〕黄道《軌道》を進んで金盆《丸く輝く姿》を〔海の中に〕沈めていく。〔楼を囲む〕三方の〔海の〕翠《あお》い浪は天然の塹壕を切り開き、〔東西の〕両岸の〔彼方に見える〕青山《やまやま》が海門《湾の入江》を挟んで〔その先に見えて〕いる。〔その海は〕計り知れないほど広くて深く、明らかに世間の外に〔別〕天地があるのだ。

＊

○寄題＝直接その地に赴かずに、その地のことを詩によむこと（『漢辞海』p.396）。

○南堂遺老清欲＝了庵清欲（一二八八～一三六三）のこと。別に南堂遺老と号した。臨済宗松源派、古林清茂の法嗣であり、竺仙梵僊や石室善玖・月林道皎などの法兄弟である。台州（浙江省）臨海の人。天暦二年（一三二九）、集慶路（南京）中山開福禅寺に出世。元統元年（一三三三）、嘉興路（浙江省）本覚禅寺に遷り、一坐十年、帝師より金襴の袈裟と慈雲普済禅師の号を下賜されるが、事によりて寺の南堂に退去する。至正五年（一三四五）、平江路（蘇州）霊巌禅寺の請に応じ、三年間住持するが、再び南堂に帰隠する。まもなく兵火のため南堂が焼失したため、清欲のために建てられた嘉禾（嘉興）の慈雲塔院に入り、至正二十三年（一三六三）、ここで示寂する。七十六歳であった。語録として『了庵清欲禅師語録』九巻（Z一二三）・『南堂了庵禅師語録』一二巻（C九八）がある。伝記としては、宋濂撰「慈雲普済禅師了庵欲公行道記」（『了庵清欲禅師語録』附録・Z123·392c）と撰者不明の「伝」（『了庵清欲禅師語録』附録・Z123·394a）があり、その他、『五燈会元続略』巻三（Z138·483d）・『継燈録』巻五（Z147·394c）・『増集続伝燈録』巻六（Z142·442a）などにも見えている。また、〔98〕を参照。

○洞府＝道教の神仙がすむ場所のこと（『漢語』第五冊・p.1144）。
○黄道＝日の運行する軌道。地球から望み、太陽が天球上を一周する間に描く大円のこと（『大漢和』巻一二・p.969）。
○金盆＝太陽、あるいは円い月のこと（『漢語』第一一冊・p.1157）。
○三辺翠浪開天塹＝「三辺」の「辺」は「ふち、へり」の意。石城山妙楽寺は博多湾に突き出た出島状の土地の左端付近にあり、三方を海に囲まれていた。「翠浪」は青い波（『漢語』第九冊・p.660）、「天塹」は天然の塹壕（『漢語』第二冊・p.1443）。
○両岸青山夾海門＝現在の博多とは地形がかなり違うが、当時の妙楽寺から海越えに東西に見えたであろう山としては、東側の立花山や三日月山、西側の愛宕山や毘沙門山などがある。しかし、何れも低山である。「海門」は河川から海へ通じる出口（『漢語』第五冊・p.1223）のこと。
○灼然方外有乾坤＝呑碧楼が素晴らしい別天地だとの意。「方外」は俗世間の外。『荘子』「大宗師篇」に、孟子反と子琴張の二人について孔子が、「彼らは方の外に遊ぶ者なり。而して丘《わたし》は方の内に遊ぶ者なり（彼遊方之外者也。而丘遊方之内者也）」（岩波文庫本①p.203）と評したのに拠る。「乾坤」は天地（『漢辞海』p.43）。

〔26〕又　　西斎道人梵琦

十里彎環白玉城、城頭層屋聳亭亭。却疑海変琉瑠地、遙望山開翡翠。片月冷光如可攬、長松幽韻絶堪聴。
蓬莱只在欄干角、不用飆車跨杳冥。

*

又た

西斎道人梵琦《せいさいどうにんぼんき》

十里彎環《わんかん》たり白玉の城、城頭の層屋聳《そび》えて亭亭。却って疑う、海は琉璃《るり》の地と変わり、遙かに望む、山、翡翠《ひすい》の屛を開くかと。片月の冷光、攬《と》る可きが如く、長松の幽韻絶《はなは》だ聴くに堪えたり。蓬萊《ほうらい》は只だ欄干《らんかん》の角に在り、用いず飆車《ひょうしゃ》の杳冥《ようめい》に跨がることを。

＊

又た

西斎道人《せいさいどうにん》〔楚石《そせき》〕梵琦《ぼんき》

十里にも〔渉って〕湾曲している〔浜辺にそびえる〕白い城壁《元寇防塁》、城壁の上に層屋《楼閣》が高く聳えている。〔呑《どん》碧楼《へきろう》から眺める景色の素晴らしさは、〕海は〔浄土の〕琉璃の地に変わり、遙か遠くに望む山々は翡翠《ひすい》の屛風を開いたのではないかと疑われるほどだ。〔呑碧楼にいれば、空に浮かぶ〕弦月《げんげつ》の冷たい光を取り集められるし、老松の〔間を吹き抜ける〕幽《かす》かな〔風の〕韻《おと》がとても良く聴こえる。〔海の中にあるとされる神仙が住む仙境、〕蓬萊山《ほうらいさん》も〔この楼の〕欄干《らんかん》の角《片隅》に在るだけだから、風を操って走るという〔伝説中の〕車に杳冥《天空》で跨《また》が〔って乗り、探して飛び回〕る必要などあるまい。

＊

○西斎道人梵琦＝楚石梵琦（一二九六～一三七〇）のこと。小字は曇耀、号は西斎道人。明州（浙江省）象山の人。大慧派の元叟行端に径山に参じて嗣法。同門に愚庵智及や古鼎祖銘などがいる。泰定元年（一三二四）、海塩（浙江省）の福臻寺に出世、その後、天暦元年（一三二八）に同じ海塩の天寧永祚寺、のち至元元年（一三三五）に杭州路（浙江省）の鳳山大報国寺、至正四年（一三四四）に嘉興路（浙江省）の本覚寺、至正十七年（一三五七）に同じく嘉興路の報恩光孝寺に住する。その間、至正七年（一三四七）に帝師より仏日普照慧辯禅師の号を下賜される。至正十七年（一三五七）、海塩の天寧永祚寺に再住するが、至正十九年（一三五九）、天寧寺の西に寺を建てて居し、自ら西斎老人と号する。明初の洪武元年（一三六八）、二年（一三六九）、三年（一三七〇）と三年続けて金陵の蒋山や天界寺に招請されて洪武帝に奏対説法する。金陵に在った洪武三年（一三七〇）七月二十七日示寂。世寿七十五。道号の「西斎」からも見て取れるように、浄土思想への傾倒が見られた。著述として『仏日普照慧辯楚石禅師語録』二〇巻（C九五・Z一二四所収）の他に、『楚石大師北遊詩』一巻（静嘉堂・写本、『禅門逸書続編』第二冊・漢声出版社・一九八七、旧鈔本）・『西斎楚石和尚外集』一巻（京都大学付属図書館・蔵経書院本・蔵24-セ-2）・『〔仏日普照慧辯大師〕和三聖詩集』一冊（駒大一五一―二四）・『西斎浄土詩』三巻（『浄土十要』巻八・Z一〇八・409a～425d）がある。また、伝記類としては、法弟至仁撰「楚石和尚行状」〔洪武庚戌九月初吉〕（『楚石梵琦禅師語録』巻二〇・Z124・147c）・宋濂撰「仏日普照慧辨禅師塔銘有序」（『護法録』巻一・J21-603c、『楚石梵琦禅師語録』巻二〇・Z124・149a）・姚広孝撰「西斎和尚伝」（『西斎浄土詩附録』巻三下）、その他、『五燈会元続略』巻二（Z138-457b）・『補続高僧伝』巻一四（Z134-123c）・『増集続伝燈録』巻四（Z142-411c）・『径山志』巻三「法侶」（12a）・『浄慈寺志』巻一〇（30b）なども参考となる。〔99〕も参照。

○彎環＝輪のように湾曲すること（『漢語』第四冊・p.162）。

○白玉城＝白い城壁。「白玉」は、白壁のこと（『漢語』第八冊・p.169）。博多の海岸線には、妙楽寺の付近も含めて元寇防塁が築かれていた。

○亭亭＝高くそびえるさま（『漢辞海』p.58）。

○却疑海変琉瑠地＝海の水が浄土の琉璃地に変わる。琉璃（瑠璃）は青色の宝（『一切経音義』巻一八・T54-418c）。ここは『観無量寿経』に見える観想念仏「十六観」の第二観「水想観」（T12-342a）を踏まえる。『観経』では、水や氷を見ることによって西方浄土の「瑠璃地」を観想することになっている。

○遙望山開翡翠屏＝「翡翠」は、仏典や禅録類では、鳥の「カワセミ」もしくはその羽の意味で使用されることがほとんどであり、「鸚鵡」「鴛鴦」などと並べて用いられているが、ここは緑色の宝石としての翡翠を指す。楚石が「瑠璃」と「翡翠」とを並べて用いた詩句に、「琉璃地に列《つら》ぬ紫金の幢、翡翠楼に開く白玉の窓（琉璃地列紫金幢、翡翠楼開白玉窓）」（『蓮邦詩選』・楚石「懐浄土」・Z110-323d）や、「酥酡自ら注ぐ琉璃の椀、甘露長く凝らす翡翠の盤（酥酡自注琉璃椀、甘露長凝翡翠盤）」（『浄土十要』巻八・梵琦「懐浄土詩」・Z108-411d）があり、好んだ表現であったことが窺える。

○片月＝弦月、半月のこと（『漢辞海』p.895）。

○長松＝老松。大きく育った松。『証道歌』に「岑崟《しんぎん》幽邃《ゆうすい》たり長松の下（岑崟幽邃長松下）」（T48-396a）とある。

○蓬萊只在欄干角＝蓬萊山もこの呑碧楼の一角の、すぐ手が届くところにある。「蓬萊」は蓬萊山のこと。広くは固有名詞としてではなく、仙境全般を指す。中国古代の伝説上の神山で、方丈山・瀛洲山と共に三神山とされ、渤海の中にあるとされる（『漢語』第九冊・p.512）。

○飆車＝風を御して走るという伝説の神車（『漢語』第一二冊・p.650）。

○杳冥＝奥深いとか暗いという意味もあるが、ここは「天空」の意（『漢語』第四冊・p.816）。

〔27〕又二首　呉山老樵良琦

①雪頂蒼眉東国僧、高居楼子俯滄溟。榑桑落影団空翠、弱水凝光映帝青。大地空明時在定、諸天森列夜談経。鶴鳴蓬萊廻僊珮、浪通銀河度客星。

②双轂繞闌馳日月、群龍当檻起風霆。忽来山気翻嫌湿、不断松声自可聴。人物海浜多磊落、氛埃世外本清寧。余将与你同帰去、笑躡雲中彩鳳翎。

*

又た二首　　呉山老樵《ござんろうしょう》 良琦《りょうき》

①雪頂《せっちょう》蒼眉《そうび》の東国の僧、高く楼子に居して滄溟を俯す。榑桑《ふそう》は影を落として空翠を団《あつ》め、弱水は光を凝らして帝青を映《うつ》す。大地は空明にして時に定に在り、諸天森列して夜に経を談ず。鶴は蓬萊《ほうらい》に鳴きて僊《せん》珮《はい》を廻《めぐ》らし、浪は銀河を運《うご》かして客星を度《わた》す。

②双轂《そうこく》、闌《らん》を繞《めぐ》りて日月を馳せ、群龍、檻に当たりて風霆《ふうてい》を起こす。忽ち来たる山気翻《かえ》って湿を嫌い、不断の松声自《おのずか》ら聴く可し。人物海浜多くは磊落《らいらく》、氛埃《ふんこう》世外本《も》と清寧。余は将《まさ》に你と同《とも》に帰り去らんとし、笑いて雲中彩鳳の翎《はね》を躡《ふ》む。

*

又た二首　呉山老樵《ござんろうしょう》こと〔元璞《げんはく》〕良琦《りょうき》

①頭は白髪で眉も白髪混じりの東国《日本》の僧（＝月堂宗規）が、高い楼閣〔の上〕にいて大海を見下ろしている。〔太陽が出るところに生えているという伝説の〕榑桑《ふそう》〔の木〕は影を落として蒼く湿った霧を〔そこに〕集め、〔蓬萊山を隔てる伝説の〕弱水《じゃくすい》〔にも比すべき東海〕は光を集めて碧空《あおぞら》を映しだしている。大地は広々として〔汚れなく〕澄み切っていて、いつも禅定〔の中〕に在り、夜には〔仏法を守護する〕諸天〔の神々〕がズラリと並んで〔仏教の〕経典を談じている。鶴は〔どこに隠れてても、その鳴

き声で居場所が分かるように、月堂《げつどう》和尚も〕蓬萊〔にも比すべき呑碧楼《どんぺきろう》〕で鳴いて《喋って》〔優れた能力を隠すことができず〕、仙人の〔付ける〕珮《おびだま》を元通りに〔付け直〕して〔仙人の姿を現し〕、浪は銀河〔にまで月堂和尚の乗った筏〕を動かして客星《彗星》〔のごとき月堂の筏〕を〔銀河を横断して〕渡すのだ。

②〔太陽と月の〕両輪が欄干《らんかん》を〔照らし〕回って日月が流れ去り、沢山の龍《修行僧》が〔この〕檻《おり》〔のような呑碧《どんぺき》楼《ろう》〕に風や稲妻を起こし〔てき〕た。突然に吹き下りてきた山中の〔冷え冷えとした〕空気は、〔海の側にいても〕嫌な湿っぽさだが、断《た》えることがない〔その空気に当たった〕松〔を吹き抜ける〕声《おと》が自然に耳に入ってくる。〔辺りに住んでいる〕人々は海辺であるから、多くは〔豪放《ごうほう》〕磊落《らいらく》だし、汚れた世間〔にある〕とはいえ〔呑碧楼は〕俗世の外にあるから、もとより清寧《清々しく静か》である。私はあなた（＝無我省吾）と共に〔日本に〕帰ろうと、笑って雲の中の鳳凰の羽を踏んで〔乗って〕いるのである。

＊

○呉山老樵良琦＝〔100〕の「諸師略伝」に拠れば、号は元璞。呉山老樵も道号であろう。石室祖瑛（一二九一〜一三四三）の法嗣。良琦本人は禅燈類に名前が載せられていないが、その師である石室は大慧派の晦機元熙の法嗣で、雪竇や育王の住持となり、笑隠大訢や東陽徳煇などと同門である。『五燈会元続略』巻二（Z138-460d）・『増集続伝燈録』巻四（Z142-409b）・『続燈正統』巻一四（Z144-331c）・『続燈存稿』巻五（Z145-58c）などに立伝されている。

○雪頂蒼眉東国僧＝「雪頂」は、頭頂部がすべて白髪であるということ（『漢語』第一一冊・p.626）。「蒼眉」は、白髪で灰白色に変わった眉のこと。杜甫（七一二〜七七〇）の「贈衛八処士」の中に「鬢髪各已蒼」とあって、これは白髪交じりの頭髪のこと。全体で、「〔年をとって〕頭は白髪、眉も白髪混じりの東の国（＝日本）の僧」という意味。

○高居楼子俯滄溟＝「楼子」は、二階以上の高層の建築物、あるいは階毎に分かれた建築物、あるいはその上層の意

（『漢語』第四冊・p.1272）。ここは無論、呑碧楼のことである。「滄溟」には、大海と蒼天の二通りの意味があるが（『漢語』第六冊・p.26）、ここは大海の意。「俯」はうつむくことで（『漢辞海』p.110）、ここは俯瞰の意であろう。

○搏桑落影団空翠＝「搏桑」は、神木の名。東方の日の出る所にあるといい、又た此の木から太陽が昇るという（『大漢和』巻六・p.478）。『淮南子』「覧冥訓」に「朝発搏桑」（新釈本㊤p.305）とある。転じて、日本のこと。「空翠」は、草木、樹木の葉、青い湿った霧気、青空、澄んだ泉水などの意味があるが（『漢語』第八冊・p.422）、『五燈厳統』巻二四「箬庵通問禅師」条に「一団の空翠、烟雲《霞と雲》繞る（一団空翠烟雲繞）」（Z139-518c）とあるように、ここは「青い湿った霧気」の意味であろう。

○弱水凝光映帝青＝ここは下句に「蓬莱」が出ているので、『続神仙伝』「蜀女謝自然」条にある「蓬莱は弱水を隔つること三万里。舟楫の行く可きに非ず、飛仙に非ずんば以て到ること無し（蓬莱隔弱水三万里。非舟楫可行、非飛仙無以到）」（宋・祝穆撰『古今事文類聚』前集巻三四「謝自然」条所引、四庫全書本・30a）を念頭に置いたものであろう。一般的に「弱水」は、伝説上、西海（中国青海省の青海湖）にあるとされる淵もしくは河のこと。その水は浮力が弱く、軽い鴻毛さえ浮くことができないので、渡ることが困難だとされる。典拠としては、晋の郭璞撰『山海経』、および漢の東方朔撰とされる『海内十洲記』が知られており、それぞれ崑崙山と鳳麟洲との関係で述べられている。『山海経』巻一六には、「西海の南、流沙の浜、赤水の後、黒水の前に大山有り、名づけて崑崙の丘と曰う。神有り、人面虎身にして、文有り尾有り、皆な白之《これ》に処す。〔其の尾、白を以て点駮《まだら》を為すを言う。〕其の下に弱水の淵有りて之を環《めぐ》る。〔其の水、鴻毛に勝えず。〕其の外に炎火の山有り、物を投ずれば輒ち然《も》ゆ（西海之南、流沙之浜、赤水之後、黒水之前、有大山、名曰崑崙之丘。有神、人面虎身、有文有尾、皆白処之。〔言其尾以白為点駮。〕其下有弱水之淵環之。〔其水不勝鴻毛。〕其外有炎火之山、投物輒然）」（四庫全書本・5a）とあり、『海内十洲記』には、「鳳麟洲は西海の中央に在り。地は方一千五百里。洲の四面に弱水有りて之を繞《めぐ》る。鴻毛も浮かざれば、越ゆ可からざるなり。洲上に鳳麟多きこと数万、各おの群を為す（鳳麟洲在西海之中央。地方一千五百里。洲四面有弱水繞之。鴻毛不浮、不可越也。洲上多鳳麟数万、各為群）」（四庫全書本・5a）とある。また、『漢語』（第四冊・p.118）参照。「帝青」は、仏教では青色の宝珠を意味するが、これに加えて、青天、碧空という意味がある（『漢語』第三冊・p.709）。ここは「碧空」の意味であろう。

○空明＝広々として澄み切っていること（『漢語』第八冊・p.414）。

○諸天森列夜談経＝「諸天」は、天上世界に住して仏法を守護する神々。諸天善神など（『中村』p.690）。また、それが転じて、天界や天空そのものを指す場合もある（『漢語』第一冊・p.266）。また「森列」は、無数のものが分布すること、あるいは厳かに並ぶこと（『漢語』第四冊・p.1085）。星々を諸天に喩えて、それらが広がる夜間に経典について談ずる、ということであろう。

○鶴鳴蓬萊廻僊珮＝「鶴鳴蓬萊」は、『詩経』「小雅」の「鶴鳴篇」を念頭に置いた句。この「鶴鳴篇」を引用して、『荀子』には、「君子は隠るるも顕われ、微《（賤）》なるも明らかに、辞譲すれども〔人に〕勝つ。『詩』に、『鶴は九皐《奥深い沢》に鳴きて、声は天に聞こゆ』と曰うは、此の謂《いい》なり（君子隠而顕、微而明、辞譲而勝。詩曰、鶴鳴于九皋、声聞于天、此之謂也）」（『荀子』「儒效篇」、岩波文庫本㊤p.123）と述べられており、すぐれた人物はどこにいても自ずと知られる意だとしている。「蓬萊」は仙人が住む蓬萊山のことで、〔26〕条に既出。蓬萊にも比すべき呑碧楼に隠棲していても、自ずと周りの人々に知れ渡る、ということであろう。「廻僊珮」の「珮」は「佩」に同じ。衣の帯につける装飾品の一種のおびだまのこと（『漢辞海』p.94）。「僊」は「仙」で、仙人のこと。「解佩」という熟語があり、任官していた時に付けていた佩をはずして官職を辞することを意味する（『漢語』第九冊・p.1367）。「廻佩」という熟語は辞書類に見えないが、「廻」は、「回復させる、もとにもどす」という意味であり（『漢辞海』p.474）、官職をもどすという場合にも使われる。ここでは元々の仙人の姿に戻るという意であろう。

○浪通銀河度客星＝「通」は「動」の古字。「客星」は、彗星のことであるが、ここでは月堂和尚が彗星の代わりに天に昇ることを指す。『博物志』巻一〇に、海と銀河の間を往来する浮槎《いかだ》の有名な話が載せられており、そこでは浮槎《いかだ》が「客星」として扱われている。『博物志』の記事は次の通り。「旧説に云く、『天河は海と通ず。近世に人有り、海浜に居る者なり。年年八月、浮槎《いかだ》有り、去来、期を失せず。人に奇志有り、飛閣を槎《いかだ》の上に立て、多く糧を齎《もたら》し、槎《いかだ》に乗りて去らんと。十余日の中、猶お星月日辰を観るがごとし。自後芒芒忽忽として、亦た昼夜を覚えず。去ること十余日、奄《たちま》ち一処に至る。城郭の状有り、屋舎甚だ厳なり。遥かに宮中を望むに、織婦多し。一りの丈夫、牛を牽きて渚次にて之を飲ますを見る。牽牛の人、乃ち驚きて問うて曰く、「何に由りて此《ここ》に至るや」と。此の人、具さに来意を説き、并びに問う、「此れは是れ何処なるか」と。答えて曰く、「君還りて蜀郡に至り、厳君平を訪わば、則ち之を知らん」と。竟に岸に上らず、因りて還ること期の如し。後に蜀に至り、君平に問う。曰く、「某年月日、客星有り、牽牛の宿を犯す」と。年月を計《かぞ》うれば、正に是れ此の人、天河に到る時なり』と（旧説云、天河与海通。近世有人、居海浜者。年年八月有浮槎、去来不失期。人有奇志、立飛閣于槎上、多齎糧、乗槎而去。十余日中、猶観星月日辰。自後芒芒忽忽、亦不覚昼夜。去十余日、奄至一処。有城郭状、屋舎甚厳。遙望宮中、多織婦。見一丈夫、牽牛渚次飲之。牽牛人、乃驚問曰、何由至此。此人具説来意、并問、此是何処。答曰、君還至蜀郡、訪厳君平、則知之。竟不上岸、因還如期。後至蜀、問君平曰、某年月日、有客星、犯牽牛宿。計年月、正是此人、到天河時也）」（四庫全書本・3a~b）。

○双轂繞闌馳日月＝「双轂」は、車の両輪のこと。ここでは太陽と月を指す。蘇軾の「次辯才韻賦詩一首」の中にも、「日月転双轂、古今同一丘。惟此鶴骨老、云々」（『東坡全集』巻一八、四庫全書本・23b）とある通り、時間の過ぎ去ることの早さを喩えたもの。

○氛埃＝汚れた空気、ちりほこり（『漢語』第六冊・p.1021）。ここでは「埃氛」と同じく、汚れた俗世の比喩であろう（『漢語』第二冊・p.1108）。

○彩鳳翎＝「彩鳳」は鳳凰のこと（『漢語』第三冊・p.1124）。

〔28〕又

雪山文信

海上高楼涌石城、天光摩蕩碧波明。魚龍影落図画浄、炎暑涼生枕簟清。弱水五更留月色、長松十里送濤声。

赤欄金刹搏桑外、鞭石為橋尚未成。

＊

又た　雪山文信《せっせんぶんしん》

海上の高楼、石城に涌《わ》き、天光摩蕩《まとう》して碧波《へきは》明らかなり。魚龍の影落ちて図画浄く、炎暑に涼生じて枕簟《ちんてん》清し。弱水五更《ごこう》に月色を留《とど》め、長松十里に濤声を送る。赤欄金刹の搏桑《ふそう》の外、石を鞭《むち》うちて橋を為《つく》らんとするも尚お未だ成らず。

＊

又た　雪山文信《せっせんぶんしん》

海の上に〔見える〕高い楼閣が石城《妙楽寺》〔の地中〕から湧き出し、天《太陽》の光が〔海面を〕磨くように〔照ら〕して碧い波が明るく輝いている。〔海に棲む〕魚龍《いきもの》が〔その水面《みなも》に〕影を落として〔描かれた〕図画《絵画》〔のように〕浄らかで、〔それを見ていると〕炎暑に涼が生じて夜具も清《さわ》やかである。〔蓬莱山を隔てる伝説の〕弱水《じゃくすい》〔にも比すべき東海〕は五更《ごこう》（＝午前四時から六時）に月の色《すがた》を〔水面に〕留め、〔延々と浜辺に続く〕十里もの老松〔の林〕が波の声《音》を運んでくる。赤い欄干《らんかん》で金色の仏寺がある扶桑《日本》の外〔にいて〕、石を鞭《むち》う〔ち削〕って〔中国から呑碧楼まで渡れる〕橋を作ろうとしているが〔遠すぎて〕一向に出来上がっていない。

*

○雪山文信＝清の翁方綱撰『復初斎文集』三十五巻の巻三〇にある「跋文雪山墨迹巻（文雪山の墨迹の巻に跋す）」に、「文信、雪山と号す。永嘉の人なり。此の巻は、是れ其の自ら書して作る所の五言律、七言絶句、凡そ八詩。歳時を著けず。予攷《かんが》うるに、雪山、趙彦徴の画巻に題すること、洪武六年夏六月に在りて之を証す。此の巻の『扇に題する』の詩の『江南京国、鐘峰駐馬』の句は、則ち前詩に称する所の「聴宣喩」にして、是れ明の洪武初年に在《お》いて作る所なり（文信、号雪山。永嘉人。此巻是其自書所作五言律、七言絶句、凡八詩。不著歳時。予攷雪山題趙彦徴画巻、在洪武六年夏六月証之。此巻題扇詩江南京国鐘峰駐馬之句、則前詩所称聴宣喩者、是在明洪武初年所作也）」（9a）とある。これから類推するに、雪山は明代の洪武年間（一三六八～一三九八）初め頃の詩僧であることが分かる。〔101〕の「諸師略伝」は「欠」として記載が無い。

○海上高楼涌石城＝楼閣が地中から涌出する話として有名なものに、『妙法蓮華経』巻四「見宝塔品」の「爾《そ》の時、仏前に七宝の塔有り、高さ五百由旬、縦広二百五十由旬、地従《よ》り涌出す（爾時仏前有七宝塔、高五百由旬、縦広二百五十由旬、従地涌出）」（T9-32b）があるが、その他、『金光明経』巻四「捨身品」の「七宝の塔、地従り涌出す（七宝塔従地涌出）」（T16-353c）など、いくつかの経典に同様の記述が見える。

○摩蕩＝互いにこすれ合って変化すること。あるいはこすれて揺れ動くこと（『漢語』「摩盪」条、第六冊・p.826）。

○魚龍＝魚と龍。広く魚介の水棲生物を指す（『漢語』第一二冊・p.1198）。

○枕簟＝「枕簟」は、『礼記』「内則篇」に「枕簟を斂《おさ》め、室堂及び庭を灑埽す（斂枕簟、灑埽室堂及庭）」とあって、新釈本では、「夜具。簟《てん》は竹を細く割り編んだ席・たかむしろ」（㊥p.421）と注している。
○弱水＝〔27〕の「弱水凝光映帝青」の注を参照。
○五更＝「更」は、時の区分で、午後八時より二時間ずつ午前六時までを五等分した中の一単位をいう（『禅学』「三更」条・p.392）。「五更」は午前四時から午前六時までを指す。
○赤欄金刹＝「赤欄」では辞書類に見えず、用例も見えない。単に「赤い欄干」という意味であろう。「金刹」は、仏寺のこと（『漢語』第一一冊・p.1152）。

〔29〕又　四明祖闡

石城高倚翠雲端、呑碧層楼宇宙寛。地縮九州連五嶋、水通百済極三韓。華鯨吸尽珊瑚出、金翅分開渤海乾。巨浸由来有源委、晩潮推月上危欄。

※本条は『隣交徴書』にも収められている。字句の異同はない。

＊

又た　四明《しめい》の祖闡《そせん》

石城高く倚る翠雲の端、呑碧の層楼、宇宙寛し。地、九州を縮《おさ》めて五嶋に連なり、水、百済《くだら》に通じて三韓を極む。華鯨《かげい》吸い尽くして珊瑚出で、金翅《こんじ》分開して渤海乾く。巨浸由来源委有り、晩潮、月を推して危欄に上《のぼ》す。

＊

又た　四明《しめい》（浙江省寧波）の〔仲猷《ちゅうゆう》〕祖闡《そせん》

石城《妙楽寺》〔の地〕に高く〔聳えて〕碧色の雲の端に倚りかかり、何層もある呑碧の高い楼閣〔から見える〕宇宙《せかい》は広大である。〔その眺望は、〕地《国土》は九州を収め取って〔さらに〕五つの島々に連なっており、〔見渡せる〕水《海》は百済にまで通じていて〔高句麗・新羅とあわせた朝鮮半島全体の〕三韓を極めている。華鯨《くじら》〔に喩えられる呑碧楼《どんぺきろう》の大鐘〕が〔海の水を〕吸い尽くして〔海中から〕珊瑚が現れ、〔呑碧楼に装飾された〕金翅鳥《こんじちょう》が〔巨大な翼を羽ばたかせれば、その風で海を〕分け開き〔遼東半島と山東半島との間の〕渤海が乾いて〔海水が無くなって〕しまう。海〔の潮の満ち引き〕にはもともと経緯《いきさつ》がある〔のだろう〕が、〔夕方になると満ちる〕晩潮に月が押しあげられて〔高い〕欄干《らんかん》〔の上に〕までのぼるのだ。

＊

○四明祖闡＝仲猷祖闡（生卒年不詳）のこと。別号は帰庵。俗姓は陳氏。大慧派、径山の元叟行端の法嗣。鄞（浙江省寧波）の出身である。名前の上に冠された四明は浙江省寧波の西南にある山の名である（『漢語』第三冊・p.580）。嗣法後、蘆山に出世し、香山に遷り、最後に明州（寧波）の天寧寺に住持している。洪武五年（一三七二）に太祖洪武帝の命で、無逸克勤と共に大統暦と文綾紗羅を持参して来朝。京都嵯峨の向陽庵に滞在して、室町幕府と最初の交渉を行う。帰途、妙楽寺に滞在し、洪武七年（一三七四）に帰国。『明史』巻三二二・列伝「日本」条（中華書局校点本・p.8342）の他、『護法録』巻八「恭跋 御製詩後」（J21-669c~670b）に記事があり、燈史類としては『五燈全書』巻五五（Z141-97b）・『増集続伝燈録』巻四（Z142-414d）・『続指月録』巻五（Z143-432a）・『続燈正統』巻一四（Z144-330a）・『続燈存稿』巻五（Z145-56c）に立項されている。また、『日本史広辞典』（山川出版・一九九七年・p.1413）参照。

〔102〕の「諸師略伝」にも立項されている。

○地縮九州連五嶋、水通百済極三韓＝「九州」は、元来、九つの州や国の意味で、中国の古代に、全土を分けて九つの州としたもの。あるいは中国を含めた九つの国のこと（『漢語』第一冊・p.734）。また、妙楽寺が存在する、かつては九つの州を合わせた西南の島の意味もある（『大漢和』巻一・p.370、参照）。ここはわが国の九州の意味であろう。一方、「五嶋」が具体的にどの島を指すのかは明らかではない。すぐに思い付くのは長崎の五島列島であり、『明史』巻三二二・外国「日本」（中華書局校点本・p.8354）や巻二〇五・列伝「胡宗憲」条（p.5410~5411）に、倭寇の拠点として日本の五島の名が登場しているが、明末嘉靖年間の記述であり、そもそも五島という名称は海寇の頭目であった王直（?~一五五九）の号である五峰に由来しているとされているから、時代的に合わないし、距離的にも博多から離れている。ここでは、恐らく博多から朝鮮半島に至る間に存在する島々を指すのであろう。博多湾から玄界灘にかけて、志賀島・能古島・玄海島・相島などの島があり、その他、壱岐・対馬といった大きな島も存在している。「三韓」は、前漢の初め頃から朝鮮の南部に拠って国を建てた馬韓（忠清・全羅二道）・辰韓（慶尚道東北部）・弁韓（慶尚道西南部）を指し（『漢語』第一冊・p.251）、前漢の末に起こった高勾麗（高句麗）・新羅・百済に相当する（『大漢和』巻一・p.118）。ここは「百済」という地名が出てくるので、後者の意味。〔51〕にも「三韓要路通潮信、五島帰帆献土宜」とあり、「五島」と「三韓」とが対で出てきている。

○華鯨＝鐘と鯨魚の形状の絵を刻んだ撞木《しゅもく》（鐘を撞く木）、または広く鐘を指す（『漢語』第九冊・p.409）。また「華鐘（文飾を刻んだ鐘）」（『漢語』第九冊・p.410）という語があり、鯨魚が使われる典拠として『文選』に見える次の班固「東都賦」と李善の注が引かれている。「『是《ここ》に於いて鯨魚を発《あ》げ、華鐘を鏗《つ》く』と。李善注に薛綜の『西京賦』を引きて注して曰く、『海中に大魚有り、鯨と曰う。海辺に又た獣有り、蒲牢と名づく。蒲牢、素《も》と鯨を畏る。鯨魚撃たば、蒲牢則ち大いに鳴く。凡そ鐘、声をして大ならしめんと欲する者は、故に蒲牢を上に作り、之を撞《つ》く所以《ゆえん》の者を鯨魚と為す。鐘に篆刻の文有り、故に華と曰うなり』と（於是発鯨魚鏗華鐘。李善注引薛綜西京賦注曰、海中有大魚曰鯨。海辺又有獣、名蒲牢。蒲牢素畏鯨。鯨魚撃、蒲牢則大鳴。凡鐘欲令声大者、故作蒲牢於上、所以撞之者為鯨魚。鐘有篆刻之文、故曰華也）」（『文選』については、新釈本79㊤p.62）。また、『大漢和』巻九「華鯨」条（p.712）参照。

○金翅分開渤海乾＝「金翅」は、文字通りには「金色の翼、もしくは飛んでいる鳥の形をした金の飾り物」（『漢語』第一一冊・p.1160）の意だが、「金翅鳥」の意味でも用いられる。「金翅鳥」は、梵語ではGaruḍa迦楼羅。インド伝説の怪鳥の名。羽は金色で両翼を広げると三百三十六万里あり、龍を食うという（『翻訳名義集』巻二・T54-1079c、『漢語』第一一冊・p.1161、『大漢和』巻一一・p.463）。『長阿含経』巻一八に「金翅の大鳥、宮に入り搏撮し、或いは始め方便を生じて、龍を取りて食わんと欲す（金翅大鳥入宮搏撮或始生方便、欲取龍食）」（T1-117a）とある。「渤海」には、国の名と海の名の二通りの意味があるが、ここは海の名。黄海の一部で、遼東半島と山東半島との間の内海（『漢語』第五冊・p.1449、『大漢和』巻七・p.98）。

○巨浸由来有源委＝「巨浸」は大水のことで、大河、大海もしくは洪水を指す（『漢語』第一冊・p.954）。「源委」の「源」は泉が湧くところ、「委」は流れが集まるところで、水の発源と帰宿のこと。引いては事情の本末と詳細を言う（『漢語』第六冊・p.11、『大漢和』巻七・p.147）。

○晩潮推月上危欄＝「晩潮」は、夕方にさして来る潮（『大漢和』巻五・p.877）。「危欄」は高い欄《てすり》（『漢語』第二冊・p.527）。欄干《らんかん》のこと。

〔30〕又

会稽克勤

石城高閣出雲端、下吸滄波万頃寒。目短蓬莱孤髻小、掌平弱水一盃寛。金烏曙色僧鳴磬、白雁秋声客倚欄。

莫怪多情王粲賦、三年隔海望長安。

※本条は『隣交徴書』にも収められている。字句の異同はない。

*

又た　会稽《かいけい》の克勤《こくごん》

石城の高閣、雲端に出で、下《しも》、滄波を吸いて万頃《ばんけい》寒し。目短の蓬萊《ほうらい》、孤髻《こけい》小なり、掌平の弱水、一盃寛し。金烏曙色、僧磬を鳴らし、白雁秋声、客欄に倚る。怪しむこと莫かれ多情なる王粲《おうさん》が賦、三年、海を隔てて長安を望む。

*

又た　会稽《かいけい》（浙江省紹興）の〔無逸《むいつ》〕克勤《こくごん》

石城《妙楽寺》の高い楼閣が雲の端に現れ、〔楼閣の〕下には青い波が打ち寄せて〔海が〕寒々と広がっている。〔高層の呑碧楼《どんぺきろう》から眺めれば〕目の前にある〔ように近くに見える〕蓬萊山《ほうらいさん》の孤髻《聳える峰》は小さなものだし、〔蓬萊山を隔てる伝説の〕弱水《じゃくすい》〔に比すべき東海〕も、掌の〔上にあるかの〕ように平らかで、一杯の盃《さかずき》ほどの寛さでしかない。金烏《太陽》が曙色《あけぼののいろ》で〔のぼる頃には〕僧侶が〔朝の〕磬《かね》を鳴らし、白い雁《かり》が秋〔の訪れを知らせて寝座《ねぐら》に帰る夕暮れの鳴き〕声は、〔海外からの〕客〔である私〕を欄干《らんかん》にもたれさせ〔て故郷に思いを馳せさせ〕る。情の濃やかな王粲《おうさん》が〔望郷の念を込めた〕賦《詩》〔を作ったの〕は無理からぬことだ、〔私は〕三年もの間〔日本に留まり〕、海を隔てて〔故郷である〕長安《中国》〔の方角〕を遠く眺めている。

*

○会稽克勤＝「会稽」は「克勤」は無逸克勤（生卒年不詳）。明代初期の天台宗の僧。教宗十刹の第十位である南京の瓦官寺の住持で、儒釈の書に通じていたとされる（『護法録』巻八「送無逸勤公出使還郷省親序」・J21-669a）。杭州集慶教寺の原璞士璋（一三一三～一三六八）の弟子であり（『護法錄』巻二「杭州集慶教寺原璞法師璋公円塚碑銘」・J21-617c）、その原璞の師匠は、仏海大師こと湛堂性澄（一二六五～一三四二）下の「四天王」の一人である洪州上天竺寺の我庵本無（一二八六～一三四三）である。無逸は、洪武五年（一三七二）、明の太祖の洪武帝の命により、仲猷祖闡と共に大統暦と文綾紗羅を持参して来朝。翌年、京都嵯峨の向陽庵に滞在して、明と室町幕府の間の最初の交渉を行う。帰途、洪武七年（一三七四）まで妙楽寺に滞在し、幕府の答使宣聞渓・浄業らと明人・高麗人の被虜人を伴い、同年帰国。詩文にすぐれ、日本禅僧の求めに応じて多くの作品を残した。『明僧克勤書』一巻（Z101-476a）がある。僧史類に立項されていないが、『護法録』巻八「送無逸勤公出使還郷省親序」（J21-669a）、「恭跋　御製詩後（附）」（669b）、『護法録』巻二「杭州集慶教寺原璞法師璋公円塚碑銘」（J21-c617）に名前が見える。また、『日本史広辞典』（山川出版・一九九七年・p.2071）参照。〔103〕の「諸師略伝」にも立項されている。

○下吸滄波万頃寒＝「滄波」は、青い波（『漢語』第六冊・p.24）。「万頃」は、面積が広いことの喩え（『漢語』第九冊・p.466）。「頃」は土地の広さの単位で百畝に相当する（『漢辞海』p.1556）。一頃が百畝だとすれば、一万頃は一万町歩、約九九一七ヘクタールに相当する計算になる。

○目短蓬萊孤髻小＝「目短」は辞書類に見えないが、次句の「掌平」と対応しているから、目からの距離が短く、目の当たり、目の前といった意味であろう。「髻」は、髪を束ねたもとどりの意だが（『漢辞海』p.1604）、山峰の形に比喩することもある（『漢語』第一二冊・p.739）。

○掌平弱水一盃寬＝「掌平」は、掌のように平坦なこと（『漢語』第六冊・p.631）。「弱水」は、〔27〕の「弱水凝光映帝青」の注を参照。

○金烏曙色僧鳴磬＝「金烏」は太陽のこと。古代の神話では太陽の中に三つ足の鳥がいると考えられていたことから、太陽の異称となった（『漢語』第一一冊・p.1162）。

○白雁秋声客倚欄＝「白雁」は、カモ目カモ科真雁《まがん》属に分類される鳥類。雁に似て小さな白い鳥。晩秋の候、中国北部地方に来る候鳥の一種（『漢語』第八冊・p.198、『大漢和』巻八・p.8）。

○莫怪多情王粲賦＝王粲（一七七～二一七）は、三国魏の学者で政治家。山陽高平（山東省鄒県の西南）の人。字は仲宣。文人として「建安の七子」の中の一人に数えられ、詩文に長じ、辞賦をよくした。その伝は、『三国志』魏書・巻二一（中華書局校点本・p.597）に見える。また、『中国学芸大事典』（p.45）参照。その代表作とされるのが「王仲宣登楼賦」であり、ここに言う「王粲賦」はこの「登楼賦」を指す。『文選』（新釈本㊥p.227～230）に収載されている。王粲が長安の争乱を逃れて荊州（湖北省）に逃れていた時の作であり、楼上に登って四方を見渡しながら、拭いがたい望郷の念や、政治的な不遇に対する無念さを、「心は悲しみに溢れ思い悩んでいる（意忉怛而憯惻）」と句中に詠んでいる。「多情王粲」という表現自体は、宋の方岳（一一九九～一二六二）撰『秋崖集』巻一〇の「次韻呉殿撰多景楼見寄」という七律の詩（四庫全書本・1a）や、元の朱晞顔撰『瓢泉吟稿』巻三「詩餘」の「八声甘州（題西山爽気楼）」（四庫全書本・8b）にも見えている。

〔31〕又

姑蘇王幼倩

嵯峨古刹雲深処、高築層楼枕海浜。近檻日輪紅似火、上牕月色白於銀。風平水漲玻璆滑、雨過山囲翡翠新。

客底不辞頻眺望、浪声能滌耳中塵。

※本条は『隣交徴書』にも収められている、字句の異同はない。

*

又た
姑蘇《こそ》の王幼倩《おうようせん》

嵯峨たる古刹、雲の深き処、高く層楼を築きて海浜に枕《のぞ》む。檻に近づきて日輪、火より紅なり、牕《まど》に上りて月色、銀より白し。風平らに水張《みなぎ》りて玻瓈《はり》滑らかに、雨過ぎ山囲《めぐ》りて翡翠《ひすい》新たなり。客底の頻《しき》りに眺望するを辞せざるは、浪声《ろうしょう》能く耳中《にちゅう》の塵を滌《あら》えばなり。

*

又た
姑蘇《こそ》（浙江省蘇州）の王幼倩《おうようせん》

そびえ立つ古刹〔である妙楽寺《みょうらくじ》〕は雲が深い〔奥まった〕所〔にあり〕、高く築かれた楼閣が海浜に望んでいる。〔楼上から見渡せば、〕欄干《らんかん》の近く〔にまで傾いた夕方〕の日輪《太陽》は火よりも紅《あか》く、窓〔の中〕に上《のぼ》る〔のが見える〕月の色は銀よりも白い。風も無く〔海の〕水は充ち満ちて滑らかであり、雨があがり山に囲まれて翠が新《あざ》やかである。客人が頻《しき》りに〔呑碧楼の〕上から遠くを見渡すことやめないのは、〔浄らかな〕浪の声《音》がその耳の奥の塵《けがれ》をすっかり綺麗にするからだ。

*

○姑蘇王幼倩＝未詳。姑蘇は蘇州（江蘇省）のこと。〔104〕の「諸師略伝」に立項されているが、「欠」として具体的な記載が無い。
○嵯峨古刹雲深処＝「嵯峨」は、高い山などが屹立して聳えていることの形容（『漢語』第三冊・p.857）。

○風平＝無風の表現。四字熟語として「風平波息」という言葉があり、風や浪が無いことで、平穏無事なことの比喩（『漢語』第一二冊・p.595）。
○玻瓈＝「玻璃」に同じ。水玉、水晶のことで、水面が平静で澄んでいる比喩ともされる（『漢語』第四冊・p.542）。
○翡翠＝青緑色をした硬い宝玉（『漢辞海』p.1132）。ここでは山の木々の色。
○浪声能滌耳中塵＝類似した表現として宋の王日休（?～一一七三）撰『龍舒増広浄土文』巻六「勧悪口者」に、「人の悪口穢語を聞かば、亦た常に此の仏名を念じて、以て耳根の穢悪を洗滌す（聞人悪口穢語、亦常念此仏名、以洗滌耳根之穢悪）」（T47-274b）とあり、また時代は下るが明末の蕅益智旭（一五九九～一六五五）著『霊峰蕅益大師宗論』巻一〇「檇李天寧禅堂度歳即事」七律詩の第四句に、「鑼鼓の声繁くして耳の塵を滌う（鑼鼓声繁滌耳塵）」（J36-423c）とある。

〔32〕又　　四明朱本

高楼百尺払虹蜺、十二欄干北斗斉。雨過晴雲連碧海、雪消春水漲銀渓。吟辺緑樹排簷近、欄※上青山入戸低。

定起更知秋夜後、怒濤推月上丹梯。

※本条は『隣交徴書』にも収められている。「欄上」を「枕上」に作る以外に字句の異同はない。

＊

又た　　四明《しめい》の朱本《しゅほん》

高楼百尺虹蜺《こうげい》を払う、十二の欄干北斗《らんかんほくと》に斉《ひと》し。雨過ぎて晴雲、碧海に連なり、雪消えて春水、銀渓に漲《みなぎ》る。

吟辺の緑樹、簷《のき》を排して近く、欄上の青山、戸に入りて低し。定《じょう》より起《た》ちて更に知る秋夜の後、怒濤、月を推して丹梯《たんてい》に上《のぼ》すことを。

＊

又た　　四明《しめい》（浙江省寧波）の〔本中《ほんちゅう》〕朱本《しゅほん》

〔呑碧《どんぺき》の〕高楼は百尺（＝約三十メートル）もあって虹に触れる〔ほど高く聳えており〕、〔高楼の〕十二〔本〕の欄干《らんかん》は〔天空の〕北斗〔七星〕に連なっている〔ように見える〕。雨がやんで晴れあがった〔空に浮かぶ〕雲が碧海と一つになり、雪が融けて春〔を知らせる雪解けの〕水が銀〔色の〕渓《谷川》に漲《みなぎ》っている。〔私が詩を〕吟じている辺りの緑の樹々《きぎ》は簷《のき》を押しのけ〔るようにし〕て近く〔まで生い茂っており〕、欄《らん》干《かん》の上の〔方に見えている〕青い山々は〔高楼の〕戸口を通して〔見れば〕低い〔ように感じられる〕。〔禅〕定から出てみて、秋の夜ふけには、怒《はげ》しい濤《なみ》が月を押しあげて朱色の階段を上らせていくことを改めて知ったのだ。

＊

○四明朱本＝朱本、字は本中。応安三年（洪武三年・一三七〇）、明の太祖の副使として来朝。征西府将軍懐良親王に謁し国書を呈したが、西征府に抑留された。応安四年、今川了俊が、九州探題として赴任するに及び、上洛の道を得、周防に至ったところ、大内弘世に阻止され、山口長春城に抑留され、留まること三年、ついに将軍に謁することが出来なかった。官名は「御史台掌書記」、正使は、趙秩可庸（趙子昂の孫）であった。応安五年に来朝した明使の祖闡仲猷・無逸克勤らが使命を果たして博多に向かうと聞き、応安六年十月七日、周防大内氏のもとを辞し、博多へ向けて発ち、翌年四月、祖闡ら一行と共に帰国した。春屋妙葩編『雲門一曲』に朱本・趙秩の妙葩との往復の書簡や詩偈が載せられている。なお、〔105〕の「諸師略伝」に立項されているが、「欠」として具体的な記載が無い。

○高楼百尺払虹蜺＝「虹蜺」は虹のこと（『漢語』第八冊・p.859）。呑碧楼がいかに高かったかを表現している。

○十二欄干北斗斉＝「北斗」は北斗七星のこと（『漢語』第二冊・p.192）。呑碧楼の十二本の欄干が北斗七星に連なるほどであったということ。前句と同様に呑碧楼の高さを表現。

○定起更知秋夜後＝「定起」の「起」は、『維摩経』「弟子品」の「定意に入るに非ず、定意より起つに非ず（非入定意、非起定意）」（T14-540b）や、『宗鏡録』巻四五の「第四に出入無礙。定より起つ即ち是れ定に入るを以ての故に。定より起つも心乱れず（第四出入無礙。以起定即是入定故。起定而心不乱）」（T48-679a）などに見えるように、「出入」の「出」に相当する。「夜後」は辞書類には立項されていないが、「日中に一食し、夜後に一寝す（日中一食、夜後一寝）」（『五燈会元』巻九「仰山慧寂禅師」条・Z138-161d）、「斎時に飯有れば汝と与《とも》に喫し、夜後に床有れば汝と与《とも》に眠る（斎時有飯与汝喫、夜後有床与汝眠）」（『景徳伝燈録』巻一五「棗山光仁禅師」条・T51-318b）、「夜後に燈籠の眼活し、朝来れば露柱の心空し（夜後燈籠眼活、朝来露柱心空）」（『列祖提綱録』巻一二「中峰本禅師冬至示衆」・Z112-177d）、「月は明らかなり深夜の後、猿は叫ぶ乱峰の前（月明深夜後、猿叫乱峰前）」（『続伝燈録』巻一九「仏鑑惟仲禅師」条・T51-596b）など、「後」が「中」「時」「来」「前」と対置されている。今回は「中」や「前」に対する「終わりの方」という意に解した。

○丹梯＝「丹梯」は、赤い色の階段（『漢語』第一冊・p.685）。

〔33〕又　　四明詹鈺

飛楼突兀聳晴空、浩浩乾坤一望中。遠対好山青不断、下臨滄海碧無窮。谷陵不変千年旧、輪奐重開百尺雄。独倚危楼倍蕭爽、東風目送数行鴻。

※本条は『隣交徴書』にも収められている。字句の異同はない。

＊

又た　　四明《しめい》の詹鈺《せんぎょく》

飛楼突兀《とっこつ》として晴空に聳え、浩浩たる乾坤一望の中。遠く好山に対して青断《た》えず、下《しも》滄海を臨みて碧窮まり無し。谷陵変ぜず千年の旧、輪奐《りんかん》重ねて開く百尺の雄。独り危楼に倚れば倍《ます》ます蕭爽なり、東風目送《もくそう》す数行の鴻。

＊

又た　　四明《しめい》（浙江省寧波）の詹鈺《せんぎょく》

高層の楼閣が晴れた空に抜きん出て聳え立ち、〔そこに登れば〕広々とした乾坤《大地》が一望の下〔に見渡すことができる〕。遠くの立派な山々に向かえば〔木々の〕青《みどり》が切れ目なく〔続き〕、下に〔向かって〕滄《あお》い海〔の方〕を臨めば碧《あお》〔海原《うなばら》〕が無限〔に広がっている〕。谷や丘は千年もの昔から変わらないが、〔そこに〕さらに加えて百尺（＝約三十メートル）もの雄々しい〔姿の〕壮麗な建物が創られているのだ。一人で高い楼閣〔の欄干《らんかん》〕に寄りかか〔って回りを眺め〕ればますます清々《すがすが》しく、東〔から吹く暖かな春〕風のなかで群れを成す鴻《カモ》〔が飛び去るの〕を見送るのである。

＊

○四明詹鈓＝不詳。似た名前の僧侶として、春屋妙葩編『雲門一曲』に「詹鉦」という人物がおり、応安六年十一月二十八日付の「客博多詹鉦」の書簡と詩二首が残されているが（『大日本史料』六編三八冊・p.372~373）、「詹鈓」という僧名は見えない。なお、「詹鉦」については、『大日本史料』応安六年十一月二十八日条に、「明使趙秩・詹鉦、博多ヨリ丹後雲門寺ノ妙葩［春屋］及ビ其ノ弟子等ヲ音問ス」（六編三八冊・p.371）とあり、明使の趙秩と近い関係であったことが知られる。よって「詹鈓」は「詹鉦」を誤ったものとも考えられる。〔106〕の「諸師略伝」にも立項されているが、「欠」として具体的な記載が無い。

○飛楼＝高い楼閣のこと（『漢語』第一二冊・p.705）。

○突兀＝高く聳える様子（『漢語』第八冊・p.428）。

○好山＝『景徳伝燈録』巻七「京兆興善寺惟寛禅師」条に、「僧問う、『如何なるか是れ道』と。師云く、『大いに好き山』と。僧云く、『学人、道を問うに、師は何ぞ好き山と言うや』と。師云く、『汝、只だ好き山を識るのみ、何ぞ曾て道に達せん』と（僧問、如何是道。師云、大好山。僧云、学人問道、師何言好山。師云、汝只識好山、何曾達道）」（T51-255a、禅研本③p.70~71）とある。「好山」は「見事な山」といった意味であろう。

○輪奐＝建築物の壮大美麗なさま。輪は奘、奐はあざやか（『大漢和』巻一〇・p.1039）。『礼記』「檀弓下篇」に、晋の献文子が建てた家を誉め称えて、張老という人物が「美なるかな輪たり、美なるかな奐たり（美哉輪焉、美哉奐焉）」と述べたのに拠る。「輪」とは輪囷の意で、建築物の高く大きいさま。「奐」とは奐爛の意で、家の内外の装飾の美麗なるさま（新釈本『礼記』㊤・p.176~177）。「建築物が高大で数多いことを形容したもの（形容屋宇高大衆多）」（『漢語』

第九冊・p.1290）という解釈もあるが、今回は取らない。
○危楼＝高い楼閣。「危」は聳えるさま（『漢辞海』p.209）。
○蕭爽＝閑静でのどか、もしくはすがすがしい、もの寂しいといった意（『漢語』第九冊・p.581）。ここは、すがすがしい、爽快の意に解した。
○東風＝東方から吹く春風（『漢語』第四冊・p.837）。
○目送＝目で見送る（『漢語』第七冊・p.1127）。『左伝』「桓公元年」条に、「目逆《むか》えて之を送る（目逆而送之）」（新釈本①p.110）とあるのに拠る。『左氏会箋』に「未だ至らざれば則ち目逆《むか》え、既に過ぐれば則ち目送る。故に目を以て之に冠す（未至則目逆、既過則目送。故以目冠之）」（巻二・p.3）と注する。
○鴻＝カモ科の白鳥の一種。天鵞。オオハクチョウ。クグイ。あるいは、カモ科の大形のガンの一種。水辺に群居する渡り鳥。ヒシクイ（『漢辞海』p.1622）。〔30〕の「白雁」と同じく大型のカモのことであろう。

〔34〕又　冨春守仁

飛楼高倚闥婆城、下視滄波照眼明。一片銀河天外堕、三山爽気座中清。潭龍夜篋鮫珠影、海鶴秋将梵唄声。

老我登臨定何日、茂陵風雨吊文成。

＊

又た　冨《ふ》春《しゅん》の守仁《しゅじん》

飛楼高く倚る闥婆城《だつばじょう》、滄波を下視すれば眼を照らして明らかなり。一片の銀河、天外より堕ち、三山の爽気、座中清《すず》し。潭龍《たんりゅう》夜簸《あお》る鮫珠の影、海鶴《かいかく》秋将《たす》く梵唄《ぼんばい》の声。老いたる我れ登臨すること定めて何れの日ぞ、茂陵《もりょう》の風雨、文成《ぶんせい》を吊《とむら》う。

＊

又た　　冨春《ふしゅん》（浙江省桐廬）の守仁《しゅじん》

高い楼閣が乾闥婆城《蜃気楼》〔のような石城《妙楽寺》〕に寄りかかって〔建って〕いる、〔その楼閣から〕青い波を見下ろせば〔海面に反射する日の光が〕眼にまぶしく明るく輝いている。銀河の一欠片《ひとかけら》が天上から堕ち〔て来てくるかのように星が降り〕、〔海上にあるという蓬萊・方丈・瀛洲の〕三つの神山から〔吹いてくる〕爽やかな気《かぜ》が座っていて清《すず》しい。潭《池》〔に潜む〕龍が夜になると鮫珠《真珠》の影《輝き》を〔水の中で〕揺り動かし、海鶴《カモメ》が秋になって〔僧侶の〕梵唄《読経》の声を〔一緒に鳴いて唱和して〕助けている。〔今度〕年老いた私が〔この呑碧《どんぺき》楼《ろう》に〕登れるのは果たしていつの日であろうか、〔前漢の武帝を祀る〕茂陵《墓》に〔も似た丘に降る〕風雨が〔非業の死を遂げた明朝の功臣である劉《りゅう》〕文成《ぶんせい》（＝劉基）を弔っている〔かのようである。私の命もそう長くはあるまい〕。

＊

○冨春＝浙江省厳州府桐廬県の西三十里に在る山の名前（『明一統志』巻四一、四庫全書本・5b、cf.『浙江通志』巻一九、四庫全書本・19a）。

○守仁＝禅僧ではなく教宗（天台宗）の僧侶。『補続高僧伝』巻二五「守仁・徳祥二公伝」（Z134-184c~d）に簡単な伝がある。それに拠れば、字は一初。富春の妙智寺の僧侶。仏道修行を志したが、元末の戦乱で果たせず、詩に精力を傾け、名声を得た。また書を善くした。明代に入ってから召し出されて僧官となり僧録・右善世となった、とされる。僧官制度としては、洪武十四年（一三八一）に南京に僧録司が設置され、僧官としてそれぞれ左右の善世（正六品）・闡経（正六品）・講経（正八品）・覚義（正八品）の八名が任じられた（『金陵梵刹志』巻二「欽録集」・B29-56a）。守仁は右善世であったとされるから、僧官の第二位だったことになる。師承関係については、『続仏祖統紀』巻二「法師元鎮」条に「上首弟子天禧守仁、為左講経」（Z131-369d）とあり、『護法録』巻三「仏鑑円照論師大用才公行業碑」に「法孫普福主山守仁」（J21-637a）とあることから、天台宗の東土第十七祖とされる法智尊者智礼（九六〇～一〇二八）の八伝の孫である玉岡蒙潤（一二七五～一三四二）から、その弟子の大用必才（一二九二～一三五九）→静庵元鎮（一三〇六～一三六八）→一初守仁と続いていることが分かる。天禧寺の寺格は分からないが、普福寺は杭州銭塘にあった教宗五山十刹の十刹第三位の寺である（『武林梵志』巻五・B29-576b、巻一〇・B29-702a、『西湖遊覧志餘』巻一四、四庫全書本・2a~3a）。また、守仁の生卒年は不詳だが、『仏法金湯編』の巻頭に付された守仁撰の序文の末尾に「洪武二十四年、歳在辛未、秋七月初吉、僧録司・左講経天禧講寺住持釈守仁」とあるから洪武二十四年（一三九一）には生存していたことが知られる。上記『続仏祖統紀』とこの『仏法金湯編』では、守仁は左講経と記されているから、この後しばらくは存命で、右善世の位まで累進したものであろう。なお、〔107〕の「諸師略伝」にも立項されており、参考となる。

○闥婆城＝蜃気楼の比喩。乾闥婆城のこと。乾闥婆（gandharva）は、天の楽師のこと。ガンダルヴァの城は、実在しない虚妄なものの喩えとして用いられる（『中村』p.325）。

○下視滄波照眼明＝「照眼」は、まばゆく映える、まぶしく輝く（『漢語』第七冊・p.207、『中国語』p.3942）。「照眼明」三字の用例としては、『虚堂録』巻三の「秋花、眼を照らして明らかなり（秋花照眼明）」（T47-1009c）や、『楽邦文類』巻五の「一片の瑠璃、眼を照らして明らかなり」（T47-227a）などがある。

○三山＝伝説中、海上にあるとされる蓬莱山・方丈山・瀛洲山という三つの神山（『漢語』第一冊・p.177、『大漢和』巻一・p.136）。

○鮫珠＝真珠。鮫人が流す涙が真珠になるという伝説による。〔39〕の「鮫女機梭」の注を参照。

○海鶴＝カモメ（『漢語』第五冊・p.1234）。

○老我＝老人の自称（『漢語』第八冊・p.610）。

○登臨＝高い所にのぼって低い方を見わたすこと（『大漢和』巻七・p.1217）。〔10〕の「登臨」の注も参照。

○茂陵＝漢の武定の墓（『漢語』第九冊・p.333）。陝西省の長安（西安）の北西四〇㎞ほどのところにある。その陵墓の大きさは、高さ四六、五ｍ、幅四〇、六ｍほどとされる。武帝の姓名は劉徹（ＢＣ一五六～ＢＣ八七）であり、「茂陵劉郎」と称される（『漢語』「茂陵劉郎」条、第九冊・p.333）。ここでは姓が同じ劉基を引き出す枕として用いられた語で、毒殺されて非業の死を遂げた劉基に対する思いを重ねたものであろう。

○文成＝劉基（一三一一～一三七五）のこと。文成は諡。字は伯温。青田（浙江省文成県）の人。元統元年（一三三三）進士。軍師として朱元璋を支え、明の建国に大きな功績を挙げ、文人としても宋濂と並び称された。厳しく綱紀粛正につとめたために反感を買い、左丞相となった胡惟庸に毒殺されたとされる。明初、洪武十三年（一三八〇）に始まる「胡惟庸の獄」の一つの原因ともなった。著述として『誠意伯文集』二十巻（四部叢刊初編所収）などがある。その伝は、『明史』巻一二八（中華書局校点本・p.3777）などに見える。また、『元人伝記資料索引』第三冊（p.1788）・『明人伝記資料索引』（p.842）を参照。

〔35〕又　蔣山清曇

万朶連山十里松、晴開戸牖可相容。風声迴徹潮声涌、山色周囲水色濃、海上浮青侵眼界、天涯遠翠粲眉峰。将追庾亮乗明月、倚遍欄干望日春。

＊

又た　蔣山《まこもさん》の清曇《せいどん》

万朶《まんだ》の連山十里の松、晴れて戸牖《こゆう》を開かば相い容《い》る可し。風声迴《はる》かに徹して潮声涌《わ》き、山色周《あまね》く囲《めぐ》りて水色濃し。海上の浮青、眼界を侵し、天涯の遠翠、眉峰に粲《あきら》かなり。将に庾亮《ゆりょう》の明月に乗ずるを追いて、欄干《らんかん》に倚遍して日の春を望まんとす。

＊

又た　蔣山《まこもさん》（日本の豊後《ぶんご》〔大分県〕万寿寺）の〔独芳《どくほう》〕清曇《せいどん》

花や緑にあふれた山々に十里もの〔海辺の〕松《まつ》ばやし、天気が良くて戸窓《戸口と窓》を開けば〔その景色をそのまま楼閣の中に〕入れることができる。〔上空では〕澄み切った風の声《おと》がし、〔下方では〕潮《うみ》の声《おと》が湧きあがる〔ように聞こえ〕、山々の〔美しい〕色《景色》は〔呑碧楼《どんぺきろう》〕全体を囲み、〔その山々を流れる川の〕水の色は濃い。海面の薄い青色が眼界《視界》を侵し、空の果ての深遠な翠が眉峰《目前》に明らかである。〔東晋の〕庾亮《ゆりょう》が明月に乗じ〔て南楼に登り談詠し〕たのを追慕して、欄干《らんかん》に〔身を〕寄せて春の日を望〔みながらこの詩を詠《よ》〕もうとしているのである。

＊

○蔣山＝清曇が住持した大分の万寿寺の山号。「まこもさん」と読む。同じ蔣山としては、中国南京にあった蔣山太平興国禅寺が十刹第三位として有名である。

○清曇＝独芳清曇（?～一三九〇）のこと。独芳は号。臨済宗大鑑派。豊後（大分）の人。清拙正澄に参じた後に入元し、用章廷俊・楚石梵琦などに参ずる。元では「曇菩薩」と称された。帰朝して大友玉庵居士に道化を慕われ、蔣山万寿寺に住して清拙正澄に嗣法の香を焚く。また同国に大智寺を開く。足利義満の招きによって天龍寺に住し、至徳二年（一三八五）に万寿寺に移る。明徳元年八月八日、京都東山興聖寺で示寂。門人曇昂は明に赴いて天界寺の季潭宗泐の像賛を得た。『本朝高僧伝』巻三五（p.216）、『延宝伝燈録』巻二七（p.15）に立伝されている。また、『禅学』（p.648）・『五山禅僧伝記集成』（p.525）参照。なお、〔108〕の「諸師略伝」にも立項されている。

○万朶＝「朶」は、花や実のついた枝がしだれるさま（『漢辞海』p.696）。「万」は、数の多いことの表現であるから、木々の枝が無数の花などで垂れ下がっている様子をいう。

○戸牖＝「戸牖」は、戸と窓（『漢語』第七冊・p.345）。

○迥徹＝高く遠くどこまでも澄み切っていること（『漢語』第一〇冊・p.757）。

○浮青＝辞書類に見えない。「浮」には、薄い、浅いの意味があり、「浮青」に似た「浮碧」は、薄い藍色のこと（『漢語』第五冊・p.1249）。対句に「遠翠」とあることから、ここは薄い青色のことであろう。

○天涯＝天。極めて遠い場所を指す（『漢語』第二冊・p.1436）。

○遠翠＝「浮青」に対する語。ここの「遠」は、深遠・深奥の意（『漢語』第一〇冊・p.1120）。

○眉峰＝眉毛もしくは眉間（『漢語』第七冊・p.1193）。ここは目の近く、目の当たりといった意味であろう。

○将追庾亮乗明月＝庾亮（二八九〜三四〇）は、東晋の政治家。字は元規。潁川（河南省）の人。元帝に認められ、軍功により都亭侯に封じられ、中書郎となる。以後、明帝・成帝の時に将軍として活躍する。死後、太尉を追贈され、文康と諡される。容姿美しく風格があり、行動は礼節にかなっていたという。その伝は『晋書』巻七三「庾亮」伝（中華書局校点本・p.1915）に見える。「庾亮乗明月」とは、庾亮が武昌（湖北省）に在った時、秋夜に南楼に登って殷浩（?〜三五六）たちと談詠した故事を踏まえる（同前・p.1924）。この故事は「庾亮登楼」として、宋・謝維新撰『古今合璧事類備要前集』巻一（四庫全書本・8a）や明・彭大翼撰『山堂肆考』巻三（四庫全書本・5a）に取り上げられている。

〔36〕又　真如海寿

誰構小楼吞碧海、全潮只在一浮漚。放教日月檻前過、笑把乾坤掌内収。叆叇雲生青嶂外、扶揺風起白蘋洲。坐看龍躍騰天去、作雨滂沱沛九州。

＊

又た　真如《しんにょ》の海寿《かいじゅ》

誰か小楼を構えて碧海を呑む、全潮只だ一浮漚《ふおう》に在り。日月をして檻前に過《よぎ》らしめ、笑いて乾坤を把《もっ》て掌内に収む。叆叇《あいたい》として雲生ず青嶂《せいしょう》の外、扶揺《ふよう》として風起こる白蘋《はくひん》の洲。坐《いなが》らにして看る龍躍《おど》りて天に騰《のぼ》り去り、雨を作すこと滂沱《ぼうだ》として九州に沛することを。

＊

又た　真如寺《しんにょじ》（京都府）の〔椿庭《ちんてい》〕海寿《かいじゅ》

〔いったい〕誰が〔わざわざ〕小さな楼閣を構えて碧海を呑みこもうというのか、〔そんなことができるなら〕すべての〔海の〕潮がたった一つの水泡〔の中〕に〔収まって〕存在することになろう。太陽や月に檻《てすり》の前に立ち寄らせ、笑いながら乾坤《天地》を掌の中に収める。屏風のように連なる青山の外辺に雲がもくもくと起こり、白い浮き草の咲く川の中洲に風が空高く巻き上がる。〔そして〕龍が躍り上がって天に昇って行き、激しい雨が九州《世界》に降りしきるのを、じっと坐って見ているのだ。

＊

○真如＝真如寺は、京都市の等持院北町に現存する相国寺派の寺院。山号は万年山。無学祖元の塔所として弘安九年（一二八六）に建てられた正脈庵の跡地に、暦応三年（一三四〇）、高師直が創建した寺。翌年、十刹第八位に列せられている。『扶桑五山記』（p.40・74・88・156）、『国史大辞典』第七巻（p.903）参照。

○海寿＝椿庭海寿（一三一八～一四〇一）のこと。臨済宗楊岐派。木杯道人と称す。遠江（静岡県）の人。幼い頃に相模（神奈川県）浄智寺の竺仙梵僊の下で出家得度し、暦応四年（一三四一）に竺仙から嗣法。貞和六年（一三五〇）入元。天寧寺の空海良念に投じて蔵主を司り、さらに南堂清欲・月江正印・了堂円照に見え、また大蔵経を研鑽した。応安六年（一三七三）帰朝。翌年足利義満に請われて京都真如寺に住し、また浄智寺・円覚寺（第四七世）・天龍寺（第二三世）・南禅寺（第四六世）に住した。応永八年閏正月十二日示寂。世寿八十四、法臘六十九。『本朝高僧伝』（p.221）『延宝伝燈録』巻二七（p.16）に伝がある。また、『禅学』（p.140）、『五山禅僧伝記集成』（p.467）参照。〔109〕の「諸師略伝」にも立項されている。

○全潮只在一浮漚＝大海が一つの漚と同等だと思い込む、間違った見解。『楞厳経』の次の一段を踏まえている。「〔自分の〕肉体以外、山河・虚空・大地にいたるまで、すべてが霊妙澄明な真心の中のものであることに気付かないのは、たとえば、澄みきった果てしない大海の存在を無視して、〔そこに〕浮かぶ一つの泡そのものに注目して、それを海潮の全量だとみなし、大海をきわめ尽くしたとするようなものである（不知色身外、洎山河虚空大地、咸是妙明真心中物。譬如澄清百千大海、棄之、唯認一浮漚体、目為全潮、窮尽瀛渤）」（『楞厳経』巻二・T19-110c~111a、仏教経典選本・p.97~105）。本書における似た用例として〔41〕に見える「滄溟俯視一浮漚」がある。

◯放教＝～させる。使役を表す（『禅語』p.422）。『俗語解』「大慧書 巻上」に、「生処放教熟、熟処放教生（生処は熟せしめ、熟処は生ならしむ）」に注して、「『放教』二字にて『しむる』と読むべし」（p.55~56）とある。

◯靉靆雲生青嶂外＝「靉靆」は、雲の盛んなさま（『漢語』第一一冊・p.777）。「青嶂」は、屛風を立てたような青山（『漢語』第一一冊・p.550）。「青嶂」の語は、夾山善会の「猿抱子帰青嶂裏（猿は子を抱いて帰る青嶂の裏）」（『景徳伝燈録』巻一五・T51-324b、禅研本⑤p.656）によって禅門では広く知られている。「青嶂外」は、青い山々の縁。似た言葉である「山外」に、山の外辺（『漢語』第三冊・p.770）の意味がある。この句の「靉靆」「雲」や下句の「滂沱」「雨」の語を用いたものとして、開福道寧に「南山靉靆として雲生じ、北山滂沱として雨下《ふ》る（南山靉靆生雲、北山滂沱下雨）」（『開福道寧禅師語録』巻上・Z120-236c）がある。

◯扶搖＝旋回して上昇する。空高く舞い飛ぶ（『漢語』第六冊・p.355）。

◯白蘋洲＝夏に白い花の咲く浮き草でいっぱいの川の中洲（『漢語』第八冊・p.215）。柳惲（四六五～五一七）の「江南曲」の出だしにある「汀洲に白蘋を採る、日暖かなり江南の春（汀洲採白蘋、日暖江南春）」（『玉臺新詠集』巻五、四部叢刊本・9a）の句を踏まえる。

◯作雨滂沱沛九州＝「滂沱」は、大雨がふる様子（『漢語』第六冊・p.35）。「沛」は「霈」と音通であり、雨が盛んなさま、水の勢いが盛んなさま（『中国語』p.2293、『漢辞海』p.794）。「九州」は、〔29〕の「地縮九州連五嶋」の注に既出。

〔37〕又　長楽良中

縹緲飛楼碧海壖、層軒万里圧風煙。波光直接三韓月、雲気横連百越天。鰲戴僊山浮檻外、鯨吹腥雨洒簷前。不才難賦登臨興、幾倚高秋媿仲宜。

＊

又た　長楽《ちょうらく》の良中《りょうちゅう》

縹緲《ひょうびょう》たる飛楼、碧海の壖《きし》、層軒万里、風煙を圧す。波光《はこう》直に接す三韓の月、雲気《うんき》横に連なる百越の天。鰲《ごう》、僊山を戴いて檻外に浮かび、鯨《げい》、腥雨《せいう》を吹きて簷前に洒《そそ》ぐ。不才賦し難し登臨の興、幾《ほと》ど高秋に倚りて仲宜《ちゅうぎ》に媿《は》ず。

＊

又た　長楽寺《ちょうらくじ》（上野《こうずけ》）の〔大本《たいほん》〕良中《りょうちゅう》

遠くかすかに高い楼閣が〔見える〕碧い海の岸辺、〔その楼閣の〕重なった軒先が万里も〔の広さにひろがる〕風にたなびく靄《もや》から〔頭を出して〕抜け出ている。〔呑碧楼《どんぺきろう》に登ってみれば〕波できらめく光は〔遠く海を隔てて、百済・高句麗・新羅の〕三韓《さんかん》の〔上に出ている〕月にまっすぐつながっており、流れる雲は〔遠く中国の江南からベトナムに至る〕百越《ひゃくえつ》の天《そら》にまで遙かに連なっている。〔渤海の遙か東にいるという〕鰲《おおがめ》が仙人の住む〔巨大な〕山を〔頭の上に〕載せて檻《欄干》の外〔の海〕に浮かび、鯨が〔頭頂の孔から〕吹き出した生臭い潮が軒先に降り注いでいる。〔才能のない〕不才《わたし》には〔このような素晴らしい〕楼閣に登った興趣を賦《詩》にするのは難しいことだし、天高くすがすがしい秋〔の景色〕を〔楼上から眺めて〕目の前にしながら〔「登楼の賦」という素晴らしい詩を作った〕仲宣《ちゅうぎ》（王粲）に恥じている。

＊

○長楽＝長楽寺。山号は世良田山。栄西の弟子である栄朝が承久三年（一二二一）に創建した寺であるが、慶長十七年（一六一二）に天台宗に改宗して現在に至っている。『国史大辞典』第九巻（p.657）参照。

○良中＝大本良中（一二二五～一三六八）のこと。建長寺東山友丘の法嗣であり、一山一寧の孫弟子に当たる。貞和の初めに入元して諸師を歴参し、在元十年で帰朝して播磨（兵庫県）の金華山に寓し、後に上野（群馬県）の長楽寺に出世。その後、信濃（長野県）善応寺・保福寺に住した。詩文で義堂周信と交遊が厚く、才能も評価されていたが、慶安元年に四十四歳で遷化する。『延宝伝燈録』巻二二（p.268）に伝がある。また、『禅学』（p.1287）、『五山禅僧伝記集成』（p.433）参照。なお〔110〕の「諸師略伝」にも立項されている。

○縹緲＝遠く微かなさま（『漢語』第九冊・p.979）。

○碧海壖＝「壖《ゼン》」は、空き地（『漢語』第二冊・p.1236）、城郭に沿った空き地、河川のふちの土地（『中国語』p.2592）。「海壖」で、海辺を意味する（『中日』p.1572）。

○層軒＝軒を重ねる。多層で回廊をもつ大きな建築物を指す（『漢語』第四冊・p.61）。

○風煙＝風に舞う塵、霞（『漢語』第一二冊・p.611）。風にたなびく煙（『中国語』p.938）。

○三韓＝〔29〕の「水通百済極三韓」の注を参照。

○雲気＝流れている薄い雲（『中国語』p.3853）。雲霧（『漢語』第一一冊・p.645）。

○百越＝地名、または種族の名。かつて江浙・閩越・江西・広東・安南（ベトナム）の地に越族が住しており、そこを百越といった。百とは多くの小国に分かれていることを指す（『漢語』第八冊・p.236、『大漢和』巻八・p.47）。
○鰲戴僊山浮檻外＝「鰲」は、想像上の大海亀。『列子』「湯問第五」の冒頭に見える世界の成り立ちを述べた一段を踏まえる。それによれば、渤海の東の遙か彼方に帰墟という底なしの谷があり、その水の中に仙人が住む岱輿・員嶠・方壺・瀛洲・蓬萊という巨大な山があるとされ、その山が沈まないよう十五匹の鰲が六万年ごとに三交代で一つずつの山を頭に載せているという（岩波文庫本㊦p.8～17）。「僊山」は、仙人の住む山（『漢語』第一冊・p.1140）。「檻」は欄干のこと。
○腥雨＝単語として諸辞書に見えない。「腥」は、生臭い、もしくはけがれたという意味であり（『漢辞海』p.1165）、直訳すれば「生臭い潮」となるが、ここは鯨が背中から吹き出す潮のことであろう。
○不才＝才能のないこと（『漢語』第一冊・p.396）。ここでは作詩の能力がないことを指しており、長楽良中が自らを卑下した謙称である。
○登臨＝「登山臨水（山に登って水に臨む）」の略であるが（『漢語』第八冊・p.583）、ここでは、高楼に登って海など回りの景色を見渡すこと。
○高秋＝天が高く爽やかな秋空。深秋（『漢語』第一二冊・p.940）。
○仲宣＝王粲（一七七～二一七）のこと。〔30〕の「莫怪多情王粲賦」の注に既出。

〔38〕又　　　冷泉仲謙

上方楼子十尋余、中有高僧楽燕居。白玉飯分香積供、黄金字読貝多書。三更曙色海先爛、万里晴光画不如。歴尽江南無此景、登臨為記暮秋初。

＊

冷泉《れいせん》の仲謙《ちゅうけん》

又た

上方の楼子十尋余、中に高僧の燕居を楽しむ有り。白玉の飯は香積《こうしゃく》の供を分かち、黄金の字は貝多《ばいた》の書を読む。三更の曙色、海に先ず爛《あき》らかに、万里の晴光、画《えが》けども如《し》かず。江南を歴尽《れきじん》するも此の景無し、登臨して為《ため》に記す暮秋の初め。

＊

冷泉《れいせん》（霊隠寺）の仲謙《ちゅうけん》〔道敏《どうびん》〕

又た

天上世界に〔まで届きそうに聳えて〕いる楼閣は〔その高さが〕十尋（＝二十四メートル）余り、その中で高僧が閑居を楽しんでいる。白玉《はくぎょく》の飯は〔維摩《ゆいま》居士が〕香積《こうしゃく》如来の〔ところから持ってきた〕供養を分けてもらい、黄金《おうごん》の字は〔如来が説かれた〕貝多の書《仏教本》を読んでいる。三更《真夜中》の〔闇を打ち破る〕曙の光は海〔の方〕から先ず輝きはじめ、万里もの〔広さにひろがる〕晴天の日ざし〔に照らされた風景〕は〔どんなに上手く〕画こうとも〔本物には〕及ばない。〔私は中国の〕江南〔地方の名勝地〕を巡り尽くしたがこれほどの〔美しい〕景色は〔見たことが〕ない。〔そこで今、この〕高い〔楼閣の上に〕登って暮秋の初めに〔このように書き〕記しているのだ。

＊

○冷泉仲謙＝〔111〕の「諸師略伝」に見えるように、翠峰の仲謙道敏のこと。生卒年不詳。松源崇岳三伝の弟子である東嶼徳海（一二五六～一三二七）の法嗣。『増集続伝燈録』巻一に「浄慈東嶼海禅師法嗣」として「翠峰仲謙敏禅師」の名が挙げられているが、「無伝」であり（Z142-370d）、詳しいことは分からない。そのため、仲謙が住持していたと思われる冷泉、翠峰についても不詳であるが、冷泉は『痴絶道冲禅師語録』巻下の「径山痴絶禅師行状」に「双径（径山）・冷泉（霊隠）・太白（天童）・雪峰は、海内の甲刹なり（双径・冷泉・太白・雪峰、海内甲刹也）」（Z121-283b）とあり、『増集続伝燈録』巻五「蘇州承天庸叟時仲禅師」条に「初め径山の無準〔師範〕に参じ、次いで冷泉に於いて虚舟〔普度〕に見《まみ》ゆ（初参径山無準、次於冷泉見虚舟）」（Z142-423b）とあるように、冷泉亭がある杭州の霊隠寺を指すと考えられる。ただし、『重編武林霊隠寺志』巻三（光緒十四年重刊本）の「住持禅祖」に仲謙の名前は見えない。また、翠峰には複数の寺があるが、最も有名なのは雪竇重顕が初住した蘇州洞庭の翠峰禅寺である（『明覚禅師語録』巻一・T47-669a）。

○上方＝天上、上界（『漢語』第一冊・p.268）。ちなみに、下に出てくる香積如来の世界は、『維摩経』「香積仏品」によれば、「上方の界分、四十二恒河沙の仏土を過ぎて、国有り衆香と名づけ、仏は香積と号す（上方界分過四十二恒河沙仏土、有国名衆香、仏号香積）」（巻下・T14-552a）とあり、「上方」にあるとされている。

○十尋余＝二十四メートル余り。「尋」は長さの単位で一尺の八倍（『漢辞海』p.410）。一尺が約三十センチなので、一尋で二四〇センチ。

○燕居＝隠居、閑居（『漢語』第七冊・p.287）。

○白玉飯分香積供＝「白玉」は、白い色の玉であるが、一般的には真珠を指す。「白玉飯」としての用例は仏典や禅録に見えず、辞書類にも立項されていない。見た目が似ていることから、おそらく白米のことであろう。「香積」は、『維摩経』「香積仏品」に出てくる香積如来を指す。維摩居士が作り出した菩薩が、香積如来の所へ行って、鉢に盛られた香飯を供養してもらい、娑婆世界に持ち帰ったとされる（『維摩経』巻下・T14-552b）。

○貝多＝もともと貝多羅という樹木の名前であるが、古代インドではその葉を紙に代用して経文を写したので、経典のことを指す。『翻訳名義集』巻三「多羅」条（T54-1102a）に詳しい説明がある。また『中村』「貝多羅」条（p.1100）参照。
○三更＝夜中の午前零時頃、もしくは午後十一時から午前一時まで（『漢辞海』p.10）。「更」については、〔28〕の注「五更」を参照。六祖慧能が五祖弘忍から衣鉢を受けたのも「三更受法」（『六祖壇経』「行由」・T48-349a）と、この時刻であったとされるなど、禅録で頻繁に出てくる時刻である。

〔39〕又　遠江良佐

石城之寺跨江濆、上有層楼最不群。風捲浪花晴似雪、天凝海気暁如雲。龍公窟宅凭欄見、鮫女機梭欹枕聞。万里郷関未帰客、登臨猶自対斜曛。

＊

又た　遠江《とおとうみ》の良佐《りょうさ》

石城の寺、江濆《こうふん》に跨《また》がり、上に層楼有り最も群ならず。風、浪花を捲《ま》きて晴れて雪に似たり、天、海気を凝らして暁《あかつき》、雲の如し。龍公の窟宅、欄に凭《よ》りて見《み》、鮫女の機梭《きさ》、枕を欹《そばだ》てて聞く。万里の郷関、未帰の客、登臨して猶《な》自《お》、斜曛《しゃくん》に対す。

＊

又た　遠江《とおとうみ》（静岡県）の〔汝霖《じょりん》〕良佐《りょうさ》

石城〔山妙楽《みょうらく》〕寺《じ》は〔博多湾に注ぎ込む〕川に跨《また》がっており、〔その寺の〕上には〔突き出た三〕層の〔屋根がある〕とりわけ並外れた〔立派な〕楼閣がある。〔その楼閣に登れば〕風が巻き上げる波しぶきが、晴れて〔いるのに〕雪のよう〔に降り注《そそ》ぎ〕、天《そら》が海上の靄《もや》を集めた暁《夜明け》には〔周りに〕雲〔がある天上世界〕のよう〔に見える〕。龍王の窟宅《すみか》を〔楼の上から〕欄干《らんかん》にもたれて〔海の中に〕見たり、鮫女《人魚》が機梭《機織りする音》を横向きに寝転がって聞いたりする。万里もの〔遠く離れた〕故郷にいまだ帰らない客《旅人》が、〔この楼閣に〕高く登って今なお黄昏《たそがれ》に向かい合っている。

*

○遠江良佐＝汝霖良佐（生卒年不詳）のこと。臨済宗夢窓派。法諱の「良佐」は、一に「周佐」に作る。遠江（静岡県）高園の人。諸方を歴参して後、応安元年（一三六八）、絶海中津らと共に明に入り、蘇州の承天寺で箋翰を掌り、五山の諸名宿と共に南京の鍾山に入って大蔵経の点校する。文人とも交友があり、宋濂は良佐の文稾を見て称賛したとされる。また洪武帝の召を受けて英武楼において謁見する。洪武九年（一三七六）、絶海らと共に帰朝し、春屋妙葩に参じて嗣法する。康暦二年（一三八〇）、播磨（兵庫県）の法雲寺に入り、春屋が開山となった京洛の宝幢寺に補処住持するが、まもなく宝幢寺で示寂。著書に『高園藁』一巻（両足院所蔵本）、『帰隠稿』（存名のみ）がある。その伝は、『本朝高僧伝』巻三七（p.229）、『延宝伝燈録』巻二六（p.7）、『扶桑禅林僧宝伝』巻一〇（p.175）に見える。また、『禅学』（p.1284~1285）参照。なお、〔112〕の「諸師略伝」にも立項されている。

○江濆＝川岸。川沿い一帯（『漢語』第五冊・p.924）。

○不群＝平凡でない、非凡の（『漢語』第一冊・p.461）。

○海気＝海面上、あるいは川面上の霧（『漢語』第五冊・p.1225）。

○龍公窟宅凭欄見＝「龍公」は、龍王（『漢語』第一二冊・p.1462）。「龍公」を「月堂和尚の尊称」と解釈する向きもあるが、次句の「鮫女」と対となっており、特定の人物を指すとする根拠がない。もちろん「神龍の窟宅、古仏の名藍（神龍窟宅、古仏名藍）」（『続燈正統』巻三四「箬庵通問禅師」条、Z144-443c）といった具合に、「神龍」が立派な禅僧、「窟宅」が名刹を指す場合もあるが、今回は取らない。もし、「龍公」が禅僧を指すとしても、少なくとも月堂ではなく、「龍峰（径山）」に住していた虚堂智愚のこととする方が整合性があろう。

○鮫女機梭＝「鮫女」は、「鮫人」と同じで（『漢語』第一二冊・p.1222）、神話に出てくる人魚を指す（同前「鮫人」条）。また「機梭」は、織機（『漢語』第四冊・p.1328）。『捜神記』巻一二に「南海の外に鮫人有り。水に居ること魚の如きも、織績を廃せず。其の眼泣《なみだ》せば、則ち能く珠を出だす（南海之外有鮫人。水居如魚、不廃織績。其眼泣、則能出珠）」（四庫全書本・8a）とあり、『太平御覧』巻八〇三に『博物志』の引用として「鮫人、水従り出て、人の家に寓し、積日、絹を売る。将に去らんとし、主人に従りて一器を索《もと》め、泣《なみだ》して珠を成すこと満盤《皿一杯》、以て主人に与う（鮫人従水出、寓人家、積日売絹。将去、従主人索一器、泣而成珠満盤、以与主人）」（四庫全書本・11a）とある。時代は下るが、これを題材とした小説として、清の沈起鳳撰『諧鐸』十二巻（乾隆五十七年・一七九二年刊）の巻七にある「鮫奴」があり、和訳が飯塚朗・今村与志雄訳『中国古典文学全集』第二〇巻（平凡社・一九五八年、p.338）に収められている。

○欹枕＝横向きに寝転がる。漢詩に用いられる独自の表現で、「枕を欹《そばだ》つ」と読むが、意味が取りづらく解釈が分かれている。安倍清哉・中山大輔「唐詩詩語『欹枕』の漢文訓読語としての『枕をそばだてて（聞く）』（側臥）」（『学習院大学研究年報』五九巻・二〇一二年）に詳しい解説がある。

○万里郷関未帰客＝「郷関」は、故郷のこと（『漢語』第一〇冊・p.670）。「郷関未帰客」とあるが、「客」が自分自身のことだとすれば、良佐は日本人であるから、彼の故郷である遠江（静岡県）に帰っていないという意味になる。良佐は入明した経歴があるから、中国からの渡来僧の気持ちに被せた詩である可能性もあるが、だとすれば故郷は中国を指すことになる。また、禅僧の詩であることを考えれば、郷里は本来の面目を指し、まだ十分に悟りきっていないことの暗喩である可能性もある。『碧巖録』第五一則・垂示に「直饒《たと》い便ち独脱の処に到るも、未だ万里に郷関を望むを免れず（直饒便到独脱処、未免万里望郷関）」（T48-185c、岩波文庫本㊥p.187）とあって、末木訳では「故郷。本来の境地」と注している（末木訳㊥p.242）。また、保寧仁勇（楊岐方会の法嗣）の上堂に、「秋風涼しく松韻長し。未だ帰らざるの客、故郷を思う。且く道《い》え、誰か是れ未だ帰らざるの客、何れの処か是れ故郷。良久して曰く、長連床上に、粥有り飯有り、と（秋風涼松韻長。未帰客思故郷。且道誰是未帰客、何処是故郷。良久曰、長連床上、有粥有飯）」（『続伝燈録』巻一三・T51-548b）とあり、同様の意味である。

○斜曛＝黄昏（『漢語』第七冊・p.338）。

〔40〕又　　茅関啓諸

海上招提天下無、一楼呑碧倚雲衢。風吹波浪滴簷外、天放峰巒落坐隅。方丈老人頭似雪、尋常対客語如珠。
層欄慣視鯤鵬化、直把南溟欲自図。

*

又た　　茅関《ぼうかん》の啓諸《けいしょ》

海上の招提《しょうだい》、天下に無し、一楼の呑碧《どんぺき》、雲衢《うんく》に倚る。風、波浪に吹きて簷外《えんがい》に滴《したた》り、天《てん》、峰巒《ほうらん》を放ちて坐隅に落つ。方丈の老人頭《こうべ》、雪に似たり、尋常、客に対して、語、珠の如し。層欄、鯤鵬《こんぽう》の化して、直に南《なん》溟《めい》を把《も》て自ら図らんと欲するを視るに慣れたり。

＊

茅関《ぼうかん》の〔一元《いちげん》〕啓諸《けいしょ》

又た

海上にある〔この石城山妙楽寺《みょうらくじ》ほど立派な〕招提《寺院》は天下に〔二つと〕無く、〔その寺には〕碧〔い大海〕を呑みこむ〔ように高く聳えた〕一基の楼閣が、雲の通り路に寄り掛か〔るようにして建〕っている。〔その楼閣の中にいると〕風が波浪《なみ》に吹きつけて〔水しぶきが〕簷《ひさし》の外に滴《したた》り、天《神》が山々を〔私が〕坐っている〔楼閣の〕片隅に下ろして〔置いて〕いる〔かのように回りの景色が目の前に見える〕。〔寺の〕方丈《住職》の老人の頭は〔髪が〕雪のよう〔に真っ白〕で、尋常《ひごろ》、客に対しては、珠のように〔美しい言葉で〕語《しゃべ》っている。〔この〕層《楼閣》の欄干《らんかん》に〔もたれ掛かって〕いれば、〔北冥《ほくめい》（北の果ての大海）にいる巨大な魚の〕鯤《こん》が〔巨大な鳥の〕鵬《ほう》に形を変えて、まっすぐに南冥《なんめい》（南の果ての大海）へ〔天翔《あまがけ》よう〕と自らたくらむのも見慣れ〔た風景となっ〕てしまう。

＊

○茅関啓諸＝一元啓諸（生卒年不詳）。室町時代の人。臨済宗夢窓派。曇芳周応（？～一四〇一）の法嗣であり、夢窓の孫弟子に当たる。『延宝伝燈録』の見出しに「相州浄妙一元啓諸禅師」（巻二六・p.8）とあることから、相模国（神奈川県）の浄妙寺に住したことが知られる。また、〔113〕も参照。浄妙寺は、山号を稲荷山《とうかさん》と言い、文治四年（一一八八）、足利義兼を開基、退耕行勇を開山として創建された。鎌倉五山の第五位（『国史大辞典』第七巻・p.625）。茅関は地名と思われるが未詳。

○招提＝寺院の異名。『翻訳名義集』巻七「招提」条に、「後魏太武の始光元年（四二四）、伽藍を造りて創めて招提の名を立つ（後魏太武始光元年、造伽藍創立招提之名）」（T54-1167b）とあるように、北魏の太武帝が伽藍をつくり、はじめて招提という名前をつけたとされる。『釈氏要覧』巻上「招提」条には、『増輝記』を引用して、「梵《インド》には『拓闘提奢』と云い、唐《中国》には『四方僧物』と言う。但だ筆者訛《あやま》りて、『拓』を『招』と為し、『闘奢』を去りて『提』を留む。故に『招提』と称す。即今の十方住持の寺院、是れなり（梵云拓闘提奢、唐言四方僧物。但筆者訛、拓為招、去闘奢、留提。故称招提。即今十方住持寺院、是也）」（T54-262c）とある。また『中村』（p.712）参照。

○雲衢＝雲の通い路（『漢語』第一一冊・p.666）。

○天放峰巒落坐隅＝「峰巒」は、山々、連峰のこと（『漢語』第三冊・p.822）。「坐隅」は、坐席のすみ（『漢語』第二冊・p.1050）。ここでは「放」と「落」とは呼応した動詞であり、「放落」という熟語には、〔荷を〕おろすという意味がある（『中国語』p.893）。

○語如珠＝「珠」は、「珠の如く光を発す（如珠発光）」（『宏智禅師広録』巻一・T48-4b）とあるように、明るく光る珠玉のことであり、そのまま解せば、「言葉が光り輝く珠のようだ」ということになる。ただ、類似した禅語に「如珠走盤」があり、「珠の盤を走るが如し。撥せずして自ら転ず（如珠走盤。不撥而自転）」（『大慧普覚禅師語録』巻三〇「答湯丞相〔書〕」・T47-942a）など、自由自在に転がる様子として多用され、『大慧書栲栳樹』では、この語を「物に于《お》いて泥滞せざるなり。又た怯《は》じ渋《しぶ》らざるなり（于物不泥滞也。又不怯渋也）」（禅研影印本・p.517）と解している。言葉との関わりとしては、「辯才無礙なる底《もの》、禅を説き教を説くこと、珠の盤を走るが如し（辯才無礙底、説禅説教、如珠走盤）」（『楚石梵琦禅師語録』巻九・Z124-81a）といった用例もある。ここをその意味に取るならば、「〔盤上を転がる〕珠のように〔流暢に〕話す」という意味になろう。

○鯤鵬＝『荘子』「逍遙遊篇」に見える伝説の大きな魚と鳥のこと。北冥にいる「鯤」という大魚が変化して「鵬」という巨鳥になり、九万里の高さの空に舞い上がり、南冥へ天翔るとされる（岩波文庫本①p.17~28）。

○南溟＝南冥。南の大海（『漢語』「南冥」条、第一冊・p.897）。

〔41〕又　河南陸仁

楼居昔在石城頭、海色山光長満楼。弱水東流三万里、滄溟俯視一浮漚。牕間波浪秋無際、席上烟雲暮不収。我亦何心来避世、挙頭日出鳳麐州。

＊

又た　河南《かなん》の陸仁《りくじん》

楼居して昔し石城の頭《ほとり》に在り、海色山光、長く楼に満つ。弱水《じゃくすい》東に流るること三万里、滄溟《そうめい》俯して視る一浮漚《ふおう》。牕間の波浪、秋に際《かぎ》り無く、席上の烟雲《えんうん》、暮れて収まらず。我れ亦た何の心にして来たりて世を避くるや、頭を挙ぐれば日は鳳麐州《ほうきんしゅう》より出づ。

＊

又た　河南《かなん》の陸仁《りくじん》

〔呑碧楼《どんぺきろう》に〕楼居して、昔、石城《妙楽寺》〔の境内〕の頭《浜辺》に〔住んで〕いたが、海や山の〔素晴らしい〕景色が、いつも楼〔の中〕に満ちていた。〔西の鳳麟洲《ほうりんしゅう》にある崑崙山《こんろんさん》から流れ出している〕弱水《じゃくすい》は東に三万里も流れてきているそうだが、〔私はその弱水が流れ込んだ〕大海に浮かぶ一つの泡をうつむいて見ている〔にすぎなかったのであろう〕。窓の間〔から見える海〕の波浪《なみ》は秋〔風〕に〔吹かれて〕際限なく〔打ち寄せ〕、座席のあたりの霧は〔日が〕暮れても〔かかったままで〕収まらずにいた。私はどのような心《思い》で〔日本にやって〕来て〔戦乱の〕世を避けたのであろうか、頭を挙げれば〔この世の動きとは無関係に〕日《太陽》が〔蓬莱山《ほうらいさん》があるという〕鳳麐州《ほうきんしゅう》〔の方〕から〔相変わらず〕出ている。

＊

○河南陸仁＝姓は陸、字は元良。雪樵と称す。蘇州の教授。「河南」とあるから、河南省の出身だったのであろう。元末の戦乱を避けて博多の津に漂泊する。応安元年（一三六八）の時点で、博多に来て「両三年」とされるから、日本への渡来は貞治四〜五年頃のこととなる。応安元年は中国では明の洪武元年に当たっており、陸仁は江南の様子が落ち着いたと聞いて帰国したとされる。その記事は、『空華日用工夫略集』巻一「応安元年十二月十七日」条（国際日本文化研究センター中世禅籍テキストデータベース）に見え、『大日本史料』第六編第二八冊「貞治六年是歳」条（p.716）に引用されている。撰文として聖福寺三十三世無隠法爾の要請で応安元年二月七日に撰述した「聖福寺仏殿記」（『隣交徴書』三ノ一、『大日本史料』第六編第二八冊「貞治六年是歳」条・p.713〜5、所引）が残されており、『空華老師日用工夫略集』の記事の存在から、義堂周信との交流が知られる。なお、〔114〕の「諸師略伝」にも立項されているが、「欠」として具体的な記載が無い。

○海色山光＝海や山の景色。似た語として「山光水色（山水の景色）」（『漢語』第三冊・p.771）がある。

○弱水東流三万里＝「弱水」は〔27〕の「弱水凝光映帝青」の注を参照。ここの部分は、蘇東坡「金山妙高臺」の詩に、「蓬莱は到る可からず、弱水三万里（蓬莱不可到、弱水三万里）」とあり、その注に『〔続〕神仙伝』を引いて、「謝自然、海に泛《うか》びて蓬莱を求めんとす。一道士謂いて曰く、『蓬莱は弱水を隔つること三万里、飛仙に非ずんば到る可らず』」と（謝自然、泛海求蓬莱。一道士謂曰、蓬莱隔弱水三万里、非飛仙不可到）」と述べているのが参考となる（『集註文類東坡先生詩』巻二、四部叢刊初編本・20b）。

○滄溟俯視一浮漚＝「滄溟」は、大海のこと（『漢語』第六冊・p.26）。この句における大海と一浮漚との対比は、『楞厳経』の一段を踏まえたものである。〔36〕の「全潮只在一浮漚」の注を参照。

○牕間＝窓の間や窓の辺り（『大漢和』巻八・p.666）。

○烟雲＝煙雲。靄や霧（『漢語』第七冊・p.181）。ここは坐禅中の妄想を暗喩しているのであろう。

○鳳麏州＝未詳。「鳳麏州」や「鳳麏」という語は辞書類に無く、用例も見当たらない。上の句の「弱水東流三万里」との繋がりから言えば、弱水があるとされる西海の「鳳麟洲」（『海内十洲記』）の誤りだと考えるのが妥当であろうか。〔27〕の「弱水凝光映帝青」の注を参照。なお、「鳳」と「麏」の意味については、『文心雕龍』「第四十八節知音篇」に「夫麟鳳与麏雉懸絶、珠玉与礫石超殊（夫れ麟鳳と麏雉は懸絶し、珠玉と礫石は超殊す）」とあって、本来は「鳳」と「麏」は違ったものの象徴である。

〔42〕又　　丹崖崇忠

天香吹満心華室、唇気結成呑碧楼。游目欲窮千世界、忘形似泛一虚舟。呉中昔別青山雨、海上重逢白髪秋。
茶罷倚欄情未尽、暮砧声急石城頭。

*

又た　　丹崖《たんがい》の崇忠《そうちゅう》

天香《てんこう》吹き満つ心華室《しんげしつ》、蜃気《しんき》結び成す呑碧楼《どんぺきろう》。目を游ばせて千世界を窮めんと欲するも、形を忘れて一虚舟を泛《うか》ぶるに似たり。呉中昔別る青山の雨、海上重ねて逢う白髪の秋。茶罷《や》み欄に倚りて情未だ尽きず、暮《ぼ》砧《ちん》の声急なり石城の頭《ほとり》。

＊

又た　丹崖《たんがい》の崇忠《そうちゅう》

天〔から舞い降りた素晴らしい〕香りが吹き満ちる〔中国の牛頭山にある〕心華《しんげ》の室《しつ》と、蜃気楼が作り出した〔ような、この博多の津の〕呑碧《どんぺき》の楼《ろう》〔の両処であなた（＝無我省吾）と出会うことになった〕。〔呑碧楼の上から周りを〕見渡して大千世界《全宇宙》を極めようとするが、〔我が〕形《身》〔の存在〕を忘れてしまい空っぽの船が一隻浮かんでいるよう〔に虚心の状態〕である。青〔々と木が茂った〕山に降る雨〔の中〕、昔〔中国の〕呉中《蘇州》で〔あなたと〕別れ、海上〔にある呑碧楼〕で再び〔あなたに〕逢う、〔お互いに、すっかり〕白髪〔となった今年〕の秋《今》。茶を〔呑み〕終わって欄干《らんかん》にもたれ情《思い》は尽きない、夜に〔衣の皺《しわ》を伸ばす〕砧《きぬた》の声《おと》がせわしく響く〔呑碧楼のある〕石城《妙楽寺》の〔境内の〕頭《浜辺》である。

＊

○丹崖崇忠＝未詳。中国の渡来僧、もしくは日本人で入元（入明）帰朝した僧であろう。「心華室」「呉中昔別」とあることから、無我省吾が初回に中国渡航した時の同参もしくは知己であったことが窺われる。〔115〕の「諸師略伝」にも立項されているが、「欠」として具体的な記載が無い。なお、「丹崖」は山名・寺名もしくは地名と思われるが不明。ちなみに丹崖山は、山東省登州府蓬萊県（『明一統志』巻二五、四庫全書本・3a）、河南省南陽府（『明一統志』巻三〇・7a）、浙江省台州府（『明一統志』巻四七・5b）の三箇所にある。

○天香＝芳香の美称。特に桂・梅・牡丹などの花の香りを指す（『漢語』第二冊・p.1425）。

○心華室＝無我省吾が入元した時に留まった、牛頭山の「心華堂」を指すものであろう。無我が最初、金陵（南京）の牛頭山に出世して陞座説法した時、「紫雲降り、天華墜つることを感じ、緇白《僧俗》、未曾有なりと嘆ず（感紫雲降、天華墜、緇白嘆未曾有）」（『本朝高僧伝』巻三三・p.204、『延宝伝燈録』巻二一・p.260）とされており、恐らくその瑞祥に因んで名付けられた堂であろう。

○蜃気＝蜃気楼のこと（『漢語』第八冊・p.897、『大漢和』巻一〇・p.39）。

○游目欲窮千世界＝「游目」は、眺め渡すこと（『漢語』第五冊・p.1500）。「千世界」は、小千世界、中千世界、大千世界の「三千大千世界」のことであろう（『中村』「三千大千世界」条・p.480）。

○忘形似泛一虚舟＝「忘形」は、肉体を忘れ、物我の境を超脱して無為自然の道を悟ること（『漢語』第七冊・p.403、『大漢和』巻四・p.963）。『荘子』「譲王篇」の「志を養う者は形を忘れ、形を養う者は利を忘れ、道を致す者は心を忘る（養志者忘形、養形者忘利、致道者忘心矣）」（岩波文庫本④p.75）に基づく。「虚舟」は、誰も乗っていない船の意で、転じて、虚心の喩え（『漢語』第八冊・p.819）。同じく『荘子』の「山木篇」（岩波文庫本③p.79）を典拠とするが、直接ここの文意には関わらない。

○呉中＝現在の蘇州。江蘇省呉県のこと。牛頭山がある金陵（南京）から東南に一九〇㎞ほど離れている。

○海上重逢白髪秋＝崇忠が中国の牛頭山にある心華室で無我省吾に会ってから、長い年月を経て日本の呑碧楼で再会したことを示す。過ごした長い時間の表現であろう。無我は、至正十七年（一三五七）、に中国から一旦帰国し、貞治二年（一三六三）に再び入明したとされているから（『本朝高僧伝』巻三三・p.204、『延宝伝燈録』巻二一・p.260）、この詩が詠まれたのはその帰国していた六年の間ということになる。

○暮砧＝夜に衣を打つ砧《きぬた》の音（『漢語』第五冊・p.813）。古い時代、衣を柔らかくしたり皺を伸ばすために、夜になると生乾きの衣を板の上で棒や槌で叩いていた。その道具が砧。

〔43〕又　牛頭山省吾

珠簾高捲倚楼台、海角天涯一望該。投宿蒲颿軽似葉、繞城線路滑於苔。豈無雷逐暗雲去、亦有鯨衝碧浪来。煙雨乍収秋日薄、江山万里画図開。

＊

又た　牛頭山《ごずさん》の省吾《しょうご》

珠簾《たますだれ》高く捲きて楼台に倚れば、海角天涯一望に該《か》ぬ。宿に投ずる蒲颿《ほはん》、葉よりも軽く、城を繞《めぐ》る線路、苔よりも滑らかなり。豈に雷の暗雲を逐《お》い去ること無からんや、亦た鯨の碧浪を衝《つ》き来たる有り。煙雨乍《たちま》ち収まりて秋日薄く、江山万里、画図開く。

＊

又た　牛頭山《ごずさん》（南京）の〔無我《むが》〕省吾《しょうご》

〔真〕珠〔で作られた〕簾《すだれ》を高く捲き〔あげ〕楼台に寄り掛か〔って周りを眺め〕れば、海や空の果てまで一望に見わたせる。〔博多の津に〕投宿する〔ために接岸しようとしている海に浮かんだ船〕の蒲《がま》〔の葉〕で織った〔船の〕帆は木の葉よりも軽い〔ように見える〕し、〔石〕城〔の周囲〕にめぐらされた線《ほそ》い路は苔〔むした石〕よりも滑らか〔に光って見えている〕。〔見晴らしの良い呑碧楼から眺めれば空が一面に見渡せるから〕暗雲を逐って行く雷が〔見え〕無いことがあろうか、また碧〔色の海水の〕浪を突いてやって来る鯨もいる。急に霧雨がやんで〔太陽が顔を出して〕秋の薄日がさし、山や河〔の景色〕が万里〔もの遠方〕まで〔広がって見え、まるで美しい山水の〕絵画を開いたかのようである。

＊

○牛頭山省吾＝無我《むが》省吾《しょうご》（一三一〇～一三八一）のこと。詳しくは〔79〕を参照。諱は「省吾」、字を「無我」、初名は海信。花園法皇の庶子とされる。十三歳で出家。顕密の法を学ぶ。やがて禅を知って宗峰妙超に参ずる。嘉暦二年（一三二七）、宗峰の命で、京都洛西の龍翔寺にあった月堂宗規に随侍し、さらに月堂に随って九州（崇福寺）に赴いて嗣法し、名を「無我省吾」に改め、さらに「一心妙戒」を授けられる。また、この時期に妙楽寺が落成し、呑碧楼を訪れている。貞和四年（一三四八）、無我は三十九歳の時に元に入り、承天寺の仲銘克新、浄慈寺の用章廷俊、霊隠寺の用貞輔良と見心来復に参じて賞せられ、杭州の中天竺寺で蔵主となり、次いで天寧寺の楚石梵琦、本覚寺の了庵清欲、育王山の月江正印に参見する。また径山に登って虚堂の塔を礼し、五台金剛窟に登って化仏を拝して妙戒訣を受ける。やがて金陵（南京）の牛頭山に住して嗣香を焚いて月堂に供した。至正十七年（一三五七）、いったん帰朝するも、貞治二年（一三六三・南朝正平十七年）、月堂の示寂にともなって再入元し、心華堂にとどまって荒廃していた牛頭山の復興に励んだ。洪武六年（一三七三）、明の太祖に禁裏に招かれて問答を行う。洪武十四年示寂。その伝は、『一心妙戒教』附録の「大明勅贈菩薩無我省吾禅師行実」に詳しく、また『本朝高僧伝』巻三三（p.204）、『延宝伝燈録』巻二一（p.260）にも見える。

○珠簾＝真珠で作られたすだれ（『漢語』第四冊・p.553）。

○海角天涯＝海や空の果て。遠い僻地を言う（『漢語』第五冊・p.1222）。

○蒲颿＝「颿」は船の帆。「颿」と「帆」は音通。「蒲帆」は、がまで織った帆のこと（『漢語』第九冊・p.519）。

○煙雨＝細かい雨、霧雨（『漢語』第七冊・p.176）。

○江山＝川と山（『漢語』第五冊・p.915）。
○画図＝絵画（『漢語』第七冊・p.1378）。

〔44〕又

豫章竹庵懐渭

楼高臨碧海、寺古帯滄洲。月湧珠光連、牕虚蜃気浮。須弥搏（ママ）飯盆、溟渤入茶甌。因応龍王供、時従宮殿遊。

＊

又た　豫章《よしょう》の竹庵懐渭《ちくあんかいい》

楼高く碧海に臨み、寺古く滄洲《そうしゅう》を帯ぶ。月《つき》湧きて珠光《じゅこう》連なり、牕《まど》虚しくして蜃気《しんき》浮かぶ。須弥《しゅみ》、飯を盆に搏《まる》め、溟渤《めいぼつ》、茶を甌《おう》に入る。因りて龍王の供に応じ、時に宮殿の遊に従う。

＊

又た　豫章《よしょう》（江西省南昌）の竹庵懐渭《ちくあんかいい》

〔呑碧《どんぺき》〕楼《ろう》は高々と碧海《大海原》に臨んで〔建って〕おり、寺〔がある場所〕は古くから〔仙人が隠遁するという〕滄洲《しま》〔の風情〕を帯びている。〔その楼閣の中から周りを眺めると、〕月〔の光〕が〔波にしたがって〕湧動《ゆれうご》くさまは〔輝く〕真珠の光が連なっているようであり、開け放たれた窓〔から〕は蜃気楼〔のような不思議な景色〕が浮かんで〔見えて〕いる。須弥山《しゅみせん》〔ほどもある量〕の飯を盆《鉢》に丸め〔てのせ〕、溟《大》

渤《海》〔ほどもある量〕の茶を甌《茶碗》に入れる。そこで〔目の前の海の底にいる〕龍王の供養に応じて、いつも〔龍王の〕宮殿で遊戯しているのだ。

＊

○豫章竹庵懐渭＝「豫章」は地名で、江西省の南昌のこと。「竹庵懐渭」は、清遠懐渭（一三一七～一三七五）、竹庵は晩年の別号。南昌（江西省）の人。臨済宗大慧派、笑隠大訢の俗甥で、またその法嗣。後に会稽の宝相寺に出世し、杭州（浙江省）の報国寺、湖州の道場山（十刹第二位）に移る。洪武初年（一三六八頃）、臨安の浄慈寺（五山第四位）に勅住し、また銭塘の梁渚に退居して同八年十二月十六日示寂。世寿五十九。著述として四会の語録と詩文の外集があったとされるが、現存していない。その伝として「浄慈禅師竹庵渭公白塔碑銘」（『護法録』巻二下・11b、『浄慈寺志』巻一九・34a）があり、その他、『五燈会元続略』巻二上（Z138-463b）、『続燈正統』巻一五（Z144-338a）、『継燈録』巻四（Z147-384c）、『補続高僧伝』巻一五（Z134-130d）などに立項され、また、〔117〕の「諸師略伝」にも立項されている。

○滄洲＝水辺の州浜。人里離れた片田舎の池や川。特に、中国で、東方の海にあり仙人が住むといわれる島をいう（『日本国語大事典』「滄洲」、『漢語』第六冊・p.25）。

○月湧珠光連、牕虚蜃気浮＝「月湧」は、月の光が波に従って湧動するさま。杜甫の五言律詩「旅夜書懐」の第五句に「月湧いて大江流る（月湧大江流）」（『分門集註杜工部詩』巻一三、四部叢刊初編本・18b）とあり、黒川洋一注『杜甫上』（中国詩人選集9・岩波書店・一九五七年、p.132）は「月光が浪に乱れ湧いて大川は流れていく」と訳している。「珠光」は、真珠の輝く光。転じて、明るく清らかな光を広く指す（『漢語』第四冊・p.546）。ここでは次々に押し寄せる波頭が光るさまを形容したものであろう。「牕虚」の「牕」は「窓」の異体字、「虚」は場所をあけること（『漢辞海』p.1244）。「窓虚」の二字で「開け放たれた窓」の意となる。用例としては、杜牧の五言律詩「旅情」の初句の

「窓虚しくして枕簟《（夜具）》涼し（窓虚枕簟涼）」（『樊川文集別集』、四部叢刊初編本・8b）や、『虚堂和尚語録』巻七にある五言律詩「崖泉応虚室」の第六句の「窓虚にして月影分かる（窓虚月影分）」（T47-1038a）などがある。「蜃気」は〔42〕に既出。蜃気楼、幻の意。『楞厳経指掌疏事義』巻一に、「『大智度論』に云く、『日初めて出づる時、城門・楼櫓・宮殿に、行人の出入するを見る。日転た高ければ転た滅す。但だ眼見る可くも実有ること無し。是れを乾闥婆城と名づく』と。『輔行』に云く、『乾城、俗に蜃気と云う。蜃大蛤なり。朝、海洲に起き、遠く視れば有るが似きも、近く看れば即ち無し』と（大智度論云、日初出時、見城門楼櫓宮殿、行人出入。日転高転滅。但可眼見、而無有実。是名乾闥婆城。輔行云、乾城俗云蜃気。蜃大蛤也。朝起海洲、遠視似有、近看即無）」（Z24-438a）とある。この二句は、直接的には呑碧楼から見た景色を詠っているのであろうが、後句と考え合わせると、禅的な悟りをそこに詠み込んでいるとも取れる。「窓」は六根のこと。『景徳伝燈録』巻六「朗州中邑洪恩禅師」条に、「問う、『如何にして見性を得るや』と。師云く、『譬えば屋有り、屋に六窓有り、内に一獼猴有るが如し。東辺に山山山と喚べば、応に是の如き六窓、倶に喚び倶に応ず』と（問、如何得見性。師云、譬如有屋。屋有六窓、内有一獼猴、東辺喚山山山、応如是六窓倶喚倶応）」（T51-249b）とあって、「六窓」は「六根」のこととなる。「月」は仏性を指す。

○須弥摶飯盆、溟渤入茶甌＝前句は『維摩経』を踏まえる。同経「香積仏品」の中で、維摩詰が化作した菩薩が、香積如来から「満鉢の香飯」を与えられ、維摩詰の家に戻るが、家の中には九百万の菩薩や声聞・諸天がおり、小徳小智の声聞は「飯の量が少なくて、大衆が皆な食べられるだろうか」と心配する。その時、化作した菩薩が答えた言葉の一節に、「四海は竭《つ》くること有るも、此の飯は尽くること無し。一切の人をして食せしめ、揣《にぎ》ること須弥の若《ごと》くして、乃至一劫なるも、猶お尽くすこと能わず（四海有竭、此飯無尽。使一切人食、揣若須弥、乃至一劫、猶不能尽）」（鳩摩羅什訳『維摩詰所説経』巻三・T14-552c、植木雅俊訳本・p.442）とある。この「揣若須弥」の部分が支謙訳『仏説維摩経』巻下では、「摶若須弥（摶《まる》むること須弥の若くして）」（T14-532b）となっており、さらに宝暦刊の『維摩羅詰経文疏』巻二七では字を誤って、「搏若須弥」（Z28-172a）となっている。「搏」と「搏」の間違いは字形の類似から和刻本ではよく見られ、ここの「搏」も明らかに「搏」の誤りである。よって今回の書き下し文や口語訳は「搏」に従った。下句の「溟渤入茶甌」も典拠を踏まえている可能性があるが未詳。いずれにしろ「無量の須弥、無量の大海、芥子の中に入る（無量須弥、無量大海、入芥子中）」（鳩摩羅什訳『仏説仁王般若波羅蜜経』巻下・T8-831a）などと同様、人知を超えた事象を表現したものである。なお、「須弥」は、須弥山《しゅみせん》のこと。世界の中心に聳えている高い山。梵語「Sumeru」の音写で、妙高山と漢訳される。インド北西、ネパールのヒマラヤ山脈がモデルとなっている。詳しくは『中村』（p.629）参照。「盆」は小型の鉢のこと。「溟渤」は大海のこと（『漢語』第六冊・p.42）。「甌」は湯飲み茶碗のこと。

○因応龍王供、時従宮殿遊＝そのままの出典はないが、「龍王供養」の語が『華厳経』（T9-749a、T10-399b・774c）に見え、また「龍王宮殿」の語が同じ『華厳経』（T9-626b・701b、T10-274a）などに見えている。

〔45〕又二首　并序　　双桂惟肖

妙楽寺乃冷泉石城遺址也。所謂呑碧在寺坤隅。元明本朝哲匠題詠満壁。大蔭禅伯伝聞歆艶、命能画者図之、得瑤席竹庵禅師一篇、以系其上。且属余続貂焉。憶先師昔膺官差、往蒞聖福、予方弱歳巾侍以行。于時無方応公踞妙楽室。与先師有旧。進寺消日。其間借榻寓于楼下、殆二旬余也。登覧之美、寔所目撃。予已七秩加二。歳月多矣。楼亦崩壊、不修無復。彷彿覩図弗能無感。則託瑤席韻末、有以栄耀亦幸也。況大蔭好事盛意、曷得而拒焉。倍和二章以還云。

①飛棟呑溟碧、林観溢十洲。烟濤知近遠、日月互沈浮。訪古看詩板、寛懐謝茗甌。炎凉余半百、倒指唱曾遊。

②登臨宜曠望、突起拠孤洲。眼視三桑変、身如一芥浮。寺鯨敲月棹、沙鳥答風甌。聞説今蕪没、関西欠勝遊。

＊

又た二首　并びに序　　双桂《そうけい》の惟肖《いしょう》

妙楽寺《みょうらくじ》は乃ち冷泉石城《れいぜいせきじょう》の遺址なり。所謂《いわゆ》る呑碧《どんぺき》は寺の坤隅《こんぐう》に在り。元明・本朝の哲匠の題詠、壁に満つ。大蔭禅伯《だいいんぜんはく》、伝え聞きて歆艶《いんえん》し、画を能くする者に命じて之を図《えが》かしめ、瑤席竹庵《ようせきちくあん》禅師の一篇を得て、以て其の上に系《か》く。且つ余に属して貂《ちょう》を続《つ》がしむ。憶《おも》うに先師、昔、官差《かんさ》を膺《う》け、往きて聖福《しょうふく》に涖《のぞ》むとき、予、方に弱歳にして巾侍《きんじ》して以て行けり。時に無方応公《むほうおう》、妙楽の室に踞す。先師と旧《ちなみ》有り。寺に進みて日を消す。其の間、榻《とう》を借りて楼の下に寓すること、殆ど二旬余りなり。登覧の美、寔《まこと》に目撃する所なり。予、已に七秩に二を加う。歳月多し。楼も亦た崩壊し、修せずして復すること無し。彷彿として図を覩《み》て感無きこと能わず。則ち瑤席の韻末に託して、以て栄耀すること有るは亦た幸いなり。況や大蔭の好事盛意、曷《なん》ぞ得て焉《これ》を拒まん。二章を倍和して以て還《かえ》すと云う。

①飛棟、溟碧を呑み、林観、十洲に溢る。烟濤《えんとう》、近遠を知り、日月互いに沈浮す。古《いにしえ》を訪ねて詩板を看《み》、懐《かい》を寛くして茗甌《べいおう》を謝す。炎凉、半百に余り、指を倒して曾て遊ぶを唱《なげ》く。

②登臨、曠望に宜《よろ》し、突起して孤洲に拠る。眼、三桑の変を視て、身、一芥の浮かぶが如し。寺鯨《じげい》、月棹《げっとう》に敲かれ、沙鳥《さちょう》、風甌《ふうおう》に答う。聞説《きくなら》く今ま蕪没《ぶぼつ》すと。関西、勝遊を欠く。

＊

又た二首　并びに序　〔南禅寺《なんぜんじ》〕双桂《そうけい》〔院《いん》〕の惟肖《いしょう》〔得巌《とくがん》〕

妙楽寺《みょうらくじ》は冷泉《博》〔津《多》〕の石城《防塁》の遺址〔に創建されたもの〕である。所謂《いわゆ》る呑碧《どんぺき》〔楼《ろう》〕は、寺の西南にあった。〔中国の〕元朝・明朝や、本朝《日本》の〔すぐれた才能を持った〕哲匠《賢人》の〔創作した〕題詠が壁いっぱい〔に書かれていた〕。〔南浦紹明《なんぽじょうみん》の四伝の法孫である〕大蔭《だいいん》〔宗蔭《そういん》〕禅伯は、〔呑碧楼の存在を〕伝え聞いて羨み、画が上手い者に命じてこれ（＝呑碧楼）を描かせ、瑤席《ようせき》〔池《いけ》がある道場《どうじょう》〕山万寿禅寺《ざんまんじゅぜんじ》の住持〕の竹庵《ちくあん》〔懐渭《かいい》〕禅師の〔創った〕一篇〔の詩〕を得て、その〔呑碧楼の画の〕上につないだ。また、私に、〔竹庵禅師の詩に続けて、まるで〕貂《てん》〔の尻尾の立派な飾りの後に、貧弱な犬の尻尾の飾りを〕をつなぐ〔かのように、私の下手な詩を続ける〕よう命じた。思うに、先師（＝草堂得芳《そうどうとくほう》）が、かつて官命をうけて聖福寺《しょうふくじ》〔第四十二世の住職〕に臨んだ時、年若かった私は、側仕えとして〔聖福寺に〕赴いた。その時に無方宗応《むほうそうおう》公が、妙楽寺の室《方丈》に〔住持として〕腰を落ち着けていた。〔無方公は〕先師（＝草堂得芳）と、もともと交遊があった。〔私は妙楽〕寺に行って〔大したこともせずに〕日を過ごしたが、その間、〔坐禅する〕榻《いす》を借りて〔修行しながら呑碧〕楼の下で、ほぼ二十日余り暮らした。〔その時、呑碧楼の〕高所に登って見た〔景色の〕美しさは、まことに一見の価値があった。私はすでに七十二歳〔の高齢〕となり、長い歳月が流れてしまい、〔呑碧〕楼もまた壊れて、修復されない〔ままである〕。〔大蔭禅伯が描かせた呑碧楼の〕図《絵》をぼんやりと見ていて、感慨を起こさずにはいられない。だから、瑤席（＝竹庵懐渭）の韻《詩》の末尾に依拠して〔下手な詩を載せて〕、〔呑碧楼を〕栄耀《ほめたた》えることができるのは幸いなことである。ましてや大蔭〔禅伯〕の〔行なった呑碧楼の作画と添詩という〕善い事《行為》と立派な意《おもい》〔を目の当たりにしながら〕、どうして〔作詩の命を〕拒むことができようか。〔もとの一篇から〕倍の二篇の和詩を〔つくって〕、お返しするものである。

①〔呑碧楼《どんぺきろう》の〕高い屋根が碧海を呑み、〔周りの山々の〕林《木々》〔の素晴らしい〕観《景色》が十洲《仙人のすみか》〔とも言うべき石城《妙楽寺》〕に溢れていた。〔海面に〕靄《もや》がかかっていても〔呑碧楼の上からだと〕遠近〔の景色〕も分かったし、〔海面から〕日《太陽》や月が互いに昇ったり沈んだり〔するのも見えていた〕。古《いにしえ》〔のこと〕を探ろうと〔呑碧楼の中に掛けられている〕詩〔を記した木の〕板を眺め、〔ゆっくりと〕くつろぎながら茶釜〔でいれてくれたお茶〕に感謝をした〔ものだ〕。〔それから〕炎涼《年月》が五十年余り〔過ぎ〕、指を折って〔年を数えながら〕以前訪ねた場所〔が壊れて無くなっていること〕を嘆くのだ。

②〔呑碧〕楼に登れば遠くを眺めるのにふさわしく、〔その楼は海面から高く〕突き出て海上の小島に建っていた。〔楼上から〕眼で〔太陽が出てくる場所にある遥か東方の〕三《さん》〔株《かぶ》の扶《ふ》〕桑《そう》の〔木がある辺りの空が〕変化するのを見ていると、〔我が〕身は一つの芥《塵》が〔海に〕浮かぶようなものだ〔と感じられた〕。寺鯨《梵鐘》は月〔を見るために漕ぎ出す舟の〕棹《さお》で敲かれ〔て鳴り響き〕、砂浜の水鳥は風鐸《ふうたく》〔の音〕に答える〔ように鳴いていた〕。〔そんな呑碧楼も崩れて、現在ではその遺構が〕雑草によって覆い隠され

ていると聞く、〔呑碧楼が無くなったことで〕関西《九州》の優れた遊覧〔の場所〕を失ったのだ。

＊

○双桂惟肖＝惟肖得巖（一三八〇～一四三七）のこと。惟肖は号。別に蕉雪・歇即道人・山陽備人とも号する。臨済宗燄慧派。備後（広島県）の人。十六歳で郷里の護国寺の草堂得芳（生卒年不詳）に参じて出家。室町幕府四代将軍の足利義持（一三八六～一四二八）の帰依を受けて相国寺の西堂になり、摂津（大阪府）棲賢寺に開堂して得芳に嗣法する。その後、京都の真如寺・万寿寺・天龍寺を歴住し、南禅寺に陞住する。また、南禅寺に双桂院を構えて燕居し、永享九年示寂。世寿七十八。五山文学の僧として知られ、『東海璚華集』（『五山文学新集』第二巻・東京大学出版会、所収）がある。その伝は、『延宝伝燈録』巻二七（p.16）、『本朝高僧伝』巻四〇（p.248）に見える。また、『国史大事典』「惟肖得巖」条（『国史大辞典』第一巻・p.547）、『五山禅僧伝記集成』（p.20～22）参照。〔118〕の「諸師略伝」にも立項されている。

○妙楽寺乃冷泉石城遺址也＝妙楽寺は、臨済宗大徳寺派の寺院であり、鎌倉時代の末期、正和五年（一三一六）に、博多の商人たちが、月堂宗規の長養のために創った「石城庵」と呼ばれる一宇を前身とする（上田純一『九州中世禅宗史の研究』文献出版・二〇〇〇・p.70）。そして、南北朝時代の貞和二年（南朝正平元年・一三四六）、月堂宗規の法嗣の無我省吾《むがしょうご》が、同じく博多商人たちの協力を得て石城庵を改修し、「石城山妙楽円満禅寺」と名を改めた。「石城遺址」とは、建治二年（一二七六）に、元寇の襲来に備えて博多湾沿岸に築かれた防塁のこと。妙楽寺が建てられた側《そば》にも防塁があり、それを海から見ると城壁のように見えたことから石城と呼ばれたと言われる。「冷泉」は、博多のこと。博多の辺りは、中世の頃には「冷泉津《れいぜいつ》」とも呼ばれていた。「冷泉」は、福岡の現在の町名では「れいせん」と読まれている。

○坤隅＝西南の方角（『漢語』第二冊・p.1076）。

○哲匠＝非常に優れた才能を持つ大臣や文人、芸術家、技術者を指す。広く才芸のある者を示す称である（『漢語』第三冊・p.351、『大漢和』巻二・p.1017）。

○大蔭禅伯＝大蔭宗蔭（生卒年不詳）。月庵宗光の法嗣。宗光は大蟲宗岑に嗣ぎ、宗岑は峰翁祖一に嗣ぎ、祖一は南浦紹明の法嗣であるから、大応四伝の法孫である。『延宝伝燈録』巻二一に「棲真院大蔭宗蔭禅師」として立項されている（p.262）。また〔140〕を参照。

○歆艶＝「きんえん」と読むのが一般的。うらやむこと（『漢語』第六冊・p.1463、『大漢和』巻六・p.636）。

○瑤席竹庵禅師＝「竹庵禅師」は、竹庵懐渭のこと。〔44〕の「豫章竹庵懐渭」の注を参照。「瑤席」は、竹庵が住持していた湖州道場山にある瑤席池のこと（『浙江通志』巻一二「道場山」条、四庫全書本・5a~b）。「瑤席」の語義は、華美な宴席の意（『漢語』第四冊・p.622）。

○続貂＝原意は官爵を乱発することで、比喩として、自分で詩偈など何か付け加えたものが元々のものに及ばないという謙遜の辞として用いられる（『漢語』第九冊・p.1048）。一般には、「狗尾続貂」（『漢語』第五冊・p.38）、「狗続貂尾」（同前・p.43）といった四字成句で用いられることが多い。「貂」は「貂蝉」のこと。高位高官を示す貂の尾で作った冠の飾り。その貂蝉が足りなくて、粗悪な犬の尾で代用することを意味する。典拠は『晋書』巻五九「趙王倫伝」（中華書局校点本・p.1602）で、趙王倫という人物は、自分の一党の人を、下僕に到るまで高官にしたので、世人が「貂足らざれば、狗尾続《つ》ぐ（貂不足、狗尾続）」、つまり、「貂の尾が足りず犬の尾で代用するほどだ」と揶揄したのに基づく。

○先師＝惟肖の嗣法の師である草堂得芳のこと。草堂は聖福寺の第四二代住持。『延宝伝燈録』巻二七「相州浄妙草堂得芳禅師」条（p.15）に立項されている。

○官差＝官命による使い（『漢語』第三冊・p.1386、『大漢和』巻三・p.966）。

○弱歳＝弱冠（二十歳）の年、もしくは広く幼年、青少年期を指す（『漢語』第四冊・p.120）。

○巾侍＝身の回りの世話をすること。もともとは「侍執巾櫛」（『漢語』第一冊・p.1316）という語が『春秋左氏伝』「僖公二十二年」条に見えるのに基づき、「寡君《父》が婢子《わたし》に手拭いや櫛の世話をさせるのは、子《あなた》を引き止めたいからです（寡君之使婢子侍執巾櫛、以固子也）」（新釈本①p.351）とあって、妻妾が夫君に服事することを言う。ここでは僧侶の話であり、たとえば『景徳伝燈録』巻一一「杭州千頃山楚南禅師」条に「師、乃ち入室して巾《手拭い》を執り盥《たらい》に侍り、晨《朝》晡《夕》に請益す（師乃入室、執巾侍盥、晨晡請益）」（T51-292b）とあって、禅研本④に「『執巾侍盥』は、そば仕えをすること」（p.411）と解しているように、弟子が師匠の洗面などの世話をすることを言う。

○無方応公＝無方宗応（一三一八～一四〇七）のこと。月堂宗規の法嗣。泉州（大阪府）の人。かつて元へ渡り、元帝に請われて宮中に参じ、陞座説法を行う。帰朝の後、筑後（福岡県）の顕孝寺に住し、その後、崇福寺に住し（第三〇世）、聖福寺にも住し（第五七世）、他に、妙楽寺（第四世）、興徳寺（第二九世）にも住した（『石城山前住籍』）。永徳三年（一三八三）、浦刑部大輔次永が志摩郡桜井村に秀善寺を建てて無方宗応を開祖とした。応永十四年二月五日示寂。世寿九十。法嗣に聖福寺第一〇〇世の無涯亮倪がいる。糸島の秀善寺の開山でもある。その伝は、『延宝伝燈録』巻二一（p.261）、および『横嶽志』「横嶽山前住籍」、本書の〔150〕を参照。

○榻＝幅が狭くて長めのこしかけ。坐禅を組むためのもので、禅牀ともいう。現在の僧堂における単とは異なる（『禅学』「禅榻」条・p.697、参照）。

○登覧＝高い所に登って眺める（『漢語』第八冊・p.539、『大漢和』巻七・p.1217）。

○目撃＝熟視する。目の当たりに見る（『漢語』第七冊・p.1130）、あるいは、一目見る、ちょっと見る（『大漢和』巻八・p.154）の意。ここでは前者である。後者は『荘子』「田子方篇」の「ちょっと見ただけで〔そこに真実の〕道があらわれる（目撃而道存矣）」（岩波文庫本③p.110）に拠る。

○七秩加二＝七十二歳。「秩」は十年のこと。
○彷彿＝ほのか、かすか。さも似たり。ぼんやりとして不鮮明（『漢語』第三冊・p.927、『大漢和』巻四・p.809、参照）。
○栄耀＝立派な声誉（『漢語』第四冊・p.1232）。ここは名詞ではなく「褒め称える」という動詞的な用法。
○好事盛意＝「好事」は、立派で有益なこと（『漢語』第四冊・p.286、『大漢和』巻三・p.631）。「盛意」は、厚情、深い思い（『漢語』第七冊・p.1429）。
○飛棟呑溟碧＝「飛棟」は、高くそびえる建物の屋根（『漢語』第一二冊・p.700、『大漢和』巻一二・p.367）。「溟碧」は諸辞書に見えないが、ここは「呑碧楼」を表現した語であるから「溟海の碧さ」の意であろう。
○十洲＝道教で、大海中の仙人の住む十処の名山勝境のこと。また広く仙人の住処を指す（『漢語』第一冊・p.823）。具体的には、祖洲・瀛洲・玄洲・炎洲・長洲・元洲・流洲・生洲・鳳麟洲・聚窟洲の十洲（『大漢和』巻二・p.492）。
○烟濤＝烟波（煙波）と同じ（『漢語』第七冊・p.186）。「烟波（煙波）」は、靄のこめた水面。靄がかかった水面。又、遠い水面が煙ったようにはっきりしないさま。煙浪（『漢語』第七冊・p.177、『大漢和』巻七・p.478）。
○詩板＝詩を記した木版。唐の白楽天が東洛に在った時、作ったのに始まる。後世、詩牌という（『漢語』第一一冊・p.145、『大漢和』巻一〇・p.447）。
○寛懐＝心を広く持つ。安心する。くつろぐ。度量が大きい（『漢語』第三冊・p.1588）。
○茗甌＝茶を沸かすかま。茶釜（『大漢和』巻九・p.617）。
○炎涼半百＝「炎涼」は、寒暑。歳月を喩える（『漢語』第七冊・p.44）。また「半百」は、五十（『漢語』第一冊・p.709）。ここでは、呑碧楼が朽ちて五十年が過ぎた、という意味であろう。
○登臨＝山に登り、川や海に臨むこと。遊覧を指す（『漢語』第八冊・p.538）。〔10〕・〔34〕・〔37〕の「登臨」の注を参照。

○曠望＝広く眺め渡す。遠くを眺める（『漢語』第五冊・p.845、『大漢和』巻五・p.949）。
○孤洲＝海上の小さな陸地、島（『漢語』第四冊・p.220）。
○三桑＝三株の扶桑。扶桑は神木の名で、日がその下から出るといわれる（『漢語』第一冊・p.226）。
○寺鯨＝このままで形では諸辞書に見えない。「鯨」という字を使った仏教語に「鯨鐘」があり、「梵鐘の異名。寺院の大鐘をいう」（『中村』p.314）とされる。明の倪謙撰『倪文僖集』巻七（四庫全書本・5b）に「寒寺鯨音」という題の七律があり、明らかに梵鐘を意味している。
○月棹＝そのまま二字の成語としては辞書類に見えず、「乗月棹舟」を踏まえた言葉だと考えられる。唐の許渾撰『丁卯詩集』巻上に「乗月棹舟送大暦寺霊総和尚不及」（四庫全書本・14b）という詩があり、『石倉歴代詩選』や『御定全唐詩』などにも収載されているが、「乗月棹舟（月に乗じて舟に棹さす）」は「月の美しさに思わず舟を棹で漕ぎ出す」の意である。ここの「月棹」は名詞形であるから、「月を愛でに漕ぎ出す舟の棹」という意味になろうか。
○沙鳥＝砂浜などにいる水鳥（『漢語』第五冊・p.956）。
○風甌＝寺や塔の軒の下、またその四隅に下げる、青銅製の鐘の形をすず。「風鐸」のこと。『虚堂和尚語録』巻三に「夜深し誰か風甌の語るを聞かん（夜深誰聴風甌語）」（T47-1009a）とあり、『犂耕』に「風甌は堂塔の担角の鈴鐸を謂うか。然るに諸もろの韻書に未だ鳴器の訓を見ず。『字典』午上の「甌」の註に曰く、『音は謳。《説文》に小盆なりと。《広韻》に瓦器なりと。《正韻》に今ま俗に盌の深き者を謂いて甌と為すと』と。○蓋し鐸の形、甌を覆する者に似て、風に依りて声を出だす。故に風甌と云うなり」と。○忠曰く、『《文字禅》二「廬山を望む」詩に曰く、『青燈灼灼として夜窓深し。床に対して臥して風甌の語るを聴く』」と（風甌謂堂塔担角鈴鐸乎。然諸韻書未見鳴器訓。字典午上甌註曰、音謳。説文小盆也。広韻瓦器。正韻今俗謂盌深者為甌。○蓋鐸形似覆甌者、依風出声。故云風甌乎。○忠曰、文字禅二望廬山詩曰、青燈灼灼夜窓深、対床臥聴風甌語」」（禅研影印本・p.402）とある。

○蕪没＝荒れ草が茂って覆い隠すこと、影に隠れて見えなくなること（『漢語』第九冊・p.548）。
○関西勝遊＝「関西」は、一般に近畿地方を指すが、「妙楽開山月堂規和尚行実」に「延元初年、師還関西、住崇福」（『博多妙楽寺開山『月堂和尚語録』訳注』p.313。ただし、当該書では対校により「鎮西」に改めた）とあることから、ここも「九州」の意味であろう。「勝遊」は、楽しく遊覧すること（『漢語』第六冊・p.1337）。

〔46〕題鎮西石城呑碧楼。写呈堂上月堂和尚尊前　四明閑衲永璵

吸尽西江未足奇、楼呑碧海許誰知。半機錦繡霞舒彩、万頃玻瓈月吐輝。春夏秋冬詩不厭、風晴雨雪画偏宜。夜明簾外人来看、星斗一天波底移。

*

鎮西《ちんぜい》石城の呑碧楼《どんぺきろう》に題す。写して堂上月堂《げつどう》和尚の尊前に呈す　四明《しめい》の閑衲永璵《ようよ》

西江を吸尽するも未だ奇とするに足らず、楼、碧海を呑むも誰の知ることをか許さん。半機の錦繡《きんしゅう》、霞、彩《いろどり》を舒《の》べ、万頃《ばんけい》の玻瓈《はり》、月、輝を吐く。春夏秋冬、詩厭《いと》わず、風晴雨雪、画偏《ひと》えに宜し。夜明簾外、人来たりて看れば、星斗一天、波底に移る。

*

鎮西《九州》石城の呑碧楼《どんぺきろう》に題す〔る詩〕。書いて〔妙楽寺《みょうらくじ》の〕堂上《住持》であった月堂《げつどう》〔宗規《そうき》〕和尚の尊前に呈す。四明《しめい》〔天寧寺《てんねいじ》の〕閑衲〔東陵《とうりん》〕永璵《ようよ》

〔一口で〕西〔の方の長《ちょう》〕江《こう》〔の水〕を吸い尽くしても、まだ奇《不思議》とするには不十分だ。〔呑碧〕楼が碧海《大海原》〔の水〕を呑み尽くしているのは〔もっと奇《不思議》なことだが〕誰も知ることなど期待できない。〔呑碧楼に登って景色を見てみれば、〕半機《小型の織機》〔が織り出した〕錦繡《にしき》〔のように美しい花が咲いている山々〕に霞が〔かかって〕彩りをひろげ、広々とした〔天然ガラスのように澄んだ〕玻瓈《海》に月が輝きを吐いて〔照らして〕いる。〔呑碧楼は、〕春夏秋冬〔どんな季節でも詩情をかき立てるから、〕詩を〔作るのに適さないといって〕厭われ〔る季節は〕ないし、風〔が吹こうが〕晴〔になろうが〕、雨〔が降ろうが〕雪〔が降ろうが〕、〔どんな天候でも趣があって絵を〕画《えが》くのにすこぶる適している。夜明けに〔楼の〕簾《すだれ》の外に人がでて来て見てみれば、満天の星々が波の底を移動している〔かのように水面に映し出されている〕。

＊

○堂上＝禅院の住持のこと。堂頭（『禅学』・p.929）。
○月堂和尚＝妙楽寺開山の月堂宗規のこと。〔24〕の「先師月堂」の注、および〔77〕を参照。
○四明閑衲永璵＝東陵永璵《とうりんようよ》（一二八五～一三六五）のこと。中国曹洞宗の禅僧で、明州（浙江省）天童山で雲外雲岫の法嗣。至正十一年（日本北朝の観応二年・一三五一）に来朝し、夢窓疎石の招きで天龍寺に入り、翌年、南禅寺に勅住。後に建長寺・円覚寺にも住した。その伝は、『延宝伝燈録』巻四（p.169）・『本朝高僧伝』巻三〇（p.186）に見える。また、『五山禅僧伝記集成』（p.516）・『禅学』（p.89）参照。〔120〕の「諸師略伝」にも立項されている。「四明」は現在の浙江省寧波府で、東陵永璵の出身地であると共に、彼が初住した天寧寺の所在地である。
○吸尽西江未足奇＝『景徳伝燈録』巻八「襄州居士龐蘊」条の、「待汝一口吸尽西江水、即向汝道（汝の一口に西江の水を吸い尽くすを待って、即ち汝に向かって道《い》わん）」（T51-263b、禅研本③ p.231）の句を踏まえたもの。入矢義高『龐居士語録』（筑摩本⑦p.20）参照。「西江」は、『荘子』「外物」篇に「我れ且《まさ》に南のかた呉・越の王に遊《遊説》せんとす。西江の水を激《かき立て》て子《おまえ》を迎えん。可なるか（我且南遊呉越之王、激西江之水而迎子、可乎）」とあり、岩波文庫本ではこれを「西の方の長江の水」（第四冊・p.13）と訳している。ここもそれに従った。

○半機錦繍＝「錦繍」は、厚手で絢爛豪華な花文・鳥文などの彩色の絹織物のことで、転じて美麗な事物を指す（『漢語』第一一冊・p.1338）。事物としては、美しい詩句文章を形容する場合や、花の咲き乱れる春の景色を示す場合が多いが、ここは後者で、花に彩られた山の風景であろう。用例としては、宋の参寥道潜（一〇四三～一一〇六）撰「廬山雑興」十五首・其四の、「春風錦繍の谷、紅素《赤と白》自ら相依る（春風錦繍谷、紅素自相依）」（『参寥子詩集』巻一、四庫全書本・1b）などがある。「錦」の一字だけの例としては、『碧巌録』第八二則「大龍堅固法身」本則の「山花開いて錦に似たり（山花開似錦）」（T48-208a、岩波文庫本㊦p.100、末木訳㊦p.117）が想起される。「半機」は諸辞書に見えないが、類例として中峰明本「梅花詩百詠」第八四首の「一派の珠幢、羽客《仙人》を迎え、半機の氷織、蛟人を駐《とど》む（一派珠幢迎羽客、半機氷織駐蛟人）」（『天目明本禅師雑録』巻下付録「梅花詩百詠」・Z122-400a）や、明の黄淮撰「与節庵論唐人詩法因賦長律三十五韻」第二三・二四句の「半機の蜀錦、天葩《非凡な花》燦たり、一縷の春糸、繭緒を抽く（半機蜀錦天葩燦、一縷春糸繭緒抽）」（『省愆集』巻下・七言排律、四庫全書本・23b）があり、「機」は「織機」を指すことが知られる（「蛟人」は「鮫人」と同義であり、〔39〕の「鮫女機梭」の注を参照。また「蜀錦」は古代中国の蜀で作られた高級な錦のこと）。「半機」とは、通常の織機の半分ほどの長さしかない小型の織機のことと思われ、日本には半機（はんばた）・半京機（はんきょうばた）と称される織機が存在している。

○万頃玻瓈＝「万頃」は、面積が広いことの喩え。〔30〕の「下吸滄波万頃寒」の注を参照。「玻瓈」は、水晶やガラスのことだが、ここでは水面が平静で澄んでいる様子を示している。〔31〕の「玻瓈」の注を参照。

○星斗一天＝満天の星々（『漢語』「一天星斗」条、第一冊・p.9）。

〔47〕次韻　　水月老人宗規

只為諸公賦詠奇、此楼始受世人知。階前松樹撼風色、海底珊瑚含月輝。雲尽高低山更好、沙平遠近路随宜。
四囲勝概遺基旧、天化寧偕流俗移。

*

次韻《じいん》　水月老人宗規《すいげつろうじんそうき》

只だ諸公の賦詠の奇なるが為に、此の楼始めて世人の知ることを受く。階前の松樹、風色を撼《うご》かし、海底の珊瑚、月輝を含む。雲尽《つ》きて高低の山更に好《よ》く、沙平《たいら》にして遠近の路宜しきに随う。四囲の勝概、基《もとい》を遺すこと旧《ふる》し、天化寧《なん》ぞ流俗と偕《とも》に移らん。

*

次韻《じいん》　水月老人《すいげつろうじん》〔こと月堂《げつどう》〕宗規《そうき》

ただ諸公が作った詩が奇《素晴》らしかったので、やっとこの〔呑碧《どんぺき》〕楼《ろう》が世間の人に知られるようになった。〔呑碧楼では、今でも変わらず〕階段の前の松の樹が風《かぜ》色を撼《うご》かし、海底の珊瑚が月の輝きを含んで〔白く輝いて〕いる。〔周りを見回せば、〕雲がすっかり消えて高い〔山も〕低い山も〔クッキリと姿を現して〕一段と〔眺めが〕美しく、〔浜辺の〕沙は平らで遠くも近くも〔行きたい〕路を思いのまま〔に散策できる〕。四方の素晴らしい景色は昔の姿をそのまま残しているが、〔この景色は〕天〔の造〕化〔によって創られたものであり〕どうして流俗《俗世間》〔の変化〕とともに移り変わって行くものであろうか。

＊

○水月老人宗規＝月堂宗規のこと。「水月老人」は月堂の号。〔24〕の「先師月堂」の注、および〔77〕を参照。

○賦詠＝詩文を創作して吟ずること（『漢語』第一〇冊・p.221）。

○階前松樹撼風色＝「風色」は、ここでは風・風向きの意（『漢語』第一二冊・p.597）。『碧巌録』第三四則・頌評唱の中に、『寒山詩』から引いて「微風吹幽松、近聴声愈好」（T48-173b）という句が見える。これを末木訳では「そよ風が奥深い松を吹き、そばで聴くとその音色は益々良い」（㊥p.52）と訳している。

○海底珊瑚含月輝＝珊瑚と月とに関する有名な句に「珊瑚枝枝撑著月」（『碧巌録』第一三則・本則評唱、T48-154b、岩波文庫本㊤p.197~198、末木訳㊤p.245）があり、『禅語』では「珊瑚のあらゆる枝が月光を受けとめて美しく輝いている」（p.165）と解している。

○四囲＝四面、周囲（『漢語』第三冊・p.592）。

○勝概＝美しい景色（『漢語』第六冊・p.1337）。

○遺基＝遺址（『漢語』第一〇冊・p.1206）。

149　呑碧楼題詠

〔48〕仝　　龍安山人徳見

呑碧楼前景最奇、非登臨者莫能知。望無窮水接天色、看不尽山映夕輝。尋伴信鷗衝浪過、艤篷帰艇得風宜。

主翁邀客倚欄話、話到世更時亦移。

＊

仝《どう》

龍安山人徳見《りゅうあんさんじんとっけん》

呑碧楼《どんぺきろう》前、景最も奇なり、登臨する者に非ずんば能《よ》く知ること莫し。望窮《きわ》まり無くして、水、天色《てんしょく》に接し、看《かん》尽きずして、山、夕輝《せっき》に映ず。尋いで信鷗《しんおう》の浪を衝《つ》きて過ぐるを伴い、艤篷《ぎほう》の帰艇《きてい》、風を得て宜《よろ》し。主翁、客を邀《むか》えて欄に倚りて話《かた》り、話《かた》りて世更《かわ》り時も亦た移ることに到る。

＊

同

龍安山人《りゅうあんさんじん》〔こと龍山《りゅうざん》〕徳見《とっけん》

呑碧楼《どんぺきろう》の前〔に広がった景色〕は大変に奇《素晴》らしく、〔その素晴らしさは、呑碧楼に〕登った者でなければ知ることができない。〔呑碧楼からの〕眺望は極まりなく〔どこまでも続いていて〕水は天《海空》の色と交わっているし、〔その全てを〕見尽くすことの〔でき〕ない〔多くの〕山々は夕〔日の〕輝きに〔美しく〕照らし出されている。まもなく、波をすり抜け〔て飛んでい〕る信鷗《カモメ》を引き連れて、帆を調えて帰港しようしている艇《小舟》が風を得て順調に〔接岸〕する。主翁《住職》が客を迎えて欄干《らんかん》にもたれて話をし、話は世が移ろい時代が変化していることに及んでいる。

＊

○龍安山人徳見＝龍山徳見（一二八四～一三五八）のこと。臨済宗黄龍派。下総（千葉県）香取郡の人。桓武天皇の末裔。相模（神奈川県）の寿福寺の寂庵上昭に就いて嗣法する。嘉元三年（一三〇五）に入元して天童山の東巌浄日に謁し、その寂後、竺西懐坦に参ず。後に兜率寺（江西省）に出世して、接化を盛んにし、兜率三関の公案で知られる兜率従悦禅師の「再来」と称された。別号の「龍安山人」は兜率寺があった龍安山から来ている。観応元年（一三五〇）に帰朝。足利直義の請を受けて建仁寺・南禅寺・天龍寺に住する。延文三年十一月十三日示寂。世寿七十五、法臘五十七。賜号は真源大照大師。その伝は、『延宝伝燈録』巻六（p.181）・『扶桑禅林僧宝伝』巻六（p.156）・『本朝高僧伝』巻二九（p.176）などに見える。また、『五山禅僧伝記集成』（p.714）・『禅学』（p.956）参照。〔121〕にも立項されている。

○登臨＝〔10〕・〔34〕の「登臨」の注を参照。

○天色＝天の色、空の様子（『漢語』第二冊・p.1414）。

○信鷗＝海水の満ち引きに応じて去来する海鷗《カモメ》。決まった時間に移動するので「信鷗」と呼ぶ（『漢語』第一冊・p.1424）。

○艤篷＝諸辞書に見えない。「艤」は、船を岸に着けること（『漢語』第九冊・p.11）、もしくは、そのための船の支度（『大漢和』巻九・p.498）の意。「篷」は、船の上部を覆い、日ざしや風雨を遮るもの、もしくは船の帆、船そのものを指すが、ここは船の帆の意味であろう。

〔49〕仝　南禅老拙士曇

毛呑巨海有神奇、道価弥高闔国知。百尺危楼横碧漢、一双妙手摘星輝。雲飛画棟天開秘、潮打空城地適宜。

要見霊松東指日、西帰又見歩先移。

＊

仝《どう》　南禅老拙士曇《なんぜんろうせつしどん》

毛、巨海を呑みて神奇有り、道価弥《いよ》いよ高くして闔国《こうこく》知る。百尺の危楼、碧漢《へきかん》に横たわり、一双の妙手、星輝《せいき》を摘む。雲、画棟《がとう》に飛びて天は秘を開き、潮、空城《くうじょう》を打ちて地は宜しきに適《かな》う。霊松《れいしょう》の東に指す日を見んと要すれば、西帰《さいき》して又た見よ歩先《ま》ず移ることを。

＊

同

南禅《なんぜん》〔寺《じ》〕の老拙《老いぼれ》である〔乾峰《けんぽう》〕士曇《しどん》

〔呑碧楼《どんぺきろう》を建てた無我省吾《むがしょうご》和尚には、一本の髪の〕毛のなかに巨海《大海》を呑みこむほどの神〔妙で〕奇〔特なはたらき〕があり、〔禅の〕道《真理》〔に通暁しているという〕価《評判》はますます高くなり、国中〔にその名が〕知れわたっている。〔その無我和尚がいた寺には〕百尺もの高さの楼閣が碧漢《青空》に〔聳え立って〕横たわっており、〔楼上にいた無我和尚は、その〕一対の妙《霊妙》な手で輝く星を摘《つ》まみとっていた。〔その呑碧楼に登ってみれば、〕美しく彩られた〔高い楼閣の〕棟木《むなぎ》〔のあたり〕を雲が飛んでいて、天は〔その神〕秘〔的な姿〕を開いて〔見せてくれるし〕、〔海の〕潮《波》がひっそりとした〔石《岸》〕城に打ち寄せていて、〔心を静かに修めるのに〕打って付けの地《場所》である。〔玄奘《げんじょう》三蔵のインドからの帰還を予言したとされる〕霊《不思議な》松〔の枝〕が、東〔の方角〕を指〔し示して無我和尚の日本への帰国を予言〕す〔る〕日《時節》を知りたいならば、西〔の中国〕へ戻って、〔無我和尚が中国の牛頭山《ごずさん》から〕歩《脚》を先に移《うご》かしているのを見〔てき〕なさい。

＊

○南禅老拙士曇＝乾峰士曇（一二八五～一三六一）のこと。臨済宗聖一派。博多（福岡県）の人。少雲とも称する。永仁六年（一二九八）十四歳で承天寺の南山士雲の下で得度し、後に嗣法。さらに高峰顕日・明極楚俊にも参ずる。山城普門寺の住持を経て、建武四年（一三三七）五十三歳の時に東福寺に、貞和三年（一三四七）六十四歳の時に南禅寺に住し、その後、建長寺・円覚寺にも住する。その間、文和四年（一三五五）に、後光厳天皇に召されて入内説法して悦ばれ、足利尊氏は士曇のために菩提院を創って寿塔を建てる。康安元年十二月十一日示寂。世寿七十七、法臘六十四。示寂の翌年、光厳天皇から「広智国師」という勅謚を受けた。著述に『乾峰和尚語録』（『五山文学新集』別巻一・東京大学出版会、所収）がある。その伝は、『延宝伝燈録』巻一二（p.211）、『扶桑禅林僧宝伝』巻五（p.151）、『本朝高僧伝』巻三〇（p.181）などに見える。また、『五山禅僧伝記集成』（p.168）・『禅学』（p.458）参照。〔122〕の「諸師略伝」にも立項されている。

○毛呑巨海＝直接の典拠は、『臨済録』「勘弁」に見える、臨済が普化に質問した「毛呑巨海、芥納須弥。為是神通妙用、本体如然（一本の髪の毛が大海を呑みこみ、一粒の芥子の中に須弥山を収めるというが、これは不可思議な神通力なのか、それとも本体のありのままなのか）」（岩波文庫本・p.154、T47-503b）という一文であろう。さらにその典拠となっているのは、『維摩経』巻中「不思議品第六」であり、維摩居士の発言として、「不可思議解脱」に住している仏・菩薩は、「高大な須弥山を芥子粒の中に入れ（以須弥之高広内芥子中）」、「須弥山の四方に広がっている海の水を一つの毛穴に入れる（以四大海水入一毛孔）」ことができるとされている（T14-546b）。

○神奇＝神妙不可思議なこと（『漢語』第七冊・p.865）。『注維摩詰経』巻首の経題に付された鳩摩羅什の「不可思議解脱」の注に、「不可思議とは、凡そ二種有り。一に曰く理空。惑情の図る所に非ず。二に曰く神奇。浅識の量る所に非ず（不可思議者凡有二種。一曰理空。非惑情所図。二曰神奇。非浅識所量）」（T38-328a）とあるように、「不可思議」の言い換えが「神奇」であり、凡情で計り知れないことを指す。

○道価＝悟道によってその人に具わっている禅道仏法の評価。もしくは、本当に真理を具えているという評価。用例として、「道価日に隆し（道価日隆）」（『高峰原妙禅師語録』巻下付録「塔銘」・Z122-350d）、「道価日に振う（道価日振）」

（『天如惟則禅師語録』巻九付録「師子林菩提正宗寺記」・Z122-490c）、「道価日に重し（道価日重）」（『曇芳守忠禅師語録』巻下付録「塔銘」・Z123-176c）、「道価、江湖に満つ（道価満江湖）」（『楚石梵琦禅師語録』巻一五「送哲禅人」・Z124-117b）などがある。

○闔国知＝「闔国」は、国中、全国、国をあげての意（『大漢和』巻一一・p.765）。似た表現として、「闔国咸《み》な知る（闔国咸知）」という語が、語録中に数多く見える（『虚堂和尚語録』巻八・T47-1046a、『大川普済禅師語録』Z121-166a、『淮海原肇禅師語録』Z121-178c、『無準和尚奏対語録』Z121-482b、『石田法薫禅師語録』巻一・Z122-5c）。

○危楼＝高い楼閣。〔33〕の「危楼」の注を参照。

○碧漢＝銀河もしくは青空の意（『漢語』第七冊・p.1073）。類似した句に、普庵印粛（一一一五〜一一六九）の「楼閣忽然として碧漢に横たわる（楼閣忽然横碧漢）」（『普庵印粛禅師語録』巻三「与参徒辨事」・Z120-322d）がある。

○一双妙手＝「一双」は一対の物（『漢語』第一冊・p.109）。ここでは両手の意。「妙手」は『漢語』に「技術の優れた人、精妙な手法（①技芸高超的人。②指精妙的手芸、手法）」（第四冊・p.297）とあるが、ここでは単に「妙なる手」の意であろう。『大荘厳論経』巻一〇に「爾《そ》の時世尊、清浄無垢にして、花の開敷するが如く、手光熾盛《さかん》なり。掌に相輪有り、網縵、指を覆う。是の妙手を以て彼の人の頭を摩す（爾時世尊、清浄無垢、如花開敷、手光熾盛。掌有相輪、網縵覆指。以是妙手摩彼人頭）」（T4-311c）とあり、『大方等大集経菩薩念仏三昧分』巻六にも「世尊、妙手もて頂《あたま》を摩す（世尊妙手摩我頂）」（T13-851c）とある。

○画棟＝彩色した棟木（『漢語』第七冊・p.1376）。転じて美しい装飾が施された堂宇のこと。多くの場合、「画棟雕梁（美しい絵を描いた棟木と、美しい彫刻を施した屋根の梁）」（同前）、もしくは前後を入れ替えた「雕梁画棟」（『漢語』第一一・p.844）という四字成句の形で使用される。

○潮打空城＝「空城」は、辞書的には荒れ果てた城市の意（『漢語』第八冊・p.415）。ここでは単に人気《ひとけ》の無い町の意であろうか。少し形は違うが、『仏本行経』巻一「称歎如来品第二」に、「仏は種種の業を修して、法空の城を治理し、塵労の賊を済脱して、将に無為の城に至らんとす（仏修種種業、治理法空城、済脱塵労賊、将至無為城）」（T4-56b）とあるように、「空城」の「空」を「仏法」や「真理」の意に解したいが、用例が見当たらない。なお、禅録における類似した用例としては、『偃渓広聞禅師語録』巻上「蔣山石谿和尚至上堂」の「雲は鍾阜《紫金山》を離れ、潮は空城を打つ（雲離鍾阜、潮打空城）」（Z121-133a）や、『月江正印禅師語録』巻中「頌古」の「潮、空城を打ちて、浪、天を拍す（潮打空城浪拍天）」（Z123-131c）などがある。

○霊松東指＝玄奘三蔵法師の「摩頂松」の故事を踏まえる。『仏祖統紀』巻二九「諸宗立教志第十三」の「法師玄奘」条に拠れば、「〔玄奘は〕最初、天竺に遊学する時に、入り口の小道にある松を手で摩《な》でて、『私が西〔の天竺〕に〔行って〕仏法を求める時には、枝を西に向けなさい。私がもし帰ると言ったなら、枝で東を指し示しなさい』と言った。既に〔天竺へ〕行くと、〔松の〕枝は果たして西を向いた。ある日、突然、〔松の枝が〕東を指し示したので、弟子は、『教主がお帰りだ』と言った。そこで〔この松は〕摩頂松と呼ばれることになった（初遊天竺、手摩門逕松曰、吾西求法、可枝向西。吾若言帰、枝可東指。既往枝果西。一日忽東指。弟子曰、教主帰矣。因号摩頂松）」（T49-295a）とある。この「摩頂松」を「霊松」と表記した用例としては、時代は下がるが、『成唯識論自攷』巻頭にある崇禎元年（一六二八）撰「成唯識論自攷録序」の「霊松、東に指して、真丹《中国》に始めて相宗の学有り（霊松東指、真丹始有相宗之学）」（Z82-46b）がある。

〔50〕仝　　建長老拙善玖

雄呑碧楼一楼奇、奇趣難教俗子知。娑竭王宮開玉鑰、因陀羅網燦珠輝。空中日月団団転、眼底乾坤物物宜。

白鳥滄波平昔友、茅庵欲覓主人移。

＊

仝《どう》

建長老拙善玖《けんちょうろうせつぜんきゅう》

雄たる呑碧楼《どんぺきろう》、一楼奇なり、奇趣、俗子をして知らしめ難し。娑竭王宮《しゃかおうきゅう》、玉鑰《ぎょくやく》を開き、因陀羅網《いんだらもう》、珠輝《しゅき》を燦《あき》らかにす。空中の日月、団団として転《うつ》り、眼底の乾坤、物物宜《よろ》し。白鳥滄波《そうは》は平昔の友、茅庵《ぼうあん》、主人の移ることを覓《もと》めんと欲す。

＊

同

建長《けんちょう》〔寺《じ》〕の老拙《老いぼれ》である〔石室《せきしつ》〕善玖《ぜんきゅう》

雄大な呑碧楼は奇《素晴》らしい楼閣だが、〔その〕奇趣《素晴らしいおもむき》は俗人には理解しがたいものだ。〔その壮麗さは、八《はち》大龍王《だいりゅうおう》の一つである〕沙竭羅龍王《しゃからりゅうおう》の宮殿の門を開き、〔帝釈天宮《たいしゃくてんぐう》に張り巡らされている〕因陀羅網《いんだらもう》の〔結び目に付けられた〕珠玉がキラキラと輝いている〔かのような美しさである〕。〔楼から上を見上げれば〕空中の日と月は団団《ぐるぐる》と巡っており、〔眼下を見渡せば〕眼の底《なか》〔に映っている〕乾坤《天地》〔のありさま〕は物物《それぞれ》がふさわしい〔姿を示している〕。〔とはいえ〕白鳥や青い波が日頃の友であり、茅葺きの庵〔こそ〕が主人に〔にとって隠居所としてふさわしい場所であると〕移ることを求めようとしている。

＊

○建長老拙善玖＝石室善玖（一二九三～一三八九）のこと。臨済宗楊岐派松源派。筑前（福岡県）の人。文保二年（一三一八）、古先印元・無涯仁浩と共に入元して、諸師に参じ、金陵（南京）の保寧寺の古林清茂に嗣法する。嘉暦の初めに帰朝して南禅寺の竺仙梵僊に随侍する。筑前の顕孝寺・聖福寺に住し、京都の万寿寺・天龍寺から、相模（神奈川県）の円覚寺に移り、さらに応安元年（一三六八）、鎌倉の建長寺に入り六年間住持する。また永和元年（一三七五）、武蔵（埼玉県）に平林寺を開く。康応元年九月二十五日示寂。世寿九十六。その伝は、『延宝伝燈録』巻五（p.174）・『本朝高僧伝』巻三五（p.215）に見える。その他、『五山禅僧伝記集成』（p.359~361）・『禅学』（p.677）参照。〔123〕の「諸師略伝」にも立項されている。

○娑竭王宮＝沙竭羅龍王の宮殿。「沙竭羅」は「娑伽羅」とも。娑伽羅は『法華経』「序品」で「八龍王」の三番目に挙げられた龍王で、禅宗ではこの「八龍王」を「八大龍王」と呼び、朝課の韋駄天諷経で挙名して唱えている。この娑伽羅龍王は、『翻梵語』巻七「龍名第三四」に「沙伽羅龍王〔訳して海と曰う〕（沙伽羅龍王〔訳曰海〕）」（T54-1030c）とあり、『華厳経』では、「譬えば海龍王の如きは、名づけて娑伽羅と曰う。先ず密重の雲を興し、弥《あまね》く四天下を覆い、普《あまね》く一切処に雨ふらす（譬如海龍王、名曰娑伽羅。先興密重雲、弥覆四天下、普雨一切処）」（六十巻本・巻三五・T9-622b）とされるように雨を降らす海龍とされ、さらに「譬えば娑伽羅龍の如きは、澍《うるお》す所の大雨は、唯だ大海を除きて、余は受くる能わず（譬如娑伽羅龍所澍大雨、唯除大海、余不能受）」（巻二七・T9-573a）と、並外れた大雨を降らす龍だとされている。

○玉鑰＝宮門（『漢語』第四冊・p.524）。

○因陀羅網＝『華厳経』（T10-43a、など）に多出する語で、『一切経音義』巻二三の「因陀羅網」の注に、「因陀羅とは、此《中国語》に帝と云う。帝は帝釈を謂い、網は帝釈の大衙殿上の珠を結ぶ網を謂うなり（因陀羅者、此云帝也。帝謂帝釈。網謂帝釈大衙殿上結珠之網）」（T54-451a）とある。

○茅庵＝草葺きの家。隠居所（『漢語』第九冊・p.361）。

〔51〕仝　東福祖禅

楼前春景趣尤奇、四顧風光坐可知。錦歩障山開宿霧、碧瑠璃海吐朝輝。三韓要路通潮信、五島帰帆献土宜。招手相迎遠方客、話濃不覚寸陰移。

＊

仝《どう》　東福《とうふく》の祖禅《そぜん》

楼前の春景、趣き尤《もっと》も奇なり、四顧《しこ》の風光坐《いなが》らにして知る可し。錦歩障《きんぽしょう》の山、宿霧《しゅくむ》を開き、碧瑠璃《へきるり》の海、朝輝《ちょうき》を吐く。三韓の要路、潮信《ちょうしん》を通じ、五島の帰帆、土宜《どぎ》を献ず。手を招いて相迎う遠方の客、話濃くして寸陰の移ることを覚えず。

＊

同　東福《とうふく》〔寺《じ》〕の〔定山《じょうざん》〕祖禅《そぜん》

〔呑碧《どんぺき》〕楼《ろう》の前に広がる春の景色の趣きはとても奇《素晴》らしく、四方の風光《景色》は〔高い呑碧楼の中から〕いながらにして知ることができる。〔花々が咲き乱れる〕錦《にしき》のとばりの〔ような〕山々には夜になると霧がかかり、碧色の瑠璃《るり》の〔ように透明な〕海は朝の〔太陽の光を反射して〕輝きを吐いている。〔百済・高句麗・新羅の〕三韓への要路は〔決まった時間に満ち引きする〕潮の信《便り》を通じて〔つながっており〕、〔三韓より〕五つの島々〔を通って〕から帰ってきた帆掛け船は〔積んできた〕名産品を〔仏前に〕献上する。

手招きして〔船に乗ってきた〕遠方の客たちを迎え、話がはずんで寸陰《時間》が過ぎることに気がつかなかった。

＊

○東福祖禅＝定山祖禅（?～一三七四）のこと。臨済宗聖一派。相模（神奈川県）の人（出雲〔島根県〕の人とする説もある）。出家して諸方を歴参すること三十余年、東福の双峰宗源に嗣法する。後に京都の大聖寺・筑前（福岡県）の承天寺から、京都の東福寺・南禅寺に昇住して、応安七年十一月二十六日に示寂。世寿七十七。普応円融禅師と諡される。その伝は、『延宝伝燈録』巻一二（p.214）・『続扶桑禅林僧宝伝』巻一（p.182）・『本朝高僧伝』巻三一（p.196）などに見える。また、『五山禅僧伝記集成』（p.328～329）・『禅学』（p.772）を参照。〔124〕の「諸師略伝」にも立項されている。

○四顧＝四面。〔24〕の「四顧混然、水雲一碧」の注を参照。

○錦歩障＝道を行く時、風よけ、あるいは目隠しのために両側へ張る錦のとばり（『漢語』第一一冊・p.1333）。

○宿霧＝夜霧（『漢語』第三冊・p.1529）。

○碧瑠璃＝青緑色の瑠璃。また、青緑色の透き通ってキラキラとしたものの喩え（『漢語』「碧琉璃」条、第七冊・p.1070）。ここでは青い海の喩え。

○三韓＝〔29〕の「水通百済極三韓」の注を参照。

○潮信＝海水の満ち引きする時刻。潮時。決まった時間に潮が至ることからこういう（『漢語』第六冊・p.125）。

○五島帰帆＝「五島」は〔29〕に「地縮九州連五嶋、水通百済極三韓」とあり、ここと同じように「三韓」と対で出ている。〔29〕の注を参照。「帰帆」は、港へ帰る帆掛け船。また、帰途に就く船舶（『大漢和』巻六・p.730）。

○土宜＝その土地に適した産品。土産（『漢語』第二冊・p.987）。

〔52〕仝　　横岳宗冑

人逢其境趣尤奇、境得其人世悉知。万頃晴波舗錦彩、一奩夜月浸金輝。沙頭霧尽蜃楼散、水面浪平漁艇宜。此地四時無限景、王維妙筆不応移。

＊

仝《どう》　横岳《おうがく》の宗冑《そうちゅう》

人の其の境に逢うは尤《もっと》も奇なるも、境は其の人を得て世悉《ことごと》く知る。万頃《ばんけい》の晴波、錦彩を舗《し》き、一奩《いちれん》の夜月、金輝を浸《ひた》す。沙頭霧《きり》尽きて蜃楼《しんろう》散じ、水面浪平《たいらか》にして漁艇宜《よろ》し。此の地の四時限《かぎ》り無き景は、王維《おうい》の妙筆も応《まさ》に移すべからず。

＊

同　横岳《おうがく》〔山崇福寺《さんそうふくじ》〕の〔的伝《てきでん》〕宗冑《そうちゅう》

人がそ〔れなり〕の〔立派な〕境《場所》に出会えることはとても奇《めず》しいことだが、〔その〕境《場所》はそ〔れなり〕の〔立派な〕人を得てこそ世間の全て〔の人々〕から知られるようになるものだ。広大な〔海の中で〕陽光に照らされている波は華美な織物を広げ〔たかのようであり〕、円い香合《こうごう》の〔ような〕夜の月は〔その〕金色の輝きを〔海の水に〕浸《ひた》している。浜辺では霧がすっかり無くなって蜃気楼も消え、〔海の〕水面の波は平らかで漁船は順調〔に進んでいる〕。この地の四季の無限の〔美しい〕景色は、〔たとえ「詩の中に画がある」と称された〕王維《おうい》の妙《すぐ》〔れた〕筆であっても〔詩の中に〕移〔し替える〕ことなど出来はしないであろう。

＊

○横岳宗冑＝〔125〕に拠れば、号は的伝、法翁《ママ》一に嗣法する。法翁《ママ》一は南浦紹明に嗣ぎ、横岳山崇福寺に出世したとされる。なお、的伝宗冑の伝は、『延宝伝燈録』巻二〇に立項されているが、この偈を掲載する以外は、「法嗣に一関祖門禅師を出す。崇福に住す（出法嗣一関祖門禅師。住崇福）」（p.258）と簡潔な記事があるだけである。また『延宝伝燈録』においては、宗冑は「峰翁祖一」の法嗣として立伝されており、「法翁」は「峰翁」の誤字と考えられる。
○万頃＝面積が広いことの喩え。〔30〕の「下吸滄波万頃寒」の注を参照。
○晴波＝陽光の下の波（『漢語』第五冊・p.753）。
○錦彩＝錦綵。華美な糸で織られた品（『漢語』第一一冊・p.1337）。
○一奩夜月＝「奩」は、古代の化粧用の道具入れ。あるいは蓋のついた色々なものを盛る器や、香箱、嫁入り衣装など。形状は方形もしくは円形である（『漢語』第二冊・p.1559）。ここは禅僧が作った偈であるから、円い香合か香箱と解した。
○沙頭＝砂浜、浜辺（『漢語』第五冊・p.960）。
○四時＝四季（『漢語』第三冊・p.586）。
○此地四時無限景、王維妙筆不応移＝王維（七〇一～七六一、一説に六九九～七五六）は著名な盛唐の詩人。字は摩詰。盛唐の太原（山西省）の人。開元九年（七二一）進士に及第し、大楽丞となったが、間もなく事に坐して山東の済州に左遷せられた。改元二十二年（七三四）、中書令の張九齢に抜擢され、都に帰って右拾遺となり、三年後には監察御史となった。その後、累遷するが、至徳元年（七五六）、安禄山の賊軍の捕虜となり、乱の平定後、官職を下降され、やがて許されて尚書右丞に昇進した。死の二年ほど前のことである。王右丞と呼ばれるのはこれに拠っている。詩文集として『王摩詰文集』十巻、『須渓先生校本唐王右丞集』六巻、『王右丞集箋註』二十八巻などがある。その伝は、『新唐書』巻二〇二（中華書局校点本・p.5764）・『旧唐書』巻一九〇下（中華書局校点本・p.5051）などに見える。詩以外に画にも通じて「南画の祖」とされており、蘇東坡は王維を評して、「王摩詰の詩を味わうに、詩中に画有り。摩詰の画を観るに、画中に詩有り（味王摩詰之詩、詩中有画、観摩詰之画、画中有詩）」（『詩話総亀』巻八）と述べたとされる。

〔53〕仝　臨川周皓

吞碧之楼最好奇、眼前風物世焉知。中天簷圧山雲影、後夜窓含海日輝。台閣文章題不及、嶋夷賈客礼従宜。主翁垂示於人切、指点舟行岸即移。

*

仝《どう》　臨川《りんせん》の周皓《しゅうこう》

吞碧《どんぺき》の楼《ろう》最も好奇、眼前の風物、世焉《なん》ぞ知らん。中天の簷《のき》は山雲の影を圧し、後夜《ごや》の窓は海日の輝きを含む。台閣の文章は題し及ばず、嶋夷《とうい》の賈客《こかく》、礼宜《れいよろ》しきに従う。主翁《しゅおう》の垂示、人に於いて切なり、指点《してん》す舟行きて岸即ち移ることを。

*

同　臨川《りんせん》〔寺《じ》〕（京都の天龍寺塔頭）の〔玉泉《ぎょくせん》〕周皓《しゅうこう》

呑碧楼《どんぺきろう》は〔この世で〕最も好奇《素晴》〔らしい建物である〕、〔その高層階から見える〕眼の前の景色〔の見事さ〕が、世〔間の人〕にどうして分かろうか。中空〔に張り出した〕簷《のき》は山〔から起こる〕雲の影を押さえつけており、後夜《ごや》（午前四時頃）には窓から海上の日の出の輝きが射しこんでくる。台閣《呑碧楼》の〔ことについて書かれたどんな〕文章も〔その美しさを十分に〕書き留めることなどできないし、〔遠い〕未開の島に住んでいる商人たちも〔ここに来た時には、その威容に敬意を表して〕適切な礼節に従って〔動いて〕いる。〔呑碧楼の〕主人の垂示《教え》は人々〔の生活〕に密接であり、〔教養がない島の商人たちに向かって、「自分たちが乗っている〕船が進めば〔船ではなく〕岸が動いている〔ように見えるが、実はそうでは無いように、凡夫は円覚《さとり》を誤解している」〕といった指導をしている。

＊

○臨川周皓＝玉泉周皓（生卒年不詳）のこと。南北朝時代の人。天龍寺開山夢窓疎石に嗣法する。習禅の余暇に義堂周信・絶海中津に就いて詩文を学ぶ。天龍寺塔頭の臨川寺に住し、寂後、給園庵に塔された。法嗣に万寿寺の文鼎中銘がいる。その伝は、『延宝伝燈録』巻二四（p.278）に見える。また『禅学』（p.483）参照。〔126〕の「諸師略伝」にも立項されている。

○風物＝風景。あるいはその土地に特有のもの（『漢語』第一二冊・p.602）。

○山雲＝山と雲。あるいは山の雲、山から起こる雲など（『大漢和』巻四・p.183）。

○後夜＝午前二時から六時頃をいう（『漢辞海』p.495）。午前四時頃から行う暁天坐禅のことを後夜坐禅と呼んでいる（『禅学』p.360）。

○海日＝海上の太陽（『漢語』第五冊・p.1219）。日の出。朝日。

○台閣＝楼閣建築（『漢語』第八冊・p.799）。

○題不及＝「動詞＋不及」は、百パーセント……し切れない、という意を表す（『禅語』p.396）。

○嶋夷＝海島に住む野蛮人（『大漢和』巻四・p.253）。あるいは、中国東部近海一帯、およびその島にいる住民たちのこと（『漢語』第三冊・p.821）。

○賈客＝商人（『漢語』第一〇冊・p.192）。

○従宜＝適宜なやり方を講じること（『漢語』第三冊・p.1008）。

○主翁＝主人（『漢語』第一冊・p.700）。ここは妙楽寺の住職のこと。

○指点＝指摘する、指導する（『漢語』第六冊・p.584）。

○舟行岸即移＝船が動く時、船に乗っている人から見れば、岸が動いているように見えること。『円覚経』に「善男子、一切の世界は始終生滅す。前後有無、聚散起止、念念相続し、循環往復す。種種に取捨するは、皆な是れ輪廻なり。未だ輪廻を出でずして、円覚を弁ずれば、彼の円覚の性、即ち流転に同《どう》ず。若し輪廻を免れんとするも、是の処《ことわり》有ること無し。譬えば動目の能く湛水を揺らすが如く、又た定眼の猶お転火を廻すが如し。雲駛せて月運び、舟行きて岸移るも、亦復《ま》た是《か》くの如し（善男子、一切世界始終生滅。前後有無、聚散起止、念念相続、循環往復。種種取捨、皆是輪廻。未出輪廻而辨円覚、彼円覚性即同流転。若免輪廻、無有是処。譬如動目能揺湛水、又如定眼猶廻転火。雲駛月運、舟行岸移亦復如是）」（T17-915c、仏教経典選本・p.86）とあり、衆生が円覚の性を自覚せずに誤解を繰り返すことの喩えとしての表現として使われている。また、これを受けて『正法眼蔵』「現成公案」条に、「人、舟にのりてゆくに、めをめぐらして岸をみれば、きしのうつるとあやまる。目をしたしく舟につくれば、ふねのすゝむをしるがごとく、身心を乱想して万法を辨肯するには、自心自性は常住なるかとあやまる。もし行李をしたしくして箇裏に帰すれば、万法のわれにあらぬ道理あきらけし」（岩波文庫本①p.55）とある。

〔54〕仝　崇福本鞏

一楼風物転清奇、倚偏欄干能得知。明月催詩憐賈嶋、澄江飜練憶玄暉。遠山雲散飛禽尽、孤浦潮生帰棹宜。七十之峰洞庭水、何人把向此中移。

＊

仝《どう》　崇福《そうふく》の本鞏《ほんきょう》

一楼の風物転《うた》た清奇、欄干《らんかん》に倚偏して能く知ることを得たり。明月に詩を催せられては賈嶋《かとう》を憐れみ、澄《ちょう》江《こう》に練《れん》を翻しては玄暉《げんき》を憶《おも》う。遠山《えんざん》雲散じて飛禽《ひきん》尽き、孤浦《こほ》潮生じて帰棹《きとう》宜《よろ》し。七十の峰、洞庭《どうてい》の水、何《なん》人《びと》か把《と》りて此の中に移すや。

＊

同　崇福《そうふく》〔寺《じ》〕（福岡県）の〔石門《せきもん》〕本鞏《ほんきょう》

楼閣から見える風景は〔時間が経つにつれて〕ますます清奇《素晴》らしくなる、欄干《らんかん》に寄りかかって〔外を眺めて〕いれば〔そのことが〕よく分かる。〔呑碧楼《どんぺきろう》から見える〕明月に〔ちなんで〕詩を〔作るよう〕催促されては〔詩作に苦労した〕賈島《かとう》を憐れみ、澄んだ江《かわ》を〔詠んだ詩を〕何度も練り直しては〔優れた詩人であった〕玄暉《げんき》を思い出す。遠くの山の雲が消え失せて〔空に〕飛んでいた鳥もいなくなり、〔満ち潮で〕一つしかない入り江に潮〔の流れ〕が生じて〔港に〕戻る船にはちょうど良い〔状態である〕。七十もの峰々が〔ある名勝〕洞庭湖《どうていこ》を、誰がつまんでこの中に移したのであろうか。〔洞庭湖と見紛うほどの景色である。〕

＊

○崇福本肇＝石門本肇（生卒年不詳）のこと、崇福寺第十四世の明室宗喆（?～一三七九）に参じて嗣法する。明室は崇福寺第二世の絶崖宗卓に嗣ぎ、絶崖は崇福寺開山の南浦紹明に嗣いでいるから、大応下三伝の法孫ということになる。晩年、筑前（福岡県）崇福寺の第二十四世として住し、退いて寂す。『横嶽志』「横嶽山前住籍」、および『禅学』（p.1161）参照。〔127〕の「諸師略伝」にも立項されている。

○清奇＝秀麗であること（『漢語』第五冊・p.1302）。

○賈嶋＝「推敲」の故事で知られる賈島（七七九～八四三）のこと。中国唐代の詩人。唐の范陽（河南省）で生まれる。字は浪仙、あるいは閬仙。進士に失敗して僧となり、後に韓愈に文を学んで還俗し、進士に挙げられた。六十五歳で没。「推敲」の故事とは、賈島が「僧は推す月下の門」という詩を作ろうとしたものの、その中の「推」の字を「敲」とすべきかどうか悩み、結局、「鳥宿池辺樹、僧敲月下門」という句に改めた、という逸話。著述として『唐賈浪仙長江集』十巻（四部叢刊初編所収）がある。その伝は、『新唐書』巻一七六「賈島伝」（中華書局校点本・p.5268）などに見える。また、『中国学芸大事典』（p.90）、『大漢和』（巻五・p.295）参照。

○翻練＝熟語としては辞書類に見えない。繰り返し詩を練り直す意か。「翻」は「くり返す」（『中日』p.526）、「練」は「詩文などを練り上げる」（『漢辞海』p.1105）の意。

○玄暉＝中国の南北朝時代、南斉の詩人の謝朓《しゃちょう》（四六四～四九九）のこと。斉の陽夏（河南省）生まれ。玄暉は字。宣城の太守から尚書吏部郎に至る。後に下獄して、永元元年、三十六歳の時に殺された。沈約は、謝朓を「二百年来、此の詩無きなり（二百年来無此詩也）」（『南斉書』巻四七、中華書局校点本・p.827）と絶賛し、李白は「一生、首を低《た》る謝宣城（一生低首謝宣城）」（王士禛撰『精華録』巻五「戯仿元遺山論詩絶句三十二首」其三、四庫全書本・32b）といって仰いだとされる。また、梁の元帝は「詩多くして能なる者は沈約、少くして能なる者は謝朓・何遜（詩多而能者沈約、少而能者謝朓・何遜）」（『南史』巻三三、中華書局校点本・p.871、『梁書』巻二九、中華書局校点本・p.693）と評したとされる。著述として『謝宣城詩集』五巻（四部叢刊初編）・曹融南『謝宣城集校注』（上海古籍出版社・中国古典文学叢書・一九九一年）・陳冠球『謝宣城全集』（大連出版社・一九九八年）がある。その伝は、『南斉書』巻四七「謝朓伝」（中華書局校点本・p.825）・『南史』巻一九「謝朓伝」（中華書局校点本・p.532）に立項されている。また、『中国学芸大事典』（p.323）参照

○帰棹＝戻る船（『漢語』第五冊・p.375）。

○洞庭水＝中国の湖南省にある洞庭湖のこと。名勝でつとに有名であり、湖中の君山という島は七十二峰があることで知られている。

〔55〕仝　慈受（ママ）祖裔

呑碧高楼天下奇、未遊此地我曾知。青山如待挺清秀、白髪難堪対落輝。海気常侵蒲室冷、夏涼軽襲葛衣宜。

欄前昨夜颶風起、疑是蛟龍窟宅移。

＊

仝《どう》　慈受《じじゅ》の祖裔《そえい》

呑碧《どんぺき》の高楼、天下の奇、未だ此の地に遊ばざるに我れ曾て知る。青山待つが如くにして清秀を挺《ぬき》んで、白髪堪え難し落輝《らくき》に対するに。海気《かいき》常に蒲室《ほしつ》を侵して冷やかに、夏涼《かりょう》軽く葛衣《かつい》を襲《かさ》ねて宜《よろ》し。欄前《らんぜん》昨夜颶風《ぐふう》起こり、疑うらくは是れ蛟龍《こうりゅう》の窟宅《くつたく》を移すかと。

＊

同　　慈寿《じじゅ》〔寺《じ》〕（長野県）の〔竺芳《じくほう》〕祖裔《そえい》

呑碧《どんぺき》の高い楼閣は天下の奇《名所》であり、まだこの地を訪れていない時から私は〔その名前を〕知っていた。〔呑碧楼の背景の〕青々とした山々は〔私が来るのを〕待ちうけていたかのように際だって清秀《うるわ》しく、〔それに比べて私の〕白髪は落輝《夕日》に向き合うのに堪えがたい〔ほどみすぼらしい〕。海上の霧が常に草庵に入りこんできて冷《さむ》く〔感じるほどで〕、〔その〕夏の涼しさは葛衣《かつえ》を軽く重ね着してちょうど良い。欄干《らんかん》の前で夕べ颶風《つむじ風》が起こったが、多分これは〔水中に棲んでいる〕蛟龍《みずち》が窟宅《住処》を移したからであろう。

＊

○慈受祖裔＝「慈受」は「慈寿」の誤り。「祖裔」は竺芳祖裔（一三一二～一三九四）のこと。臨済宗。遠江（静岡県）の人。渡来僧である石梁仁恭（一二六六～一三三四）に参じて嗣法。石梁は一山一寧の法嗣で、一山の外甥に当たる。後に元に遊んで帰朝し、暦応年間（一三三八～一三四一）に石梁の後を継いで信州の慈寿寺に住し、貞和（一三四五～一三四九）の初めに詔を奉じて建仁寺・南禅寺を歴遷する。晩年は、東山に構えた海雲院という小院に退居する。応永元年七月二十七日寂。世寿八十三。その伝は、『本朝高僧伝』巻二五（p.157）、『延宝伝燈録』巻二一（p.265）に見える。また『禅学』（p.759）参照。〔128〕の「諸師略伝」にも立項されている。

○清秀＝清く秀でていること、眉目秀麗（『漢語』第五冊・p.1300）。
○落輝＝諸辞書に見えない。似た語に「落暉」があり、夕日の意（『漢語』第九冊・p.488）。ここも同意であろう。
○海気＝〔39〕の「海気」の注を参照。
○蒲室＝草庵のこと（『漢語』第九冊・p.520）。
○葛衣＝葛布で作った夏衣のこと（『漢語』第九冊・p.470）。
○颶風＝明代以前の中国古典では、一般に台風のことを意味していた（『漢語』第一二冊・p.639）。南の海上に発生するつむじ風（『漢辞海』p.1572）。
○蛟龍＝龍の一種の蛟《みずち》と龍。もしくは蛟龍の二字でみずちの意。古代の伝説の動物。深い水中に住むという。「蛟《みずち》」は洪水を起こし、「龍」は雲雨を興すとされる（『漢語』第八冊・p.894）。また、「蛟」は、一説に、角がない雌の龍、もしくは水中にすむ大蛇とも言われる（『漢辞海』p.1250）。
○窟宅＝動物の棲む洞窟（『漢語』第八冊・p.454）。

〔56〕仝　　金峰宗柱

楼呑碧海景殊奇、不是登臨孰敢知。璧躍清波明月夜、錦飜孤嶋夕陽輝。星槎秋至期無忒、海鳥機忘狎有宜。祇為望中風味好、未知日影向西移。

＊

仝《どう》　　金峰《きんぽう》の宗柱《そうちゅう》

楼、碧海を呑みて景殊《けいこと》に奇なり、是れ登臨《とうりん》するにあらずんば孰《たれ》か敢えて知らん。璧《へき》、清波《せいは》に躍《おど》る明月の夜、錦《にしき》は孤嶋《ことう》に翻る夕陽の輝き。星槎《せいさ》は秋至りて期忒《たが》うこと無く、海鳥《うみどり》は機を忘じて狎《な》れて宜《よろ》しき有り。祇《た》だ望中風味の好きが為に、未だ日影の西に向かいて移ることを知らず。

＊

同　金峰《きんぽう》（＝鎌倉の浄智寺？）の宗柱《そうちゅう》

〔呑碧《どんぺき》〕楼《ろう》は碧《あお》い海を呑み〔こむ程に雄大で、そこから見える〕景色が殊に奇《素晴ら》しいが、これに上らなければ誰に〔それが〕分かろうか。〔呑碧楼から見ると〕名月の夜には〔玉器の〕璧《へき》が清らかな波〔の上〕に躍《揺れ動》いて〔いるように見え〕、夕陽の輝きに〔照らされている海上の〕孤島《しま》は錦〔の織物〕が翻《ひらめ》いているよう〔に美しい〕。星《天の川》〔に行くために乗る〕槎《いかだ》は〔七夕の季節である〕秋《七月》が来て時期を間違えることなく〔満天の星の中を進んでいるし〕、海鳥《うみどり》は〔人を〕機《警戒するの》を忘れて馴れ親しみ合っている。ただ展望される〔視界の〕中の風味《景色》が素晴らしいから、〔それに見とれて〕日影《太陽》が西に移〔って日が暮れ〕ることをすっかり忘れてしまうのだ。

＊

○金峰宗柱＝未詳。〔129〕の「諸師略伝」に立項されているが、「欠」として具体的な記載が無い。「金峰」は、恐らく鎌倉五山第四位であった金峰山浄智寺を指すと思われるが、不明。
○登臨＝〔10〕・〔34〕の「登臨」の注を参照。
○璧＝玉器の名。平たい円形で中央に孔がある。古代の貴族が朝見・祭祀・葬礼の時につける礼器（『漢語』第四冊

・p.643）。垂らす装身具である佩玉の種類をいい、周辺の幅が中央の孔の径の二倍のものをいう（『漢辞海』p.932）。
○星楂＝「星楂」は「星槎」に同じ。「楂」と「槎」は音通で、共に「いかだ」の意。海と銀河はつながっており、いかだに乗って天の川に行ったという話を踏まえる（『大漢和』巻五・p.800、参照）。また〔27〕の「浪通銀河度客星」の注に引用した『博物志』巻一〇の資料を参照。
○忘機＝人を警戒したり害したりする心を持たない（『中国語』p.3185、『漢語』第七冊・p.405）。
○望中＝視野のうち（『漢語』第六冊・p.1285）。
○風味＝美味、あるいは風采。事物特有の色や趣味（『漢語』第一二冊・p.602）。ここでは「風景」とか「景色」の意味であろう。
○日影＝太陽（『漢語』第五冊・p.553）。

〔57〕仝　西都宗丘

楼前風景転希奇、乗興凭欄方始知。海口開時呑碧海、山肩高処掛斜暉。舟銜瑪瑙偏軽去、漚泛玻瓈自似宜。
準擬卜居栖此地、何須人写北山移。

*

仝《どう》　西都《さいと》の宗丘《そうきゅう》

楼前の風景転《うた》た希奇《きき》、興《きょう》に乗《じょう》じ欄《らん》に凭《もた》れて方《まさ》に始めて知る。海口開く時、碧海を呑み、山肩《さんけん》高き処、斜暉《しゃき》を掛く。舟は瑪瑙《めのう》を銜きて偏《ひとえ》に軽く去り、漚《あわ》は玻瓈に泛《うか》びて自《もとよ》り宜しきに似たり。準擬卜《ぼく》居《きょ》して此の地に栖まば、何ぞ須《ま》たん人の北山の移を写すことを。

*

同　　西都《さいと》（大宰府）の〔嶽雲《がくうん》〕宗丘《そうきゅう》

〔呑碧〕楼の前の風景は〔見れば見るほど〕ますます希奇《めずら》しいが、〔その事実は〕輿に乗じて欄干《らんかん》に凭《もた》れて〔じっくりと眺めてみて〕初めて分かる。〔河から〕海〔に通じる入〕口が開く時には〔河が〕碧《あお》い海を呑み〔込み〕、山〔の頂から少し下がった〕肩《たいら》で高い処に、輝く夕陽が引っ掛かっている〔ように見える〕。舟は瑪瑙《めのう》〔のようなその赤い夕陽〕に向かって殊の外軽やかに進み、漚《あわ》は玻瓈《水晶》〔のような海〕に浮かんで〔生じたり消えたり〕もともとあるべき姿を示している。〔もし私が月堂《げつどう》宗規和尚の〕真似をしてこの地に卜居《住まい》することになるならば、どうして〔南斉の孔稚珪《こうちけい》が隠逸をやめた周顒《しゅうぎょう》を「厚顔無恥」と罵って作った〕「北山移文《ほくさんいぶん》」のような文章を、他の人が書く必要があろうか。〔きっと、こんな素晴らしい景色の場所での隠逸をやめる気にはならないであろう。〕

*

○西都宗丘＝「西都」は大宰府のこと。ここでは崇福寺のことを指す。「宗丘」は嶽雲宗丘（生卒年不詳）。月堂宗規の法嗣で、初め妙楽寺に住持し、後に崇福寺に第二十七世として入った。『龍宝山大徳禅寺世譜』「筑前横嶽山崇福寺歴代世次」・『横嶽志』「横嶽山前住籍」、〔81〕の「宗系略伝」にも立項されている。
○希奇＝まれに見る程の新奇・奇怪なもの（『漢語』第三冊・p.696）。
○海口＝海に通じる出口。河口（『漢語』第五冊・p.1219）。

○山肩＝漢語としての用法は辞書類に見えないが、日本語では、山頂から少し下った平らな所を指す（『日本国語大辞典』「肩」条・『デジタル大辞泉』「肩」条、参照）。

○斜暉＝日暮れに西に傾いた夕日の光（『漢語』第七冊・p.338）。

○玻瓈＝〔31〕の「玻瓈」の注にある通り「水面が平静で澄んでいる様子」という意味もあるが、ここは文字通り水晶などの玉のこと（『漢語』第四冊・p.542、『大漢和』巻七・p.900）。

○卜居＝住居を占って決めること。転じて、居所を決めること（『漢語』第一冊・p.984、『大漢和』巻二・p.607）。

○準擬＝なぞらえる・模倣する、準備する、きっと、などの意味があるが（『漢語』第六冊・p.20）、ここでは普通に模倣の意に解した。

○北山移＝「北山移文」の省略（『漢語』第二冊・p.192）。「北山移文」は、南斉の孔稚珪《こうちけい》（字は徳璋《とくしょう》・四四八〜五〇二）の作った文章で、「厚顔無恥」の典拠として知られる。南斉の時代に周顒《しゅうぎょう》という人物がいた。彼は初め鍾山《しょうざん》（江蘇省江寧県の東北にある。すなわち北山）で隠遁生活を送っていたが、後に朝廷の求めに応じて県令となった。そのため、孔稚珪は、周顒が隠逸の志を変えて、安易に海塩（浙江省）県令の官位に就いたことを軽蔑批判した触れ文を作った。それが「北山移文」一首であり、周顒のような節操を守らない人間が鍾山を通ると、山川草木が汚れるから、立ち寄ることを許さないという内容であった。「移文」は回し文・触れ文のこと。同文は『六臣註文選』巻四三（四部叢刊初編本・35b）などに見える。孔稚珪の伝は、『南斉書』巻四八（中華書局校点本・p.835）、周顒《しゅうぎょう》の伝は同じく『南斉書』巻四一（中華書局校点本・p.730）を参照。

〔58〕仝　関東周及

楼号呑碧太新奇、深趣無窮未易知。風定海門雲淡泞、霧収山店日光輝。登臨忽覚天非遠、吟詠翻驚我不宜。

多謝主人偏愛客、捲簾待月榻頻移。

＊

仝《どう》　関東《かんとう》の周及《しゅうきゅう》

楼は呑碧《どんぺき》と号して太《はなは》だ新奇なり、深趣《しんしゅ》窮まり無くして未だ知り易からず。風定まりて海門《かいもん》の雲淡泞《くもたんちょ》、霧収まりて山店《さんてん》に日光輝く。登臨《とうりん》せば忽《たちま》ち覚《おぼ》ゆ天遠きに非ざることを、吟詠《ぎんえい》せば翻《ひるがえ》りて驚く我れ宜《よろ》しからざることを。多く謝す主人の偏《ひと》えに客を愛し、簾《みす》を捲《ま》きて月を待ち榻頻《しき》りに移すことを。

＊

同　関東《かんとう》の〔愚中《ぐちゅう》〕周及《しゅうきゅう》

〔その〕楼は「呑碧《どんぺき》」と号して、とても新奇〔なもの〕である、深い趣きは極まりなく〔その魅力のすべてを〕知ることは困難だ。風が落ちついて海〔につながる河〕口の〔上に見える〕雲は〔消え、空は〕すがすがしく澄み渡っている、〔山にかかっていた〕霧も収まり山上の茶店〔が姿を現して、そこ〕に日光が照りつけている。〔高い呑碧楼に〕登って遠望すれば天は〔目前にあって〕遠くにないことにすぐに気づくし、〔高らかに詩を〕吟詠すれば却って自分が〔ここに〕相応《ふさわ》しくないことに吃驚《びっくり》する。とても感謝しているのは、主人《住職》がとても客《わたし》（＝愚中周及）を歓待し〔てくれて〕、簾を巻き上げ月〔が出るの〕を待ちわびて〔月の出る方向を探して〕榻《イス》を頻《しき》りに動かしてくれることだ。

＊

○関東周及＝愚中周及（一三二三～一四〇九）のこと。「関東」は具体的に何処を指すのか不詳。愚中が住持した丹波（京都府）の天寧寺、安芸（広島県）の仏通寺は、三関（伊勢の鈴鹿関、美濃の不破関、近江の逢坂関）より西にある。臨済宗楊岐派松源派。美濃（岐阜県）の人。夢窓疎石・春屋妙葩に参じた後に入元。即休契了に参じて嗣法する。至正十一年（一三五一）帰朝し、貞治四年（一三六五）丹後の天寧寺に住し、応永四年（一三九七）、安芸の仏通寺に入って開山となる。室町幕府四代将軍の足利義持は愚中に深く帰依して紫衣を与えた。同十六年八月二十五日示寂。世寿八十七。仏徳大通禅師と諡される。著述に、『大通禅師語録』六巻（T81所収）、および『〔宗鏡録〕稟明抄』（駒澤大学所蔵）がある。『禅学』（p.481）、『五山禅僧伝記集成』（p.123~137）参照。〔131〕の「諸師略伝」にも立項されている。

○海門＝「海口」と同じ。〔57〕の「海口」の注を参照。

○淡泞＝きよらかで新鮮、明るく清浄（『漢語』第五冊・p.1415）。また、水が澄んで深いさま（『大漢和』巻七・p.23）。

○山店＝山中で物を売る家（『漢語』第三冊・p.776）。茶店のこと。

○登臨＝〔10〕・〔34〕・〔37〕の「登臨」の注を参照。

右呑碧楼題詠畢

＊

右、「呑碧楼題詠」畢わる。

＊

右、「呑碧楼《どんぺきろう》題詠《だいえい》」畢《お》わり。

無我省吾関係偈頌

○「呑碧楼題詠」で〔29〕〜〔33〕の校本に使用した『隣交徴書』巻之二（二三丁裏）に〔72〕も収載されているので、対校を加えた。

〔59〕知足軒歌　　楚石

知足之人仏所讃、天龍歓喜人嗟嘆。一一天真不外求、自然安楽無菑置。乾坤与日月尚有崩壊、何況個一身百年如電馳。饑来喫飯寒著衣、莫厭粗糲思甘肥。従曠劫来只者是、古人曾食山中薇。君不見老薬山、無可揀牛欄而禅、麦麩飯後安三百五百衆、心地尽教平坦坦。一知足万事足、了生死忘栄辱。何須更論頂生王、好饗林間清浄福。　至正廿六年歳在丙午九月旦　楚石道人梵琦。　此歌真書之題有知足軒歌為日本吾蔵司作十一字。

＊

知足軒《ちそくけん》の歌　　楚石《そせき》

知足《ちそく》の人は仏の讃ずる所、天龍歓喜し人嗟嘆《さたん》す。一一天真《てんしん》、外に求めず、自然に安楽にして菑置《しち》すること無し。乾坤日月も尚お崩壊すること有り、何ぞ況や個《こ》の一身、百年電《いかずち》の馳するが如くなるをや。饑《う》え来たれば飯《はん》を喫し寒ければ衣を著《つ》け、粗糲《それい》を厭《いと》い甘肥《かんぴ》を思うこと莫かれ。曠劫《こうごう》従《よ》り来《このかた》只だ者《こ》れ是れ、古人曾て食《くら》う山中の薇《ぜんまい》。君見ずや老薬山《ろうやくさん》、牛欄《ぎゅうらん》を揀《えら》ぶ可《べ》く無くして禅し、麦麩《ばくふ》を飯《く》らわして後、三百五百の衆を安んじ、心地《しんち》尽《ことごと》く平坦坦《へいたんたん》ならしむ。一たび足ることを知らば万事足り、生死を了じ栄辱《えいじょく》を忘る。何ぞ須《もち》いん更に頂生王《ちょうしょうおう》を論じて、好んで林間に清浄の福を饗《う》くることを。至正廿六年《ししょうにじゅうろくねん》、歳《とし》は丙午《へいご》に在り、九月旦　楚石道人梵琦《そせきどうにんぼんき》。

此の歌の真書の題に「知足軒の歌、日本吾蔵司の為に作る」の十一字有り。

＊

知足軒《ちそくけん》の歌　　楚石《そせき》〔梵琦《ぼんき》〕

〔少欲《しょうよく》〕知足《ちそく》の人は仏が讃える所であり、諸天や龍神は〔知足の人を見て〕歓喜し、人々は〔感心して〕嘆息する。一々〔全て〕が天真《ありのまま》で〔良いので〕あって外《べつ》に求め〔る必要は〕なく、自然に安楽であって、〔煩悩まみれの〕荒れ田の〔状態の〕まま放置してはいけない〔だけのことだ〕。〔永遠に存在するように見える〕乾坤《天地》や日月でもいつかは崩壊するものだ、ましてやこの身の百年〔の人生〕など電《いかずち》が馳せるよう〔にあっという間に終わってしまうもの〕だ。腹が減ったら飯を食い寒ければ衣を着〔れば良いだけのことで〕、粗末な食べ物を嫌い美味しいもの〔のこと〕を思ってはならない。曠劫《大昔》からただそれだけのことであり、〔だからこそ〕古人は曾て山中の薇《ぜんまい》を食らっ〔て暮らし〕たのである。君は老薬山（＝薬山惟儼）を知らないのか。牛欄《牛小屋》を〔僧堂に〕選ぶしかなくても〔そこで〕禅《修行》し、〔家畜に与えるような粗末な〕麦麩《ふすま》しか食べさせられなくても三百や五百といった〔大勢の〕大衆《修行僧》を養い、〔波立っていた彼らの〕心地《こころ》をすっかり平坦にさせた。一度足ることを知れば万事が足りて、生死〔についての迷い〕から離れて名誉も恥辱も〔ともに〕忘れるものだ。どうしてさらに〔貪欲の心が生じたことで、天界から人間界に堕ちた〕頂生王《ちょうしょうおう》のことを問題にして、あえて雑踏から離れて〔特段の修行をして〕清浄なる福を受ける必要があろうか。〔元の〕至《し》正《しょう》二十六年（一三六六）、丙午《ひのえうま》の歳の九月旦《朔日》、楚石道人梵琦《そせきどうにんぼんき》〔が記した〕。この歌の楷書〔で書かれた〕題に、「知足軒の歌は日本の吾蔵司の為に作った」という十一字が有る。

＊

○楚石＝楚石梵琦のこと。〔26〕の「西斎道人梵琦」の注を参照。

○知足＝足るを知ること。『遺教経（仏垂般涅槃略説教誡経）』の次の一段によって広く知られている。「汝等比丘、若し諸もろの苦悩を脱せんと欲せば、当に足るを知るを観ずべし。足るを知るの法は即ち是れ富楽・安隠の処なり。足るを知るの人は、地上に臥すと雖も、猶お安楽為《た》り、足るを知らざる者は、天堂に処《お》ると雖も、亦た意に称《かな》わず。足るを知らざる者は、富むと雖も貧しく、足るを知るの人は、貧しきと雖も富む。足るを知らざる者は、常に五欲の為に牽かれ、足を知る者の憐愍する所と為る。是れを足るを知ると名づく（汝等比丘、若欲脱諸苦悩、当観知足。知足之法、即是富楽安隠之処。知足之人、雖臥地上、猶為安楽。不知足者、雖処天堂、亦不称意。不知足者、雖富而貧、知足之人、雖貧而富。不知足者、常為五欲所牽、為知足者之所憐愍。是名知足）」（T12-1111c）ちなみに、月堂宗規の号は「知足子」である。

○嗟嘆＝嘆息すること（『漢語』第三冊・p.439）。

○天真＝人為や造作を加えぬ持って生まれたままのこと。例えば『宛陵録』に「天真の自性は本より迷悟無し。尽十方の虚空界は元来是れ我が一心の体なり（天真自性、本無迷悟、尽十方虚空界、元来是我一心体）」（T48-387a、筑摩本・p.135）とある。

○菑置＝熟語として諸辞書に見えない。「菑」は、ここでは「荒れて開墾していない田畑」（『漢辞海』p.1211）、「びっしり生えた草むら（茂密的草叢）」（『漢語』第九冊・p.454）の意。「置」には、「擱置（さしおく、棚上げにする、放任する）、放下」（『漢語』第八冊・p.1024）という意味があるから、「（荒れたまま）そのままにしておく」という意味となる。
○電馳＝すばやいさま（『漢語』第一一冊・p.673）。
○饑来喫飯寒著衣＝空腹なら飯を食らい、寒かったら着物を重ねる。『景徳伝燈録』巻三〇「南岳懶瓚和尚歌」の中に見える「饑来喫飯、困来即眠」（T51-461b）など、日常がそのまま仏法であることを示した句をアレンジしたもの。無我と同時代の愚庵智及（一三一一〜一三七八）の「示伝無用」、および「雪巌和尚牧牛歌　慶禅人請和」という二首の偈頌に「饑来喫飯寒著衣」（『愚庵智及禅師語録』巻八・Z124-178d〜179a）とそのまま七字句の用例が見えるが、古いものとしては八字句ではあるが南宋の希叟紹曇の「因雪上堂」の中に、「飢来喫飯、寒来著衣」（『希叟紹曇禅師広録』巻一・Z122-99a）とある。
○粗糲＝あらい玄米。粗末な食物（『漢語』第九冊・p.210）。
○甘肥＝美味なるもの（『漢語』第七冊・p.971）。『韓非子』「外儲説右上」に「寡人、甘肥《かんび》は堂に周《あまね》くして、卮酒豆肉《ししゅとうにく》は宮に集まる（寡人甘肥周於堂、卮酒豆肉集於宮）」（岩波文庫本③・p.189）とあって、「うまい肥えた肉」のこと。ここは単に「うまい食べもの」という程の意。
○従曠劫来只者是＝「来」は助詞で「…以来。時間・量を表す語に置いて、現在に至るまでの時間、あるいは期間を表す」（『中国語』p.1794）。「曠劫」は、久しい時。遠く久しい時期。果てしない彼方の時。非常に長い年月。大昔。はるかな昔（『中村』p.402、参照）。また「只者」は、それこそが。「者」は「這」と同じ（『禅語』p.168）。
○古人曾食山中薇＝『史記』巻六一「伯夷列伝」（中華書局校点本・p.2123）に見える有名な伯夷・叔斉の「采薇歌」の一段を念頭に置いたものであろう。伯夷・叔斉は、殷の紂王を弑殺した周の武王に仕えるのを潔しとせず、義を守って首陽山に隠れ、薇を采って食べて餓死したとされる。
○君不見老薬山…麦麩飯後安三百五百衆＝「薬山」は薬山惟儼（七四五〜八二八）のこと。薬山と牛欄の因縁については『祖堂集』巻第四「薬山和尚」条に「師、初めて住せし時、村公に就いて牛欄を乞うて僧堂と為す（師初住時、就村公乞牛欄為僧堂）」（中文出版本・p.84）とある。「牛欄」は、「牛欄馬厩」（『如浄禅師語録』巻上・T48-123c）と「馬厩」と対比されているように、文字通りには「牛を入れる簡素な小屋（関牛的簡陋房室）」（『漢語』第六冊・p.236）のことであり、『祖堂集』は牛小屋を僧堂にしたという意味であるが、『禅林宝訓筆説』巻三に拠れば、「牛欄は即ち山名なり。燕京の東北に在り。薬山、此こに隠居す（牛欄即山名。在燕京東北。薬山隠居于此）」（Z113-392c）と山の名前だとする。楚石が『祖堂集』を見たかどうかは分からないが、後の「麦麩」との対比から考えて粗末な場所の意で用いられたものであろう。「麦麩」は「ふすま」。小麦を粉にひく時に出る表皮の屑。家畜の飼料に使うような粗末な食品（『漢語』第一二冊・p.1020）。薬山の下に集まった修行僧の数については、「師、後に澧州薬山に居し、海衆雲会す（師後居澧州薬山、海衆雲会）」（『景徳伝燈録』巻一四「澧州薬山惟儼禅師」条・T51-311b、禅研本⑤ p.272）とあるだけで、具体的な数字は記されていないようである。

○平坦坦＝『碧巌録』第六九則・頌に「曹渓の路は坦平なるに、什麼《なん》と為《し》てか登陟するを休《や》むる（曹渓路坦平、為什麼休登陟）」（T48-199a、岩波文庫本㊥ p.329）とあり、またその評唱に「曹渓の路は塵を絶し迹を絶し、露裸裸赤灑灑、平坦坦翛然地なり。什麼《なん》と為《し》てか却って登陟するを休《や》むる。各自、脚下を看よ（曹渓路、絶塵絶迹、露裸裸、赤灑灑、平坦坦、翛然地。為什麼却休登陟。各自看脚下）」（T48-199b、岩波文庫本㊥ p.331）とあり、意味は「曹渓への道は俗世と隔絶している。丸裸になって、ごく当たり前に俗気を抜け切っている。何故登るのを止めるのか。各々自分の足許を見よ」（末木訳㊥ p.436）ということである。つまり、「坦平」「平坦坦」とは、当たり前の日常こそが真理なのだという無事の境涯を表したもの。

○栄辱＝名誉と恥辱。地位の高低、名誉の優劣（『漢語』第四冊・p.1228）。

○何須＝どうして…しなくてはならぬのか、なにも…する必要はあるまい（『禅語』p.43）。

○頂生王＝インド太古の転輪聖王。転輪王烏逋沙他の子で、彼の頂上の肉皰より生じたから「頂生王」と名づけられた（『起世経』巻一〇・T1-363a）。頂生王の因縁についてまとめた『仏説頂生王因縁経』六巻（T3所収）に拠れば、この頂生王は善政に努め、理想国家を建設し、娑婆世界全体を天人の世界のような楽土にする。しかし、王はそれに満足できず、帝釈天の半座を手に入れることになる。ちょうどその時、天界で阿修羅と帝釈天の戦闘が起こり、双方苦戦のすえに頂生王が帝釈天に代わって戦いに勝利する。ところが慢心した王はもし帝釈天が死ねば、自分が天界の王になると考えてしまい、その瞬間、王はもとの人間の世界に堕ち、老と死の苦を嘗めることになったという（鎌田茂雄・河村孝照・中尾良信・福田亮成・吉元信行共編『大蔵経全解説大事典』雄山閣出版・一九九八年・p.45～46、参照）。
○林間＝世俗の雑踏から離れたところ（『禅学』p.1291）。
○真書＝楷書。書体のひとつ（『漢語』第二冊・p.148）。

〔60〕為規長老作月堂歌　　楚俊

庭中月堂月、両処一般光。皎潔月華移、松影入松堂。更分桂魄射簷隙、当軒大坐白昼明。無限人天対行立、
六根互用不聞聞。一句了然超百億。暗復明円又欠。昧者無知自分別。此光湛然無去来、不増不減不生滅。
能将此月諭此心、刹刹塵塵倶照徹。露柱燈籠展笑眉、牆壁瓦礫太饒舌。別別、無物堪比倫、教我如何説。

＊

規《き》長老《ちょうろう》の為に作る「月堂《げつどう》の歌」　楚《そ》俊《しゅん》

庭中・月堂の月、両処一般の光《ひかり》。皎潔《こうけつ》たる月華《げっか》移り、松影《まつかげ》は松堂《しょうどう》に入る。更に桂魄《けいはく》分かれて簷隙《えんげき》を射《い》、当《とう》

軒《けん》に大坐《たいざ》して白昼明らかなり。無限の人天、行立《ぎょうりゅう》に対し、六根互用《ろっこんごよう》す不聞《ふもん》の聞《もん》。一句了然《りょうねん》として百億を超ゆ。暗くして復《ま》た明らかに、円かにして又た欠く。昧《くら》き者無知にして自《みずか》ら分別す。此の光は湛然《たんねん》として去来無く、増さず減らず生滅せず。能く此の月を将《もっ》て此の心を諭《たと》うれば、刹刹塵塵倶《さつさつじんじんとも》に照徹《しょうてつ》せん。露柱《ろちゅう》燈籠《とうろう》、笑眉《しょうび》を展《の》べ、牆壁瓦礫《しょうへきがりゃく》太だ饒舌《じょうぜつ》たり。別別、物の比倫に堪えたる無し、我れをして如何が説かしめん。

*

〔月堂宗《げつどうそう》〕規《き》長老の為に作った「月堂《げつどう》の歌《うた》」

〔明極《みんき》〕楚俊《そしゅん》

庭の中〔から見える本物の月〕と月堂〔という名前〕の月、二つ〔ある月〕が一般《同じ》〔ように〕光〔り輝いている〕。皎《しろ》く潔《きよ》らかな月華《月の光》が〔時が経つにつれて〕移動し、〔月の光に照らされた〕松の〔樹の〕影が〔松林にたたずむ月堂という〕お堂〔の中〕に入ってくる。さらに桂魄《月》は〔二つに〕分かれて〔一つの月は上から〕簷下《のきした》を照らし、〔もう一つの月は月堂の〕軒下にどっしりと坐っていて白昼でも明るく輝いている。〔この月に照らされている〕数限りない人天《ひとびと》は行立《普段の生活》のなかにおいて、〔眼・耳・鼻・舌・身・意という〕六根《全ての感覚器官》で〔教えを〕聞くこと無く聞き取った〔真理その〕ものを互いに発揮している〔が、それに気づいていない〕。〔『証道歌』に〕「一句〔の下に〕了然《はっきり》と〔悟る〕ならば百億〔の功徳〕に超《まさ》る」〔とある通り、悟って月を手に入れるか否かが問題なのだ〕。〔月の光は〕暗くなったり明るくなったり、〔月の形は〕円くなったり欠けたりする〔ように見える〕。〔だが、それは〕無知な味者《愚かな者》が自分で分別をしているのだ。この〔月の〕光は静かに湛《たた》えられていて去来《動くこと》はなく、増えたり減ったりしないし生じたり滅したりもしない。この月によってこの心に喩えることが出来るならば、〔月のような心の光によって〕無数の仏国土を照らしつくす〔であろう〕。〔そうすれば〕露柱《はしら》や燈籠《とうろう》がにこやかに眉を開き、牆壁《かべ》や瓦礫《がれき》がとても饒舌〔に喋っているのが分かるの〕である。〔月は〕格別〔な存在〕であり、比べられるものなど無い。〔それのに〕私に〔これ以上〕どのように説けというのか。

*

○楚俊＝明極楚俊（一二六二～一三三六）のこと。臨済宗楊岐派松源派。慶元府（浙江省）昌国の人。霊隠寺の虎巌浄伏に嗣法する。天童山や径山などの名山に諸山に歴住した後、竺仙梵僊と共に元徳元年（一三二九）来朝。後醍醐天皇は「仏日燄慧禅師」号を賜い、北条高時は建長寺に請じ、さらに南禅寺を経て建仁寺に移る。また摂津（兵庫県）に広厳寺を開いて開山となり、後に南禅寺に少林院、建長寺に雲沢庵を構えて養老の所となす。建武三年九月二十七日、建仁寺方丈で示寂。世寿七十五、法臘六十三。著述として『明極楚俊遺稿』二巻（『五山文学全集』第三巻所収）・『明極楚俊語録』二巻（東洋文庫所蔵）・『同』五冊（内閣文庫所蔵）が存する。その伝は、『延宝伝燈録』巻四（p.171）、『本朝高僧伝』巻二六（p.159）に見える。また、『禅学』（p.770）、『五山禅僧伝記集成』（p.617）参照。

○松影＝松の樹の陰（『漢語』第四冊・p.876）。

○松堂＝松林の中にある家（『漢語』第四冊・p.873）。

○月華＝月光。月色（『漢語』第六冊・p.1130）。

○桂魄＝月の異名（『漢語』第四冊・p.959）。蘇軾の『念奴嬌詩』に「桂魄飛来光射処、冷浸一天秋碧」とある。

○簷隙＝軒下。『漢語』「檐隙」条（『漢語』第四冊・p.959）参照。

○当軒大坐＝軒のところにどっしりと坐る。『虚堂和尚語録』巻一「霊隠入寺陞座」に「動静《日常の動作》、心を以《もち》いず、当軒大坐す（動静不以心、当軒大坐）」（T47-984b）とある。少し字が異なる形としては『圜悟仏果禅師語録』巻一〇「小参」に「当軒 正坐《きちんと坐る》し覿面無私なり（当軒正座覿面無私）」（T47-757a）とあり、前後が入れ替わった形としては『大慧普覚禅師語録』巻一「不動故事至上堂」に「大坐当軒孰《たれ》か敢えて窺わん（大坐当軒孰敢窺）」（T47-814b）とある。

○行立＝歩くことと立ち止まること（『漢語』第三冊・p.891）。

○六根互用不聞聞＝「六根互用」は、六根が相互に密接な関係を持ちながら澄明な本心のはたらきを発揮すること。『楞厳経』巻四に、「〔本心の澄明さが発揮されるなら〕前塵《対境》に引きずられて起こす知見ではなくなるから、その澄明さは六根に引き回されないで、六根に托して澄明さが発揮される。だから六根は〔別々に機能しないで〕相互に密接な関わりを持ちながらはたらくことになる（不由前塵所起知見、明不循根寄根明発。由是六根互相為用）」（T19-123b、仏教経典選本・p.346〜348）とあるのに拠る。また「不聞聞」は、「聞かないで聞く」、つまり言葉を聞かないで真理を聞き取ること。北本『涅槃経』巻二一「光明遍照高貴徳王菩薩品」の「聞かずして能く聞くことを得（不聞而能得聞）」（T12-487b）を踏まえており、同経の少し後にある「善男子よ、不聞聞有り、不聞不聞有り、聞不聞有り、聞聞有り（善男子、有不聞聞、有不聞不聞、有聞不聞、有聞聞）」（T12-490a）の一段を踏まえて、法眼宗の天台徳韶（八九一〜九七二）が「韶国師四料揀」として「聞聞」「聞不聞」「不聞聞」「不聞不聞」を用いていたことが知られている（『人天眼目』巻四・T48-324c）。その他、禅門では玄沙師備（八三五〜九〇八）が「〔釈尊の〕四十九年〔の説法〕は是れ方便なり。只如《たと》えば霊山の会《集まり》に百万の衆有るも、唯だ迦葉一人有りて親しく聞き、余は尽く聞かず。汝道《い》え、迦葉親しく聞く事、作麼生。如来は説くこと無くして説き、迦葉は聞かずして聞くと道《い》う可からず（四十九年是方便。只如霊山会有百万衆、唯有迦葉一人親聞、余尽不聞。汝道、迦葉親聞事作麼生。不可道如来無説説、迦葉不聞聞）」（『景徳伝燈録』巻一八・T51-346a）と述べているように、「釈尊無説説（もしくは不説説）、迦葉不聞聞」という対句で使用されている。なお、『涅槃経』とは別に『維摩経』巻上に「夫れ説法とは、説く無く示す無し。其れ法を聴くとは、聞く無く得る無し（夫説法者、無説無示。其聴法者、無聞無得）」（T14-540a）とあり、この箇所について僧肇は、『注維摩詰経』巻二で「無説、豈に不言と曰わんや。能く其の説く所無きを謂うなり。無聞、豈に不聴と曰わんや。能く其の聞く所無きを謂うなり。其の説く所無きが故に、終日説くも未だ嘗て説かざるなり。其の聞く所無きが故に、終日聞くも未だ嘗て聞かざるなり（無説豈曰不言。謂能無其所説。無聞豈曰不聴。謂能無其所聞。無其所説故、終日説而未嘗説也。無其所聞故、終日聞而未嘗聞也）」（T38-347b）と述べている。

○一句了然超百億＝『証道歌』（T48-396c、筑摩本・p.91）の一節。『碧巌録』第一則・本則評唱（T48-140b、岩波文庫本㊤p.41、末木訳㊤p.30）、第一四則・本則評唱（T48-154c、岩波文庫本㊤p.203、末木訳㊤p.253）などにも引かれる。『景徳伝燈録』巻一三「汝州首山省念禅師」条に、「問う、『一句了然として百億に超ゆ。如何なるか是れ一句』と。師曰く、『到処に人に挙似す』と（問、一句了然超百億。如何是一句。師曰、到処挙似人）」（T51-304b、禅研本⑤p.116~117）とあるように、特別な真理の言葉ではなく、悟りの契機となるありふれた一句である。

○刹刹塵塵＝「刹塵」は、無数の国土を微塵としたほど、数の多いことをいう。無数の国土を粉々にしたもの。無数の意（『中村』p.827、参照）。「刹刹塵塵」で、無数の国土のそれぞれ。『碧巌録』第九四則・頌に「刹刹塵塵《無数の国土》で〔仏に会って〕も道半ばだ（刹刹塵塵在半途）」（T48-217c、岩波文庫本㊦p.204、末木訳㊦p.249）とある。

○露柱燈籠＝「露柱」について、『禅語』には「禅宗語録にはしばしば現れるが、具体的にはどういうものなのかわからない。字面から察すれば、建物のそとの露天に立ててある石か木の柱らしく思われる。おそらく法堂か僧堂の前庭、または石階の下に立てられて、何かの文字を刻したものであろう。語録では無情の物、知覚・情識を完全に絶したもの、曇りなく真実を見て取るもの、といった高い象徴性において引き合いに出されることが多い」（p.484）という説明がある。また、語録には「露柱」と「燈籠」がセットで使用される例が多く、用例としては『碧巌録』第一五則・本則評唱の「設使《たと》い一時に無言無句なるも、露柱燈籠、何ぞ曾て言句有らん（設使一時無言無句露柱燈籠、何曾有言句）」（T48-155b、岩波文庫本㊤p.211、末木訳㊤p.263）などがある。「露柱」「燈籠」の併用については末木訳『碧巌録』の注（㊤p.265）に詳しい。また、『禅学』には「露柱と燈籠と。燈籠露柱ともいい、禅門では、そのものがそのものとして現成している姿の例示としていう。無情なものが常恒不断に真理を説いている相をいう」（p.1322）とある。

○牆壁瓦礫＝石垣やかわらけや小石（『禅語』p.220）。無情のものの喩え。

○別別＝賛嘆の語で、「格別だ」の意。『碧巌録』第一四則・頌（T48-154c、岩波文庫本㊤p.204、末木訳㊤p.255）、第一五則・頌（T48-155b、末木訳㊤p.266）などに見える。

○無物堪比倫＝比較し得る物はない。『曹山元証禅師語録』（T47-533b）などに見える。

〔61〕心華室銘　　楚石

十地満時、有華高大。其量百万、三千世界。若此心華、未為奇恠。含裹虚空、匝無内外。心華一開、物物皆春。非紅非紫、非金非銀。名相倶非、即妄而真。促之方寸、延之刹塵。有能悟解、乃曰道人。自昔仏祖、観根説法、初明心地、種子萠達、法雨沾濡、心華艶発、直趣菩提、道果斯結。心本無生、仮喩於華。華有開謝、心無正邪。繊毫未尽、万別千差。不染一塵、契此理耶。右心華室銘、為中竺吾蔵司撰并書。至正丙午秋九月旦　楚石道人梵琦。

＊

心華室《しんげしつ》の銘《めい》　　楚石《そせき》

十地《じゅうじ》満つる時、華《はな》の高大なる有り。其の量百万、三千世界。此《か》くの若《ごと》き心華《しんげ》、未だ奇恠《きかい》と為さず。虚空を含裹《がんか》して、匝《めぐ》りて内外無し。心華一たび開かば、物物《もつもつ》皆な春。紅に非ず紫に非ず、金に非ず銀に非ず。名相倶に非、妄に即して真なり。之を方寸に促し、之を刹塵に延ぶ。能く悟解すること有るを、乃ち道人と曰う。昔、仏祖、根を観じて法を説き、初めて心地《しんじ》を明かして自《よ》り、種子萌達し、法雨沾濡《てんじゅ》し、心華艶発して、直《じき》に菩提に趣《おもむ》き、道果斯《どうかここ》に結ぶ。心本《も》と無生なるに、喩えを華に仮る。華に開謝《かいしゃ》有るも、心に正邪無し。繊毫も未だ尽きざれば、万別千差あり。一塵に染まざれば、此の理に契うや。　右、心華室の銘、中竺《ちゅうじく》の吾蔵司《ごぞうす》の為に撰し并《なら》びに書す。　至正丙午秋九月《ししょうへいごあきくがつ》の旦《たん》　楚石道人梵琦《そせきどうにんぼんき》。

＊

心華室《しんげしつ》の銘《めい》　楚石《そせき》〔梵琦《ぼんき》〕

〔菩薩の修行階位の最終段階である〕十地《じゅうじ》が成就した時に〔花開く、とてつもなく〕高くて大きな華がある。その量は百万もの三千世界《仏の世界》〔を包み込むほど〕である。このような心の華はまだ不思議〔とするのに十分〕ではないが、虚空を〔その〕内に含んでおり、充ち満ちて内外〔の区別〕がない。〔この〕心の華が一たび開けば、あらゆる事物がみな春になる。〔その華の色は〕紅でも紫でも金でも銀でもなく、〔この心の華は〕名《なまえ》や相《かたち》で表現できるものではないし、虚妄でありながらそのまま真実である。〔小さくすれば〕一寸四方にまで縮め〔られるし〕、〔また反対に大きくすれば〕刹塵《無数の仏国土》にまで引き延ばす〔ことができる〕。〔このことを〕悟ることができれば道人と呼ばれるのである。昔、仏祖は〔相手の〕根《能力》を見て〔それに合わせて〕説法し、初めて〔衆生の持つ〕心地《こころ》〔の本当の姿〕を明らかにしてからというもの、〔悟りの〕種子が萠達《発芽》し、〔それを〕法《教え》の雨が沾濡《うるお》し、心の華が艶発《美しく開》いて、〔衆生は〕ただちに菩提《さとり》へと趣き、道《修行の》果《成果》が結実するのである。心は本来〔生滅を超えた〕無生《むしょう》であるのに、〔ここでは〕華に喩えを借りたのである。華は咲いたり散ったりするが、心には正邪などないのだ。〔とはいえ〕わずかでも〔妄念が〕尽きていなければ、千差万別〔さまざまな迷いの世界〕となる。どんな塵《煩悩》にも染まらなければ、この真理に適《かな》うであろう。　右の「心華室の銘」は、中天竺寺《ちゅうてんじくじ》の〔無我省《むがしょう》〕吾蔵司《ごぞうす》の為に撰《つく》って記《か》いた。　至正《ししょう》〔二十六年〕丙午《ひのえうま》（一三六六）秋九月旦《朔日》　楚石道人梵琦《そせきどうにんぼんき》。

＊

○楚石＝楚石梵琦のこと。〔26〕の「西斎道人梵琦」の注を参照。

○心華＝本来清浄心を華に喩える。八十巻『華厳経』巻一四に「猶お満月の虚空に出現するが如く、化す可き者をして心華を開敷せしむ（猶如満月出現虚空、令可化者心華開敷）」（T10-724b）とあり、『円覚経』巻下に「心華発明して十方刹を照らす（心華発明照十方刹）」（T39-568c）とある。

○十地＝一般に菩薩が修行すべき段階として、十信・十住・十行・十廻向・十地・等覚・妙覚の五十二位があるとされ（『法華玄義』巻四・T33-732a）、その四十一位から五十位までが十地に相当する。十地の内容は、八十巻本『華厳経』巻三四「十地品」（T10-179b）に拠れば、下から歓喜地・離垢地・発光地・焔慧地・難勝地・現前地・遠行地・不動地・善慧地・法雲地の十段階だとされる。

○名相倶非＝真如はすべての名称や相状で示すことができないこと。「倶非」は「倶即」と対置される表現で、ひっくり返して見るならば、そのまま真如ということになる。『楞厳経』巻四で「如来蔵の本妙円心」について、否定門として「非心非空、非地非空、非風非火、非眼非耳鼻舌身意」などと「非」を重ね、その後で肯定門として「即心即空、即地即空、即風即火、即眼非耳鼻舌身意」などと「即」を連ねている一段に拠る（T19-121a、仏教経典選本・p.296）。これを踏まえて『大乗起信論裂網疏』巻五には、「要を以て之を言えば、諸もろの染浄の法の中に於いて随いて一塵を拈ずれば、皆《みな》是本より即ち色に非ず心に非ず、智に非ず識に非ず、無に非ず有に非ず、畢竟不可説の相なり。唯だ其の一切倶非は、便ち能く一切倶即なり。便ち〔『楞厳経』の〕「即を離れ非を離れ、是即非即」の真如を顕らかにするなり（以要言之、於諸染浄法中随拈一塵、皆是本即非色非心、非智非識、非無非有、畢竟不可説相也。唯其一切倶非、便能一切倶即。便顕離即離非是即非即之真如矣）」（T44-452b）とある。

○即妄而真＝妄がそのまま真。用例としては『大方広仏華厳経疏』巻四八の「衆生皆な仏性有るを以て、妄に即して真なり（以衆生皆有仏性、即妄而真）」（T35-871a）などがある。『盂蘭盆経疏新記』巻上に「了《つい》に迷えば即真に即して妄、菩提即煩悩なるが故に。了《つい》に悟れば妄に即して真、煩悩即菩提なるが故に（了迷即真而妄、菩提即煩悩故。了悟即妄而真、煩悩即菩提故）」（Z35-110a）とあるのが分かりやすい。

○方寸＝「心」の意味もあるが、ここは一寸四方の意。非常に狭いところのこと（『漢辞海』p.647）。

○刹塵＝〔60〕の「刹刹塵塵」の注を参照。

○沾濡＝「ぬれる（沾湿）」、「水がしみる（浸漬、湿潤）」という意味の他に、「恩沢や教化を蒙る（謂蒙受恩沢、教化）」（『漢語』第五冊・p.1068）という意味もある。

○艶発＝辞書的には「鮮明に光を発すること」（『漢語』第九冊・p.1367）とあるが、ここでは美しく花が開くこと。

○心本無生＝『景徳伝燈録』巻一「毘舎浮仏」条の偈に「四大を仮借して以て身と為す、心本と無生なるも境に因りて有り。前境若し無くんば心も亦た無く、罪福、幻の如く起くるも亦た滅す（仮借四大以為身、心本無生因境有。前境若無心亦無、罪福如幻起亦滅）」（T51-205a）とある。『禅学』「無生」条に拠れば「無は否定ではなく、無為の意で、意識以前の絶対の事実をいう。無生はこの絶対の事実としての生のこと。転じて、世間生滅の相を離れた当体」

（p.1207）だとする。
○開謝＝花の咲くことと散ること。開落。「謝」は散り去る（『大漢和』巻一一・p.716）。
○中竺吾蔵司＝無我省吾のこと。〔24〕の「吾無我上人」、〔43〕の「牛頭山省吾」の注、〔79〕を参照。「中竺」は十刹第一位の中天竺寺のこと。杭州府（浙江省）銭塘県にあり、天寧万寿永祚寺もしくは法浄寺とも呼ばれる。寺志として清の孫峻輯『中天竺法浄寺志』不分巻（『中国仏寺志叢刊』第六八冊）がある。元代の著名な禅僧、元叟行端（一二五五〜一三四一）・笑隠大訢（一二八四〜一三四四）・孚中懐信（一二八〇〜一三五七）が五山に上がる前に住した寺院である。また、『禅学』（p.855）参照。

〔62〕同銘贈吾蔵主　　南堂遺老清欲

異哉此室、燦燦心華。万境空寂、三際不譁。極小同大、隠若毘耶。客来問法、活火煎茶。視彼一黙、殆無以加。於斯妙悟、智山法芽、趣解脱道、住法王家。我作銘言、永矢弗誇。庶幾覧者、隳弥戻車。

＊本条は『了庵清欲禅師語録』巻七に「心華室銘贈吾蔵主」（Z123-381c）として収められている。字句の異同はない。

＊

同銘《どうめい》　吾蔵主《ごぞうす》に贈る　　南堂遺老清欲《なんどういろうせいよく》

異《い》なるかな此の室、燦燦《さんさん》たる心華《しんげ》。万境空寂にして、三際譁《かまびす》しからず。極小にして大に同じ、隠るること毘耶《びや》の若《ごと》し。客来たりて法を問えば、活火《かっか》茶を煎ず。彼の一黙に視《くら》ぶるも、殆ど以て加うること無し。斯《ここ》に於いて妙悟せば、智山法芽《ちざんほうが》して、解脱の道に趣き、法王《ほうおう》の家《いえ》に住まん。我れ銘を作りて言う、「永く誇らざるを矢《ちか》う。庶幾《こいねがわ》くは覧る者、弥戻車《みれいしゃ》を隳《やぶ》らんことを」と。

＊

南堂遺老清欲《なんどういろうせいよく》

同〔じく「心華室《しんげしつ》の」銘《めい》」、〔無我省《むがしょう》〕吾蔵主《ごぞうす》に贈る

何とも不思議だ、〔この〕室《部屋》にある、燦々〔と輝く〕心の華は。〔この心の華の輝きに照らされて、〕万境《あらゆる場所》は空寂《ひっそり》としており、〔過去・現在・未来の〕三際《さんざい》にわたって〔静かで〕騒々しくない。極めて小さいものの〔極めて〕大きいのと同じであり、〔だからこそ、無我蔵主は中インドの〕毘耶離《びやり》〔の町にあった一丈四方の維摩居士の家〕のよう〔な小さな心華室〕に隠棲しているのである。〔無我は〕客が来て仏法について質問すれば、烈火で〔湧かした湯で黙って〕茶を煎れるが、〔それは〕彼《か》の〔維摩居士の〕一黙と比較して、ほとんど遜色ない。ここで妙悟するならば、智〔慧の〕山の〔仏〕法が芽を出して、解脱の道に向かい、法王の家に住むことになるであろう。私は銘を作って言う、「永遠に〔この心の華を〕誇らないことを誓う。〔だが〕どうか〔この華を〕覧る者が〔悪業を重ねる〕弥戻車《汚れた民》〔の立場〕を打ち破りますように」と。

＊

○吾蔵主＝無我省吾のこと。〔24〕の「吾無我上人」の注を参照。
○南堂遺老清欲＝〔25〕の「南堂遺老清欲」の注を参照。
○三際＝三世に同じ。過去・現在・未来のこと（『大明三蔵法数』巻八「三世」条・P181-684a）。
○毘耶＝毘耶離《びやり》（毘舎離・Vaiśālī）城のこと。維耶離・鞞舎隷なども表記されるが、吠舎釐や吠舎離と表記するのが

原語発音に近い。漢語では広厳・広博厳浄などと訳される。ガンジス川の南の中天竺国にあった大都市で、維摩居士が住んでいた場所だとされる（『翻訳名義集』巻三・T54-1097b、『一切経音義』巻二八・T54-496b、『続一切経音義』巻八・T54-967b）。

○彼一黙＝維摩の一黙のこと。『維摩経』「入不二法門品第九」にある話。最初、維摩居士が諸菩薩に「入不二法門」とは何かと質問してそれぞれ答えるが、最後に文殊菩薩から同じ質問を受けた維摩居士は「黙然無言」（『維摩詰所説経』巻中・T14-551c）で応え、それを見た文殊菩薩が、「善いかな、善いかな。乃至、文字・語言有る無し、是れ真の入不二法門なり（善哉、善哉。乃至無有文字・語言、是真入不二法門）」（同前）と賛嘆したという話を踏まえる。維摩は、真実の法は言説をもっては表現できぬことを一黙を以て示したとされ、これが『碧巌録』第八四則に「維摩不二法門」として取り上げられて、禅門の公案として用いられており、「維摩一黙如雷霆」（『竺僊和尚語録』T80-396b）として広く喧伝されている。

○智山法芽＝「智山」は、大変にすぐれた大いなる智慧（『漢語』第五冊・p.762）、また「法芽」は、法の芽（『中村』p.1229）。八十巻『華厳経』巻一二に「智山法芽、悉已清浄」（T10-119b）とある。

○法王家＝「法王」は仏陀の尊称。仏の家、仏道のこと（『中村』p.1229）。諸所に用例があるが、例えば『華厳経』巻二九には「汝得安処法王家」（T10-792c）とある。

○永矢弗誇＝誓って永く誇らない。「永矢」は否定語の前で常に用いられ、また「矢」は「誓」に通じる（『漢語』第五冊・p.892）。このことから、底本では「永く矢《ただし》くは誇らず」と訓んでいるが、ここでは「永く誇らざるを矢《ちか》う」と訓む。

○弥戻車＝「弥戻車」（mleccha）は「弥梨車」とも表記。また「篾戻車」「蜜列車」と書かれる場合もある。『一切経音義』巻四「篾戻車」条に、「上の〔字の発〕音は眠鼈《ミンメツ》の反《反切》（つまり「メツ」という発音）。古訳は或いは蜜列車《ミツレッシャ》と云う。

皆な訛《誤り》なり。正しき梵音には畢嘌吟蹉《ヒツリツギンシャ》と云う。此《中国語》には垢濁種《くだくしゅ》と云うなり。楽しんで悪業を作す下賤の種類。辺鄙にして正法を信ぜざる垢穢の人なり（上音眠鼈反。古訳或云蜜列車。皆訛也。正梵音云畢嘌吟蹉。此云垢濁種也。楽作悪業、下賤種類。辺鄙不信正法垢穢人也）」（T54-330b）とある。蛮民・夷狄のことども（『中村』p.1295）。

〔63〕本来軒歌　　楚石

達磨未来東土前、誰家竈窟裏無烟。達磨既来東土後、個個髑髏獅子吼。若言伝法救迷情、大海長波洗不清。試問本来軒下事、槫(ママ)桑夜半日頭明。這一個那一個更一個、是什麽。抛却百千年滞貨、海壖(ママ)馬子似驢大。豁開戸牖大坐者誰。遠隔河沙国、近在口皮辺。無角鉄牛眠少室、生児石女老黄梅。本来軒歌、為無我蔵司書。　楚石道人梵琦。

＊

本来軒《ほんらいけん》の歌《うた》　　楚石《そせき》

達磨《だるま》未だ東土に来たらざる前、誰《た》が家《や》の竈窟裏《そうくつり》にか烟《けむ》り無からん。達磨既に東土に来たりて後、個個の髑髏《どくろ》獅子吼《ししく》す。若《も》し伝法《でんぽう》して迷情を救うと言わば、大海の長波洗えども清からず。試みに問う本来軒下の事《じ》、槫(ママ)（＝榑《ふ》）桑《そう》夜半《やはん》に日頭《にっとう》明らかなり。這《こ》の一個、那《か》の一個、更に一個、是れ什麽《なん》ぞ。百千年の滞貨《たいか》を抛却《ほうきゃく》すれば、海壖(ママ)（＝壇）の馬子《ばす》、驢大《ろだい》に似たり。戸牖《こゆう》を豁開《かつかい》して大坐する者は誰ぞ。遠ければ河沙国《がしゃこく》を隔て、近ければ口皮辺《くひへん》に在り。無角《むかく》の鉄牛《てつぎゅう》、少室《しょうしつ》に眠り、児《こ》を生ずる石女《せきじょ》、黄梅《おうばい》に老《お》う。本来軒《ほんらいけん》の歌、無《む》我蔵司《がぞうす》の為に書す。　楚石道人梵琦《そせきどうにんぼんき》。

＊

本来軒《ほんらいけん》の歌《うた》　楚石《そせき》〔梵琦《ぼんき》〕

〔菩提《ぼだい》〕達磨《だるま》がまだ東土《中国》に来て〔法を伝えて〕いなかった時、〔いったい〕誰の家の竈《かまど》の中に〔食事を作るための〕煙が無かったであろうか。〔仏性を具えた衆生はきちんと生きて生活をしていたのだ。〕〔菩提〕達磨が東土《中国》に来て〔法を伝えて〕から後、〔死んでしまった〕個々《それぞれ》の髑髏《されこうべ》さえ獅子《しし》〔のように仏の教えを〕吼《説》いている。もし〔菩提達磨が〕法を伝えて〔人々の〕迷情《まよい》を救ったと言うのなら、大海の大きな波が〔打ち寄せて浜辺の砂を〕洗っても〔浜辺の砂は〕綺麗にはなりはしない。〔達磨の伝法と衆生とは無関係なのだ。〕試しに本来軒の下で〔無我蔵司《むがぞうす》がやっている〕事柄について質問してみるならば、〔彼とは関係なく〕榑桑《日本》には夜中に日頭《太陽》〔が出て〕明るくなっている。這一《こぃっ》個も那一《そぃっ》個も更に一《あぃっ》個も。いったい何なのだ。百千年もの〔間に溜まった〕滞貨《不要物》を捨て去〔って本来の田地に立ち返〕れば、海壇島《かいだんとう》の馬は〔もともと〕驢馬《ろば》の大きさである〔ことが分かるのだ〕。扉をすっかり開け放って〔本来軒の中に〕どっかりと坐っている者は誰か。遠いときには恒河沙《ガンジス川の砂の数》〔のように無数の〕国々を隔て〔るほど遠くにいるし〕、近いときには口皮辺《くちもと》にいる。〔この本来軒における無我蔵司《むがぞうす》は、〕角《つの》の〔必要も〕無い鉄の牛〔ように情識を断ち切った達磨〕が少室山《しょうしつざん》〔の少林寺〕で眠り、〔五祖弘忍《ぐにん》という立派な〕子供を産んだ石女《周氏のむすめ》が黄梅山《おうばいさん》で年を取った〔ようなものなのだ〕。　〔この〕「本来軒の歌」は無我《むが》〔省吾《しょうご》〕蔵司《ぞうす》のために書いた。　楚《そ》石道人梵琦《せきどうにんぼんき》。

＊

○楚石＝楚石梵琦のこと。〔26〕の「西斎道人梵琦」の注を参照。

○誰家竈窟裏無烟＝「竈窟」は、かまどの焚き口（『中国語』p.3885）。そのままの形の語句が黄龍慧南の法嗣である真浄克文（一〇二五～一一〇二）の『宝峰雲庵真浄禅師住筠州聖寿語録』（『古尊宿語録』巻四二・Z118-351a）に見える。「竈窟」が「竈」の一字になった「誰家竈裏無煙《烟》」という形は『松源岳禅師語』（『続古尊宿語要』巻四・Z119-21d）・『保寧仁勇禅師語録』巻一（Z120-183d）・『介石智友禅師語録』（Z121-191d）・『古林清茂禅師語録』巻一（Z123-206a）・『楚石梵琦禅師語録』巻五（Z124-55c）・『慈受懐深禅師広録』巻一（Z126-278d）などに見える。『楚石梵琦禅師語録』巻七「示衆」に、「誰でも皮の下に血が流れているし、誰の家でも竈から〔食事の準備をする〕煙がでている（何人皮下無血、誰家竈裏無煙）」（Z124-66c）とあるように、すべての人が仏性を具えていることを示した語。『禅語字彙』「誰家竈裡火無烟」条にも「火を焚かぬ家なく、仏性なき人なしの意」（p.361）とある。

○個個髑髏獅子吼＝無情説法のこと。死人の頭蓋骨がそれぞれ師子吼、つまり仏のように説法している。『曇芳守忠禅師語録』巻上「上堂」に、「枯れ木が老龍のように吟《うめ》き、髑髏が師子のように吼える（枯木老龍吟、髑髏師子吼）」（Z123-158d）とあるように、「枯木」も「髑髏」も情識分別を離れたものを示す。

○榑桑夜半日頭明＝「榑」は「榑」の誤字。原型と思われるものに『大慧普覚禅師語録』巻七「示衆」の「新羅夜半日頭明」（T47-838b）がある。「夜半日頭明」は、『景徳伝燈録』巻一二「魯祖山教和尚」条の「半夜日頭明、日午打三更」（T51-298b、禅研本④p.556）や『碧巌録』第八六則・頌著語の「半夜日頭出、日午打三更」（T48-211c、岩波文庫本㊦p.139、末木訳㊦p.166~167）のように「日午打三更（真っ昼間に真夜中の知らせが鳴る）」と対で使用されることが多く、日常を超えた真理の世界を示すが、ここでは太陽が昇る前から日本には既に昼間の明るさがある、つまり達磨が来る前から中国で真理が明らかであったことと重ね合わせられている。

○這一個那一個更一個＝どいつもこいつも。用例としては、『大慧普覚禅師語録』巻六「再住径山上堂」に、「上堂挙す。円通秀和尚の示衆に云く、『少林九年の冷坐、剛《まさ》に神光《慧可》に覰破せらる。如今《いま》玉石分かち難ければ、只だ麻纏《からまり》紙《つつ》裏《む》を得るのみ。這《こ》の一箇、那《か》の一箇、更に一箇。若し是れ明眼の人なれば、何ぞ重ねて説破するを須《ま》たん』と。師云く、『径山《わたし》今日、狗尾に貂を続《つ》ぐを免れず。也《ま》た些子有り。老胡九年話堕す。惜しむ可し、当時放過し、黙照の徒をして、鬼窟に長年打坐せしむることを致すを。這《こ》の一箇、那《か》の一箇、更に一箇。苦口叮嚀にすと雖然《いえど》も、却って樹頭に風過ぐるに似たり』と（上堂挙。円通秀和尚示衆云、少林九年冷坐、剛被神光覰破。如今玉石難分、只得麻纏紙裏。這一箇、那一箇、更一箇。若是明眼人、何須重説破。師云、径山今日不免狗尾続貂。也有些子。老胡九年話堕。可惜当時放過、致令黙照之徒、鬼窟長年打坐。這一箇、那一箇、更一箇。雖然苦口叮嚀、却似樹頭風過）」（T47-836a）とある。また、この文章の作者である楚石梵琦の『楚石梵琦禅師語録』巻一〇「挙古」に、「挙す、龍牙の頌に云く、『一切の名山、到るは脚に因《よ》る。辛苦年深く襪《足袋》と与《とも》に著《つ》く。而今《いま》年老いて行く能わず。手裏に箇の破木杓を把《と》る』と。白雲端和尚云く、『龍牙老人、謂いつ可し、熟処忘れ難しと』と。妙喜《大慧宗杲》云く、『端和尚恁麽《このよう》に道《い》うは、大いに己を以て人に方《くら》ぶるに似たり。杲上座《わたし》は即ち然らず。家貧しくして素食をも辦じ難く、事忙しくして草書にも及ばず』と。師《楚石梵琦》云く、『這《こ》の一箇、那《か》の一箇。本《もと》を和《た》して三人、一時に放過せん。是非すること終日有るも、自然に無きを聴《ゆる》さず』と（挙、龍牙頌云、一切名山到因脚。辛苦年深与襪著。而今年老不能行。手裏把箇破木杓。白雲端和尚云、龍牙老人、可謂熟処難忘。妙喜云、端和尚恁麽道、大似以己方人。杲上座即不然。家貧難辦素食、事忙不及草書。師云、這一箇、那一箇。和本三人、一時放過。是非終日有、不聴自然無）」（Z124-88d）とある。

○滞貨＝山積みに溜まった貨物。売れ残り。廃物（『漢語』第六冊・p.81）。

○海壖馬子似驢大＝冒頭の「海壖」が「海壇」となった「海壇馬子似驢大」という用例は、『禅林僧宝伝』巻一六（Z137-253d）や『絶岸可湘禅師語録』（Z121-491d）などに見えるが、「海壖」となった資料は他見しない。恐らくは誤字であろう。「海壇」は海壇島（平潭島）のこと。福建省福清県の東南の海中にある福建最大の島であり、中国でも第四番目の大きさである。海上から遠望すると壇のように見えることから「海壇」と名付けられたとされる。唐代は牧馬地として利用されていた。『粤閩巡視紀略』巻五「海壇山」条（四庫全書本・36a）、および『中国歴史地名大辞典』下「海壇山」条（p.2215）を参照。楊億（九七四～一〇二〇）が嗣法師の広慧元璉との問答の中で、この「海壇馬子似驢大」と述べたのに対し、広慧が「楚の鶏は是れ丹山の鳳ならず（楚鶏不是丹山鳳）」と応えた一段がある（『五燈会元』巻一二・Z138-220c、など）。楚鶏（もともとは楚雉）と鳳の話は『尹文子』に載せられた逸話を踏まえるが（『漢語』第四冊「楚鳳」条・p.1160）、二つの句から読み取れる内容は、悟道したからと言って別段取り立てて変わるわけではなく、海壇の馬は小さいまま、楚の鶏は鳳になるわけではない、つまり平凡でありのままであることを示した語であろう。なお、「海壖」は、海辺。広く沿海地区を指す（『漢語』第五冊・p.1128）。

○豁開戸牖＝ガラリと扉を開け放つ（『禅語』p.62）。『景徳伝燈録』巻一七「福州羅山道閑禅師」条に「戸牖を豁開すれば、軒に当たる者は誰ぞ（豁開戸牖、当軒者誰）」（T51-341b）とあり、また『碧巌録』第五則・頌評唱に「戸牖を豁開して、爾《なんじ》が与《ため》に一時に八字に打開し了われりと謂う可し（可謂豁開戸牖、与爾一時八字打開了也）」（T48-145c、岩波文庫本㊤p.102、末木訳㊤p.112）とある。

○遠隔河沙国、近在口皮辺＝似た語としては、『東林和尚雲門庵主頌古』に「近ければ口皮辺に在り、遠ければ河沙国を過ぐ。世間多少《どれだけ》の人、油糍を得て喫せざる（近在口皮辺、遠過河沙国。世間多少人、不得油糍喫）」（『古尊宿語録』巻四七・Z118-406c）とある。「河沙」は「恒河沙」の略。「恒河」はガンジス河のこと。ガンジス河にある無数の砂のように多いという意味。「口皮辺」は、ここでは直接的に唇の皮という意味であるが、口先を使うことから文字や言語のことを指す場合もある。『禅の思想辞典』「口皮禅」条（p.178）参照。

○無角鉄牛眠少室、生児石女老黄梅＝この二句は唐の貫休（八三二～九一二）撰『禅月集』巻二三・七言律詩「山居詩

二十四章」の第九章の第五句、第六句に相当する（四部叢刊本）。禅録内での使用の古い例としては『続伝燈録』巻二「霊峰文吉禅師」条（T51-478c）があり、その他、『続伝燈録』巻一九「資寿灌禅師」条（T51-595a）や『宝峰雲庵真浄禅師住筠州聖寿語録』（『古尊宿語録』巻四二・Z118-351c）でも用いられている。「少室」は達磨が面壁した少林寺のある山の名で、「無角鉄牛」は達磨その人を形容する。「黄梅」は湖北省東南端の都市で、四祖道信や五祖弘忍の東山法門の根拠地であるが、「生児石女」は五祖弘忍の母親のことを指す。五祖弘忍は、破頭山中の栽松道者が未婚の周氏の女《むすめ》に託生して生まれ変わった存在だとされ、『林間録』巻上に拠れば、「黄梅の東禅寺に〔弘忍の母の〕仏母塚があり、人々がその上に塔を建てた（黄梅東禅有仏母塚。民塔其上）」（Z148-296a）とされる。貫休より少し遅れて活躍した斉己（八六三～九三七）の『白蓮集』巻七「寄文浩百法」に、「当時六祖、黄檗に在り、五百人中、眼独り開く。入室の偈聞く、絶唱を伝うるを、昇堂の客、譲じて多才を恃《たの》む。鉄牛、用うること無し真角を成ずるを、石女能く生ず是の聖胎を。聞説す経論を抛し去らんと欲すと、惆悵《チュウチョウ》として却って空しく迴《かえ》らしむること莫かれ（当時六祖在黄檗、五百人中眼独開。入室偈聞伝絶唱、昇堂客譲恃多才。鉄牛無用成真角、石女能生是聖胎。聞説欲抛経論去、莫教惆悵却空迴）」（四庫全書本・3b）とあり、五祖の母である「石女」が、引いては「聖胎」である六祖を生んだということになる。『無準師範禅師語録』巻三「冬夜小参」にも、「黄梅の石女、依旧《相変わらず》児を生み、無角の鉄牛、少室に安眠す（黄梅石女依旧生児、無角鉄牛安眠少室）」（Z121-453a）とある。

○吾蔵司＝無我省吾のこと。〔24〕の「吾無我上人」の注を参照。

〔64〕無我銘　楚石

芽抽種壊、缶破瓦成。竹葱角蒜、因以果生。微塵不変、妄立因果。我体本無、誰能作我。根境和合、識在其中。智善観察、此三皆空。聖智亦違、何況情識。末那所執、不見痕蹟。我若有我、則為不可。亀当出毛、水当起火。譬如日月、乗虚而行、了無住着、咸仰光明。得是無我、我義乃成。日本吾蔵司、号無我求銘。因書此為贈。　至正丁酉秋、嘉禾天寧住山梵琦。

＊

無我《むが》の銘《めい》　　楚石《そせき》

芽抽《ぬ》きんでて種壊れ、缶《かめ》破れて瓦成れり。竹葱角蒜《ちくそうかくさん》、因以て果生ず。微塵も変わらず、妄りに因果を立つ。我《わ》が体は本《もと》と無し、誰か能《よ》く我《われ》と作《な》さん。根《こん》と境《きょう》和合して、識其の中に在り。智善《よ》く観察すれば、此の三皆な空なり。聖智《しょうち》も亦た違《たが》う、何ぞ況や情識をや。末那《まな》の執する所、痕蹟《こんせき》を見ず。我れ若し我《が》有らば、則ち不可と為す。亀当《まさ》に毛を出だし、水当に火を起こすべし。譬えば日月の虚に乗じて行き、了《つい》に住着《じゅうちゃく》すること無きに、咸《み》な光明を仰ぐが如し。是の無我を得れば、我《が》の義乃ち成る。日本の吾蔵司《ごぞうす》、無我と号して銘を求む。因りて此を書して為に贈る。　至正丁酉秋《ししょうていゆうあき》、嘉禾天寧住山梵琦《かかてんねいじゅうざんぼんき》。

＊

無我《むが》の銘《めい》　　楚石《そせき》〔梵琦《ぼんき》〕

芽が出て種が壊れ〔やがて花が咲いてまた新たな種を作り〕、瓶《かめ》が壊れて〔土にもどり、その土でまた〕瓦ができる。〔箭《や》〕竹《だけ》〔が〕葱《ねぎ》〔を生じ〕、角《つの》〔が〕蒜《にんにく》〔を生じるように〕、因によって果が生じる。〔因果の関係はごまかそうとしても〕微塵も変わらない〔といって〕、妄りに因果を〔実体視して〕立てている。〔だが〕我《わたし》〔という存在〕の本体はもともと無いものであり、〔それを実体がある〕「我」とすることが誰にできようか。根《器官》と境《対象》が和合し、識《認識作用》がその中に〔できあがって、そこに「我」が〕存在しているのだ。〔しかし〕智慧によってしっかりと観察すれば、この〔根・境・識の〕三つはすべて〔実体が無い〕空《くう》である。聖《仏》の智慧〔があると言って〕も〔空に〕違背するし、ましてや情識《迷いの心》〔の存在が空に背くの〕は言うまでもあるまい。〔我執を起こす〕末那《まな》〔識《しき》〕が執着する〔「我」という〕ものは〔「空」〕であり、存在する〕痕跡さえ見えないのだ。私にもし〔実体的な〕「我」が有る〔と考える〕ならばダメなのである。〔もし「我」が有るならば、〕きっと亀は〔甲羅に〕毛を生やし、水は〔燃えて〕火を起こすにちがいない。〔つまり「我」は存在し得ないのである〕。たとえば日《太陽》や月が虚空の中を移り行き、まったく〔一箇所に〕住《とど》まることが無いのに、皆な光明《ひかり》を見上げて〔日月が同じ場所に動かずに存在すると思ってい〕るようなものだ。この「無我」〔の自覚〕を得た時に、はじめて「我」の〔本当の〕意味が分かるのである。「無我」と号する日本の〔省《しょう》〕吾蔵司《ごぞうす》が、〔私に〕銘文を求めた。だからこれを書いて〔彼に〕贈るものである。至正《ししょう》〔十七年〕丁酉《ひのととり》（一三五七）秋、嘉禾《かか》〔江浙行省嘉興路〕の天寧《てんねい》〔永祚禅寺《えいそぜんじ》〕に住山している〔楚《そ》石《せき》〕梵琦《ぼんき》〔が書いた〕。

＊

○無我銘＝無我省吾の道号の銘。「無我省吾」については〔24〕の「吾無我上人」の注を参照。

○楚石＝楚石梵琦のこと。〔26〕の「西斎道人梵琦」の注を参照。

○芽抽種壊、缶破瓦成、竹葱角蒜、因以果生＝地婆訶羅訳『大乗密厳経』巻中「分別観行品第五」にある金剛蔵菩薩の偈に次の様にある。「瓶の破するに因りて瓦を成すが如し。刹那各別にして、恒に是れ無常なり。種の芽を生ずるに因りて、芽生ずれば種壊る。又た陶匠の泥を以て瓶を作るが如し。泥は是れ奢摩、瓶は其の色の如し。若し復た兼用し、余色の泥作せば、火焼熟し已《お》わりて、各おの雑色生ず。箭竹、葱を生じ、角、蒜を生ず。不浄の処、蝿、虫を生ず。世間の中、果の因に似たる有り。或いは諸物の因に似ざる者有り。皆な変壊に因りて果の生ずる有り。微塵等の因も、体は変壊せず。応に妄りに是くの如きの分別を作すべからず。〔以下略〕（如因瓶破、而成於瓦。刹那各別、恒是無常。因種生芽、芽生種壊。又如陶匠、以泥作瓶。泥是奢摩、瓶如其色。若復兼用、余色泥作。火焼熟已、各雑色生。箭竹生葱、角生於蒜。不浄之処、蝿生於虫。世間之中、有果似因。或有諸物、不似因者。皆因変壊、而有果生。微塵等因、体不変壊。不応妄作、如是分別。〔以下略〕）」（T16-737a）明らかにこの偈を踏まえるが、「箭竹生葱、角生於蒜」の意味が不詳である。恐らくは因と果とが似ていない例であろう。

○聖智＝聖は正の意。正しく真理を知る智慧。仏智（『中村』p.728）。

○末那＝manas の音写。末那識のこと。意と漢訳される。いわゆる第七識で、あらゆる自我の観念、煩悩の汚染の根拠とされる（『中村』p.1275、参照）。

○亀当出毛＝亀毛《きもう》。亀に生える毛。兎角《とかく》（うさぎのつの）と共に、あり得ないものの喩え（『禅語』p.77、参照）。

○嘉禾天寧＝嘉禾は嘉興の別称。天寧こと天寧永祚禅寺は、江浙行省嘉興路海塩州（明代では浙江省嘉興府海塩県）にあった。初め禅悦院という名であったが、崇寧四年（一一〇五）に天寧永祚禅寺の額を下賜される。淳熙十六年（一一八九）、僧長渓が仏殿・山門・宝塔を創建し、嘉定二年（一二〇九）には僧永模が円通殿を建てた。楚石梵琦も洪武初年に仏閣・法堂と七層の塔を重建している（『浙江通志』巻二二八「寺観」、四庫全書本・19b）。この天寧永祚禅寺は、楚石が九歳の時に訥翁模公から経業を受けた所であり、彼自身、天暦元年（一三二八）、三十三歳の時にここに住持している。その後、至元元年（一三三五）に杭州路鳳山大報国禅寺に、至正四年（一三四四）には嘉興路本覚寺に遷るが、至正十七年（一三五七）、六十二歳の時に再び天寧永祚禅寺に住している（『楚石梵琦禅師語録』巻二〇附録・法

弟至仁撰「楚石和尚行状」・Z124-147c～148d)。

〔65〕同銘

南堂遺老清欲

我自無我誰為我、鉄笛把得縦横吹。雲門一曲、敲出鳳凰五色髄。洞山五位、撃砕驪龍明月珠。向去底如猫捕鼠、却来底似井覰驢。通紅了也再下一椎。大唐国裏火星迸、新羅燎却黄門鬚。

※この条は『了庵清欲禅師語録』巻七に「無我贈吾蔵主」(Z123-369d～370a)と題して収められている。最後の「鬚」を「須」に作る以外、語句の異同はない。

＊

同銘

南堂遺老清欲《なんどういろうせいよく》

我れ自《もとよ》り我無し、誰をか我と為《な》さん、鉄笛《てつぶえ》を把《と》え得て縦横に吹く。雲門の一曲は、鳳凰五色の髄を敲《たた》き出《い》だす。洞山の五位は、驪龍《りりゅう》明月の珠を撃砕す。向かいて去る底《もの》は猫の鼠を捕うるが如く、却《かえ》り来たる底《もの》は井の驢を覰《うかが》うに似たり。通紅し了わるや再び一椎を下す。大唐国裏に火星迸《ほとばし》り、新羅、黄門の鬚を燎却す。

＊

同じく「〔無我《むが》の〕銘《めい》」

南堂遺老清欲《なんどういろうせいよく》

私にはもともと「我」など無いのに誰を「我」とするのか、〔だが、その「無我」が〕鉄の笛(＝祖師の教え〕を手に入れて縦横《自由自在》に吹いている。〔黄帝の楽曲の名を借りた〕雲門《うんもん》〔文偃《ぶんえん》の家風になぞらえた〕一曲〔を笛で吹けば〕、鳳凰の五色の髄を敲きだし、洞山《とうざん》〔良价《りょうかい》〕の〔創出した機関の〕五位〔を奏でれば〕、黒龍の明月の珠をたたき壊す。去り行く底《者》は〔懸命に修行していて〕「猫が鼠を捕らえる」ようであり、かえり来る底《者》は〔分別を超えて〕「井戸が驢馬をのぞき見る」ような〔境地に至っている〕ものだ。〔疑団が窮まって〕真っ赤になり終わるや再び〔師匠は〕槌《指導》を一打下《回》す。〔そうすることで、学人は〕大唐国に火花が迸《ほとばし》り、新羅では〔生えているはずのない〕黄門《宦官》の鬚《ひげ》を焼き尽くす〔という卓越した心境となるのだ〕。

*

○南堂遺老清欲＝〔25〕の「南堂遺老清欲」の注を参照。

○鉄笛把得縦横吹＝「鉄笛」は、鉄製の管状の笛。隠者や高士がよくこの笛を吹き、その笛の音は非凡なものであったと伝わっている（『漢語』第一一冊・p.1409）。『虚堂録』巻一〇に「蓋乾坤鉄笛横吹」（T47-1061a）とあり、『犂耕』では「祖宗を唱起す（唱起祖宗）」（禅研影印本・p.1166）と解しているが、ここも同じ意味。

○雲門一曲＝「雲門曲」は、黄帝の楽曲名のこと。常人では理解しがたいとされる雲門の家風になぞらえる（『禅学』「雲門一曲」条・p.76、参照）。なお、『槐安国語』巻五に「雲門の天子の悪声、宇宙に満つ（雲門天子悪声満宇宙）」（T81-560a）・「雲門天子は、気宇、王の如し（雲門天子、気宇如王）」（T81-566c）とあって、「雲門曲」に拠って雲門文偃は「雲門天子」と評された。この「雲門天子」という語は、『大慧書栲栳樹』に拠れば、宋代に編まれた『遯斎閑覧』が典拠だとするが未詳。「忠曰く、『雲門天子、臨済将軍、潙仰賓客、法眼公卿、曹洞土民〔此《ここ》で止む〕。伝説すらく、此の語、『遯斎閑覧』に載ると。未だ検せず（忠曰、雲門天子、臨済将軍、潙仰賓客、法眼公卿、曹洞土民、〔止此〕伝説此語、遯斎閑覧載未検）」（禅研影印本・p.403）とある。

○敲出鳳凰五色髄……撃砕驪龍明月珠＝『圜悟仏果禅師語録』巻一九に「敲出鳳凰五色髄、撃砕驪龍明月珠」（T47-803a）とあるが、もとは貫休の「擬君子有所思二首」に「撲砕驪龍明月珠、敲出鳳凰五色髄」（『禅月集』巻四、四庫全書本・4a）とある。「驪龍の珠」については、『荘子』「列御寇篇」に「夫れ千金の珠は、必ず九重の淵にして驪龍の頷の下に在り（夫千金之珠、必在九重之淵、而驪龍頷下）」（岩波文庫本④p.191）とあって、貫休の句も、『荘子』の語をもとにしたものであろう。なお、禅録では、多く仏性に喩えられる。「鳳凰」は、鳥の名。聖王が出ると現れるという瑞鳥で、雄を鳳といい、雌を凰という。身に五色の文彩があり、鳥類の首長であるという（『大漢和』巻一二・p.797）。「驪龍」は『祖庭事苑』巻三に「黒色の龍なり（黒色龍也）」（Z113-34d）とある。

○洞山五位＝偏正五位・功勲五位・君臣五位・王子五位の四種がある。しかし、一般には偏正五位（正中偏・偏中正・正中来・偏中至・兼中到）の略。洞山良价の創唱により、法の実態を分類したもの。曹洞系ではおおむねこのまま伝承されたが、臨済宗では列位や名称の名目が、汾陽善昭により正中来・正中偏・偏中正・兼中至・兼中到、石霜楚円により正中偏・偏中正・正中来・兼中至・兼中到と変えて伝えられた（『禅学』p.301）。

○向去……却来＝「向去」には「この先、……から先、このかた」という意味もあるが、ここは「去り行く」の意で、「『却来』と対して、向上行と向下行の対比になる」（『禅語』p.127）とされる。また「却来」は、「きゃらい」と訓み、「かえり来る」（『禅語』p.83）の意。『明覚禅師語録』巻一に、「問う、『如何なるか是れ向去底の人』と。師云く、『伊蘭樹下に坐す』と。進んで云く、『却来の時如何』と。師云く、『白日に須弥を繞《めぐ》る』と（問、如何是向去底人。師云、伊蘭樹下坐。進云、却来時如何。師云、白日繞須弥）」（T47-675c）とある。

○如猫捕鼠＝修行に取り組む心構えや、修行に専念する姿を形容したもの。『大慧普覚禅師宗門武庫』に「晦堂云く、『汝、世間の猫が鼠を捕らうるを見るや。双目瞠視して瞬《まじろ》がず、四足地に踞して動かず、六根順向、首尾一直、然る後、挙さば中《あた》らざること無し』と（晦堂云、汝見世間猫捕鼠乎。双目瞠視而不瞬、四足踞地而不動、六根順向首尾一直、然後挙無不中）」（T47-949c）とあり、また『禅関策進』「蒙山異禅師示衆」条に「後に皖山長老に参ずるに、無字を看せしむ。十二時中、惺惺なること猫の鼠を捕うるが如く、鶏の卵を抱くが如く、間断せしむること無からんことを要す（後参皖山長老、教看無字。十二時中、要惺惺如猫捕鼠、如鶏抱卵、無令間断）」（T48-1099b）とある。

○似井覰驢＝井戸の中をのぞき込む驢馬。一般に「覰」が「覷」になった形で用いられる語。曹山本寂（八四〇～九〇一）の『撫州曹山元証禅師語録』に、「師、又た問う、『仏の真の法身は、猶お虚空の若く、物に応じて形を現すこと、水中の月の如し。作麼生か応ずる底の道理を説かん』と。徳〔上座〕曰く、『驢の井を覰るが如し』と。師曰く、『道《い》うことは則ち太殺《はなは》だ道うも、只だ八成《八割》を道い得たるのみ』と。徳曰く、『和尚又た如何』と。師曰く、『井の驢を覰るが如し』と（師又問、仏真法身、猶若虚空、応物現形、如水中月。作麼生説応底道理。徳曰、如驢覷井。師曰、道則太殺道、只道得八成。徳曰、和尚又如何。師曰、如井覷驢）」（T47-527c）とある。この一段は『碧巌録』第八九則・本則評唱（T48-214a、岩波文庫本㊦p.165）に引かれているが、末木訳の注釈には、「如驢覷井」について「愚昧な驢馬が井戸をのぞき込んで、そこに自分が映っていてもわからない」とあり、また「如井覷驢」については「『驢覷井』では未だ本当の無分別になっていない。それをさらに一歩超えることが必要」（以上、㊦p.201）とある。この曹山の問答が南宋代に有名であったことは、『大慧普覚禅師語録』巻一四「秦国太夫人請普説」に、「〔曹〕山云く、『井の驢を覰るが如し』と。諸方商量して道《い》う、『「驢の井を覰るが如し」とは、是れ迹有り。「井の驢を覰るが如し」とは、是れ迹無し』と。又た喚んで『情を亡ぼし迹を払う』と作《な》す。且く喜ぶらくは没交渉なり。要且つ是れ這箇の道理にあらず（山云、如井覷驢。諸方商量道、如驢覷井是有迹。如井覷驢是無迹。又喚作亡情払迹。且喜没交渉。要且不是這箇道理）」（T47-870c）とあることからも窺える。なお、『禅語字彙』「如驢覷井」条に、「『如井覷驢』と対句す。無心が無心に対映するの意。『唐語便覧』に、驢は轆轤（井戸車）なりとあり。されば驢覷井は、共に無心の無作的応接をいうなり」（p.217~218）とあるが、今回は取らない。

○通紅了也再下一椎＝「通紅」は、とても赤いこと（『漢語』第一〇冊・p.932）。『大慧普覚禅師語録』巻一〇に「二祖安心。頌に云く、『心を覓めて無き処、更に何くにか安んぜん、嚼砕す通紅《真っ赤》な鉄一団。縦《たと》使い眼開きて意気を張るも、争《いか》でか如《し》かん老胡《達磨》の謾《あなどり》を受けざるに（二祖安心。頌云、覓心無処更何安、嚼砕通紅鉄一団。縦使眼開張意気、争如不受老胡謾）」（T47-850c）とあって、ここの「通紅」は、工夫窮まって全身疑団となった状態の表現である。本条も同様であろう。また、「一椎」は、一般には槌砧《ついちん》を一度打つこと。叢林では大衆に告報する時に、まず砧《ちん》を八角の木製の槌《つち》で打って驚覚させて、その後に告報したという。展鉢・作務など一切の告報の際に用いられ、また上堂する場合には、白槌師《びゃくついし》が打槌《だつい》一下《一回》して住持の説法を傾聴するよう警告し、さらに一下して住持の説法を証明する（『禅学』「一槌（椎）」条・p.47、参照）。しかし、これ以外の用例として、『大慧普覚禅師語録』巻二九に「宗杲、豈に瞥脱の一椎に暁《さと》らざらん（宗杲豈不暁瞥脱一椎）」（T47-937b）とあり、『栲栳樹』に拠れば、「鍛冶自り出づるの語なり。霊利なる頓機を言うなり（自鍛冶出語也。言霊利頓機也）」（p.443）と注しており、また「一槌」の形では、『心賦注』巻二に「王、宝器を索《もと》むれば、須《すべか》らく一鎚にて便ち成るべし。第二第三鎚にて成るは、皆な進むに中《あた》らず。此れは一言の下に、便ち無生に契うに喩う。再問して陰界に落つるを須《ま》たず（王索宝器、須是一鎚便成。第二第三鎚成、皆不中進。此喩一言之下、便契無生。不須再問、落於陰界）」（Z111-38c）とあって、師の槌（鎚）の一打ちで仕上がる霊利な機根を持った学人のこと。ここは後者の意。

○大唐国裏火星迸、新羅燎却黄門鬚＝「火星」は「火花」の意（『漢語』第七冊・p.10）。『碧巌録』第六七則「傅大士講金剛経」本則の「〔傅〕大士は便ち座上に於いて案《机》を揮うこと一下し、便ち下座す（大士便於座上揮案一下、便下座）」の著語に、「直に得たり火星迸散することを。似たることは則ち似たるも、是なることは則ち未だ是ならず。葛藤を打するを煩わさざれ（直得火星迸散。似則似、是則未是。不煩打葛藤）」（T48-197a、岩波文庫本㊥p.310、末木訳・p.408）とある。後者の「新羅燎却黄門鬚」の句については類例は無いが、「大唐」「新羅」を一対で使った句は禅録内の諸処に見られ、例えば『碧巌録』第二四則・本則著語に「大唐に鼓を打せば、新羅舞う（大唐打鼓、新羅舞）」（T48-165a、岩波文庫本㊤p.313~314、末木訳㊤p.397）とあり、また第二八則・頌著語に「新羅国裏曾て上堂するに、大唐国裏未だ鼓を打せず（新羅国裏曾上堂、大唐国裏未打鼓）」（T48-168c）とある。「黄門」は、宦官のこと。割勢された中性者である黄門は中性者であるから鬚《ひげ》がない。「燎却」は、焼き尽くす。「燎」は焼く。「却」は、動詞の後について意味を強める語（『禅語』p.82）。

〔66〕無我号　恕中無慍

大棒打虚空、虚空未嘗苦。悪語罵木人、木人未嘗怒。問之何能然、以其無我故。無我一切無、法法自回互。舟行岸必移、舟住岸還住。撥火覓浮漚、徹見無我義。

＊この条は『恕中無慍禅師語録』巻四に「無我」（Z123-427d~428a）と題して収められている。字句の異同はない。

＊

無我《むが》の号《ごう》　恕《じょ》中《ちゅう》無《む》慍《おん》

大棒《たいぼう》、虚空を打せども、虚空未だ嘗て苦しまず。悪語もて木人を罵るも、木人未だ嘗て怒らず。之を問わん、何ぞ能く然るや、其の無我を以ての故に。無我なれば一切無なり、法法自《おのずか》ら回互《えご》す。舟行けば岸必ず移り、舟住《とど》まれば岸も還《ま》た住《とど》まる。火を撥して浮漚《ふおう》を覓《もと》むれば、徹見す無我の義。

＊

無我《むが》の号《ごう》　恕中無慍《じょちゅうむおん》

大きな棒で虚空を打っても、虚空は苦しんだことがない。悪《ひど》い語《ことば》で〔情識を絶した〕木人を罵っても、木人は怒ったことがない。質問しよう、どうしてそうなれるのか。〔それは〕「無我」だからなのである。無我であれば一切は無であり、〔すべての〕法法《存在》が自然に〔無理なく〕混じり合うのである。舟が行《うご》けば岸は〔舟の動きにともなって〕必ず移動するし、舟が住《と》まれば岸もまた住《と》まるものだ。火をかきたてて〔水に浮かぶ〕浮泡《あぶく》を〔探し〕求める〔のが見当違いだと分かる〕ならば、無我の義《意味》を徹見する〔ことができるであろう〕。

*

○恕中無慍＝（一三〇九～一三八九）。臨済宗。号は空室。台州（浙江省）臨海の人。径山の元叟行端のもとで出家し、昭慶律寺で受具す。その後、平石如砥・笁元妙道・古鼎祖銘などに歴参し、笁元の法を嗣ぐ。嗣法後、象山霊巌広福寺・黄巌瑞巌浄土寺に住するが、三年未満で退山し、万山松巌に隠棲する。洪武七年（一三七四）には日本から請を受けるが辞退し、命によって天界寺に留まった。同十七年、弟子の居頂が鄞（浙江省）の翠巌山に迎えて侍養し、同十九年七月十日に示寂した。世寿七十八、法臘五十九（『禅学』p.1201、参照）。著述に『恕中無慍禅師語録』六巻（Z一二三・C九七）・『山庵雑録』二巻（Z一四八）がある。伝記資料としては、烏斯道撰「天台空室慍禅師行業記」（『恕中無慍禅師語録』附録・Z123-442a）があり、その他、『五燈会元続略』巻三（Z138-483a）、『続燈存稿』巻七（Z145-82b）、『継燈録』巻五（Z147-393c）などに伝がある。

○悪語罵木人、木人未嘗怒＝禅録には見えない。「木人」は、「でく人形。情識を絶していることによって却って真実を語るもの」（禅研本『景徳伝燈録』③・p.214）。『禅林僧宝伝』巻一「撫州曹山本寂禅師」条に見える『宝鏡三昧歌』

中に「木人は方《まさ》に歌い、石児は起ちて舞う。情識の到るに非ず、甯《いずく》んぞ思慮を容《い》れん（木人方歌、石児起舞。非情識到、甯容思慮）」（Z137-222c）とある。

○回互＝二つ以上のものが互いに入り交じって関係し、相依相存の形でありながら、それぞれ独自の意義を失わないこと（『禅学』p.94）。

○撥火覓浮漚＝見当外れな努力。「浮漚」は実体のないものの喩え。『景徳伝燈録』巻五「司空山本浄禅師」条に「遍《あまね》く道を修する者を観るに、火を撥して浮漚を覓むるがごとし。但だ看よ、傀儡を弄するに、線断ずれば一時に休《や》むことを（遍観修道者、撥火覓浮漚。但看弄傀儡、線断一時休）」（T5-243a）とある。

〔67〕同号　　古林清茂

己霊不重復何言、莫是威音曠劫前。到底不教千聖会、方知密意在渠辺。

※この条は『古林清茂禅師拾遺偈頌』巻二に「無我」（Z123-283c）と題して収められている。「不会」を「不食」に作り、「密意」を「蜜意」に作る以外、語句の異同はない。

＊

同号　　古林清茂《くりんせいむ》

己霊《これい》を重んぜず復《ま》た何をか言わん、是れ威音曠劫前《いおんこうごうぜん》なること莫《な》きや。到底千聖をして会せしめず、方《まさ》に知る密意渠《かれ》が辺に在ることを。

＊

同じく「〔無我《むが》〕の号《ごう》」　古林清茂《くりんせいむ》

〔無我などと号しているが〕「おのれの霊性を尊ばない」〔と既に石頭希遷も言っている〕のに〔今さら〕いったい何を言おうか、〔それは〕威音王仏《いおんおうぶつ》が出現する曠劫前《ずっとまえ》〔から分かりきったこと〕ではあるまいか。結局、千聖《仏祖たち》に〔そのことを〕会《理解》させられ〔るものでは〕ないし、〔他人にも窺い知れない〕秘密の意旨は渠《彼自身》の辺《ところ》にあることが分かるのである。

＊

○古林清茂＝（一二六二～一三二九）。臨済宗楊岐派松源派。金剛幢もしくは休居叟と号する。温州（浙江省）楽清県の人。天台山国清寺孤巌啓のもとで出家。簡翁居敬・石林行鞏・覚庵夢真に参じ、承天能仁寺の横川如珙に嗣法する。大徳二年（一二九八）に平江府（江蘇省）天平山白雲禅寺に住し、その後、開元寺・天平山松下寺に退居。延祐二年（一三一五）に饒州（江西省）永福寺に住し、建康府（江蘇省）の保寧禅寺に移る。天暦二年十一月二十二日示寂。世寿六十八、法臘五十五。著述として『古林清茂禅師語録』五巻（Z一二三所収）・『古林清茂禅師拾遺偈頌』二巻（Z一二三所収）・『宗門統要続集』二二巻（C三所収）がある。その伝は、梵僊撰「古林和尚行実」（Z123-287d）・梵僊撰「古林和尚碑」（Z123-289d）に詳しく、『五燈会元続略』巻三（Z138-478c）・『続燈存稿』巻六（Z145-66b）・『継燈録』巻四（Z147-386d）・『山庵雑録』巻上（Z148-166b）などにも立伝されている。また『禅学』（p.649）参照。

○己霊不重＝石頭希遷が南岳懐譲に呈した問いの語。「諸聖を慕わず、己霊を重んぜざる時如何（不慕諸聖、不重己霊時如何）」（『景徳伝燈録』巻五「吉州青原山行思禅師」条・T51-240b）。己れの霊性を尊ぶこともしない、独脱無依の在り方（『禅語』「不慕諸聖不重己霊」条・p.401、参照）。「己霊」は、自己の霊魂。仏教外では、自己の身中に存在すると説く常一主宰の霊魂、自我をさす（『禅学』p.361）。

○莫是威音曠劫前＝「莫是」は、「…ではあるまいか。『是』をはぶくこともある」（『禅語』p.434）。「威音」は、威音王仏のこと。『法華経』「常不軽菩薩品」に説く過去荘厳劫最初の仏。無量無辺の極遠にたとえる（『禅学』p.20）。「曠劫」は、「曠」は久しい。「劫」は梵語でkalpaといい、無限の長い時間の意。遠く久しい時。はてしない彼方の時（『禅学』p.309）。

○千聖＝歴代数多くの諸仏諸祖。馬祖道一の法嗣である盤山宝積の「向上の一路は、千聖も伝えず。学者《修行者》形《肉体》を労すること、猿の影を捉うるが如し（向上一路、千聖不伝。学者労形、如猿捉影）」（『景徳伝燈録』巻七「盤山宝積禅師」条・T51-253b、禅研本③p.35~36）という語が良く知られ、『碧巌録』第三則・本則評唱（T48-142c、岩波文庫本㊤p.70、末木訳㊤p.70）などに引かれている。

○密意在渠辺＝「密意」は、他人に窺うことのできない奥深い秘密の宗旨。この句は、六祖慧能と恵明の次の問答を踏まえている。「〔恵明〕問いて曰く、『上来の密語・密意の外、還《は》た更に意旨有りや否や』と。祖《慧能》曰く、『我今、汝の為に説く者は、即ち密に非ざるなり。汝若し自己の面目を返照せば、密は却って汝が辺に在り』と（問曰、上来密語密意外、還更有意旨否。祖曰、我今為汝説者、即非密也。汝若返照自己面目、密却在汝辺）」（『無門関』「不思善悪」・T48-295c~296a、『六祖壇経』「行由第一」・T48-349b）。

○渠＝三人称代名詞。かれ。禅録ではおもに「主人公」を指すのに用いる（『禅語』p.89）。

〔68〕送日本吾蔵主礼虚堂師祖塔　　月江正印

天沢余波到海東、児孫個個起吾宗。黄金充国無人識、三扣浮図問祖翁。

＊

日本の吾蔵主《ごぞうす》、虚堂《きどう》師祖の塔を礼するを送る　月江正印《げっこうしょういん》

天沢《てんたく》の余波、海東《かいとう》に到る、児孫個個吾が宗を起こす。黄金、国に充《み》つれども人の識《し》る無し、三たび浮図《ふと》を扣《たた》きて祖翁《そおう》に問う。

＊

日本の〔無我省《むがしょう》〕吾蔵主《ごぞうす》が虚堂《きどう》〔智愚《ちぐ》〕師祖の塔《墓》に礼《お参り》するのを〔見〕送る〔際に贈った偈〕　月江正印《げっこうしょういん》

天沢《てんたく》（＝虚堂智愚）の余波は海東《日本》に到り、児孫《弟子たち》はそれぞれ吾が〔臨済宗松源派の〕宗〔旨〕を興起《さかんに》した。〔吾が宗の教えという〕黄金が〔日本〕国中に満ちているにもかからず〔それが〕分かる人がいない、〔そこで、既に日本で宗峰妙超《しゅうほうみょうちょう》・月堂宗規《げつどうそうき》の二人に参じているのに〕三たび浮図《祖塔》を訪ねて祖翁（＝虚堂智愚）に〔法を〕問おう〔としているのである〕。

＊

○送日本吾蔵主礼虚堂師祖塔＝「吾蔵主」は、無我省吾のこと。〔24〕の「吾無我上人」の注を参照。「虚堂」は、虚堂智愚（一一八五～一二六九）のこと。臨済宗楊岐派。中国五山の筆頭である径山を始め名刹を歴住し、宋の理宗・度宗の帰依を受けた禅僧として知られる。虚堂の塔は径山万寿寺の天沢庵にある。「丁卯秋、径山に遷る。……小庵を望雲亭の東に創り、扁して天沢と曰う。就きて塔を築きて帰蔵の地と為す（丁卯秋遷径山。……創小庵於望雲亭之東、扁曰天沢。就築塔為帰蔵之地）」（『虚堂録』巻一〇・T47-1064a～b）。無我省吾が虚堂の祖塔の拝塔をしたのは、一度目の入元の時のことである。

○月江正印＝生卒年不詳。元代の人。臨済宗虎丘派。自ら松月翁とも号した。福州（福建省）連江の人。虎巌浄伏に霊隠に参じて印可を得る。碧雲禅寺・澱山禅寺・南禅興国禅寺・何山宣化禅寺・道場山護聖万寿禅寺・阿育王山広利禅寺に住する。阿育王に住持していた時、帝師から金襴の法衣と「仏心普鑑」の号を賜る。著述として『月江正印禅師語録』三巻（Ｚ一二三）・『月江和尚録（月江和尚住杭州円通広化禅寺語録）』一巻（民友社・大正三年）がある。その伝は『増集続伝燈録』巻六（Z142-445a）に見える。また、『禅学』（p.526）参照。

○海東＝日本のこと（『漢語』第五冊・p.1222）。

○児孫個個起吾宗＝日本禅宗の法系については、一般的に「二十四流四十六伝」あったと伝えられている。このうち、虚堂の法を継承するのは、南浦紹明と巨山志源の二人である。虚堂は松源派に属しており、月江正印も松源下の法系である。

○黄金充国無人識＝そのままの句は禅録類に見えない。似たものに『景徳伝燈録』巻五「西京光宅寺慧忠国師」条の「湘の南、潭の北、中に黄金の一国に充つる有り。無影樹下の合同船、瑠璃殿上に知識無し（湘之南、潭之北、中有黄金充一国。無影樹下合同船、瑠璃殿上無知識）」（T51-245a）がある。

○三扣浮図問祖翁＝「浮図」は、ここでは「窣覩波《そとば》（窣堵波）」の意で、直接には虚堂智愚の塔を指す。『一切経音義』巻二九「窣覩波」条に、「方墳なり。或いは身骨を安んじ、或いは舎利を安んず。即ち塼浮図塔なり（方墳。或安身骨、或安舎利。即塼浮図塔也）」（T54-500c）とあり、『続一切経音義』巻一「窣堵波」条にも、「方墳なり。即ち如来の舎利を安ずる塼石鐵木等の塔、是れなり。俗語に或いは浮図と云うなり（方墳也。即安如来舎利塼石鐵木等塔是也。俗語或云浮図也）」（T54-937b）とある。「祖翁」は虚堂智愚のことであろう。この句は、無我省吾が、虚堂の法孫である宗峰妙超とその弟子である月堂宗規という二人に参じたこと、それに今回、虚堂の天沢塔を礼することを合わせて「三扣」と表現したもの。

〔69〕次韻　　南堂清欲

発足扶桑日本東、杭深梯嶮扣先宗。象山黒荳円如弾、家業応知似聵翁。

＊

次韻　　南堂清欲《なんどうせいよく》

発足す扶桑《ふそう》日本の東、深きを杭《わた》り嶮《けわ》しきを梯《のぼ》りて先宗を扣《たた》く。象山《しょうざん》の黒荳《こくず》円かなること弾の如し、家業応に知るべし聵翁《がいおう》に似たることを。

＊

〔前の偈に〕韻を合わせた〔偈〕　南堂清欲《なんどうせいよく》

〔無我省吾《むがしょうご》は、太陽が上ってくる所にある〕扶桑《巨木》の〔生えている〕日本の東から出発し〔て中国を訪れ〕、深い〔海を〕渡り険しい〔山を〕登って祖師の宗《教え》を求めた。象山《しょうざん》（＝虚堂智愚）の黒豆《言葉》は〔人を撃ち殺す〕円《まる》い〔鉄砲の〕弾《たま》のようであるが、〔その〕家業《禅風》が〔法系の上で虚堂《きどう》の祖父に当たる〕聵翁《がいおう》（＝松源崇岳）に似ていることを知っておかねばならない。

＊

○南堂清欲＝〔25〕の「南堂遺老清欲」の注を参照。

○扶桑＝〔24〕の「搏桑」の注、および〔45〕の「三桑」の注を参照。

○杭深梯嶮扣先宗＝「杭深梯嶮」は、深い河や海を渡り高く険しい山を登ること。『了庵清欲禅師語録』巻八「示景維那」条に、「古来行脚の高士は、生死未だ明らめざるが為に、師を尋ねて道を訪《と》い、布単を売却す。千里万里を問わず、但《も》し本色の宗匠の、以て依帰す可き者有れば、深きを杭《わた》り険しきを梯《のぼ》り、躯命を惜しまず、以て之に従いて遊《まな》ぶ（古来行脚高士、為生死未明、尋師訪道、売却布単。不問千里万里、但有本色宗匠、可以依帰者、杭深梯険、不惜躯命、以従之遊）」（Z123-384a）とある。

○象山＝虚堂智愚の出身地であり、虚堂を指す。虚堂は浙江省四明（寧波）象山県の出身である（『虚堂和尚語録』巻一○「行状」・T47-1063b）。

○黒荳＝黒豆のこと。禅では「黒豆」とは文字のこと。松源崇岳が、示寂に当たって黒豆の法を用いることを強く戒めた話を踏まえる。『虚堂和尚語録』巻八に「上堂。挙す。松源の師祖、示寂に臨みて衆に告げて云く、『久参の兄《ひん》弟《でい》よ、正路上の行者は、只だ黒豆の法を用いること能わざること有るのみ。臨済の道は、将に泯絶して聞くこと無からんとす。傷《いた》ましきかな（上堂。挙。松源師祖、臨示寂告衆云、久参兄弟、正路上行者、有只不能用黒豆法。臨済之道、将泯絶無聞。傷哉）」（T47-1047c）とあって、『犂耕』では、「黒豆法とは、三玄三要・五位君臣、凡そ古今の差別因縁の文字を借りて、詮顕する者なり。用うる者、之を商量し、之を拈提す。但だ正路の上に行きて、黒豆の法を用うることを得ざる者の若《ごと》きは、所謂る一味悟底の禅、善巧方便無きなり（黒豆法者、三玄三要・五位君臣、凡古今差別因縁之借文字、詮顕者也。用者商量之、拈提之也。若但正路上行、不得用黒豆法者、所謂一味悟底禅、無善巧方便也）」（禅研影印本・p.1005）とある。

○聵翁＝松源崇岳のこと。『枯崖漫録』巻中「松源岳禅師」条に「虎丘由り霊隠に遷るに、老いて聵《耳が遠い》なり。叢林、呼びて老聵翁と為す（由虎丘遷霊隠、老而聵。叢林呼為老聵翁）」（Z148-81c）とある。法系は、松源崇岳―運庵普巌―虚堂智愚と次第する。

○家業＝家の仕事といった意味もあるが、ここでは、「代々家に伝えられた学問。家学」（『中国語』p.1460）に近い。「伝来の禅風」という程の意味。時代は下るが『宗門拈古彙集』巻二八の「霊巌継起弘儲」の頌に「雪峰古仏、腹を剖《さ》きて心を露わし、従上来の家業を将《もっ》て、情を尽くして分付し了《お》われり（雪峰古仏、剖腹露心、将従上来家業、尽情分付了也）」（Z115-422d）とあるのも同様である。

〔70〕仝　楚石梵琦

日出西方夜落東、不知此語是何宗。虚空背上毛生也、会得頭頭見祖翁。

＊

仝《どう》　楚石梵琦《そせきぼんき》

日は西方に出でて夜東《ひがし》に落つ、知らず此の語は是れ何の宗ぞ。虚空の背上に毛生ぜり、会得すれば頭頭《づづ》祖翁を見る。

＊

〔先の偈と〕同じ〔く韻を合わせた偈〕　楚石梵琦《そせきぼんき》

〔普通、太陽は東から出て西に沈むものであるが、〕「日《太陽》は西方から出て夜には東に沈む」、この語《言葉》はどういった宗《奥深い意味》なのであろうか。「虚空の背中に毛が生えたぞ」、〔ここのところを〕理解できれば頭頭《どこで》でも祖翁（＝虚堂智愚）に見《あ》う〔ことができよう〕。

＊

○楚石梵琦＝〔26〕の「西斎道人梵琦」の注を参照。

○日出西方夜落東＝世間的常識である平常のことがらと真反対の表現によって、人知を超えた真理の姿を示した語。

一般的には、「日は東方に出でて夜西に落つ（日出東方夜落西）」という常識的な形がよく使われており（『雲門広録』など）、「太陽は東から出て夜になると西に沈む。宇宙万有のおのずからなる在りよう」（『禅語』p.359）といった意味に解されている。これをひっくり返したここの句は、『楚石梵琦禅師語録』巻一二に「僧、馬祖に問う、『如何なるか是れ仏』と。祖云く、『非心非仏』と（僧問馬祖、如何是仏。祖云、非心非仏）」という話に対して楚石が、「非心非仏、錯《あやま》りを将《もっ》て錯りに就く。丹青に入らずんば、如何が描邈せん。桃花は雪のごとく白く李花は紅なり、日は西方に出でて夜東《ひがし》に落つ（非心非仏、将錯就錯。不入丹青、如何描邈。桃花雪白李花紅、日出西方夜落東）」（Z124-98c）と述べた語の中にあり、また同じく『楚石梵琦禅師語録』巻一八にも「平常の一句如何が会せん、日は西方に出でて夜東に落つ（平常一句如何会、日出西方夜落東）」（Z124-136d）という形で見えている。前者については、馬祖が「即心即仏」を反転して言った「非心非仏」に対する頌なので、同様に反転して「日出東方夜落西」としたと思われる。

○虚空背上毛生也＝禅録類にそのままの用例は無いようで、似たものとして「虚空背上白毛生」という語が、『応庵曇華禅師語録』巻二に「十方世界一団の鉄、虚空の背上に白毛生ず（十方世界一団鉄、虚空背上白毛生）」（Z120-408a）、『密庵和尚語録』に「虚空背上に白毛生じ、鼻孔を拈得すれば口を失却す（虚空背上白毛生、拈得鼻孔失却口）」（T47-968c）という形で見える。『五家正宗賛助桀』「応庵曇華」条の「十方世界一団鉄、虚空背上白毛生」の部分の注には、「須《すべか》是らく此の田地に到りて始めて知るべし」（須是到此田地始知）」（禅研影印本・p.516）とある。「日出西方夜落東」と同様、常識を超えた悟りの世界のことがらを示したものであろう。「虚空背上○○○」という形の表現を用いた句としては、この他に、「虚空背上に綱宗を立つ（虚空背上立綱宗）」（『松源崇岳禅師語録』巻二・Z121-311a）、「虚空の背上に翻筋斗《とんぼ返り》す（虚空背上翻筋斗）」（『平石如砥禅師語録』・Z122-196d）、「虚空の背上に木橛を釘《くぎ》うつ（虚空背上釘木橛）」（『天如惟則禅師語録』巻四・Z122-435d）、「虚空の背上に人の行く有り（虚空背上有人行）」（Z123-376b）、「虚空の背上に鞦韆《ブランコ》を打《な》す（虚空背上打鞦韆）」（『恕中無慍禅師語録』巻三・Z123-421b）、「虚空の背上に恣《ほしいまま》に遨遊《ごうゆう》す（虚空背上恣遨遊）」（『呆庵普荘禅師語録』巻七・Z123-502d）、「虚空の背上に乾坤《天地》を立つ（虚空背上立乾坤）」（『愚庵智及禅師語録』巻九・Z124-182d）があるが、いずれも同様に人知を超えたはたらきを表現したものである。

○会得頭頭見祖翁＝「頭頭」は、「個々の事・物」（『禅学』p.639）。〔68〕と同様に、「祖翁」は虚堂智愚のことであろう。

〔71〕送中天竺吾蔵司還日本　楚石

初来大唐国、此道已円成。而況歳月多、煅煉金愈精。添不得減不得、応用恒沙有何極。莫問凡流与上賢、誰論大智并情識。西湖之水西湖山、動静不離方寸間。月在中峰夜将半、天香桂子誰能攀。亦不喚作心、亦不喚作仏。亦不喚作半満偏円※、亦不喚作照用権実。掇転船頭是故郷、龍呑不尽瑠璃碧。

※本条は、『楚石梵琦禅師語録』巻一七（Z124-127b）にも見える。「円」を「月」に作る以外に字句の異同はない。

＊

中天竺《ちゅうてんじく》の吾蔵司《ごぞうす》の日本に還《かえ》るを送る　楚石《そせき》

初めて大唐国に来たるに、此道《しどう》已《すで》に円成す、而るを況や歳月の多くして、金を煅煉《たんれん》して愈《いよ》いよ精なるをや。

添うること得ず減ずること得ず、応用すること恒沙《ごうしゃ》にして何の極まりか有らん。凡流《ぼんる》と上賢《じょうけん》とを問うこと莫《な》し、誰か大智と情識とを論ぜん。西湖《さいこ》の水、西湖の山、動静、方寸《ほうすん》の間を離れず。月は中峰《ちゅうほう》に在りて夜将に半《なか》ばならんとす、天香桂子《てんこうけいし》、誰か能く攀《よ》じん。亦た喚んで心と作《な》さず、亦た喚んで仏と作さず。亦た喚んで半満偏円と作さず、亦た喚んで照用権実《しょうゆうごんじつ》と作さず。船頭を掇転《てってん》すれば是れ故郷、龍は呑む不尽の瑠《る》璃《り》の碧。

＊

中天竺《ちゅうてんじく》〔寺《じ》〕の〔無我省《むがしょう》〕吾蔵司《ごぞうす》が、日本に還《かえ》るのを送る　楚石《そせき》〔梵琦《ぼんき》〕

〔無我省吾蔵司《むがしょうごぞうす》は〕大唐国にやって来た当初から、此道《禅の道》においてすでに〔悟って〕円満に成就していた、その上〔中国で〕長い歳月、金を鍛練してますます〔混じり気ない〕精粋なものとなったことは言うまでもない。〔もはや〕付け加えることも減らすこともできない〔無我の境地になってしまっていたのだ〕が、〔衆生の苦しみに〕応〔じての慈悲の〕用《はたらき》は恒沙《無限》であり際限などなかった。〔ここまでくると〕凡人と聖賢〔との違い〕さえ問題〔になら〕ないのだから、誰が〔仏の〕大智《偉大な智慧》と〔凡夫の〕情識《迷いの心》と〔の違い〕を問題にしようか。〔波立って動いている〕西湖の水も〔泰然として動かない〕西湖の山も、〔その〕動も静も方《ここ》寸《ろ》の中から離れていないのだ。月は〔山の〕中腹にあって夜半に差し掛かろうとしているが、天から香を漂わせてくる桂《木犀》の種〔から生えた木〕に誰がよじ登〔って悟りの心の比喩である月に至〕ることができようか。心とも呼ばず、仏とも呼ばず、半〔教〕・満〔教〕偏〔教〕・円〔教に分類される釈尊一代の教説〕とも喚ばず、〔修行者を見抜く智慧のはたらきである〕照・〔修行者を指導する行為として現れる〕用・〔方便の教えである〕権・〔真実の教えである〕実とも喚ばない。〔ただ、中国に来た時の船の〕船首を反転させ〔向きを変えて日本に戻りさえす〕れば〔そこが本来の〕故郷であるが、〔船の前には〕龍がいくら呑んでも〔呑み〕尽くせない瑠璃の〔ような〕碧〔い海が広がっている〕。

*

○送中天竺吾蔵司還日本＝「吾蔵司」は無我省吾のこと。無我省吾は、北朝の貞和四年（南朝の正平三年・一三四八）に入元し、請を受けて杭州（浙江省）の中天竺寺に住し、別に「心華室」という名の草庵を結んで坐禅に励んだという。〔79〕を参照。無我省吾が帰国したのは十年後の北朝の貞和十三年（南朝の延文三年・一三五八）のことである。

○楚石＝楚石梵琦のこと。〔26〕の「西斎道人梵琦」の注を参照。

○初来大唐国此道已円成＝無我省吾が入元した時には、すでに月堂宗規のもとで大悟して嗣法した後のことであった。〔79〕を参照。

○応用恒沙有何極＝自由自在な衆生済度のはたらき。『原人論』に「自然に応用すること恒沙、之を名づけて仏と曰《い》う（自然応用恒沙、名之曰仏）」（T45-710a）とある。

○莫問凡流与上賢＝「凡流」は凡夫と同意で凡庸な輩を指し、「上賢」はその反対の優れた才徳のある人物を指す。この両者を対比して用いた例としては、『景徳伝燈録』巻一四「薬山惟儼」条に見える石頭希遷の次の偈がある。「従来共に住するも名を知らず、任運に相将《あいひき》いて只《ただ》麽行くのみ。古《いにしえ》自《よ》り上賢すら猶お識らず、造次《いいかげんな》凡流、豈に明らむ可けんや（従来共住不知名、任運相将只麽行。自古上賢猶不識、造次凡流豈可明）」（T51-311b、禅研本⑤p.270~271）。

○誰論大智并情識＝「大智」は文字通り大いなる智慧。仏の悟りの智慧を指す。「情識」は、「情識を以て卜度し得んや（以情識卜度得麽）」（『碧巌録』第一則・頌評唱・T48-141a、第五則・本則評唱・T48-145b）などとあるように、卜度（分別して推し量ること）する迷いの心を言う。

○西湖之水西湖山＝「西湖」は、浙江省杭州にある湖。杭州城の西にあるので西湖と称される。西湖十景と呼ばれる風光明媚な景勝に富んでおり、湖上には狐山がそびえ、湖畔には、五山第二位の霊隠寺や五山第三位の浄慈寺といった大寺院がある。

○動静不離方寸間＝「動静」は、動作静止の略。日常の行住坐臥の四威儀（『禅学』p.929）。「方寸」は、心の意。元来、一寸四方の狭さをいうが、古来、胸中方寸の間に心があると信じられたことから、心のことを指す場合が多い（『漢辞海』p.647、参照）。

○天香桂子誰能攀＝「天香」は、天から発する香り。すぐれて良い香り。桂は木犀のことで、「桂子」は月の中に生えているという木犀の種子のこと。「天香桂子」という語は、禅録では『虚堂録』巻二の「恁麼則天香桂子落紛紛」（T47-1002c）があり、『犂耕』では、「『李昌谷詩集』一の注に曰く、『月桂子、今、江東の諸処、毎《つね》に四五月に衢路に于《お》いて之を得。大きさ狸豆《たぬきまめ》の如く、之を破れば辛香あり。古老相伝《あい》う、「是れ月の中より下るなり」と』と。垂拱（六八五年～六八八年）中に、天台の桂子、落つること十余日。宋の天聖（一〇二三年～一〇三二年）の中秋に、餘《杭》杭《州》の霊隠寺に桂子落ち、其の繁きこと雨の如し。〔白〕楽天の詩に、『遥かに想う、吾が師の行道の処。天香桂子落つること紛紛たり』（『集註分類東坡先生詩』巻二「天竺寺并引」所引の「楽天親書詩」、四部叢刊本・22b）と。僧式分、之を林下に種ゆ。後に移して白猿峰に植ゆ。遂に回軒亭を改めて月桂亭と為す」（李昌谷詩集一注曰、月桂子、今江東諸処、毎四五月于衢路得之。大如狸豆、破之辛香。古老相伝、是月中下也。垂拱中、天台桂子、落十余日、宋天聖中秋、餘杭霊隠寺桂子落其繁如雨。楽天詩、遥想吾師行道処、天香桂子落紛紛。僧式分種之林下、後移植白猿峰、遂改回軒亭為月桂亭）」（禅研影印本・p.298）とある。なお「天香桂子」の「天香」を、『錦繡万花谷』前集巻一（四庫全書本・11b）などは「天台」に作っている。

○半満偏円＝「半満」は「不完全なものと完全なもの」（『中村』p.1114）、「偏円」は、「一つの極端に偏したものと一切が完成したものとをいう。教理の勝劣を判定する基準。あるいは大・小二乗にあてはめ、あるいは大乗のうちの権教と実教とにあてはめる」（同上・p.1210）とある。また「半満権実」条には、「釈尊一代の教えを、半字教・満字教と権教と実教に分けた呼び名」（同上・p.1114）とある。「半字教」は「小乗」のことを、「満字教」は「大乗」のことを指す。ここも、その意味。

○照用権実＝「照用」は、「照は、てらす、鑑みる、の意で、修行者を見抜く智慧のはたらき。用は、はたらきで、修行者を指導する行為として現れるもの」（『中村』p.725）。「権実」は、「かりのものとほんとうのもの、の意。かりの教えと真実の教え。方便の法と真実の法。一時的に方便としてかりに説いた教えを権といい、永久に変わることのない究極的なまことの理法を実という」（同上・p.433）、

○掇転船頭＝船首をぐるりと回転する。「掇転」は「ぐるりと回す（掉転）」（『漢語』第六冊・p.732）の意。『高峰原妙禅師語録』巻上に「若し此の事を論ずれば、正に逆水に船を撑《ささ》うるが如し。一篙《さお》上り得れば、十篙《さお》退去し、十篙《さお》上り得れば、千篙《さお》退去す。愈《いよ》いよ撑うれば愈いよ退き、退けば又た退く。直饒《たと》い退きて大洋の海底に到れども、船頭を掇転し、決《かなら》ず又た彼の中に向《お》いて撑え上らんと要せんと欲す。若し遮般の操志を具うれば、即ち是れ到家の消息なり。人の山に上るが如し、各自努力せよ（若論此事、正如逆水撑船。上得一篙、退去十篙、上得十篙、退去千篙。愈撑愈退、退之又退。直饒退到大洋海底、掇転船頭、決欲又要向彼中撑上。若具遮般操志、即是到家消息。如人上山、各自努力）」（Z122-336c）とある。

○龍呑不尽瑠璃碧＝海に住む龍も飲み尽くせないほどの青々とした水。「呑不尽」という表現だけに注目するなら、龍と金翅鳥との関係で述べられた次の『白雲守端禅師広録』巻一の一段がある。「施主、法衣を捨《喜捨》す。上堂して云く、『龍、一縷を披《き》れば、〔龍を餌としている〕金翅〔鳥〕も〔龍を〕呑〔み込〕まず。当時、若し一口に呑み尽くさば、豈に天下太平ならずや。且く道《い》え、那箇か是れ呑み尽くさざる底』と。遂に法衣の角を拈起し、衆に示して云く、『者箇は豈に是れ呑み尽くさざる底ならずや。還《は》た見るや』と。良久して云く、『等閑に掛在す肩頭上、也《ま》た時人《今時の人》の

錦衣を著《き》るに勝れり』と。」（施主捨法衣。上堂云、龍拔一縷、金翅不呑。当時若一口呑尽、豈不天下太平。且道那箇是呑不尽底。遂拈起法衣角、示衆云、者箇豈不是呑不尽底。還見麼。良久云、等閑掛在肩頭上、也勝時人著錦衣。）」（Z120-208a）

〔72〕送吾長老帰日本　季潭宗泐

大坐牛頭啓祖関、真燈照世古風還。一庵高臥夜堂寂、百鳥不来春昼閑。白下正提新鉗斧、日東猶憶旧家山。鉄船打就渾閑事、満載清風不可攀。

※本条は『隣交徴書』にも収められている。末尾に「○石城遺宝」の五字あり。

＊

吾長老《ごちょうろう》の日本に帰るを送る　季潭宗泐《きたんそうろく》

牛頭《ごず》に大坐して祖関を啓《ひら》き、真燈、世《よ》を照らして古風還る。一庵高臥して夜堂寂《しず》かに、百鳥来たらず春昼閑《しず》かなり。白下《はくか》正に提《ひっさ》ぐ新鉗斧《しんとっぷ》、日東猶お憶《おも》う旧家山《きゅうかざん》。鉄船打就《だしゅう》するも渾《すべ》て閑事《かんじ》、満載の清風、攀《よ》ず可《べ》からず。

＊

〔無我省《むがしょう》〕吾《ご》長老が日本に帰るのを送る　季潭宗泐《きたんそうろく》

〔無我省吾は〕牛頭《ごず》〔山《ざん》〕にどっしり坐って祖〔師の〕関〔門〕を啓《ひら》き、真〔実の法《ほう》〕燈《とう》で世間を照らして古《いにしえ》〔の禅〕風を還《よみがえ》らせた。〔彼は〕一つの庵に高臥《隠棲》していたが、〔その〕お堂は夜には静寂〔に包まれていたし〕、〔境涯が進んで悟りさえ捨て去って〕百鳥《たくさんの鳥》も〔賛嘆するための花を献じに〕やって来なくなり、春の日中は閑《しず》か〔なもの〕であった。〔牛頭山がある〕白下《南京》で新しく刃の鈍い斧（＝仏法）を引っ提げ〔て修行者を接化していたが〕、日本で昔〔住んで〕いた家山《故郷》をやはり忘れられなかったのである。〔悟ったら水に浮くという〕鉄の船を作ることなど〔悟りきった無我には〕まったくの無駄事だし、〔帆に〕満載の清風〔を受けて、残念だがもはや〕引き止めることなどできはしないのであろう。

＊

○送吾長老帰日本＝この偈は、無我省吾が妙楽寺を開いた後、元に渡って諸師に参じ、延文二年（一三五七）いったん帰朝するに際して季潭宗泐から送られた贐の偈である。

○季潭宗泐＝一三一八年生～一三九一年没。別号は全室。台州（浙江省）の人。笑隠大訢の法嗣。洪武元年（一三六八）に杭州の中天竺寺、洪武四年に径山、翌年には金陵の天界寺と大刹を歴住し禅門の最高位に登った。洪武十年には詔勅を受けて『心経』『金剛経』『楞伽経』の箋釈を行い、同年、勅命により逸経収集のため三十人の弟子を引き連れて西域に向かい、『荘厳宝王文殊』などの経典を得て五年後に帰国する。帰国直後の洪武十五年、僧録司が設置されると、右街善世を授けられるが、後に胡惟庸の乱に連座し、刑死は免れたものの散僧となる。洪武二十四年九月十日寂。世寿七十四。著述として、『全室稿』一巻（京都大学図書館所蔵）・『全室和尚語録』三巻（京都大学図書館所蔵）・『全室集』八巻補一巻（静嘉堂文庫所蔵）・『全室外集』二巻（内閣文庫所蔵）・『全室外集』九巻『続集』一巻（四庫全書所収）・『楞伽阿跋陀羅宝経註解』四巻（C二〇）・『般若波羅蜜多心経註解』一巻（C二〇）・『金剛般若波羅蜜経註解』一巻（C二〇）がある。その伝は、『補続高僧伝』巻一四（Z134-126a）・『南宋元明禅林僧宝伝』巻一三（Z137-370b）・『五燈会元続略』巻二（Z138-462d）・『増集続伝燈録』巻五（Z142-30c）・『続燈存稿』巻六（Z145-71d）などに見える。また『禅学』（p.759）参照。

○牛頭＝江蘇省江寧府江寧県（元朝では江浙行章集慶路）の南にある、別名、牛首山・天闕山・僊窟山・双峰の破頭山とも呼ばれる。二峰が相対峙してそびえており、その形が牛頭の双立に似ているところから名づけられた。山中に牛頭法融所住の弘覚寺（一名、崇教寺・仏窟寺）がある（『禅学』p.347）。無我省吾は牛頭山に住していた。

○真燈照世古風還＝「真燈照世」は、真理のともしび。『禅宗雑毒海』巻一に「昼に三更を打して睡虎嘯《ほ》え、真燈世《よ》を照らして磬雲開く（昼打三更睡虎嘯、真燈照世磬雲開）」（Z114-59a）という清朝・天笠行珍の偈を載せるが、さらに『列祖提綱録』巻二五に「正法眼蔵、古に亘り今に亘り、般若の真燈、天を照らし地を照らす（正法眼蔵亘古亘今、般若真燈照天照地）」（Z112-289d）とあるのが参考となる。「古風還」は、昔の風儀が甦って元に戻ること。『明覚禅師語録』巻六の「和曾推官示嘉遁之什」に「少微（＝古代の星官）星出でて古風還り、匝地の声光、関を掩わず（少微星出古風還、匝地声光不掩関）」（T47-708a）とある。

○高臥＝隠居、隠棲（『漢語』第一二冊・p.937）。

○百鳥不来春昼閑＝悟りを開いた立派な人には多くの鳥が花を銜えて献上するとされるが、さらに悟りの痕跡も無い状況になれば鳥さえ来なくなるということ。『法演禅師語録』巻上「太平語録」の上堂に、「僧問う、『牛頭、未だ四祖に見えざる時、如何』と。師云く、『頭上に累垂《鈴なりの果実》を戴《いただ》く』と。学云く、『見えて後は如何』と。師云く、『青布《粗末な衣服》、前を遮る』と。学云く、『未だ四祖に見えざる時、什麼《なん》と為《し》てか百鳥花を銜《くわ》えて献ず』と。師云く、『富と貴は是れ人の欲する所なればなり』と。学云く、『見えて後、什麼《なん》と為《し》てか百鳥、花を銜えて献ぜざる』と。師云く、『貧と賤は是れ人の悪《にく》む所なればなり』と（僧問、牛頭未見四祖時如何。師云、頭上戴纍垂。学云、見後如何。師云、青布遮前。学云、未見四祖時、為什麼百鳥銜花献。師云、富与貴是人之所欲。学云、見後、為什麼百鳥不銜花献。師云、貧与賤是人之所悪）」（T47-652b）とある。牛頭法融（五九四～六五七）が四祖道信（五八〇～六五一）と見えた時の因縁にもとづいた句である。

◯白下＝南京のこと。古地名で、今の江蘇省南京市の西北。唐代に金陵からここに移り、白下県と名付けられた。後に南京の別称となる（『漢語』第八冊・p.165）。

◯鈯斧＝切れ味の鈍い斧。『祖庭事苑』巻一「鈯斧」条に「鈍なり（鈍也）」（Z113-11c）とある。また『禅語字彙』の「鈯斧」条には、「鈯は地より掘り出したの義。錆び腐った斧也。無用に喩う〔希叟三〕。また鈯は木を削る小刀、斧は木を荒切りにする斧の意にて、融通自在なる般若の智剣に喩う〔会元五〕」（p.94）と解している。前者の「希叟三」とは、『希叟紹曇禅師語録』巻一の「鈯斧埋蔵歳月深」（Z122-399b）に拠ったもの、後者の「会元五」とは、『五燈会元』巻五「吉州青原山静居寺行思禅師」条の「〔師（青原行思）云く、〕『吾れに箇の鈯斧子有り、汝に与えて住山せしめん』と。……〔石頭希遷云く、〕『去日、和尚の箇の鈯斧子を許すを蒙る。祇今《いま》便ち請う』と。師、一足を垂れ、遷、便ち礼拝す（吾有箇鈯斧子、与汝住山。……去日蒙和尚許箇鈯斧子。祇今便請。師垂一足、遷便礼拝）」（Z138-81a~b）とあるのに拠ったもの。しかし、同じ箇所の『祖堂集』巻第四「石頭和尚」条では「鈯斧」を「大斧」に作っている（中文出版本・p.75）。石頭条のこの場面は、大切な嗣法の因縁であり、「鈯斧」「大斧」は仏法、あるいは大法のことである。よって『禅語字彙』の解釈は誤りであろう。

◯日東＝日本のこと（『大漢和』巻五・p.731）。「円通大応国師塔銘」に「虚堂の伝を得て日東に在る者は、建長禅寺の円通大応国師なり（得虚堂之伝而在日東者、建長禅寺円通大応国師也）」（『大応国師語録』所収、T80-127a）とある。

◯旧家山＝「家山」は故郷の山、もしくは故郷の意（『漢辞海』p.392）。「旧家山」で、昔住んでいた故郷という意味になる。

◯鉄船打就渾閑事＝わざわざ鉄の船を作るのは全くの無駄ごと。「閑事」は、余計なこと（『中国語』p.3346）。「鉄船」は、水に浮かない船、もしくは堅固な船のこと。禅録の中には「鉄船」を使った用例が多いが、ここでは龐居士の

「会得箇中意、鉄船水上浮（ここのところが分かったならば、鉄の船でも水に浮くだろう）」（『五燈会元』巻三・Z138-60d、入矢訳注本・p.189）を念頭に置いたものであろう。なお、「鉄船打就」の用例としては、『了庵清欲禅師語録』巻六「送天童覚蔵主」の「明朝話別帰魯松、鉄船打就成忽忽」（Z123-357d）や『恕中無慍禅師語録』巻五「送渭侍者省師叔印宗就問訊」の「鉄船打就已多時、帰颿好趂東風熟」（Z123-431c）があり、前後が入れ替わった「打就鉄船」の形としては『雪峰空和尚外集』「送光侍者充街坊」の「我是謝郎光早帰、打就鉄船相触撥」（D50-44b）がある。

○満載清風不可攀＝「攀」は、ここでは「攀恋（名残惜しんで引き止める）」（『中国語』p.2273）の意。

〔73〕用無我禅師山居韻　五首　楚石梵琦

*

無我禅師「山居」の韻を用う　五首　楚石梵琦《そせきぼんき》

*

無我〔省〕吾禅師の「山居」の韻を用いた〔詩〕　五首　楚石梵琦《そせきぼんき》

①　其一

寒暑天辺雁、陰晴屋上鳩。随縁終不変、転処実能幽。山院思風穴、柴床憶趙州。何言僧莽鹵、一喚解廻頭。

*

其の一

寒暑天辺の雁《かり》、陰晴屋上の鳩《はと》。縁に随えども終《つい》に変ぜず、転処実《てんじょじつ》に能く幽なり。山院に風穴《ふけつ》を思い、柴《さい》床《しょう》に趙州《じょうしゅう》を憶う。何ぞ言わん僧莽鹵《もうろ》なりと、一たび喚べば頭《こうべ》を廻《めぐ》らすことを解《よ》くす。

＊

その一

寒〔い時も〕暑〔い時も〕天空《そら》に〔飛んで〕いる雁《かり》、陰《くもり》〔の日も〕晴〔の日も〕屋根の上に〔ずっと〕いる鳩。〔彼らは周りの〕縁《状況》に随いながらも〔その行いは〕ずっと変わらず、〔むしろ縁《状況》に従って〕転変しているところが実に幽《奥深》い〔真理そのものである〕。山院《山寺》では風穴《ふけつ》〔延沼《えんしょう》〕のことを思い、柴床《粗末なイス》〔に坐って〕は趙州《じょうしゅう》〔従諗《じゅうしん》〕を思い出す。〔その場その場で祖師を思い出すからと言って〕どうして〔山居している〕僧《わたし》のことをいい加減だと言うのか、一声喚《よ》べば〔ちゃんと〕廻頭《振り返る》ことができるではないか。

＊

○無我禅師山居韻＝未詳。

○楚石梵琦＝〔26〕の「西斎道人梵琦」の注を参照。

○随縁終不変＝「随縁不変」とは、『大明三蔵法数』巻一〇に「縁に随いて変わらざるとは、即ち真如の理、染浄の縁に随いて諸法に変造するも、而も其の本体は則ち変易せざるなり（随縁不変者、即真如之理、随染浄縁変造諸法、而其本体則不変易也）」（P181-769b）とあるように、真如の理は、染浄の縁に随って諸法《様々な物事》に変造《形を変える》ものの、その本体は変易《変化》することがないこと。この「随縁不変」は反対の「不変随縁」とセットで用いられて仏法の不思議さを示す。例えば『宗鏡録』巻五に、「今、不染にして染を以てすれば、則ち不変にして随縁なり。染にして不染なれば、則ち随縁にして不変なり。実に有無を以て思う可からず、亦た真妄の為に惑わさる可からず。斯《こ》れ乃ち不思議の宗趣にして、情識の知る所に非ざるなり（今以不染而染、則不変随縁。染而不染、則随縁不変。実不可以有無思、亦不可為真妄惑。斯乃不思議之宗趣、非情識之所知）」（T48-440b）とある。

○転処実能幽＝第二十二祖摩拏羅尊者が第二十三祖の鶴勒那に対して説いた偈の言葉。鶴勒那は月氏国で鶴の群れを教導していたとされる。この偈で「雁」や「鳩」が出てくるのも、これと関係していよう。『景徳伝燈録』巻二「第二十二祖摩拏羅者」条に、「心は万境に随って転じ、転処実に能く幽なり。流に随って性を認得すれば、喜びも無く復た憂いも無し（心随万境転、転処実能幽。随流認得性、無喜復無憂）」（T51-214a）とある。

○山院思風穴＝「山院」は山寺のこと（『大漢和』巻四・p.183）。「風穴」は風穴延沼（八九六～九七三）のこと。風穴という名は汝州（河南省）風穴山に由来する。『風穴禅師語録』に拠れば、「〔風穴禅師は〕後唐の長興二年（九三一）、雲遊して汝水（河南省）に至り、草屋数椽、山に依ること、逃亡人の家の如きを見る。田父《農夫》に問う、『此れ何の所ぞ』と。田父云く、『古の風穴寺なり。世《代々》、律を以て居す。僧物故《亡くなる》し、又た歳饑うれば、衆、之を棄てて去り、仏像・皷鐘を余すのみ』と。師曰く、『我、之に居して可ならんか』と。田父云く、『可なり』と。師乃ち入りて留止し、昼は村落に乞《托鉢》し、夜は松脂《まつやに》を燃やす。単丁《一人きり》なること七年、檀信、為に之を新たにし、叢林と成る（後唐長興二年、雲遊至汝水、見草屋数椽、依山如逃亡人家。問田父、此何所。田父云、古風穴寺。世以律居。僧物故、又歳饑、衆棄之而去、余仏像皷鐘耳。師曰、我居之可乎。田父云、可。師乃入留止、昼乞村落、夜燃松脂。単丁者七年、檀信為新之、成叢林）」（『古尊宿語録』巻七・Z118-121c）とある。また『祖庭事苑』巻六に拠れば、「風穴は汝州に在り。〔延〕昭禅師、焉《ここ》に居し、処に因りて名を得たり。其の穴、夏は則ち風出で、寒は則ち風入る（風穴在汝州。昭禅師居焉。因処得名。其穴、夏則風出、寒則風入）」（Z113-76b）と言う。

○柴床憶趙州＝「趙州」は趙州従諗（七七八～八九七）のこと。「柴床（柴牀）」は、『天目中峰広録』巻二四「送明然上人居山序」に「水辺に山有り、以て茅廬を縛す可《べ》し。山中に屋有り、以て幻軀を蔵す可し。屋下に柴牀有り、以て双趺を結ぶ可し（水辺有山、可以縛茅廬。山中有屋、可以蔵幻軀。屋下有柴牀、可以結双趺）」（B25-932b）とあるように、坐禅をするための禅牀のこと。「柴」は、粗末で飾り気がないさまを示す（『漢辞海』p.712）。『趙州録』に「柴床（柴牀）」という語は見えず、典拠未詳であるが、「禅床」については、『趙州録』巻下に「老僧が者裏《ここ》は、下等の人来たらば、三門を出でて接し、中等の人来たらば、禅床を下りて接し、上等の人来たらば、禅床上に接す（老僧者裏、下等人来、出三門接、中等人来、下禅床接、上等人来、禅床上接）」（Z118-163d、秋月訳注本・p.342）という一段があり、「床」については巻中に「問う、『如何なるか是れ祖師西来意』と。師云く、『床脚是《こ》れなり』と（問、如何是祖師西来意。師云、床脚是）」（Z118-160b、筑摩本・p.213）という問答がある。

○莽鹵＝がさつ。おおまか（『禅語』「莽鹵」条・p.449、「鹵莽」条・p.483）。

○一喚解廻頭＝廻頭（迴頭・回頭）は、「黄蘗、頭を廻らして師《臨済》の空手《何も持たない》を見る（黄蘗廻頭見師空手）」（『景徳伝燈録』巻一二「臨済義玄」条・T52-290b、禅研本③p.337）などのように、もともと「振り返る」の意。禅録では転じて次の様に廻向返照の意味に用いられる場合がある。「上堂、挙す、越州の大珠和尚、昔日、馬祖に参見するに、祖問う、『爾《なんじ》来たりて什麼《なに》をか作《な》す』と。珠云く、『来たりて仏法を求む』と。祖云く、『爾《なんじ》、什麼《なん》と為《し》てか、家を抛ち業を失す。何ぞ頭を廻らして自家の宝蔵を認取せざる』と。珠云く、『如何なるか是れ自家の宝蔵』と。祖云く、『祇《た》だ如今《いま》問う者是れなり。爾《なんじ》若し頭を廻らせば、一切具足し、受用し尽くさず、更《まった》く欠少《欠ける》無からん』と。珠、是《ここ》に於いて求心頓に息み、大道場に坐《住持》す。師（＝黄龍慧南）云く、『汝等諸人、各おの自家の宝蔵有り。什麼《なん》と為《し》てか其の用を得ざる。祇だ頭を廻らさざるが為なり』と。禅床を撃して、下座す（上堂、挙、越州大珠和尚、昔日参見馬祖。祖問、爾来作什麼。珠云、来求仏法。祖云、爾為什麼、抛家失業。何不廻頭認取自家宝蔵。珠云、如何是自家宝蔵。祖云、祇如今問者是。爾

若迴頭、一切具足、受用不尽、更無欠少。珠於是求心頓息。坐大道場。師云、汝等諸人、各有自家宝蔵。為什麼不得其用。祇為不迴頭。撃禅床、下座）」（『黄龍慧南禅師語録』T47-634a）。

② 其二

深山饒白石、古路絶紅塵。谷鳥千般語、林華一様春。誰知庵外事、且寄夢中身。的的無玄旨、明明不死神。

＊

其の二

深山《しんざん》、白石《びゃくせき》饒《ゆた》かにして、古路《ころ》、紅塵《こうじん》を絶す。谷鳥《こくちょう》千般《せんぱん》の語、林華《りんか》一様の春。誰か知らん庵外の事《じ》、且《しばら》く寄す夢中の身。的的たり玄旨無し、明明たり不死の神。

＊

その二

深山は〔清らかな〕白い石であふれ、古い路には〔人通りはなく〕車馬の巻き上げる砂煙は絶えている。谷の鳥は様々な語《鳴き声》〔で話し〕、〔庭の〕林の華が〔鮮やかに咲く〕一様の春。〔静かに暮らしている〕庵《いおり》の外のことを誰が知っていようか、夢の中に〔あるような幻の〕身をひとまず〔庵の中に〕寄せている〔に過ぎない〕。〔ここには〕的的《明らか》に玄旨《奥深い真理》など無い、〔あるのは〕明明〔白白〕とした不死の神《仏性》〔だけ〕である。

＊

○紅塵＝車馬の巻き上げる塵（『漢語』第九冊・p.714）。仏教では俗塵のニュアンスを含むが、「紅塵鬧市」（『密庵和尚語録』T47-967b）という語があるように、雑踏の中に舞う塵を指す場合や、「庭前の残雪、日輪消す、室内の紅塵、誰をして掃かしめんや（庭前残雪日輪消、室内紅塵遣誰掃）」（『従容庵録』第三一則・本則著語・T48-248b）とあるように、室内のゴミを指す場合もある。
○千般＝多種多様（『漢語』第一冊・p.843）。
○林華＝仏典に見える「園林華果」（例えば『華厳経』巻二八・T9-584a）の略語であろう。庭園の林に咲く華。
○誰知庵外事＝『聯燈会要』巻二三「越州乾峰和尚」条に「雲門、衆を出でて云く、『庵内の人、甚麼《なん》と為《し》てか庵外の事を知らざる』と（雲門出衆云、庵内人為甚麼不知庵外事）」（Z136-404a）とあるのに拠る。下の「明明不死神」との繋がりから見るならば、『景徳伝燈録』巻三〇「石頭和尚草庵歌」の「庵中不死の人を識らんと欲せば、豈に而今《いま》の遮《こ》の皮袋《肉体》を離れんや（欲識庵中不死人、豈離而今遮皮袋）」（T51-461c）を念頭に置いた語であろう。
○的的＝はっきり明らかなさま（『中国語』p.693）。

③　其三
歳有新和旧、心無疾与遅。若教存一念、何止落三祇。野蝶迎秋化、山蟬向晩嘶。漂流生死海、只為求多知。

＊

其の三
歳に新と旧と有り、心に疾と遅と無し。若し一念を存せしめば、何ぞ止《た》だに三祇《さんぎ》に落つるのみならんや。野蝶《やちょう》、秋を迎えて化し、山蟬《さんぜん》、晩に向かいて嘶《うた》う。生死《しょうじ》の海に漂流するは、只だ多知を求むるが為なるのみ。

＊

その三

歳には新〔しい歳〕と旧〔い歳〕とが有るが、心には疾《はや》〔い悟り〕と遅〔い悟り〕など無い。もし〔ここのところで〕一念〔の迷い〕を残したならば、どうして〔修行すべき〕三祇《無限の年月》〔の輪廻〕に落ちこむだけですむだろうか。野原の蝶は秋を迎えて〔さなぎから孵《ふ》〕化《か》し、山《やま》翡翠《ひすい》は夕方に嘶《な》いている〔が、そこに仏法が顕現しており、あれこれ考える必要はないのだ〕。生死の海に漂流〔して輪廻〕するのは、〔必要ない〕多くの知識を求めるからに他ならない。

＊

○何止落三祇＝「三祇」は、三大阿僧祇劫の略で、「無数時」（『大明三蔵法数』巻二二・P182-319a）と訳されるように無限の時間を指す。『法苑珠林』巻六九に「三阿僧祇劫に於いて六波羅蜜を行じ、十地具足して仏と作《な》ることを得《う》（於三阿僧祇劫行六波羅蜜、十地具足得作仏）」（T53-813a）とあるように、菩薩が十信・十住・十行・十廻向・十地の五十位（もしくは等覚・妙覚を加えた五十二位）を修行して成仏するまでの時間。

○野蝶迎秋化＝チョウの孵化する時期は、春から夏を経て秋にかけてであるが、秋のチョウとしてはキタテハなどがあり、越冬する種類もある。

○山蟬向晩嘶＝「山蟬」はカワセミ科の鳥名で山翡翠のこと。「向晩」は、日暮れ・夕方（『漢語』第三冊・p.139）。

④　其四

人人高大覚、法法尽円通。放去毛吞海、拈来杖化龍。幻形含土石、真性混麻蓬。摠是閑言語、茶薌日正紅。

其の四

＊

人人高大の覚、法法尽く円通。放ち去れば毛は海を呑み、拈じ来たれば杖は龍と化す。幻形、土石を含み、真性《しんしょう》、麻蓬《あさよもぎ》に混ず。摠《すべ》て是れ閑言語《かんげんご》、茶薌《かおり》して日正《ひまさ》に紅なり。

その四

＊

人々の〔具えている〕高大なる覚《さと》〔りの真性《しんしょう》〕は、法《存在》するものすべてに円通《行き渡っ》ている。〔自由に〕放てば〔ひとすじの〕毛が大海を呑み込み、つまみ上げれば拄杖《つえ》が龍となってしまう。幻の〔姿である〕形《肉体》は〔真性と別物ではないものの〕土や石で構成されているし、真性は〔まっすぐに伸びる〕麻《あさ》にも〔曲がりやすい〕蓬《よもぎ》にも混入して〔存在して〕いる。〔とはいえ、これらは〕すべて空疎な言葉である。お茶の良い薫りがして日《朝日》がまさに紅《真っ赤》だ。

＊

○放去毛吞巨海＝『臨済録』に「師問う、『毛、巨海を呑み、芥、須弥を納る」と。為是《はた》神通妙用なるか、本体如然なるか（師問、毛吞巨海、芥納須弥。為是神通妙用、本体如然）」（T47-503b）とある。『維摩経』巻中「不思議品」に「又た四大海の水を以て一毛孔に入れて、魚・鼈・黿・鼉の水性の属を嬈《なや》まさず、而も彼の大海の本相は故《もと》の如し。諸もろの龍・鬼神・阿修羅等、已《おのれ》の入る所を覚らず知らず、此の衆生に於いて、亦た嬈《なや》ます所無し（又以四大海水入一毛孔、不嬈魚・鼈・黿・鼉水性之属。而彼大海本相如故。諸龍・鬼神・阿修羅等、不覚不知己之所入、於此衆生亦無所嬈）」（T14-546b~c）とあるのにもとづく。

○拈来杖化龍＝『松源崇岳禅師語録』巻下に「京師に大黄を出だし、賊を見れば便ち贓《盗品》を見る。竹杖、龍と化し去り、癡人、夜塘に戽《汲み入れ》す（京師出大黄、見賊便見贓。竹杖化龍去、癡人戽夜塘）」（Z121-104a）とある。この句は元来、『後漢書』「列伝」巻七二下「費長房伝」に、「市中に老翁の薬を売る有り。……長房遂に道を求めんと欲す。……長房辞して帰らんとするに、翁、一の竹杖を与えて曰く、『此れに騎《の》りて之《ゆ》く所に任せば、則ち自《おのずか》ら至らん。既に至らば、杖を以て葛陂《かっぱ》の中に投ず可し』と。又た一の符を作りて曰く、『此れを以て地上の鬼神を主《つかさど》れ』と。長房、杖に乗りて、須臾《しゅゆ》にして来帰す。自ら、家を去りて適《た》だ旬日《十日》を経るのみと謂《おも》うも、已に十余年なり。即ち杖を以て陂に投ず。顧視すれば則ち龍なり（市中有老翁売薬。……長房遂欲求道。……長房辞帰、翁与一竹杖曰、『騎此任所之、則自至矣。既至、可以杖投葛陂中也』。又為作一符曰、『以此主地上鬼神』。長房乗杖、須臾来帰。自謂去家適経旬日、而已十余年矣。即以杖投陂。顧視則龍也』）」（中華書局校点本・p.2744）とあるのにもとづく。

○幻形＝幻の形（『漢語』第四冊・p.428）。幻質とも。具体的には自らの身体・肉体を指す。例えば『万善同帰集』巻中に、「身は虚仮にして、衆患の纏う所なりと雖も、然れども此の幻形に因りて、能く道果を成ず（身雖虚仮、衆患所纏、然因此幻形、能成道果）」（T48-972c）とある。

○真性混麻蓬＝真っ直ぐに生える麻と曲がって生える蓬。麻と蓬とを対比した文章としては、『荀子』「勧学篇」の「蓬も麻中に生ずれば扶けずして直し（蓬生麻中、不扶而直）」（岩波文庫本㊤p.11）がある。

○荼薌日正紅＝「薌」は「香」と音通。「日正紅」の「日」は朝日を示すことが多い。例えば『鴛湖用禅師語録』巻下「示子苻居士参天童」に「天曉、篷を推せば日正に紅なり（天曉推篷日正紅）」（J27-385c）や『五燈全書』巻九七

「江西黄檗徹翁昭禅師」条の「東方日正に紅なり（東方日正紅）」（Z141-461b）がある。

⑤　其五

逢人即不出合掌、太僧生、狗子無仏性。波稜好煮羹。雲屯天必雨、日出晩還晴。兀兀林間坐、従他歳序更。

＊

其の五

人に逢いては即ち出でずして合掌す、太僧生《たいそうせい》、狗子《くし》に仏性無し。波稜《はりょう》好し煮羹《しゃこう》するに。雲屯《たむろ》して天必ず雨ふり、日出でて晩還って晴る。兀兀《ごつごつ》として林間に坐し、他《か》の歳序の更《あらた》まるに従《まか》す。

＊

その五

人に会ったら〔庵の外には〕出て行かずに合掌をする。ひどく坊主くさいものだ、「狗子無仏性《くしむぶっしょう》」〔の話頭で工夫にふける姿は〕。〔そんなことより〕波稜《ホウレンソウ》は吸物にするのに向いている。雲が集まれば天《そら》から必ず雨が降るが、日が出て晩にはまた晴れる〔当たり前の日々だ〕。兀兀《じっ》と〔世俗から離れた〕林の中で坐り、歳序《とし》が改まるのに任せている〔だけのことだ〕。

＊

○太僧生狗子無仏性＝「太……生」で、はなはだ……だ。『生』は語助（『禅語』p.285）。『景徳伝燈録』巻八「池州南泉普願禅師」条に、「僧有り問訊叉手して立つ。師云く、『太俗生』と。其の僧便ち合掌す。師云く、『太僧生』と。僧、対《こた》うる無し（有僧問訊叉手而立。師云、太俗生。其僧便合掌。師云、太僧生。僧無対）」（T51-258a、禅研本③p.122）とあるのを踏まえる。「太俗生」は、ひどく俗人っぽいという意味で、それに対して「太僧生」は、ひどく坊主くさいという意味。禅研本（③p.122）参照。「狗子無仏性」は、『無門関』第一則に代表される話頭のこと。

○波薐好煮羹＝「羹」は、あつもの。五味を和した吸物。また、肉に菜を和えた吸物（『大漢和』巻九・p.93）。『聯燈会要』巻二七「沕潭霊澄散聖」条に、「〔知門〕寛、一日又た問う、『到来して数日、且く喜ぶらくは安楽なり』と。師云く、『菠薐は煑羹するに好し』と。寛云く、『你、這箇の去就を作すや』と。師云く、『王の字に点を著けず』と。寛、掌を拊《う》ちて大笑す（寛一日又問、到来数日、且喜安楽。師云、菠薐好煑羹。寛云、你作這箇去就那。師云、王字不著点。寛拊掌大笑）」（Z136-441a）とある。「菠薐」はホウレンソウのこと。

○雲屯天必雨＝「雲屯」の「屯」は、『祖庭事苑』巻七に「徒渾《とこん》の切《半切》（つまり「とん」という発音）。聚《あつ》まるなり（徒渾切。聚也）」（Z113-99c）とある。雲が集まれば雨が降る。

○兀兀林間坐＝「兀兀」は、ここでは静止しているさま（『漢辞海』p.128）。『潙山警策』の「等閑《なおざり》に日を過ごす可からず、兀兀として時を度せ（不可等閑過日、兀兀度時）」の注に、「兀兀は是れ不動の貌なり」（『潙山警策句釈記』巻下・Z111-172d）とある。「林間」は、はやしのあいだ。世俗の雑踏を離れたところ（『禅学』p.1291）。

○従他歳序更＝「従他」は、「他の……するに従《まか》す」「従《たと》い他《かれ》……すとも」、または「従他」の二字で「たとい」と読む。従来「さもあらばあれ」と読んでいるのは正しくない（『禅語』p.203）。

〔74〕無方応禅師、住筑州旌忠顕孝禅寺山門疏　絶海中津

海上名藍有如珠宮貝闕、関西人物亦猶麟角鳳毛。適得宗門之勝流、当復法席之全盛。某　堂堂儀表、落落襟期。南遊二十年、焼宝薌入水晶宮殿。東帰幾万里、把長竿払珊瑚樹枝。輔教志慕仲霊、説法神交寂子。天源一滴、霈法雨於九垓、虚堂三伝、耿真燈於五濁。矧忠孝之道並顕、而人境之奇有加。龍闘虎争故国山川、如昔鼉鳴鯨吼、叢林礼楽維新。力扶墜地之宗綱、丕衍斉天之叡算。

※同じ文章が〔149〕条に「無方住顕孝山門疏」という題目で重出している。文章は全同だが、〔149〕条には三十六字の後跋が付されているので、併せて参照されたい。

*

無方応禅師《むほうおうぜんじ》、筑州旌忠顕孝禅寺《ちくしゅうせいちゅうけんこうぜんじ》に住す山門の疏《しょ》　絶海中津《ぜっかいちゅうしん》

海上の名藍《めいらん》に珠宮貝闕《しゅきゅうばいけつ》の如くなる有り、関西の人物も亦た猶お麟角鳳毛《りんかくほうもう》のごとし。適《まさ》に宗門の勝流《しょうりゅう》を得たり、当《まさ》に法席の全盛を復すべし。某は、堂堂たる儀表《ぎひょう》にして、落落たる襟期《きんき》なり。南遊すること二十年、宝薌《ほうきょう》を焼《た》きて水晶の宮殿に入る。東帰幾《いく》万里、長竿を把《と》りて珊瑚樹枝《さんごじゅし》を払う。輔教《ほきょう》の志は仲霊《ちゅうれい》を慕い、説法の神は寂子《じゃくし》に交わる。天源の一滴、法雨を九垓《きゅうがい》に霈《そそ》ぎ、虚堂《きどう》の三伝、真燈を五濁《ごじょく》に耿《かがや》かす。矧《いわん》や忠孝の道並《すべ》て顕《あき》らかにして、人境の奇加《くわ》うること有るをや。龍闘い虎争う故国の山川、昔の如く鼉《た》鳴《な》き鯨吼《げいほ》え、叢林の礼楽維《こ》れ新たなり。力《つと》めて地《ち》に墜ちし宗綱《しゅうこう》を扶《たす》け　丕《おお》いに斉天《せいてん》の叡算《えいさん》を衍《の》べよ。

＊ 無方《むほう》〔宗《そう》〕応《おう》禅師が筑州《ちくしゅう》（福岡県）の旌忠顕孝禅寺《せいちゅうけんこうぜんじ》に住する〔時の〕「山門の疏《しょ》」

絶海中津《ぜっかいちゅうしん》

海上の名刹〔である顕孝禅寺《けんこうぜんじ》〕は紫貝《むらさきがい》や真珠で装飾された龍宮の宮殿のようであり、〔そこに住持することになった〕関西《九州》の人物〔である無方応禅師〕も、〔そこに相応《ふさわ》しい〕まるで麒麟の角や鳳凰の毛のよう〔な得がたい人物〕である。まさに宗門の勝流《名士》を得たのであり、きっと法席《道場》を全盛〔時代〕に復《かえ》すにちがいない。某《なにがし》（＝無方宗応）は、堂々とした儀表《すがた》で、豪放磊落な気性であり、〔元国に〕南遊〔して諸方の善知識について参学〕すること二十年、〔薫り高い〕宝薌《香木》を焚いて水晶の宮殿〔のような中国の王宮〕に入っ〔て説法し〕た。〔そして〕何万里〔もの距離を船で渡って元国から〕東《日本》に帰り、長い釣り竿を手にとって〔美しい〕珊瑚の樹の枝〔に喩えられる美麗な言葉〕を払いのけ〔て、不立文字の立場を明らかにし〕た。〔仏教の〕教えを輔《たす》けるという志〔を持つという点〕では〔仏教と儒教の一致を説いた〕仲霊《ちゅうれい》（＝明教契嵩《めいきょうかいすう》）を慕い、〔衆生に〕法を説こうという神《こころ》〔を持つ点〕では〔弥勒菩薩《みろくぼさつ》の元で説法を行った〕寂《仰山》子《慧寂》と交《共通》している。天源《てんげん》（＝南浦紹明《なんぽじょうみん》）の〔教えの〕一滴を〔得て〕、仏法の雨を九州《日本全土》に降らせ、虚堂《きどう》〔智《ち》愚《ぐ》禅師〕から三〔代目に〕伝〔わった〕真の〔仏法の〕燈《ともしび》を〔劫濁《ごうじょく》・見濁《けんじょく》・煩悩濁《ぼんのうじょく》・衆生濁《しゅじょうじょく》・命《みょう》濁《じょく》の〕五濁《ごじょく》〔の悪世〕に輝かせている。ましてや、〔儒教における〕忠孝の道がすべて顕《あき》らかであり、〔その上に臨済禅における〕人（主体）と境（客体）との奇《不思議》〔なはたらき〕が加わっている。龍や虎〔のような優れた禅僧たち〕が闘争《切磋琢磨》している故国〔日本〕の山川では、昔のように〔今も寺の〕鼉《太鼓》が鳴り鯨《鐘》が響いており、叢林《禅宗》の礼《れい》〔節《せつ》と音《おん》〕楽《がく》も新たになっている。〔どうか〕地に墜ちてしまった〔仏や祖師の〕宗綱《教えの根本》を扶《たす》け、天の高さにも等しい程に大いに天子の年齢を延ばし〔て国が安泰となり〕ますように。

＊

○無方応禅師＝無方宗応のこと。〔45〕の「無方応公」の注、および〔150〕を参照。

○旌忠顕孝禅寺＝「旌忠」は、忠節を表彰すること（『漢語』第六冊・p.1601）。「顕孝禅寺」は、現存していない。福岡市東区多々良に浄土宗の顕孝寺という寺院があるが、この寺院の本堂裏手に「臨済宗 神感山 顕孝禅寺跡」という石碑が現存している。顕孝寺は、大友貞宗が博多湾を臨む筑前多々良の地に黄龍派の闡提正具を開山に迎えて開いた寺院である（伊藤幸司『中世日本の外交と禅宗』吉川弘文館・二〇〇二年・p.198）。今田正昭『福岡寺院探訪』に拠れば、顕孝寺は、鎌倉末期一三二〇年代の開創で、臨済宗の大寺として栄えたが、天正年間（一五七三〜一五九二）の兵火で焼亡し廃寺となる。その後、慶長十九年（一六一四）、正誉見貞が浄土宗の寺として再興した。「旌忠」は、寺号の「顕孝」の上に冠されているから、あるいはもともと寺号の一部だったのかもしれない。顕孝寺については、他に川添昭二「鎌倉時代の対外関係と文物の移入」（同著『日蓮とその時代』山喜房仏書林、一九九九年、初出は一九七五年）、同「南北朝博多文化の展開と対外関係」（平成元年科学研究費補助金研究成果報告書『地域における国際化の歴史的展開に関する総合研究――九州地域における――』九州大学、一九九〇年）、真玉景造「大友貞宗と筑前多々良の顕孝禅寺」（『福岡地方史研究』第二九号、一九九一年）などを参照。

○山門疏＝新たな住持の入寺を祝う表白文で、開堂の際に誦まれる。『禅林象器箋』第二十二類「文疏門」の「山門疏」条に拠れば、旧説として「住持を請うに、『山門疏』は勧請を叙べ、『諸山疏』は駕を促すことを叙べ、『江湖疏』『道旧疏』は賀を展ぶることを叙ぶ（請住持、山門疏叙勧請、諸山疏叙促駕、江湖疏道旧疏叙展賀）」（p.609）と述べられている。

○絶海中津＝一三三六年生～一四〇五年没。初字は要関。別号は蕉堅道人。土佐（高知県）の人。夢窓疎石に侍して出家受具、諸方を遊学して応安元年（一三六八）、汝霖良佐と入明し、杭州（浙江省）中天竺寺の季潭宗泐らに参ずる。帰朝の後、天龍寺で第一座となった後、勅命により甲斐（山梨県）恵林寺で開法。三年後、天龍寺の鹿苑院に住する。至徳二年（一三八五）阿波（徳島県）の宝冠寺の開祖となり、その後、等持寺・相国寺・南禅寺など京洛の名利に歴住する。応永十二年四月五日示寂。世寿七十。後小松帝は仏智広智国師、称光帝は浄印翊聖国師と諡する。著述として、『絶海和尚語録』二巻（T八〇）・『蕉堅稿』二巻（『五山文学全集』第二巻、所収）がある。伝記としては、妙祈撰「仏智広照浄印翊聖国師年譜」（『語録』附・T80-758a、『続群書類従』巻二三九）・「勝定国師年譜」（『続群書類従』巻二三九）があり、その他、『延宝伝燈録』巻二四（274a）、『本朝高僧伝』巻三七（224c）、『扶桑禅林僧宝伝』巻七（159b）に立伝されている。また、『五山禅僧伝記集成』（p.378）、『禅学』（p.854）参照。

○海上名藍＝「名藍」は名利、名寺院のこと（『漢語』第三冊・p.178）。ここは顕孝寺のことを指す。

○珠宮貝闕＝紫貝と真珠で装飾された龍宮の水神のいる宮殿。また宝玉で飾った仙境、あるいは帝王の宮殿（『漢語』「貝闕珠宮」条・第一〇冊・p.47）。「闕」は、王宮の門前の両脇にある高殿（『漢辞海』p.1499）。

○関西人物＝『月堂和尚語録』中の「妙楽開山月堂規和尚行実」にも「延元初年、師還関西、住崇福」とある。拙訳本ではこの部分を『本朝高僧伝』に拠って「鎮西」と改めたが、「関西」で九州の意として用いられているようである。

○麟角鳳毛＝麒麟の角に鳳凰の毛。極めて稀で得がたき才人、あるいは事物のこと（『漢語』「鳳毛麟角」条・第一二冊・p.1055）。

○勝流＝名士（『漢語』第六冊・p.1337）。

○法席＝道場。説法の座席（『禅学』p.1156）。禅僧が多くの修行僧を指導育成している場（『中村』p.1254）の意。

○儀表＝人の容貌や身のこなし（『漢辞海』p.123）。
○落落襟期＝気が大きくこだわらない気性。「落落」は磊落。度量が大きくてこだわらないさま。人の気質を形容するのに常に用いられる（『漢語』第九冊・p.486）。「襟期」は、胸の内、心に思っていること（『中国語』p.1582）。
○南遊＝文字通り、「南方を遊歴する」（『禅学』p.974）という意味であるが、もちろんそこに『華厳経』「入法界品」中の、善財童子が南方インドに旅をして五十三人の善知識を訪ねて教えを請うたことを含意している（『中村』「南詢」条・p.1036、など参照）。
○宝薌＝気高い薫りの香木のこと。「薌」は「香」と音通。〔73〕④の「茶薌日正紅」の注に既出。
○把長竿払珊瑚樹枝＝関係すると思われる句に「珊瑚枝枝撐著月」がある。「珊瑚のあらゆる枝が月光を受けとめて美しく輝いている」という意味で、もとは禅月大師の詩句であるが、とある人の歌詞の燦然たる美しさを褒めたもの（『禅語』p.165）。同様であれば、ここの「珊瑚樹枝」も「美しい言葉」という意味となる。「長竿」は長い釣り竿。
○輔教志慕仲霊＝「仲霊」は仏日契嵩（一〇〇七～一〇七二）の字。洞山暁聡に嗣法する。儒と仏の一致を説き、『輔教編』などを著した。
○説法神交寂子＝「寂子」は仰山慧寂（八〇七～八八三）のこと。ここで仰山と交わることを「説法神」と表現しているのは、『無門関』第二五則にも採用されている「三座説法」に拠ったもの。「仰山和尚、夢に弥勒の所に往きて第三座に安ぜらるを見る。一尊者有り、白槌して云く、『今日、第三座の説法に当たる』と。山乃ち起ちて白槌して云く、『摩訶衍の法は四句を離れ百非を絶す。諦聴諦聴』と（仰山和尚、夢見往弥勒所安第三座。有一尊者、白槌云、今日当第三座説法。山乃起白槌云、摩訶衍法離四句絶百非。諦聴諦聴。）」（T48-296a）。
○天源一滴、霈法雨於九垓＝「天源」は、南浦紹明（一二三五～一三〇五）のこと。鎌倉建長寺にある南浦の塔の名に拠る。「法雨」は、仏法を雨にたとえたもの。雨は衆生をうるおして益するからこのようにいう（『中村』p.1228）。

「九垓」は、九州（全国・全土）のこと（『大漢和』巻一・p.359）。
○五濁＝悪世における五種のけがれ。劫濁（時代が濁り戦争や疫病・飢饉が多発すること）・見濁（邪悪な思想が流行すること）・煩悩濁（煩悩がはびこること）・衆生濁（人間の資質が衰えること）・命濁（衆生の寿命が短くなること）の五つをいう（『中村』p.369）。
○人境之奇＝『臨済録』の「四料揀」に見える人（主体）と境（客体）に対する自由なはたらきを指すものであろう。
○龍闘虎争＝「龍」と「虎」がセットで用いられる例として、「龍吟虎嘯」という語があるが、「同気相求め同声相応ずる意。知音同士が同道唱和し互いに宗風を挙揚する意に用いる」（『禅学』p.1271）と解される。同様に「龍」と「虎」は優れた禅僧の喩えとしてしばしば使用されており、ここも同様であろう。
○鼉鳴鯨吼＝「鼉鳴」は、文字通りには「鼉《た》（ワニの一種）が鳴くこと」（『漢語』第一二冊・p.1405）。であるが、「鼉鼓」という語もあるように、ここは「鼉の鳴き声に似た音を出す鼉の皮を張った太鼓」（『漢語』第一二冊・p.1405）の意。「鯨吼」も、文字通りには「鯨が吼えること」であるが、ここは「鯨が吼えるように鐘の音が大きくて明らかなこと」（『漢語』第一二冊・p.1243）。
○斉天＝天と同じくらいの高さ（『漢語』第一二冊・p.1427）。
○叡算＝天子の年齢（『漢語』第七冊・p.1236）。

〔75〕無方号　　古林清茂

廓周沙界是全身、百億弥廬眇一塵。東看是西南是北、赤鳥頭上転金輪。

※本条は、『古林清茂禅師拾遺偈頌』巻二（Z123-285c）にも見える。字句の異同はない。

＊

無方《むほう》の号《ごう》　古林清茂《くりんせいむ》

沙界に廓周《かくしゅう》する是れ全身、百億の弥盧《みる》一塵より眇《びょう》たり。東に看れば是れ西《にし》、南《みなみ》は是れ北、赤烏《しゃくう》頭上に金輪《こんりん》を転ず。

＊

無方《むほう》の号《ごう》　古林清茂《くりんせいむ》

無数にある世界に充満している〔彼の〕全身、〔彼から見れば〕百億もの須弥山《しゅみせん》も塵より小さい。〔どこにいるのかと言えば〕東から見れば西であり、南から〔見る〕なら北である、〔何でも自由自在に行なうことができ、空に輝く〕赤烏《太陽》の頭上で〔この世界を支えている地下の〕金輪《こんりん》を回している。

＊

○無方＝無方宗応のこと。〔45〕の「無方応公」の注、ならびに〔150〕を参照。

○古林清茂＝〔67〕の「古林清茂」の注を参照。

○廓周沙界＝「廓周」は、辞書的には名詞もしくは動詞で「範囲」の意とされるが（『漢語』第三冊・p.1254）、ここは文字通り「広く周し」の意。このことは、『圜悟仏果禅師語録』巻三「上堂」に「只如《たと》えば歩を動ぜずして沙界に廓周し、念を起こさずして十虚に周遍する底の人は、且く道《い》え、九旬三月、還《は》た結夏するや（只如不動歩而廓周沙界、不起念而周遍十虚底人、且道九旬三月還結夏也無）」（T47-727a）と、「廓周」と「周遍」とが並置されていることや、同書・巻一一「小参」に「其の照らすや、沙界に廓周して余り無し（其照也、廓周沙界而無余）」（T47-761c）という用例があることからも明らかである。また、「沙界」は、恒河沙のこと。ガンジス河にある砂のように多い、の意。無数なることにたとえていう（『中村』「恒河沙」条・p.404 参照）。

○弥盧＝Meru の音写に由来する。メール山。須弥山の異称（『中村』p.1295）。

○東看是西南是北＝『楞厳経』巻一に「東より看れば則ち西にして、南より観れば北と成る（東看則西、南観成北）」（T19-108a、仏教経典選本・p.43）とあるのを踏まえる。

○赤烏＝伝説の瑞鳥。金烏に同じ。太陽の中にいるという三つ足の鳥で、太陽の異称でもある（『漢語』第九冊・p.1167）。

○金輪＝大地の下にあって世界を支えている四つの層である四輪の一つ。地輪・土輪とも呼ばれる。『仏祖統紀』をもとにした『大明三蔵法数』巻一三「四輪持世界」条（P181-859b~860a）に拠れば、大地の下に金輪があり、その金輪の下に水輪があり、水輪の下に風輪があり、風輪の下に空輪があるとされる。また、金輪の大きさについて、『釈迦如来行蹟頌』に拠れば、「金輪は厚さ三億二万由旬、経量《直径》十二億三千四百五十由旬（金輪厚三億二万由旬、経量十二億三千四百五十由旬）」（Z130-126d）だとされる。ちなみに一由旬は「上古の聖王の軍が、一日に行く程《距離》（上古聖王行一日程也）」とされ、具体的な距離としては「四十里」「三十里」「十六里」の諸説がある（『一切経音義』巻一「踰繕那」条・T54-315c）。

石城遺宝畢

＊

『石城遺宝』畢《お》わる。

＊

『石城遺宝《せきじょういほう》』畢《お》わり。

《附》

石城山宗系略伝

〔76〕南浦明禅師

師諱紹明。号南浦。諡大応国師。嗣法虚堂愚。愚嗣運庵巌、巌嗣松源岳、岳嗣密庵傑、傑嗣応庵華、華嗣虎丘隆。隆臨済九世法孫。

＊

南浦《なんぽ》明《みん》禅師

師、諱《いみな》は紹明《じょうみん》。南浦《なんぽ》と号す。諡《おくりな》は大応《だいおう》国師。法を虚堂愚《きどうぐ》に嗣ぐ。愚は運庵巌《うんなんがん》に嗣ぎ、巌は松源岳《しょうげんがく》に嗣ぎ、岳は密庵傑《みったんけつ》に嗣ぎ、傑は応庵華《おうあんげ》に嗣ぎ、華は虎丘隆《くきゅうりゅう》に嗣ぐ。隆は臨済《りんざい》九世の法孫なり。

＊

南浦《なんぽ》紹明《じょうみん》禅師

師の諱《いみな》は紹明《じょうみん》。南浦《なんぽ》と号する。諡《おくりな》は大応国師《だいおうこくし》である。法を虚堂智愚《きどうちぐ》に嗣ぐ。〔虚堂智〕愚は〔法を〕運庵《うんなん》普巌《ふがん》に嗣ぎ、〔運庵普〕巌は松源崇岳《しょうげんすうがく》に嗣ぎ、〔松源崇〕岳は密庵咸傑《みったんかんけつ》に嗣ぎ、〔密庵咸〕傑は応庵曇華《おうあんどんげ》に嗣ぎ、〔応庵曇〕華は虎丘紹隆《くきゅうじょうりゅう》に嗣いでいる。〔虎丘紹〕隆は臨済《りんざい》〔義玄《ぎげん》から数えて〕九世の法孫《弟子》である。

＊

○運庵巌＝〔21〕の「運庵」の注を参照。

○松源岳＝〔69〕の「瓚翁」の注を参照。

○密庵傑＝一一一八年生～一一八六年寂。福州（福建省）福清の人。諸方に歴参し、応庵曇華に嗣法する。後に衢州（浙江省）の烏巨山に住し、祥符・蔣山・華蔵に移る。さらに径山・霊隠・天童の大刹を歴住する。淳熙十三年六月十二日示寂。世寿六十九、法臘五十二。著述として、『密庵咸傑禅師語録』二巻（Z121-96c・T47）・『密庵傑和尚語要』一巻（『続古尊宿語要』巻四、Z119-18d～20b）がある。その伝は、葛必撰「塔銘」（『密庵咸傑禅師語録』附録・Z121-235b）に見え、その他、『続伝燈録』巻三四（T51-704a）、『聯燈会要』巻一八（Z136-368b）、『五燈会元』巻二〇（Z138-414d）、『増集続伝燈録』巻一（Z142-373a）などに立伝されている。また、『禅学』（p.177）参照。

○応庵華＝一一〇三年生～一一六三年寂。黄梅県（湖北省）の人。随州（湖北省）の水南守遂に就き、後に雲居で圜悟克勤に謁し、その命によって虎丘紹隆に参じて嗣法する。諸刹に歴住し、後に慶元府（浙江省）天童山に住して宗風を掲げる。大慧と共に済下の「二甘露門」（『続伝燈録』巻三一・T51-680b）と称される。南宋の隆興元年六月十三日示寂。世寿六十一。法臘四十三。著述に『応庵曇華禅師語録』一〇巻（Z120-95c）・『応庵華和尚語要』一巻（『続古尊宿語要』巻四、Z119-12b～18d）がある。その伝は、李浩撰「塔銘」（『天童寺志』巻七、中国仏寺史志彙刊本・第一輯・11a）・李浩撰「祭文」（『天童寺志』巻七・13a）に見え、その他、『続伝燈録』巻三一（T51-679b）、『嘉泰普燈録』巻一九（Z137-138d）、『五燈会元』巻二〇（Z138-403c）、『続燈正統』巻一九（Z144-357a）などに立伝されている。また、『禅学』（p.958）参照。

○虎丘隆＝一〇七七年生～一一三六年寂。臨済宗。和州（安徽省）含山県の人。仏慧院で出家し、黄龍派の湛堂文準・

死心悟新などに参じた後、澧州（湖南省）夾山の圜悟克勤に参じて嗣法する。侍すること二十年、郷里に帰り、和州の開聖禅院に出世開堂。宣州（安徽省）の彰教禅院・平江府（江蘇省）の虎丘山の雲巌禅院に住する。紹興六年五月八日示寂。世寿六十。法臘四十五。著述として『虎丘隆和尚語録』一巻（Z120-95c）・『虎丘隆和尚語要』一巻（『続古尊宿語要』巻四、Z119-11c~12a）がある。その伝は、『続伝燈録』巻二七（T51-654a）、『嘉泰普燈録』巻一四（Z137-109a）、『五燈会元』巻一九（Z138-378d）、『続燈正統』巻一（Z144-253d）などに見える。また、『禅学』（p.591）参照。

○隆臨済九世法孫＝虎丘紹隆は、臨済義玄―興化存奨―南院慧顒―風穴延沼―首山省念―汾陽善昭―石霜楚円―楊岐方会―白雲守端―五祖法演―圜悟克勤―虎丘紹隆と次第しており、「九世」ではなく十一伝の法孫となる。

〔77〕月堂規禅師

師諱宗規、字月堂。自称知足子、亦曰水月道人。太宰府人。姓宗氏。弘安乙酉正月十六夜母夢、蹐覩史天逢著弥勒尊。既寤生矣。天生不凡、児戯動作仏事、郷人嘆異焉。正安改元、師年十五、告父母、躬親投于府之観音教寺昭法師、剃染稟戒。尋依郷之原山醍醐寺良範師、習学篇聚開遮之微密、研窮教乗半満之奥旨。嘉元甲辰、師二十、倚学窓稍欲眠。暁飆俄至、吹滅孤燈。師瞥然嘆曰、仮使記得百千言教、縣河辯鼓動甚深妙義、総是済世方薬、不堪医於自己膏肓。即掇幾許経巻一火焼却。径上横岳、扣大応国師之籌室、励声曰、仏心従来千聖不伝、為甚道、教外別伝。応劈背打曰、蝦跳不出斗。師云、和尚却落在圏繢。作麼生別伝的。声未絶、応擲下拄杖、以手掩其口。師当下心地豁然。碍膺物悉氷釈、方覚吾宗有一脈清涼散。更呈一偈云、踏破大毘盧、脚跟転処殊。虚空鞭鉄馬、昨夜過雲衢。応器許之、付衣盂、由侍司。応受旨住都下万寿寺。師従而掌蔵鑰。自尓游歴湖海、到処称高賓。正和五年、郷人結庵於石城之旧址、迎師為長養安居之所。嘉暦改元、独照輝公住聖福。聘師居第一座。照無幾徙東山建仁。師亦偕行、其職如故。翌年、師受請出世京西龍翔禅寺。一香為大応師拈出。四来賢衲、憧憧輻湊。延元初年、師還関西住崇福。貞和二年、諸檀越竣石城庵為一叢林。殿堂門廡、不日円成。高掲石城山妙楽円満禅寺扁字、請師為開山。無我吾蔵司重搆呑碧楼、為師老来禅燕之処。文和二年、師住聖福。康安元年、師年七十七。因疾還妙楽。九月二十七、臨滅之日、諸徒乞偈進筆硯。師却云、一喝尚渉口皮。好個時節、什麼打之遶。顔貌如常。徒衆只管請不輟、師便高声唱一偈云、脱身一路、非古来今。朝朝日上、夜夜月沈。少選溘然寂。享世寿七十七、坐菩提位五十八。嗣其法者、象外越・無我吾・無方応・岳雲丘・石隠璵等八九人。所度弟子若干人。奉龕闍維、建塔于両刹。在妙楽云水月、在聖福云三会。平昔纔有記師語要者、則喝散付丙丁。無我吾不堕雲門機、私出香林手、捃拾其什一、篇三会録。踰海入元、請仲銘新公・天寧楚石琦公・天竺用章俊公等、倣序跋。如常虵首尾共到護明珠。是以月堂徳輝赫赫乎元明之間。越象外・吾無我請了庵欲公・石室玖公、讃師頂相。師又曾請明極俊公於大応師像讃。厥眞蹟併今尚存石城。

＊

月堂規《げつどうき》禅師

師、諱《いみな》は宗規《そうき》、字《あざな》は月堂《げつどう》。自ら知足子《ちそくし》を称し、亦た水月道人《すいげつどうにん》と曰う。太宰府の人。姓は宗氏《そうし》。弘安乙酉《こうあんいつゆう》正月十六夜、母夢みらく、覩史天《としてん》に躋《のぼ》りて弥勒尊に逢著《ほうじゃく》すと。既に寤《さ》めて生まれたり。天生凡ならず、児戯《じぎ》動《やや》もすれば仏事を作《な》し、郷人《きょうじん》嘆異す。正安改元、師の年十五、父母に告げて躬《みずか》ら府の観音教寺《かんのんきょうじ》の昭法《しょうほっ》師《し》に投じて、剃染稟戒《ていせんりんかい》す。尋《つい》で郷《ごう》の原山《はらやま》の醍醐寺《だいごじ》の良範師《りょうはんし》に依りて、篇聚開遮《ひんじゅかいしゃ》の微密《びみつ》を習学し、教乗半《きょうじょうはん》満《まん》の奥旨《おうし》を研窮《けんきゅう》す。嘉元甲辰《かげんこうしん》、師二十、学窓《がくそう》に倚《よ》りて稍《や》や眠らんと欲し、暁飆《ぎょうひょう》俄《にわ》かに至りて孤燈を吹滅《すいめつ》す。師瞥然《べつねん》として嘆じて曰く、「仮使《たと》い百千の言教《ごんきょう》を記得し、懸河《けんが》の辯《べん》、甚深の妙義を鼓動するも、総《すべ》て是れ済世《さいせい》の方薬《ほうやく》にして、自己《じこ》の膏肓《こうこう》を医《い》するに堪《た》えず」と。即ち幾許《そこばく》の経巻を掇《と》りて一火に焼却し、径《ただ》ちに横岳《おうがく》に上り、大応《だいおう》国師の籌室《ちゅうしつ》を扣《たた》きて声を励まして曰く、「仏心は従来、千聖不伝《せんしょうふでん》なり。甚《なん》と為《し》てか『教外別伝《きょうげべつでん》』と道《い》う」と。応、劈脊《へきせき》に打して曰く、「蝦《か》、跳べども斗《と》を出でず」と。師云く、「和尚、却って圏繢《けんかい》に落在《らくざい》す。作麼生《そもさん》か別伝の的《もの》」と。声未だ絶えざるに、応、拄杖《しゅじょう》を擲下《てきげ》して、手を以て其の口を掩《おお》う。師、当下《とうげ》に心地豁然《しんちかつねん》たり。碍膺《げよう》の物、悉く氷釈《ひょうしゃく》して、方《まさ》に覚ゆ、吾が宗に一脈の清涼散《しょうりょうさん》有ることを。更に一偈を呈して云く、「大毘盧《だいびる》を踏破《とうは》し、脚跟《きゃっこん》転ずる処殊《ところこと》なり。虚空、鉄馬を鞭《むちう》ちて、昨夜、雲衢《うんく》を過《す》ぐ」と。応、之を器許《ききょ》し、衣盂《えう》を付して侍司《じす》に由《もち》ゆ。応、旨を受けて都下《とか》の万寿寺《まんじゅじ》に住す。師、従いて蔵《ぞう》鑰《やく》を掌る。尓《そ》れ自《よ》り湖海《こかい》を游歴《ゆうれき》し、到る処、高賓と称せらる。正和《しょうわ》五年、郷人、庵を石城《せきじょう》の旧址に結び、師を迎えて長養安居の所と為す。嘉暦改元《かりゃくかいげん》、独照輝公《どくしょうきこう》、聖福《しょうふく》に住す。師を聘《へい》して第一座《だいいちぞ》に居《お》らしむ。照、幾《いくば》くも無くして東山《ひがしやま》の建仁《けんにん》に徙《うつ》る。師も亦た偕《とも》に行きて、其の職、故《もと》の如し。翌年、師、請《しょう》を受けて京西《きょうさい》の龍翔禅寺《りょうしょうぜんじ》に出世す。一香《いっこう》を大応師の為に拈出し、四来の賢衲、憧憧《しょうしょう》として輻湊《ふくそう》す。延元初年、師、関西に還りて崇福《そうふく》に住す。貞和二年、諸檀越、石城庵《せきじょうあん》を竣《お》えて一叢林と為す。殿堂門廡《でんどうもんぶ》、日ならずして円《えん》成《じょう》す。高く石城山妙楽円満禅寺《せきじょうざんみょうらくえんまんぜんじ》の扁字《へんじ》を掲げ、師を請うて開山と為《な》らしむ。無我《むが》の吾蔵司《ごぞうす》、重ねて呑碧《どんぺき》楼《ろう》を搆《かま》えて、師の老来《ろうらい》の禅燕《ぜんえん》の処と為す。文和二年、師、聖福《しょうふく》に住す。康安元年、師の年七十七、疾《しつ》に因りて妙楽に還る。九月二十七、滅に臨むの日、諸徒、偈を乞うて筆硯《ひっけん》を進む。師却《しりぞ》けて云く、「一喝すら尚お口皮《こうひ》に渉る。好個《こうこ》の時節《じせつ》、什麼《なん》の之遶《しにょう》をか打《だ》せん」と。顔貌《がんぼう》、常の如し。徒衆、只管《ひたすら》に請いて輟《や》まざれば、師便ち高声に一偈を唱えて云く、「脱身《だっしん》の一路、古来今に非ず。朝朝日上り、夜夜月沈む」と。少《しば》選《らく》して溘然《こうねん》として寂す。世寿を享《う》くること七十七、菩提位に坐すること五十八。其の法を嗣ぐ者、象外《ぞうげ》の越《えつ》・無我《むが》の吾《ご》・無方《むほう》の応《おう》・岳雲《がくうん》の丘《きゅう》・石隠《せきいん》の璵等《よなど》、八九人。所度の弟子、若干人。龕《がん》を奉《ほう》じて闍維《じゃゆい》し、塔を両刹に建つ。妙楽に在るを水月《すいげつ》と云い、聖福に在るを三会《さんえ》と云う。平昔《へいしゃく》、纔かに師の語要を記する者有らば、則ち喝散《かつさん》して丙丁《へいてい》に付す。無我の吾、雲門の機に堕せず、私《ひそ》かに香林《きょうりん》の手を出して、其の什《じゅう》の一を捃拾《くんしゅう》して、三会録《さんえろく》を篇す。海を踰《こ》えて元に入り、仲銘《ちゅうめい》の新公《しんこう》・天寧《てんねい》の楚石《そせき》の琦公《きこう》・天竺《てんじく》の用章《ようしょう》の俊公《しゅんこう》等に請うて、序跋を倣《つく》らしむ。常虵《じょうだ》の首尾、共に到りて明珠《みょうしゅ》を護《まも》るが如し。是《ここ》を以て月堂《げつどう》の徳輝《とくき》、元明《げんみん》の間《あいだ》に赫赫《かくかく》たり。越象外《えつぞうげ》・吾無我《ごむが》、了庵《りょうあん》の欲《よく》公・石室《せきしつ》の玖《きゅう》公に請うて、師の頂相《ちんそう》に讃せしむ。師も又た曾て明極《みんき》の俊《しゅん》公に大応師の像讃《ぞうさん》を請う。厥《そ》の真蹟《しんせき》、併《あわ》せて今ま尚お石城《せきじょう》に存す。

＊

月堂宗規《げつどうそうき》禅師

師の諱《いみな》は宗規《そうき》、字《あざな》は月堂《げつどう》。自ら「知足《ちそく》〔子《し》〕」と称し、また「水月《すいげつ》〔道人《どうにん》〕」とも言った。太宰府《だざいふ》の人である。〔俗〕姓は宗氏《そうし》。弘安《こうあん》〔八年〕乙酉《きのととり》（一二八五）一月十六日の夜、母親は〔夜寝ている時に〕観史天《としてん》に上《のぼ》って弥勒菩薩《みろくぼさつ》に逢う夢をみて、間もなく目覚めて〔師を〕生んだ。生まれつき非凡で、子供〔の頃〕の遊びはいつも仏〔教に関する〕事を行なって、村人を嘆異《びっくり》させた。正安元年《しょうあんがんねん》（一二九九）、師が十五歳の年、父母に願い出て、自分で観音教寺《かんのんきょうじ》の照法師《しょうほっし》に身を寄せて、出家して戒を授かった。次いで、郷里（太宰府《だざいふ》）の原山《はらやま》にある醍醐寺《だいごじ》の良範師《りょうはんし》に従い、〔戒律違反の罪を分類した〕篇《へん》〔門《もん》〕・聚《しゅう》〔門《もん》〕や〔戒律条項《かいりつじょうこう》の〕開《かい》（許容《きょよう》）・遮《しゃ》（禁止《きんし》）の秘密を学習し、半字教《はんじきょう》（小乗《しょうじょう》）と満字教《まんじきょう》（大乗《だいじょう》）の教えの奥義を研究した。嘉元《かげん》〔二年《にねん》〕甲辰《きのえたつ》（一三〇四）、師が二十歳の年、勉強部屋で少し眠ろうとウトウトしていた時、明け方に突風がにわかに起こり、一つしかない燈火を吹き消した。師はハッとして溜め息をついて言った、「たとえ百千《おおく》の言教《ごんきょう》（経典《きょうてん》）を記得《きおく》し、川の水が〔勢いよく〕流れるような弁舌で、甚深《おくぶか》いすぐれた教えを鼓吹《こすい》したとしても、〔それらは〕すべて世間の苦しみから人々を救う処方箋や薬であって、自分の不治の病を治すことは出来ない」と。すぐにたくさんの経典を取り出して、火をつけて焼却した。師はただちに横岳《おうがく》〔山崇福寺《さんそうふくじ》〕を訪れ、大応国師《だいおうこくし》〔こと南浦紹明《なんぽじょうみん》禅師〕の部屋を尋ねて、大きな声で言った、「仏心はもともと〔自ら体得すべきものであって、たとえ〕どんな聖人であっても伝えることが出来ないものです。〔それなのに〕どうして教外別伝《きょうげべつでん》（経典《きょうてん》とは別に伝える）と言うのですか」と。大応は〔師の〕背中をめがけて打って言った、「〔捕らえられた〕エビは　容れ物の外に飛び出せない」と。師は言った、「和尚の方が罠にはまりましたぞ。〔容れ物の中にある〕別に伝えるものとは何でしょうか」と。〔師の質問の〕声がまだ途切れないうちに、大応は拄杖《しゅじょう》を投《な》げ捨《す》て、手《て》でその口《くち》を押《お》さえた。師《し》は即座《そくざ》に心《こころ》がパッと開《ひら》けて、胸《むね》に塞《ふさ》がっていたものが氷《こおり》が溶《と》けるように悉《ことごと》く消《き》え去《さ》り、はじめてわが宗門《しゅうもん》（禅宗《ぜんしゅう》）に一服の清涼剤が有ることを悟った。そして一偈を呈して言った、「〔智慧の象徴である〕毘盧遮那仏《びるしゃなぶつ》を踏みつぶし、脚踵《あし》の方向を変え〔て新〕た〔に向かう、その〕場所は格別である。〔仏の法身である〕虚空が鉄〔で出来た〕馬を鞭打ち、昨夜、〔大空の〕雲の路を〔走り〕過ぎた」と。大応は、その才能を認め、〔伝法の証拠の〕衣《ころも》（袈裟《けさ》）と鉢《はつ》を与えて、侍者《じしゃ》に任用した。〔やがて〕大応は〔天皇の〕命をうけて都下《とか》（京都）の万寿寺に住した。師は〔これに〕従って〔行き、今度は〕蔵鑰（経蔵の鍵を預かる役）に就いた。それ以後、〔師は〕天下を歴遊し、到る所で高位の賓客と称された。正和五年《しょうわごねん》（一三一六）、郷里の人が庵を〔元寇防塁の石切場跡である〕石城の旧址《せきじょうきゅうし》に造り、師を迎えて〔聖胎《しょうたい》〕長養《ちょうよう》のための安住の場所とした。〔やがて〕嘉暦元年《かりゃくがんねん》（一三二六）に、独照祖輝《どくしょうそきこう》公が聖福寺《しょうふくじ》に住すると、師を第一座《だいいちぞ》（首座《しゅぞ》）として招いた。まもなく独照が〔京都の〕東山《ひがしやま》の建仁寺《けんにんじ》に遷《うつ》ると、師もまた同行するが、そこでの職位は元のまま〔の第一座（首座）〕であった。翌年（嘉暦二年《かりゃくにねん》／一三二七）、師は拝請《はいしょう》を受けて京《きょう》の洛西《らくせい》の龍翔禅寺《りょうしょうぜんじ》に出世した。〔開堂の儀式の時、〕一〔片の〕香を大応国師のために焚い〔て嗣法したことを宣言し、高く禅の綱要を宣揚し〕た。諸方のすぐれた衲僧《のうそう》が、絶え間なく集まって来た。延元元年《えんげんがんねん》（北朝《ほくちょう》建武《けんむ》三年《さんねん》／一三三六）に、師は関西（九州《きゅうしゅう》）に還り、崇福寺《そうふくじ》に住した。貞和二年《じょうわにねん》（南朝《なんちょう》正平元年《しょうへいがんねん》／一三四六）、諸々の檀越《だんのつ》（信者《しんじゃ》）が石城庵《せきじょうあん》〔の建築工事〕を完成して叢林《そうりん》（禅道場《ぜんどうじょう》）とした。立派な殿閣《でんかく》や回廊《かいろう》が、たちまちに出来上がった。〔そして〕「石城山妙楽円満禅寺《せきじょうざんみょうらくえんまんぜんじ》」の扁《へん》〔額《がく》の〕字を高く掲げて、師を開山とした。無我省吾蔵司《むがしょうごぞうす》が、さらに呑碧《どんぺき》楼《ろう》を構えて、師が年老いた時の禅燕《ぜんえん》（隠居《いんきょ》）の場所とし、最後の法孝《ほうこう》（仏法を受けた嗣法師《しほうし》への親孝行）〔のしるし〕とした。文和二年《ぶんわにねん》（南朝《なんちょう》正平八年《しょうへいはちねん》／一三五三）、師は聖福寺《しょうふくじ》に住した。康安元年《こうあんがんねん》（南朝《なんちょう》正平十六《しょうへいじゅうろく》年《ねん》／一三六一）、師は七十七歳の年に、病気になって妙楽寺に還った。九月二十七日、死に臨んで、弟子たちは筆をとって末後《さいご》の一著《ことば》を〔書き残してくれるよう〕求めた。師は断って言った、「〔言葉をしゃべらず〕一喝したとしても口皮《くち》に関わってしまう。せっかくの好い時節に、どうして〔そんな〕回りくどいことをしようか」と。顔色は平常のままであった。弟子たちはひたすら〔末後《さいご》の一著《ことば》を〕頼んでやめなかった。〔そこで〕師は大きな声で一偈を唱えて言った、「この〔迷いの〕世界から抜け出す一本道に、過去も現在も未来もない。〔ただ〕毎朝日が昇り、毎夜日が沈む〔だけのことだ〕」と。しばらくしてにわかに示《じ》寂《じゃく》した。〔この世に〕幻〔のような〕命を受けてから七十七年、菩提《さとり》〔を開いた師家《しけ》の〕位にいること五十八年。その法を嗣いだ者は、象外宗越《ぞうげそうえつ》、無我省吾《むがしょうご》、無方宗応《むほうそうおう》、岳雲宗丘《がくうんそうきゅう》、石隠宗璵《せきいんそうよ》等《など》、八、九人であり、〔また〕得度の弟子は若干人である。龕《ひつぎ》を奉じて荼毘《だび》に付し、塔を〔妙楽寺と聖福寺の〕両刹に建てた。妙楽寺にあるものを「水月《すいげつ》」といい、聖福寺にあるものを「三会《さんえ》」という。昔から〔師は〕師《じぶん》の語要を記録する者があれば、大声で追い払って〔その語要を〕焼却した。無我省吾は、雲門《うんもん》〔文偃《ぶんえん》〕の機《はたらき》〔にも似た師のやり方〕にはまらず、密かに〔雲門の語録を作った〕香林《きょうりん》〔澄遠《ちょうおん》〕〔と同様〕の手段を用い、〔わずかではあるが〕その十分の一〔ほど〕を拾い集めて「三会録《さんえろく》」を編纂し、〔それを持って〕海を越えて元《げん》〔の国〕に入り、水西寺《すいせいじ》の仲銘克新公《ちゅうめいこくしんこう》と、天寧寺《てんねいじ》の楚石梵琦公《そせきぼんきこう》、天竺寺《てんじくじ》の用章廷俊公等《ようしょうていしゅんこうなど》に依頼して序跋を作ってもらったが、〔それはまるで〕長蛇が頭も尾も両方〔全部使って〕明珠《めいじゅ》を護るかのようなものであった。だから月堂の徳の輝きが〔中国の〕元《げん》と明《みん》〔の時代〕の間に光り輝き続けたのだ。象外宗越・無我省吾が、了庵清欲《りょうあんせいよく》公と石室善玖《せきしつぜんきゅう》公に依頼して、師の頂相に讃をつけてもらった。師は他にも、曾て明極楚俊《みんきそしゅん》公に大応国師の像への讃を依頼した。その真蹟《しんせき》は、並びに現在もなお石城〔山妙楽寺〕にある。

＊

○躋覩史天逢弥勒尊＝「覩史天」は「覩史多天」の略。兜率天に同じ。兜率天は欲界の六天の内の第四天。その内院には将来、仏となるべき菩薩の住処とされ、釈尊もかつてここで修行し、現在、弥勒菩薩がここで説法していると説かれる。そこの天人の寿命は四千年、その一昼夜が人間界の四百年に当たるという。
○躬親＝みずから。
○府之観音教寺照法師＝未詳。
○剃染稟戒＝「剃染」は、「剃髪染衣」の略。頭を剃り黒衣を着て出家すること。「稟戒」は「戒を稟《う》ける」こと。
○郷之原山醍醐寺良範師＝原山は太宰府の地名。醍醐寺、および良範は未詳。原山無量寺という寺院が、太宰府天満宮の北西、四王寺山の山裾にあったと言われる。
○篇聚＝戒律違反の罪を分類したもので、「五篇六聚」「五篇七聚」などと呼ばれる。『四分律刪繁補闕行事鈔』巻中「篇聚名報篇第十三」（T40-46b）、『四分律行事鈔資持記』巻中「釈篇聚篇」（T40-253a）、『四分戒本如釈』巻一二「戒相篇聚図」（Z63-126a）等を参照。また『中村』（p.1149）、『岩波』「五篇七聚」条（p.340）参照。
○開遮＝戒律の語。「開」は許す意味で、普通、禁止されている行為が、命が危険に晒された時は守らなくてもよいといった具合に、ある条件がそなわれば許される場合、その行為を「開」という。一方、「遮」は制止・禁止する意味で「開」の反対語（『岩波』p.129、参照）。
○微密＝行事の秘密。機密。
○教乗半満＝大乗と小乗の教義（『中村』「教乗」条・p.231、「半満二教」条・p.1114、参照）。
○学窓＝学問を修める所。
○暁飆＝明け方に吹く突風。

○瞥然＝ちらりと見ること（『禅語』p.417）。浅い不徹底な悟りを言う。
○懸河辯＝川の水が勢いよく流れるような淀みない弁舌のこと。
○方薬＝処方箋と薬のこと（『漢語』第六冊・p.1571）。
○膏肓＝不治の病のこと。膏（心臓の下部）と肓（膈膜の上部）の間に病気が入ると容易に平癒しないことからこのように言う。『春秋左伝』「成公十年」の「病《やまい》、膏肓に入る（病入膏肓）」に拠る。
○幾許＝多くの。
○横岳＝横岳山崇福寺のこと。現在は福岡県福岡市博多区千代にある。仁治元年（一二四〇）に、随乗房湛慧が、太宰府の横岳《よこだけ》に創建し、翌年、円爾弁円が開堂する。しかし、円爾は程なく博多の承天寺に入り、さらに京都の東福寺に移ったため、文永九年（一二七二）、湛慧は改めて大応国師を開山として招いた。天正十四年（一五八六）、兵火の為、焼亡。その後、慶長五年（一六〇〇）、黒田長政によって現在の場所に移され再建されている。
○大応国師南浦明和尚＝南浦紹明（一二三五～一三〇八）のこと。駿河（静岡県）の人。建穂寺浄辯に教学を学び、建長寺の蘭渓道隆に師事する。正元元年（一二五九）に入宋し、歴参の後に虚堂智愚に参じて嗣法する。文永四年（一二六九）帰朝し、筑前（福岡県）興徳寺・太宰府の崇福寺に住する。嘉元三年（一三〇五）京都万寿寺に住し、東山に嘉元寺を開いて開山となる。徳地二年（一三〇七）に鎌倉の正観寺に留まり、北条貞時の請によって建長寺に住す。延慶元年示寂。世寿七十四。
○籌室＝『大慧普覚禅師書栲栳樹』に拠れば、「師家の室を称するなり（称師家之室也）」（禅研影印本・p.128）とある。
○千聖不伝＝仏祖が悟った境地は文字や言葉で伝えることができないものであるから、自らが同じ境地となる他ないという意味。『景徳伝燈録』巻七「盤山宝積禅師」条に、「向上一路、千聖不伝」（T51-253b、禅研本③p.35～36）とあるのが良く知られており、『碧巌録』などに引用されている。

○教外別伝＝「不立文字、教外別伝、直指人心、見性成仏」の四言四句の一つ。経典や文字に拠らずに、心から心へと直接に体験によってのみ伝えうるということ。『祖庭事苑』巻五「教外別伝」条に見えるものが最古。唐宋時代の禅者により、教宗に対して強調されたもの（『禅学』p.217、参照）。
○膂脊＝背中めがけて（『禅語』p.415）。
○蝦跳不出斗＝とらえられたエビは容れ物の外には跳び出すことはできない。自分が作った枠の中で完結してしまうことを誡めた言葉。
○圏繢＝『禅語』に拠れば、「人をからめ取るしかけ。からくり。『梐襀』『綣繢』『圏貴』とも書く」（p.109）とあり、一方、『俗語解』「圏繢」条には「圏襀にも作る。『わな』『てくだ』と訳すべし。（以下略）」（p.19）とある。しかし、『禅語』「圏襀」条では、「『圏』は『棬』に通じていて、牛の鼻輪のこと。『襀』はひも。すなわち鼻輪に付いた紐をとって牛を制御することから、一般に統制とか枠を意味して、『圏套』と殆ど同義に用いる」（p.109）とあって、『俗語解』と解釈が異なる。
○当下＝即時に、その場で（『禅語』p.334）。
○心地豁然＝「心地」はこころ。「豁然」は、行き詰まっていた心意がぱっと開けるさま（『禅語』p.62）。
○礙膺＝胸につかえていたもの。疑団をいう。『大慧書栲栳珠』に拠れば、「礙膺は胸を梗《ふさ》ぐなり。疑団を言うなり（礙膺者梗胸也。言疑団也）」（禅研影印本・p.357）とある。
○踏破大毘盧＝「毘盧」は「毘盧舎那仏」の略で、もとは太陽の意で、仏智の広大無辺なることの象徴とする。毘盧遮那仏の頭上を踏むということ。仏向上の極地に至っても、なおとどこおらないでふみ越えることを喩えて言う。似た表現に「踏毘盧頂上」という語がある（『禅学』p.1056）。
○虚空＝『金光明経』巻二「四天王品」に「仏真法身、猶如虚空」（T16-344b）、『大方等大集経』巻一四に「仏真法身

如虚空」（T13-95a）などとあるように、「虚空」は仏の法身を形容する語として用いられる。
○雲衢＝雲の棚引いている路。
○器許＝才能を認めて褒め称えること（『漢語』第三冊・p.523）。
○衣盂＝衣鉢とも。三衣（僧伽梨〔大衣〕・鬱多羅僧〔七条衣〕・安陀衣〔五条衣〕の三種の袈裟）と一鉢（鉢盂）のこと。僧侶の持ち物の中で最も大切なもの。転じて、仏法・仏道の意（『禅学』「衣鉢」条・p.103参照）。
○由侍司＝「由」は、ここでは「任用する。もちいる」（『漢辞海』p.941）の意。「侍司」は、侍者寮、すなわち侍者の居室のこと（『中村』p.565）であるが、ここでは単に「侍者」の意味であろう。
○応受旨住都下万寿寺＝「万寿寺」は、京都の「京城山万寿寺」のこと。現在、臨済宗東福寺派の寺院。京都市東山区東福寺北門内にある。往時京都五山の一で、今は東福寺塔頭。もと堀河天皇永長二年（一〇九七）に郁芳門院の遺宮を寺としたもので、六条御堂といった。初め万寿寺柳馬場西にあったが、永享六年（一四三四）、回禄後現地へ移転再建す（『禅学』p.1178、参照）。南浦紹明が万寿寺に入ったのは嘉元三年（一三〇五）七月のこと。
○蔵鑰＝市木武雄編『五山文学用語辞典』（続群書類従完成会）に拠れば、「寺内で蔵のかぎをあずかる役」（p.131）とある。ちなみに『延宝伝燈録』『本朝高僧伝』ともに、ここは「輪蔵」（経蔵の中にある一切経を収納するための回転式書架）に作る。蔵主・蔵司と同意であろう。蔵司は、秉払の資格を持つ五頭首の一であり、住持の資格を得る直前の位次である。
○湖海＝湖と海のことであるが、転じて世の中、世間をいう。
○石城旧址＝建治二年（一二七六）に元寇の襲来に備えて博多湾沿岸に築かれた石城地のこと。
○長養安居＝「長養」は、聖胎長養のこと。「安居」は、やすらかに暮らすこと。修行期間を意味する「安居《あんご》」のことではない。

○嘉暦改元＝元号が「正中」から「嘉暦」に改元したのは一三二六年四月二十六日のこと。
○独照輝＝独照祖輝（一二六二〜一三三五）のこと。京都の人。義翁紹仁（嗣蘭渓道隆）の法嗣。初め奥州大守に招かれて松島寺に住し、のち筑前（福岡県）の聖福寺・相模（神奈川県）の浄妙寺・京都の建仁寺に遷住し、建長寺に昇住した。建武二年三月二十四日示寂。世寿七十四。勅諡を真覚大師という。
○聖福＝福岡県御供所町の安国山聖福寺のこと。建久六年（一一九五）開創。開山は明庵栄西。
○建仁＝京都東山区にある東山建仁寺のこと。開基は源頼家、開山は明庵栄西。建仁三年（一二〇三）開創。はじめ天台・真言の二院を置く兼修道場であったが、十一世住持である蘭渓道隆によって専ら禅寺となる。終始五山の地位に列せられたが、応仁の乱後、荒廃。安国寺恵瓊によって復興される。
○第一座＝首座のこと。僧堂の前版第一位にあるために言う。座元とも。
○京西龍翔＝京都の洛西にあった瑞鳳山龍翔寺のこと。延慶二年（一三〇九）三月、後宇多上皇によって寄進された西京安井の御殿跡地に、絶崖宗卓が南浦紹明寂後に南浦を勧請開山として開創した。龍翔寺は室町時代初期には京都十刹中の第十位であったが、永禄三年（一四三二）大徳寺が十刹から離れるに伴って龍翔寺も十刹から外される。天文八年（一五三九）に大徳寺の西隣に移建するも、文化十三年（一八一六）に至って焼失。翌年再建された客殿は現在三玄院の客殿として現存。明治維新後廃絶していたが、大正年間天瑞寺跡地に再興されて、現在は大徳寺僧堂となっている。龍翔寺には、南浦寂後、その塔（普光塔）が建てられたが、寺跡に後宇多帝御髪塔と嘉陽門院墓のみ残る。
○憧々＝往来の絶え間ないさま。
○輻輳＝輻《や》（車輪の中心部から放射状に並んだ木）が轂《こしき》（車輪の中心部）に集まるように、四方から集まって来ること。
○師還関西、住崇福＝『月堂和尚語録』所収の「妙楽開山月堂規和尚行実」（訳注本・p.313）と同様に、「関西」に作るが意味が通らない。『本朝高僧伝』には「鎮西」（九州・西海道ないし太宰府の雅称）とあり、こちらの方が正しい。「崇福」は福岡県福岡市博多区千代にある横岳山崇福寺のこと。仁治二年（一二四二）に、随乗房湛慧が、太宰府の横岳《よこだけ》に創建し、翌年、円爾弁円が開堂する。しかし、円爾は程なく博多の承天寺に入り、さらに京都の東福寺に移ったため、文永九年（一二七二）、湛慧は改めて大応国師を開山として招いた。天正十四年（一五八六）、兵火の為、焼失。その後、慶長五年（一六〇〇）、黒田長政によって現在の場所に移されて再建される。

○門廡＝『大漢和』には「門のひさし」（巻一一・p.706）とあるが、ここでは当たらない。『漢語』には「門と連接した通路（与門屋相連接的廊屋）」（第一二冊・p.16）とあり、こちらの方が妥当であろう。

○不日＝日ならず。近いうちに。

○無我吾蔵司＝〔叙〕の「吾無我上人」、〔24〕の「吾無我上人」、〔43〕の「牛頭山省吾」の注、〔79〕を参照。

○禅燕之処＝諸辞書に見えない。「燕」には、休む、安んじる、といった意味があり、また似た語に「燕居」（朝廷から退いて家でくつろぐ）や「燕室」（休息するための部屋）・「燕処」（安んじ居る）などがあり、さらに「燕坐」という語もあって、「坐禅」と同義である。これらを考え合わせると、「穏やかに坐禅をしながら暮らす場所」という程の意味と思えるが、あるいは「禅」に「譲る」という意味があることから、単に「隠居所」という意味であるとも考えられる。ここでは後者の意も兼ねて、「隠居して静かに暮らす場所」と取った。

○什麼打之遶＝「之」の字の書き方が左から右へ、右から左へとぐるぐる遶《うね》ることから、まわりくどいやり方をすることを「之遶を打す」という（『禅語』「之遶」条・p.167~168）。

○少選＝しばらく。しばらくして。

○溘然＝突然であること。また、人が急に死ぬこともいう。

○象外越＝象外宗越（生卒年未詳）のこと。月堂宗規の法嗣。聖福寺第二十五世、崇福寺第十八世。〔78〕を参照。

○無方応＝〔45〕の「無方応公」の注、および〔150〕を参照。

○岳雲丘＝嶽雲宗丘（生卒年未詳）のこと。〔57〕の「西都宗丘」の注を参照。

○石隠璵＝石隠宗璵。〔叙〕の「石隠璵」の注を参照。

○闍維＝火葬すること。茶毘に同じ。

○付丙丁＝「丙丁」は、十干の中で五行の「火」に当たる。一般に「付丙丁」の成語で、火中に投じて焼き棄てるの意に用いる。

○不堕雲門機、私出香林手＝覚範慧洪の『禅林僧宝伝』巻二九「雲居仏印元禅師」条に、「昔、雲門説法すること雲雨の如きも、絶えて人の其の語を記録するを喜ばず。見れば必ず罵り逐いて曰く、『汝口用いざるに、反って吾が語を記せば、異時、我を裨販し去らん』と。今、室中の対機録は、皆な香林・明教、紙を以て衣と為し、随所に聞きて即ち之を書すものなり（昔雲門説法如雲雨、絶不喜人記録其語。見必罵逐曰、「汝口不用、反記吾語、異時裨販我去」。今室中対機録、皆香林・明教以紙為衣、随所聞即書之）」（Z137-280b）とある。また『林間録』巻上（Z148-591b）や『仏祖歴代通載』（T49-677a）などにも見える。

○捃拾＝拾い取る。探し集める。

○請水西仲銘新公、天寧楚石琦公、天竺用章俊公等、倣序跋＝「水西仲銘新公」は、浙江省嘉興県の水西寺の仲銘克新のこと。字は仲銘、号は雪廬。また江左外史と自称す。鄱陽（江西省）の人。俗姓は余。宋の工部尚書であった余靖（一〇〇〇～一〇六四）の九世の孫といわれる。元末に嘉興の水西寺に住したが、明初に召されて京師に至り、詔を奉じて西域に行き、吐番を招諭《さと》し、地形の調査を行なって帰ったと言われる。その伝は『檇李詩繫』巻三〇（四庫全書本・31b~32b）に見える。法系としては笑隠大訢（一二八四～一三四四）の法嗣であり、臨済宗大慧派に属する。最初に著した『南詢稿』は兵火にかかって逸したが、現存する著書として『雪廬藁』一巻（内閣文庫、京大人文研所蔵）、編著として『金玉編』三巻（『禅門逸書続編』第一冊所収、台湾漢声出版社・一九八七）がある。禅宗の史料にはその名前はほとんど登場せず、僅かに『増集続伝燈録』巻一の「目録」に「承天仲銘克新禅師」（Z142-369d）と名前が見えるだけである。「天寧楚石琦公」は、〔26〕の「西斎道人梵琦」の注を参照。「天竺用章俊公」は、用章廷俊（一二九九～一三六八）のこと。俗姓は董氏。二十歳で剃髪受具し、二十五歳で廬山の諸刹を歴訪する。やがて月江印に参ずるが機縁適わず、次に笑隠大訢に参じてその法を嗣ぐ。洪武元年示寂。世寿七十、法臘五十。

○越象外・吾無我請了庵欲公・石室玖公、讃師頂相＝〔142〕の南堂清欲撰「月堂和尚像讃」と〔143〕の石室善玖撰「月堂和尚像讃」を指す。了庵清欲公は、〔25〕の「南堂遺老清欲」の注を参照。石室善玖（一二九三～一三八九）は、臨済宗楊岐派松源派の禅僧。筑前（福岡県）の人。幼にして諸師に参じ、文保二年（一三一八）に至って古先印元・無涯仁浩と共に入元し、金陵（南京）の保寧寺に至って古林清茂に参じて遂に印可を受く。日本に帰り、南禅寺竺仙梵僊に随侍す。郷の顕孝寺・聖福寺に住し、中巌円月が京の万寿寺を退くやこれに住し、次いで天龍寺に遷り、更に相模（神奈川県）円覚寺を董す。応安元年（一三六八）建長寺に進住す。数年にして山内に金竜庵を構えて退居するに、武蔵（埼玉県）の檀越、巌築（現野火止）に平林寺を開いて一世となす。康安元年九月二十五日寂。世寿九十六。著述として『石室玖禅師語録』一巻（京大、東大史料編纂所、駒大＝昭和一四年影印本）が存する。その伝は、『延宝伝燈録』巻五（174b）、『本朝高僧伝』巻三五（215b）などに見える。また『五山禅僧伝記集成』（p.359）、『禅学』（p.677）参照。

○師又曾請明極俊公於大応師像讃＝〔84〕の明極楚俊撰「大応国師像讃」を指す。

〔78〕 象外越禅師

師諱宗越、象外其号也。嗣月堂開法本寺。継住横岳聖福。

＊

象外《ぞうげ》越《えつ》禅師

師、諱は宗越《そうえつ》、象外《ぞうげ》は其の号なり。月堂《げつどう》に嗣ぎて本寺に開法す。継いで横岳《おうがく》・聖福《しょうふく》に住す。

＊

象外《ぞうげ》宗越《そうえつ》禅師

師の諱《いみな》は「宗越《そうえつ》」であり、「象外《ぞうげ》」はその号である。月堂《げつどう》〔宗規《そうき》禅師〕に〔法を〕嗣いで本寺《妙楽寺》に〔住持して〕説法した。ついで横岳《おうがく》〔山崇福寺《さんそうふくじ》〕と〔安国山《あんこくさん》〕聖福《しょうふく》〔寺《じ》〕に住〔持〕した。

＊

○象外越禅師＝月堂宗規の法嗣。興徳寺（十六世）・崇福寺（十八世）・聖福寺（三十七世）に住す。某年七月十四日寂（『石城山前住籍』）。

○月堂＝月堂宗規のこと。〔24〕の「先師月堂」の注、および〔77〕を参照。

○横岳聖福＝「横岳」は「横岳山崇福寺」のこと。〔77〕の「横岳」の注を参照。「聖福」は「安国山聖福寺」のこと。同じく〔77〕の「聖福」の注を参照。

〔79〕無我吾禅師

無我省吾禅師、竹園之種。十三歳出家進具。初学顕密法、後謁紫野宗峰、問話往反、峰甚器之。嘉暦二年、月堂禅師住京西龍翔。師翼従居蔵局、随堂到横岳。堂挙紙燭吹滅話。師言下廓然。呈偈曰、金剛疏鈔重双肩、放下虚空打喫顚。将謂徳山太奇特、油餈償得両三銭。堂伸手云、還我油餈銭来。師出礼拝。堂曰、神光来也。師云、某罪過。堂深肯之、附無我号、且授一心戒。貞和戊子、師年三十九、踰海入元、受請住中竺、別締草廬、扁心華室、安禅静慮。先是、屢請以名山、固拒不就。而今欣然赴者、応本師之讖也。明年至正己丑、登五台金剛窟、親拝化仏、受妙戒訣。在元十年帰朝。一時諸名宿贈以言。有大坐牛頭啓祖関、真燈照世古風還等之句。推尊其師如是。既帰、謁堂賀万福、述台山見仏受戒儀。堂曰、是印定、聻。乃命之為妙総尼令戒師。後聞尼語、乃是師乃慈母。偕与懺悔歓喜鍼芥縁。延文四年、妙総逝矣。師追偈曰、摩耶生忉利、華鮮去南方。妙総無来処、去亦無故郷。一衣千山雪、白鶴遶北邙。中有第一義、道樹鬱蒼蒼。愛道非我比、石女空断腸。康安元年、月堂滅度、象外越虚妙楽席、洊進師。師曰、吾也風顚、先師所放。不遂就。貞治二年、再入元、坐心華堂《ママ》（＝室）。枯淡無事。元明乱後、牛頭山荒廃。師命弟子痴禅・栢堂為化主、恢復殿堂。大衆懽悦、称師住持。遐邇相伝、師到処、紫雲瀰空、天華敷地。大明皇帝、聞師名久。洪武六年、延請大内問法。対曰、貧道投老於和気中、守愚了残喘耳。何以謝聖恩。奏対愜旨。賜紫金衣、陞座説法。師竪払曰、一毛呑却無辺法界、仏祖聖賢混入裡許。欛柄因甚在山僧手裡。良久曰、会麽。若又不会、聴取諭説。収払曰、衆星拱北辰、万国帰皇化。便下座。龍顔悦懌、百官感動、帝欲留師擬巴思八。師力乱（ママ）（＝辞）曰、心是良師。陛下勿外求。帝曰、如何保任。師知帝至信、乃授木叉妙訣曰、震襟内秘、四海来王。師遂帰再不下山。帝在位中、麟鳳甘露之瑞屢至。特知戒徳使然、亦未告人。十四年二月望、師香拝仏泥洹像、唱偈曰、大死底人叫涅槃、瞞佗不得被佗瞞。千峰臨席空酸鼻、満地落花脚底寒。廼帰心華、焚平生文字数十巻曰、快哉、快哉、世尊一字不説、達磨不立文字。今日一炬、却較些子。乃召法弟無方応曰、吾将逝。公切守先師遺戒、莫墜真風。即瞑目。応励声曰、如何是末後句。師作書勢。応度与筆。廼書曰、此岸彼岸、一踏踏翻。迦文求薬、并呑乾坤。抛筆坐化。世寿七十二、法臘五十九。火後一柱骨不焼。其色青白、仏形宛然、衣体如彫。舎利黏綴、髫珠璀璨。門人奉持、納之心華塔。帝聞師遷化、震悼曰、吁、天喪朕良師。聘中使賚大栴檀香袞龍紫帽・珊瑚念珠、贈以菩薩号。別賻金餅百錠、資辨斎供。五岳諸山名宿、赴吊（ママ）（＝弔）慇懃。南堂清欲哀冊文曰、嗟、無我月堂真子、南浦的孫。⿱甚瓦嗄器盛天沢水、破沙盆賑小（ママ）（＝少）室門。実是末世僧宝、無依道人。清欲接高風三十年、慭遺一老払袖、胡遄。使我空思寒灰煨芋魁。雖有鸞膠、誰与続没絃。空索索地、絶後光前。愛中竺月、拗折輪指、披台山雲、搒出金僊。蔵身椇葉、謚菩提薩埵。吁嗟、無我扶桑東枝廻仏日、皇明北極照龍筵。玄機独朗、亀毛払沖天。此日何日。同仏唱滅、妙心只許迦葉伝。嗟無我、真寂定中首肯也否。朝五台暮中竺、行蔵不測、清欲何宣。嗟。

*

無我吾禅師

無《む》我《が》省《しょう》吾《ご》禅《ぜん》師《じ》は竹園《ちくえん》の種なり。十三歳で出家進具す。初め顕密《けんみつ》の法を学び、後、紫野の宗峰《しゅうほう》に謁して問話往反、峰、甚だ之を器とす。嘉暦《かりゃく》二年、月堂《げつどう》禅師、京西の龍翔《りょうしょう》に住す。師、翼従《よくじゅう》して蔵局《ぞうきょく》に居し、堂に随いて横岳《よこだけ》に到る。堂、紙燭《ししょく》吹滅《すいめつ》の話を挙《こ》す。師、言下に廓然《かくねん》とし、偈を呈して曰く、「金剛の疏鈔《しょしょう》双肩に重し、放下《ほうげ》すれば虚空喫顚《きつてん》を打す。将《まさ》に謂《おも》えり徳山《とくさん》太《はなは》だ奇特なりと、油餐《ゆさん》償《つぐな》い得たり両三銭」と。堂、手を伸ばして云く、「我れに油餐銭《ゆさんせん》を還し来たれ」と。師、出でて礼拝す。堂曰く、「神光《じんこう》来たれり」と。師云く、「某《それがし》が罪過なり」と。堂、深く之を肯《うべ》ない、無我《むが》の号を附し、且つ一心戒《いっしんかい》を授く。貞和戊子《じょうわぼし》、師の年三十九、海を踰《こ》えて元《げん》に入り、請《しょう》を受けて中竺《ちゅうじく》に住し、別に草廬《そうろ》を締《むす》んで、心華室《しんげしつ》と扁《へん》し、安禅《あんぜん》静慮《じょうりょ》す。是《こ》れより先、屢《しば》しば請ずるに名山を以てするも、固く拒みて就かず。而るに今、欣然として赴くは、本師の讖《せん》に応ずればなり。明年、至正己丑《ししょうきちゅう》、五台《ごだい》の金剛窟《こんごうくつ》に登りて、親しく化仏《けぶつ》を拝し、妙戒《みょうかい》の訣《けつ》を受く。元《げん》に在ること十年にして帰朝せんとす。一時の諸名宿、贈るに言を以てす。「牛頭《ごず》に大坐《たいざ》して祖関《そかん》を啓《ひら》き、真燈《しんとう》、世《よ》を照らして古風還る」等の句有り。其の師を推し尊ぶこと是《か》くの如し。既に帰りて堂に謁して万福を賀し、台山見仏《だいさんけんぶつ》、受戒の儀を述ぶ。堂曰く、「是れ印定、璽《にい》」と。乃ち之に命じて妙総《みょうそう》尼《に》の為に戒師たらしむ。後ち尼の語を聞くに、乃ち是れ師の慈母なり。偕《とも》に懺悔して鍼芥《しんけ》の縁を歓喜す。延文四年、妙総逝《せい》す。師の追偈に曰く、「摩耶《まや》、忉利《とうり》に生じ、華鮮《かせん》、南方に去る。妙総、来処無く、去るも亦た故郷無し。一衣千山《いちえせんざん》の雪、白鶴北邙《びゃっかくほくぼう》を遶《めぐ》る。中に第一義有り、道樹鬱《どうじゅうつ》として蒼蒼《そうそう》たり。愛道《あいどう》は我が比に非ず、石女《せきじょ》空しく断腸す」と。康安《こうあん》元年、月堂《げつどう》滅度す。象外《ぞうげ》の越《えつ》、妙楽《みょうらく》の席を虚しくして、洊《しき》りに師を進む。師曰く、「吾《ご》が風顚《ふうてん》は、先師の放《ゆる》す所なり」と。遂に就かず。貞治《じょうじ》二年、再び元に入りて、心華《しんげ》堂《どう》（＝室）に坐す。枯淡無事なるも、元明《げんみん》の乱後、牛頭山荒廃す。師、弟子の痴禅《ちぜん》・栢堂《はくどう》に命じて化主《けしゅ》と為し、殿堂を恢復《かいふく》せしむ。大衆、懽悦《かんえつ》して、師を住持と称す。遐邇《かじ》相い伝う、師の到る処、紫雲、空に瀰《み》ち、天華《てんげ》、地に敷くと。大明皇帝、師の名を聞くこと久し。洪武《こうぶ》六年、大内《だいだい》に延請して法を問う。対《こた》えて曰く、「貧道《ひんどう》、老を和気の中に投じ、愚を守りて残喘《ざんぜい》を了ずるのみ。何を以てか聖恩《しょうおん》を謝せん」と。奏対《そうたい》、旨に愜《かな》う。紫金《しごん》の衣を賜りて陞座説法《しんぞせっぽう》す。師、払《ほつ》を竪《た》てて曰く、「一毛、無辺の法界を呑却して、仏祖聖賢、裡許に混入す。欛柄《はへい》甚《なん》に因ってか山僧が手裡に在る」と。良久して曰く、「会《え》すや。若し又た会せずんば、諭説《ゆせつ》を聴取せよ」と。払を収めて曰く、「衆星《しゅうせい》、北辰《ほくしん》に拱《こう》し、万国《ばんこく》、皇化《こうけ》に帰す」と。便ち下座す。龍顔悦懌《りゅうがんえつえき》し、百官感動す。帝、師を留めて巴思八《ぱすぱ》に擬せんと欲す。師、力《つと》めて乱（ママ）（＝辞《じ》）して曰く、「心は是れ良師なり。陛下、外に求むること勿《な》かれ」と。帝曰く、「如何が保任《ほにん》せん」と。師、帝の至信《ししん》なるを知りて、乃ち木叉《もくしゃ》の妙訣《みょうけつ》を授けて曰く、「震襟内秘《しんきんないひ》せば、四海来王《しかいらいおう》せん」と。師、遂に帰りて再び山を下らず。帝、在位の中、麟鳳甘露《りんほうかんろ》の瑞、屢《しば》しば至る。特に戒徳の然らしむることを知るも、亦た未だ人に告げず。十四年二月望、師、仏泥洹像《ぶつないおんぞう》を香拝し、偈を唱えて曰く、「大死底の人、涅槃と叫ぶ、佗《かれ》を瞞《まん》ずるも佗《かれ》に瞞《まん》ぜらるることを得ざれ。千峰席に臨みて空しく酸鼻《さんび》す、満地の落花脚底《きゃくてい》寒し」と。廼《すなわ》ち心華に帰り、平生の文字、数十巻を焚《や》きて曰く、「快なるかな、快なるかな。世尊の一字不説《いちじふせつ》、達磨の不立文《ふりゅうもん》字《じ》。今日の一炬《いっこ》、却って些子《しゃし》に較《あた》れり」と。乃ち法弟無方《ほうていむほう》の応《おう》を召して曰く、「吾れ将《まさ》に逝《ゆ》かんす。公、切に先師の遺戒《ゆいかい》を守りて、真風《しんぷう》を墜《お》とすこと莫《な》かれ」と。即ち瞑目す。応《おう》、声を励まして曰く、「如何なるか是れ末後の句」と。師、書する勢いを作《な》す。応《おう》、筆を度与《どよ》す。廼《すなわ》ち書して曰く、「此岸彼岸《しがんひがん》、一踏《いっとう》に踏翻《とうほん》す。迦文薬《かもんくすり》を求めて、乾坤を并呑《へいどん》す」と。筆を抛《なげう》ちて坐化《ざけ》す。世寿《せじゅ》七十二、法臘《ほうろう》五十九。火《や》きて後、一柱骨《いっちゅうこつ》焼けず、其の色は青白《しょうびゃく》、仏形宛然《ぶつぎょうえんねん》として、衣体《えたい》彫るが如し。舎利黏綴《ねんてつ》して、髻珠璀璨《けいじゅさいさん》たり。門人奉持《ぶじ》して、之を心華《しんげ》塔に納む。帝、師の遷化を聞きて、震悼《しんとう》して曰く、「吁《ああ》、天、朕が良師を喪《ほろぼ》す」と。中使を聘《へい》して、大栴檀香《だいせんだんこう》・衮龍紫帽《こんりゅうしぼう》・珊瑚《さんご》の念珠を賚《たま》い、贈るに菩薩号を以てす。別に金餅《きんべい》百錠を賻《おく》りて、斎供《さいく》を資辨す。五岳諸山の名宿、赴《ふ》吊《ママ》（＝弔《チュウ》）慇懃《いんぎん》なり。南堂清欲《なんどうせいよく》の哀冊《あいさつ》の文《もん》に曰く、「嗟《ああ》、無我は月堂の真子《しんし》、南浦の的孫《てきそん》なり。鏨嗄《ぜいさ》の器、天沢の水を盛り、破沙盆《はさぼん》、小《（ママ）》（＝少）室の門を賑《にぎ》わす。実に是れ末世の僧宝、無依の道人なり。清欲《せいよく》、高風に接すること三十年なるに、慭《いた》むらくは、一老を遺して払袖《ほっしゅう》すること、胡《なん》ぞ遄《すみやか》なる。我をして空しく寒灰《かんかい》、芋魁《うき》を煨《わい》することを思わしむ。鸞膠《らんびゅう》有りと雖も、誰と与《とも》にか没絃《もつげん》を続《つ》がん。空索索地《くうさくさくち》、絶後光前《ぜつごこうぜん》。中竺の月を愛して、輪指《りんし》を拗折《ようせつ》し、台山の雲を披《ひら》きて、金僊《きんせん》を撥出《さっしゅつ》し、身を根葉《ばいよう》に蔵《かく》して、菩提薩埵《ぼだいさった》と諡す。吁嗟《ああ》、無我は扶桑の東枝に仏日を廻し、皇明の北極に龍《りゅう》筵《えん》を照らす。玄機独朗、亀毛の払《ほつ》、天に沖《のぼ》る。此の日、何《いず》れの日ぞ。仏と同じく滅を唱え、妙心只だ許す迦葉《かしょう》の伝。嗟《ああ》、無我、真寂定中《しんじゃくじょうちゅう》に首肯《しゅこう》すや否や。朝には五台、暮には中竺、行蔵《ぎょうぞう》不測なれば、清欲何ぞ宣べん。嗟《ああ》」と。

*

無我省吾《むがしょうご》禅師

無我省吾禅師は竹園《天皇家》の種《血筋》である。十三歳で出家して具足戒《ぐそくかい》を受けた。初めは〔旧仏教である〕顕教と密教の法《おしえ》を学び、後に〔京都の〕紫野《むらさきの》〔大徳寺〕の宗峰《しゅうほう》〔妙超《みょうちょう》禅師〕に謁見して、問答をくり返し、宗峰は、たいへんに無我の才能を評価した。嘉暦《かりゃく》二年（一三二七）、月堂《げつどう》〔宗規《そうき》〕禅師が、京都《きょうと》の西にある龍翔寺《りょうしょうじ》に住持した。師は〔月堂の〕傍らに従事して蔵主《ぞうす》〔の職〕に就き、〔さらに〕月堂に随侍して横岳《おうがく》〔山崇《さんそう》福寺《ふくじ》〕に到った。〔ある時〕月堂は、〔龍潭崇信《りょうたんそうしん》と徳山宣鑑《とくさんせんかん》との間の因縁である〕紙燭吹滅《ししょくすいめつ》の話《わ》を挙《しめ》した。〔それを聞いた〕師は言下にカラリと〔大悟〕して、偈を呈して言った、「『金剛〔経〕』の疏鈔《注釈書》は〔徳山宣鑑の〕両肩に〔ズッシリと〕重かった、〔そこで、それを肩から〕下ろしたら〔今度は〕虚空が〔それに〕躓《つまづ》いてしまった。徳山はとても素晴らしい〔実力を持った禅者だ〕と思っていたが〔そうでもなかった〕、〔たった〕二三銭、〔徳山が龍潭のもとへ参ずるきっかけとなった〕揚《あ》げ餅《もち》〔の代金〕を弁償できただけだ」と。月堂は手を伸ばして言った、「私に揚げ餅の代金を返せ」と。師は、〔前に〕出て礼拝した。月堂が言った、「神光《じんこう》（＝二祖慧可）がやって来た」と。師が言った、「〔偉そうなことを言った〕私が悪うございました」と。月堂は深くこれを認めて、「無我」の号を与え、さらに「一心戒《いっしんかい》」を授けた。貞和《じょうわ》四年戊子《つちのえね》（南朝正平三年、一三四八）、師は三十九歳の年に、海を踰《こ》えて元《げん》に入り、〔すぐに牛頭山《ごずさん》（南京）に登ったが、〕請われて〔十刹の第一位である〕中天竺寺《ちゅうてんじくじ》に住持し、〔寺の中に〕別に〔粗末な〕草庵を結んで、「心華室《しんげしつ》」と名づけ、〔そこで〕静かに坐禅をした。これより以前、しばしば名山〔の住職〕に〔なるように〕請われても、固く拒んで〔住職に〕就くことはなかった。それなのに今、喜んで〔中天竺寺に住持として〕赴いたのは、本師〔月堂〕の〔「中嵩《中国の高い山》を過ぎて中竺《中インド》に到る」という〕讖《預言》に応じたからであった。明年、至正《ししょう》九年己丑《つちのとうし》（一三四九）、五台山《ごだいさん》の金剛窟《こんごうくつ》に登り、直接、化仏《文殊菩薩》にお目にかかり、〔一心〕妙戒の奥義を授かった。元《げん》にとどまること十年にして帰朝した。当時の〔元の〕もろもろの名僧たちが、〔無我との別れを惜しんで〕言《詩偈》を贈った。〔その中には〕「牛頭《ごず》〔山〕に大坐《住持》して祖〔師の〕関〔門〕を啓《ひら》き、真〔実の法〕燈によって世を照らして古風を還《復活》させた」等の句が有った。〔中国の諸師たちが〕師を尊崇するさまはこのようであった。〔日本に〕帰ると月堂に謁見し、〔月堂の〕万福《息災》を賀《いわ》ってから、五台山で仏《文殊菩薩》と見《まみ》え、受戒した儀《次第》を報告した。月堂が言った、「これは〔文殊菩薩の〕印定《印可》であろう」と。そこで、〔師《無我》に〕命じて妙総尼《みょうそうに》のために戒師をさせた。後に〔妙総〕尼の話を聞いたところ、師の慈母であ〔ることが分か〕った。〔無我は母親と〕一緒に懺悔して、鍼《はり》〔の先に〕芥《け》〔子《し》の種がぶつかるような希有な〕縁に歓喜した。〔やがて〕延文四年（南朝正平十四年、一三五九）、妙総が逝去した。師の追〔悼の〕偈に〔は、このように〕述べられていた、「〔女性である〕摩耶夫人《まやぶにん》は忉利天《とうりてん》に生まれ、〔『法華経《ほけきょう》』「提婆達多《だいばだった》品《ぼん》」に登場する娑竭羅龍王《さからりゅうおう》の娘である〕華鮮《かせん》は〔成仏して〕南方〔の無垢世界《むくせかい》〕に行った。妙総尼には〔この世にやって〕来〔る前にいた元《もと》の〕処《場所》は無いし、去って〔帰って〕いく故郷もない。一〔枚の白い〕衣〔を着ているか〕のように千山《山々》の〔上には真っ白な〕雪〔が降り積もり〕、白い鶴が〔埋葬地である〕北邙《ほくぼう》〔の山の上を〕を〔飛び〕回っている。中《そこ》に第一義《究極の真理》が有るのであり、道樹《菩提樹》が鬱蒼《うっそう》として〔生い茂って〕いる。〔仏門の最初の尼僧となった〕大愛道《だいあいどう》（＝釈迦の養母の摩訶波闍波提《マハープラジャーパティ》）も我が〔母の〕比ではない、〔感情を持たない〕石女《せきじょ》でさえ〔悲しみに暮れて〕空しく断腸〔の思いをしているのだ〕」と。康安《こうあん》元年（南朝正平十六年、一三六一）、月堂が滅度《遷化》した。象外宗越《ぞうげそうえつ》が、妙楽寺の〔住持の〕席を離れて、しきりに〔後継として〕師を勧めた。師が言った、「私は〔真っ当な僧侶ではない〕風顛《風狂》であり、先師は〔それを認めて〕許してくれていた」と言って、遂に〔住持の座に〕就かなかった。貞治《じょうじ》二年（南朝正平十八年、一三六三）、再び元に入って、〔中天竺寺の〕「心華堂（ママ）（＝室）」に坐《住居》した。〔そこでの暮らしは〕枯淡で事《問題》も無かったが、元〔末から〕明〔初にかけて〕の〔戦〕乱の後、牛頭山は荒廃してしまっていた。師は、弟子の痴禅《ちぜん》と栢堂《はくどう》とに命じて、〔牛頭山復興のために勧募を求める〕化主《けしゅ》〔の職位〕に就かせ、殿堂を恢復させた。大衆《修行僧》たちは歓喜して、師を住持だと〔褒め〕称えた。遠くでも近くでも〔どこでも次のように〕伝えられていた、師の訪れる所には、〔天上世界にたなびく〕紫の雲が空に満ち、〔諸天が雨降らせた〕天の華が地面いっぱいに敷き詰められていると。大明の皇帝〔である洪武帝《こうぶてい》〕は、ずっと以前から師の名を聞いていた。洪武《こうぶ》六年（一三七三）、〔師を〕宮廷に招いて仏法について質問した。〔師は〕答えて言った、「貧道《わたし》は、老い〔た身〕を和気《和やかさ》の中に置き、愚かさを守って余命を終えるだけです。〔それなのに〕どうやって〔陛下から頂戴した〕聖恩《恩義》に〔対する〕お礼を致しましょうか」と。〔師の〕天子への返答は〔天子の〕御心に適った。〔そこで〕紫金《金襴》の衣《袈裟》を下賜され、〔それを着けて須弥《しゅみ》〕座《ざ》に陞《のぼ》って説法した。師は払《ほっ》子《す》を竪《た》てて言った、「〔この払子の〕一〔本の〕毛が無辺《無限》の法界《世界》を飲み込み、仏祖や聖賢も〔その毛の〕裡《なか》許に一緒に入ってしまう。〔そんな払子の〕欛柄《柄》が、どうして山僧《わたし》の手中にあるのか」と。しばらく黙った後に言った、「お分かりか。もしお分かりでなければ、私が論説《説くこと》をよく聞かれよ」と。払子を収めると、「衆《おお》〔くの〕星が北極星を取り巻き、万《すべ》〔ての〕国が皇帝の〔徳政や教〕化に従う」と。〔そう言うと、須弥〕座から下りた。龍顔《皇帝の顔》は悦懌《喜悦》し、百官《全ての役人》は感動した。皇帝は師を〔宮中に引き〕留めて〔元《げん》の帝師であった〕巴思八《パスパ》のように〔自分の師匠に〕しようとした。師は懸命に断って言った、「心こそが良師《立派な師》なのです。陛下、外に求めてはなりません」と。皇帝は言った、「どのようにして〔その心を〕保持すればよいのか」と。師は、皇帝が深く信頼していることを知り、〔波羅提《はらだい》〕木叉《もくしゃ》（＝戒本）の秘訣を授けて言った、

「皇帝の胸中の思いを〔安易に外に示すこと無く〕内に秘するならば、天下の人々が皇帝に〔帰服して〕お目にかかりにやって来ることでしょう」と。師は遂に〔中天竺寺〕に帰って再び山を下らなかった。皇帝が在位している間、麒麟や鳳凰〔が現れたり〕甘露の〔雨が降るといった〕瑞祥がしばしば起こった。〔皇帝は〕それが戒の徳によってそうなったことが分かっていたが、人には話さなかった。〔洪武〕十四年（一三八一）二月望《十五日》、師は、釈迦涅槃像を香〔を焚いて礼〕拝し、偈を唱えて言った、「〔情識分別を離れた〕大死底人《死にきった》が涅槃《終わり》だと叫んでいる。彼を騙しても彼に騙されてはならぬぞ。〔無我である私に涅槃などありはしないのだから。〕」千峰《山々》が〔説法の〕席に〔集まって〕きて空しく涙を流して悲しんでいる。〔その涙に濡れたためか〕地面いっぱいに花が散っている脚下《あしもと》が冷たい」と。そして心華〔室〕に帰り、平生《日頃》〔書き記した〕文字《文章》〔をまとめた書冊〕数十巻を焚《や》いて言った、「なんと気持ちが良いことか。世尊は〔初《しょ》転法輪《てんぼうりん》から入滅まで〕一字も説かなかったし、達磨は文字に立《たよ》らなかった。今日、一〔本の〕炬《たいまつ》〔で全てを燃やしたの〕は、〔世尊や達磨には敵わないが〕少しは値打ちがあろう」と。そして法弟の無方宗応《むほうそうおう》を呼び出して言った、「私は逝去しようとしている。公《あなた》は先師〔たる月堂和尚〕の遺した戒めを大切に守って、真風《本物の禅風》が地に墜ちないようにしなさい」と。〔そして、そう言い終えると〕目を閉じた。〔無方は〕大声をあげて言った、「末後《最後》の句《言葉》はどのようなものでしょうか」と。師は〔筆で〕書く真似をした。〔無方が〕筆を渡すと、〔無我は次のように〕書いて言った、「此岸《迷い》と彼岸《悟り》とを一蹴《ひとけ》りで蹴倒《けたお》し、釈尊は〔真の〕薬を求めて乾坤《天地》〔の衆生〕を呑み尽くしたのだ」と。筆を放り投げて坐〔禅したまま遷〕化した。世寿は七十二、法臘は五十九であった。〔亡骸《なきがら》を〕火《や》いた後、一個の柱骨《頸椎の骨》だけが焼けず〔に残っており〕、その色は青白く、仏像の形そのもので、衣〔をつけた〕体《すがた》は彫刻したかのようであった。舎利は糊づけし〔たようにくっついて固まってい〕て〔最上の宝石である〕髻珠《けいじゅ》の〔ように〕キラキラと鮮やかに輝いていた。門人たちが〔その舎利を〕大切に捧げ持って〔運び〕、〔無我省吾の墓である〕「心華塔」に納めた。皇帝は、師の遷化を聞いてひどく驚き悼《いた》んで言った、「ああ、天は私の良師を奪ってしまった」と。中使《勅使》を送って大栴檀香・龍の模様の礼服と紫の帽子・珊瑚の念珠を賜い、〔加えて〕菩薩の号を贈った。別に金《金》餅《枚》百錠を贈って、斎供《供養》を資辨《たす》けた。〔径山《きんざん》・霊隠《りんにん》・天童《てんどう》・浄慈《じんず》・育王《いおう》の〕五山といった諸刹の名宿《名僧》たちが、〔無我の遷化に対して〕慇懃に弔問に赴いた。南堂清欲《なんどうせいよく》は哀冊《弔辞》の文章で〔次のように〕言っている、「ああ、無我〔省吾〕は月堂〔宗規〕の真の弟子であり、南浦〔紹明〕の孫弟子でもある。〔彼は〕ひびの入った器に天沢《虚堂智愚》の水《教え》を盛り、素焼きの割れた盆で少室《達磨》の法門を賑《にぎ》わした。まことに末世における僧の宝、無依の道人《何物にも依拠しない道を得た人》であった。清欲《わたし》は〔彼の崇〕高〔な〕風〔格〕に接すること三十年〔もの長い年月であった〕のに、〔彼はたった〕一老《ひとり》〔の法嗣である心翁省印《しんのうしょういん》〕だけを遺して、どうして〔こんなに〕早く払袖《サッサと立ち去》ってしまったのか、ひどく残念に思う。〔彼がいなくなったそのことは、〕私に空しくも〔火の点《つ》いていない〕冷たい灰〔の中〕で〔焼けもしないのに〕芋魁《イモ》を焼いているような気持ちにさせる。鸞《らん》〔鳥《ちょう》の脂で作った強力な〕膠《にかわ》が有ったとしても、いったい誰と一緒に絃が無い〔琴の弦〕を接《つ》ぐことができようか。〔彼は〕胸中がカラリとして、空前絶後〔な人物〕であった。中竺寺〔から見える〕月を愛して、輪指《仏の指》を拗《ねじ》り折り、五台山の雲を披《ひら》いて、〔そこから〕金僊《仏陀》を突き出し、身《すがた》を経典に隠して、菩提薩埵《ぼだいさった》（＝菩薩）と謚《おくりな》された。ああ、無我は扶桑《日本》〔という木〕の東の枝に太陽のごとき仏の光をめぐらし、皇明《明朝》の北《宮》

極《廷》で龍筵《皇帝の座席》を照らした。〔そして洪武帝の前で、〕玄機《玄妙なはたらき》を一人明らかにし、〔彼が手にした〕亀毛でできた払子は〔まっすぐに〕天に昇った。〔無我が遷化した今日という〕この日はどんな日であろうか。仏《釈尊》と同じように滅《示寂》〔する〕と唱え、〔その〕妙なる心は〔釈尊同様、〕ただ迦葉〔尊者に比すべき心翁省印《しんのうしょういん》〕だけに伝えることが許されたのだ。ああ、無我よ、真寂《涅槃》の定中にあって、〔私のこの拙い文章を〕首を夕テに振〔って認め〕るであろうか。〔今や彼は〕朝には五台山〔にいても〕夕暮れには中〔天〕竺〔寺に帰っているといった具合に〕行蔵不測《神出鬼没》なのだから、清欲《わたし》はどうやって〔彼にこのことを〕知らせられようか。ああ」と。

＊

○無我省吾禅師竹園之種、十三歳出家進具、初学顕密法＝「行実」には次の様に詳しく述べられている。なお、無我の「行実」は二種類ある。いずれも無我省吾が「一心妙戒」について縷々述べたことを弟子達がまとめた『一心妙戒教』に附されたものであるが、それには、延享三年（一七四六）の刊本と、安永九年（一七八〇）の刊本とがある。本来ならばより古い延享本を使うべきであろうが、両書には少なからず字句の異同があり、延享本はやや乱れが目立つ。よって、今回は安政本を使用する。「師の諱は省吾、字は無我、初名は海信。花園帝の庶子なり。母は仁木氏。延慶三年正月十一日を以て誕《う》まる。正妃嫉みて其の臣の林氏に命じ、母を逐いて子を棄てしむ。林氏、棄つることを為すも育す。師十歳、乳母に謂いて云く、『家君、及び尊慈、我を敬すること諸子に同じからざるは、何ぞや』と。乳母対《こた》えず。師曰く、『嫗《おうな》、告げずんば則ち我れ断たん』と。乳母は怖れて耳語《耳打ち》す。師曰く、『阿母、何《いずく》にか在る』と。云く、『曾て王宮を出ずるとき、采女《うねめ》（女官）に謂いて曰く、「菩提の縁至る」と。遂に去りて之《ゆ》く所を知らず』と。師は厳に制して曰く、『嫗、復た言うこと勿かれ』と。師、此れ従り母を度するの志有り。十二歳、歌を壁に題し、求法の情を述べ、服を易《か》えて逃亡す。林氏、旁《あまね》く訪ぬれども護らず。師径《ただ》ちに伊勢神宮に詣り、稽首して黙禱すらく、『願わくは母の寿長遠にして、必ず相い遇うことを得んことを。願わくは仏弟子と為りて、無上道を成ぜんことを。願わくは一切の衆を度して、以て四恩に報いんことを。願わくは如上の求むる所、速やかに円成を得んことを』と。時に霊鳥、棟に在りて、円囀すること数声、山川人物、之が為に聳然たり。社司、相い眄《み》て謂いて曰く、『必ず神人の参礼すること有らん』と。師、帰途に雲遊の僧慧春なる者に逢う。師の妙年にして竛竮、而も気質凡ならざるを怪しみて、其の所由を問う。師曰く、『父母倶に喪して依怙する所無し。只だ出家を願うのみ』と。僧、其の情を感じて、之が為に祝髪し、畦衣《けいえ》（袈裟）を附し、帰戒を授け、名づくるに海信を以てす。師曰く、『願わくは長く相い随わんことを』と。春云く、『浮雲流水、一身すら尚お多し。豈に相伴に耐えんや。子《なんじ》は大乗の器なり。向後、縁に任せて志願を落とすこと莫かれ』と。師、深く之を諾す。此れ従り南岳に登り北嶺に至り、受具登壇し顕密の賾を探る（師諱省吾、字無我、初名海信。花園帝庶子。母仁木氏。以延慶三年正月十一日誕焉。正妃嫉而命其臣林氏、逐母棄子。林氏為棄而育。師十歳、謂乳母云、家君及尊慈、敬我不同諸子、何歟。乳母不対。師曰、媼不告則我断。乳母怖而耳語。師曰、阿母何在。云、曾出王宮、謂采女曰、菩提縁至。遂去不知所之。師厳制曰、媼勿復言。師従此有度母志。十二歳、題歌於壁、述求法之情、易服逃亡。林氏旁訪弗護。師径詣伊勢神宮、稽首黙祷。願母寿長遠、必得相遇。願為仏弟子、成無上道。願度一切衆、以報四恩。願如上所求、速得円成。時霊鳥在棟、円囀数声、山川人物、為之聳然。社司相眄謂曰、必有神人参礼。師帰途逢雲遊僧慧春者。怪師妙年竛竮、而気質不凡、問其所由。師曰、父母倶喪無所依怙。只願出家而已矣。僧感其情、為之祝髪、附畦衣、授帰戒、名以海信。師曰、願長相随。春云、浮雲流水、一身尚多。豈耐相伴。子大乗器。向後任縁、莫落志願。師深諾之。従此登南岳至北嶺、受具登壇、探顕密賾）」。ちなみに、『大徳寺禅語録集成』第一巻（法蔵館・一九八九）所収の『無我集』に附された「大明勅贈菩薩無我省吾禅師行状」（以下「行状」と表記）は、延享本を底本としたものである。

○竹園之種＝「竹園」は、天子の子孫のこと。前漢の孝文帝の子孝王が、梁に封ぜられ免園を作り、多く竹を植えた故事にちなむ（『大漢和』巻八・p.731）。つまり、天皇家の姻戚。延享本「行実」に拠れば「花園帝庶子」とあって、花園天皇（一二九七～一三四八）の側室の子としている。

○進具＝出家して沙弥戒（十戒）を受けた者が、満二十歳になって比丘の具足戒を受けること。『四分律』巻二七に「年満二十得受具足戒」（T22-755c）とある。戒全般についての説明は『釈氏要覧』巻上「戒法」（T54-270c）に詳しい。

○初学顕密法＝「顕密」は、顕教と密教。「行実」の安政本には「此れ従り南嶽に登り北嶺に至り、受具登壇して顕密の賾を探る（従此登南岳至北嶺、受具登壇探顕密賾）」とあり、一方、延享本には、「師は素《日頃》より伝教・弘法の名を聞き、南岳・北嶺に登りて、受具登壇し、顕・密の賾を探る（師素聞伝教・弘法名、登南岳北嶺、受具登壇、探顕密賾）」（p.288）とあることから、ここは天台宗と真言宗であることが分かる。

○峰甚器之＝「器」は動詞として才能を高く評価するの意（『漢辞海』p.276）。ここは宗峰が無我の才能を認めて重用した、ということ。

○後謁紫野宗峰問話往反、峰甚器之＝「行実」では以下の通り。「偶《たま》たま達磨宗に安心の法有ることを聞きて、遂に名徳を尋ね、専ら妙悟を要《もと》む。或るひと曰く、『紫野の宗峰は、今時の禅傑なり』と。奔《はし》りて大徳に造《いた》るに、適《たま》たま峰上堂す。師問う、『如何なるか是れ父母未生已前、本来の面目』と。峰曰く、『父母は且く置く。如何なるか是れ上座、即今の面目』と。師、対《こた》うる無し。峰曰く、『諸方尽く道《い》う、「一法の人に与うる無し」と。我が這裏《しゃり》は然らず。一法の人に与えざること無くんば、人の把得定すること無きを奈《いかん》せん』と。師、明日《翌日》、衆を出でて曰く、『師に一法を請う』と。峰、鉄鑼子を拈ず。師曰く、『是れ什麼《なん》ぞ』と。峰、地を打すること三下して曰く、『這裡《しゃり》自《よ》り入れ』と。師進みて鑼子を接す。峰、大衆を顧みて曰く、『久参の衲子を愧殺す』と。師、此れ従り毎日、地を刮《けず》り草を剗《か》る。一日作さざれば一日食らわずの気格有りて、戒検堅密、悟を以て則と為す。衆、皆な嘆じて菩薩と称

す（偶聞達磨宗有安心法、遂尋名徳、専要妙悟。或曰、紫野宗峰、今時禅傑。奔造大徳、適峰上堂。師問、如何是父母未生已前、本来面目。峰曰、父母且置。如何是上座即今面目。師無対。峰曰、諸方尽道、無一法与人。我這裏不然。無一法不与人、奈無人把得定。師明日出衆曰、請師一法。峰拈鉄钁子。師曰、是什麼。峰打地三下曰、自這裡入。師進接钁子。峰顧大衆曰、愧殺久参衲子。師従此毎日刬地劖草。有一日不作一日不食之気格、而戒検堅密、以悟為則。衆皆嘆称菩薩）」。

○京西龍翔＝京都洛西の龍翔寺のこと。〔77〕の「京西龍翔」の注を参照。

○翼従＝側に付き従って助けること（『漢語』第九冊・p.679）。

○蔵局＝蔵主のこと。『見桃録』（巻一・T81-427a、など）に見える語であるが、中国の禅籍では使用されていない。

○堂挙紙燭吹滅話、師言下廓然＝「紙燭吹滅話」は、『碧巌録』第四則や『無門関』第二八則に見える「久響龍潭」の話のこと。「龍潭、因みに徳山請益して夜に抵《いた》る。潭云く、『夜深し。子何《なんじ》ぞ下り去らざる』と。山、遂に珍重して簾を掲げて出づ。外面の黒《くら》きを見て、却回《きやうい》して云く、『外面黒《くら》し』と。潭乃ち紙燭〔に火〕を点《つ》けて度与す。山、接《受け取り》せんと擬《ほつ》す。潭便ち吹滅《吹き消し》す。山、此《ここ》に於いて忽然として省有り。便ち作礼す。潭云く、『子、箇の甚麼《なん》の道理をか見る』と。山云く、『某甲《それがし》、今日従《よ》り去《のち》、天下の老和尚の舌頭を疑わざるなり』と。明日《翌日》に至り、龍潭陞堂《しんどう》して云く、『可中《もし》箇の漢、牙、剣樹の如く、口、血盆に似て、一棒打すれども頭を回《めぐ》らさざること有らば、他時異日、孤峰頂上に向《お》いて吾が道を立てん』と。山、遂に疏抄を法堂の前に取り、一炬火を将《もつ》て提起して云く、『諸もろの玄辨を窮むるも、一毫を太虚に致すが若く、世の枢機を竭《つく》すも、一滴を巨壑に投ずるに似たり』と。疏抄を将《もつ》て便ち焼き、是《ここ》に於いて礼辞《らいじ》す（龍潭因徳山請益抵夜。潭云、夜深。子何不下去。山遂珍重掲簾而出。見外面黒、却回云、外面黒。潭乃点紙燭度与。山擬接。潭便吹滅。山於此忽然有省。便作礼。潭云、子見箇甚麼道理。山云、某甲従今日去、不疑天下老和尚舌頭也。至明日、龍潭陞堂云、可中有箇漢、牙如剣樹、口似血盆、一棒打不回頭、他時異日、向孤峰頂上立吾道在。山遂取疏抄於法堂前、将一炬火提起云、窮諸玄辨、若一毫致於太虚、竭世枢機、似一滴投於巨壑。将疏抄便焼。於是礼辞）」（『無門関』T48-

296b)。

○廓然＝悟りの形容として用いられる。心が大空のように晴れて、何のわだかまりもなく広いさま。『碧巌録』第一則の「廓然無聖」（T48-140a、岩波文庫本㊤p.36、末木訳㊤p.30）が用例として広く知られている。

○喫顛＝こける、つまづく。「喫攧」もしくは「喫交」とも（『俗語解』【四八九】「喫交」条・p.106、『禅語』p.82）。

○金剛疏鈔重双肩…油餐償得両三銭＝徳山宣鑑が龍潭崇信に参ずることになった因縁にもとづく偈。『碧巌録』第四則・本則評唱の中では以下の通り。「初め澧州に到る。路上に一婆子の油糍を売るを見て、遂に疏鈔を放下して、且《まさ》に点心を買いて喫せんとす。婆云く、『載する所の者は是れ什麼《なん》ぞ』と。徳山云く、『『金剛経』の疏鈔なり』と。婆云く、『我れに一問有り、爾《なんじ》若し答え得れば、油糍を布施して点心と作さん。若し答え得ざれば、別処に買い去れ』と。徳山云く、『但だ問え』と。婆云く、『『金剛経』に云く、『過去心も得可からず、現在心も得可からず、未来心も得可からず』と。上座は那箇の心をか点ぜんと欲す』と。山、無語。婆、遂に指して龍潭に去《ゆ》き参ぜしむ（初到澧州。路上見一婆子売油糍、遂放下疏鈔、且買点心喫。婆云、所載者是什麼。徳山云、金剛経疏鈔。婆云、我有一問、爾若答得、布施油糍作点心。若答不得、別処買去。徳山云、但問。婆云、金剛経云、過去心不可得、現在心不可得、未来心不可得。上座欲点那箇心。山無語。婆遂指令去参龍潭）」（T48-143c、岩波文庫本㊤p.80~81、末木訳㊤p.80~81、末木訳㊤p.84）。「金剛疏鈔」は、『金剛経』の疏鈔のこと。「将謂」は、『禅語』に「六朝以来の俗語。いつも『思い違いする』『誤解する』という意味」（p.214）。「油餐」は「油餈」の誤字であろう。「油餐」は諸辞書に見えず意味が不明である。『御選語録』巻一八「金陵兪道婆」条に「油餐を市《う》るを業と為す（市油餐為業）」（Z119-373d）とあり、「油餐」という語が見えているが、『続伝燈録』巻二三（T51-627b）・『嘉泰普燈録』巻一一（Z137-95c）・『五燈会元』巻一九（Z138-376a）などの「兪道婆」条の記述は、すべて「油餈」になっている。「油餈」は「油糍」と同じく「揚げ餅」の意。

○神光来也＝「神光」は、達磨に出逢う前の二祖慧可の名前（『景徳伝燈録』巻三・T51-220c）。月堂は自らを達磨に擬え、達磨の弟子として二祖慧可が出現したように、正統な弟子として無我省吾が現れたことを表現しているのであろう。

○某罪過＝私が悪かった。しばしば問答の場面で用いられる語だが、多くの場合、『碧巌録』第三四則・本則評唱などに見えるように「某甲罪過」（T48-173a、岩波文庫本㊥p.43、末木訳㊥p.44）となっている。

○一心戒＝釈尊から的的相承した「一心」を戒本（戒の条文。波羅提木叉と同義）とするもの。無我省吾には、『一心妙戒教』という、月堂から授けられた「一心妙戒」について縷々述べたものがある。詳細は拙著『博多妙楽寺開山『月堂和尚語録』訳注（附行状）』「解説」の「三、一心妙戒について」（p.407~419）参照。

○嘉暦二年…且授一心戒＝「行実」には、「嘉暦二年（一三二七）、関西の月堂禅師、法を龍翔に開く。峰、師を差《つか》わして化を輔《たす》けしむ。堂、蔵局を命ず。後に堂の帰るに随い、博多に達す。妙楽の象外、出でて迎う。師傍らより観るに、乃ち是れ剃度の師恵春なり。進前展拝すれば、象外答礼して云く、『昔年の雲水、今日の骨肉』と。師曰く、『志願を落とすこと莫かれ。一語、今ま猶お耳に在り』と。象外、衆に告げて曰く、『初発心地に便ち正覚を成す。今ま海信に於いて其の人を見る』と。堂、横岳に住す。公案を商量すること切磋丁寧なり。師、雲門の関を頌して曰く、『画《えが》く者、神を凝らして地獄を図《えが》く。刀山剣樹、気森森たり。黄昏に筆を投じて、却って偸眼《盗み見》すれば、牙《歯》戦《おのの》き毛寒《逆立》ちて、自ら心を失う』と。堂曰く、『海信、贓《盗品》物を検《しら》ぶるの眼を具す』と。廼《すなわ》ち和して曰く、『眉毛、地に拕《ひ》く翠嵓老、韶石の一関、殺気森たり。多少の行人、透り得ず、月明らかにして夜夜、天心を照らす』と。一夕、小参の次《おり》、堂、階を下る。師、燭を秉るに、渓風忽ち来たりて火滅す。堂曰く、『龍潭・徳山、一時に敗缺す』と。師、言下に廓然たり。一偈を呈して曰く、『金剛の疏鈔、双肩に重し。虚空に放下して喫顚を打す。将《まさ》に謂《おも》えり徳山太《はなは》だ奇特なりと。油養《ゆし》償い得たり両三銭』と。堂、一見して手を伸ばして曰く、『我れに油養銭を還し来たれ』と。師、出でて礼拝す。堂曰く、『神光来れり』と。師曰く、『某甲《それがし》の罪過なり』と。堂、深く之を肯う。因りて名を改めて省吾と曰い、号して無我と曰う。且つ一心妙戒を嘱す。〈語は『一心妙戒』に在り。〉（嘉暦二年、関西月堂禅師、開法

於龍翔。峰差師輔化。堂命蔵局。後随堂帰達博多。妙楽象外出迎。師傍観、乃是剃度師恵春。進前展拝、象外答礼云、昔年雲水、今日骨肉。師曰、莫落志願。一語今猶在耳。象外告衆曰、初発心地、便成正覚。今於海信見其人。堂住横岳。商量公案切磋丁寧。師頌雲門関曰、画者凝神図地獄、刀山剣樹気森森。黄昏投筆却偸眼、牙戦毛寒自失心。堂曰、海信具検贓物之眼。迺和曰、眉毛拕地翠嵓老、韶石一関殺気森。多少行人透不得、月明夜夜照天心。一夕小参次、堂下階。師秉燭、渓風忽来火滅。堂曰、龍潭徳山、一時敗缺。師言下廓然。呈一偈曰、金剛蹠鈔重双肩。放下虚空打喫顚。将謂徳山太奇特。油餈償得両三銭。堂一見伸手曰、還我油餈銭来。師出礼拝。堂曰、神光来也。師曰、某甲罪過。堂深肯之。因改名曰省吾、号曰無我。且嘱一心妙戒。〈語在一心妙戒〉)」とある。

○貞和戊子師年三十九…推尊其師如是＝「行実」には、「貞和〔四年〕戊子（一三四八）、師の歳三十九、海を踰えて元に入る。菊地武光護送す。径《ただ》ちに牛頭に陟《のぼ》るに、緇素、中竺寺に敦請す。師、軽く諾して行く。弟子等訝《いぶか》りて問う、『師、固く名山の請を拒むに、這回は甚《なん》に因りてか響応す』と。師曰く、『老漢の讖、奚《なん》ぞ辞謝することを為さん』と。〈蓋し「中嵩を過ぎて中竺に到る」の語を謂う。〉衆に臨むの暇、乃ち草房を締《むす》び、扁《扁額》するに心華を以てす。明年至正〔九年〕己丑（一三四九）、五台山に登り、仏菩薩の妙戒を授受することを感ず。〈儀範は『一心妙戒』に備《つぶさ》なり。〉丁酉、牛頭を辞して本国に還る。諸もろの善知識、相い贈るに言を以てす。天寧の楚石の偈に曰く、『初め大唐国に来たるに、此の道已《すで》に円成す。煆煉の風霜古く、真金の色益ます精し』と。又た天界の季潭に、『牛頭に大坐して祖関を啓《ひら》き、真燈、世を照らして、古風還る』の句有り。枚挙を仮らず。諸もろの名宿、推尊すること是くの如し。夏五月、船を杭州に発し、八月、博多に達す。時に延文二年（一三五七）なり〈貞和戊子、師歳三十九、踰海入元、菊地武光護送。径陟牛頭、緇素敦請中竺寺。師軽諾而行。弟子等訝問、師固拒名山之請、這回因甚響応。師曰、老漢之讖、奚為辞謝。〈蓋謂過中嵩到中竺語。〉臨衆之暇、乃締草房、扁以心華。明年至正己丑、登五台山、感仏菩薩、授受妙戒。〈儀範備一心妙戒。〉丁酉辞牛頭還本国。諸善知識、相贈以言。天寧楚石偈曰、初来大唐国、此道已円成。煆煉風霜古、真金色益精。

又天界季潭有、大坐牛頭啓祖関、真燈照世古風還之句。不仮枚挙。諸名宿、推尊如是。夏五月、発船杭州、八月、達博多。時延文二年也〕」とある。

○中竺＝中天竺寺のこと。中国十刹の第一位。杭州府（浙江省）銭塘県の霊隠山にある。『武林梵志』巻五「中天竺寺」条（B29-584b）参照。

○草廬＝粗末な草庵（『漢語』第九冊・p.377）。

○登五台金剛窟、親拝化仏受妙戒訣＝「五台金剛窟」については、『碧巌録』第三五則・本則評唱に次の様にある。

「無著、五台に遊ぶ。中路、荒僻の処に至るに、文殊、一寺を化し、他を接して宿せしむ。遂に問う、『近ごろ甚処《いずこ》を離るるや』と。著云く、『南方』と。殊云く、『南方の仏法、如何が住持す』と。著云く、『末法の比丘、戒律を奉ずるもの少なし』と。殊云く、『多少の衆ぞ』と。著云く、『或いは三百、或いは五百』と。無著、却って文殊に問う、『此間、如何が住持す』と。殊云く、『凡聖同居し、龍蛇混雑す』と。著云く、『多少の衆ぞ』と。殊云く、『前三三、後三三』と。却って茶を喫す。文殊、玻璃の盞子を挙起して云く、『南方に還《は》た這箇有りや』と。著云く、『無し』と。殊云く、『尋常、什麼《なに》を将《もっ》てか茶を喫す』と。著、無語にして、遂に辞し去る。文殊、均提《きんてい》童子をして送りて門首に出でしむ。無著、童子に問うて云く、『適来道《い》う、「前三三、後三三」と、是れ多少ぞ』と。童子云く、『大徳』と。著、応喏す。童子云く、『是れ多少ぞ』と。又た問う、『此れは是れ何の寺ぞ』と。童子、金剛の後面を指す。著、首を回《めぐ》らすに、化寺と童子と、悉く隠れて見えず、只《ただ》是空谷なるのみ。彼の処、後来、之を金剛窟と謂う（無著遊五台。至中路荒僻処、文殊化一寺、接他宿。遂問、近離甚処。著云、南方。殊云、南方仏法、如何住持。著云、末法比丘、少奉戒律。殊云、多少衆。著云、或三百或五百。無著却問文殊、此間如何住持。殊云、凡聖同居、龍蛇混雑。著云、多少衆。殊云、前三三後三三。却喫茶。文殊挙起玻璃盞子云、南方還有這箇麼。著云、無。殊云、尋常将什麼喫茶。著無語、遂辞去。文殊令均提童子送出門首。無著問童子云、適来道、前三三後三三、是多少。童子云、大徳。著応喏。童子云、是多少。又問、

此是何寺。童子指金剛後面。著回首。化寺童子、悉隠不見、只是空谷。彼処後来謂之金剛窟）」（T48-173c、岩波文庫本㊥p.51~52、末木訳㊥p.56）。「化仏」は文殊菩薩を指す。

○大坐牛頭啓二祖関、真燈照世古風還等之句＝季潭宗泐による「送吾長老帰日本」。〔72〕参照。

○推尊＝推挙して尊崇する、尊敬する（『漢語』第六冊・p.678）。

○是印定譚＝「印定」は、印を押すこと。ひいては印可の意となる。ここは印可と同意。例えば、『大慧普覚禅師語録』巻二六「答許司理」に「只だ此の印を以て、一切の処に於いて印定《判子を押》す（只以此印、於一切処印定）」（T47-924c）とあり、同じく巻三〇「答張舎人状元」に「冬瓜の印子を将《もっ》て印定《印可》す（将冬瓜印子印定）」（924c）とある。「譚」は、文末に置き、疑問や強い肯定の語気を表す（『漢辞海』p.1148）。

○妙総尼＝「行実」の同じ箇所では以下の通り。「月堂を省する次《おり》、台山見仏受戒の事を陳《の》ぶ。堂曰く、『是れ妙戒の印定、譚《にい》』と。是れより先、尼妙総というもの有り、機辯敏捷、自《みずか》ら鉄磨・末山に比す。堂の化風を聞きて、特に来たりて礼謁す。堂問うて曰く、『尼、何れの時か受戒す』と。尼曰く、『未だし』と。堂、痛罵して曰く、『向下未だ及ばざるに、徒らに向上を譚ず、此れは是れ邪魔の種族なり』と。主杖《拄杖》を把《と》りて趕《お》い出し、門を閉却す。尼、茫然として度を失し、再三悔謝して、具さに未戒の因由を陳べて曰く、『尼、昔し発心の初め、同志の者数十輩有り。志力を奮起して具足・十重等を受持するも、克《よ》く終うる者有ること無し。日日に荒惰し、年年に毀廃す。時に非笑せらる。罪、波羅夷を越え、或いは王刑に罹《かか》るもの有り。尼密かに念《おも》えらく、「凡心、未だ転ぜずして、其の外を厳に制し、以て仏を欺き法を毀ち、自ら阿鼻《地獄》を招くに至る。如《し》かず、参禅徹し了わり、偸心死尽して、方に登壇受具するに好《よ》きに。某《それがし》、戒緩なりと雖も、未だ曾て五根本の一小罪をも犯さず。所以に自ら念《おも》えらく、「我が受けざるは、猶お受くるが如し」と。知らず、過《とが》有りや』と。堂曰く、『妙総、汝の言の若くんば、則ち禅戒、両橛と作《な》り了《お》わる。如来一乗の法は、二無く三無し。唯だ是れ一心の法なり』と。尼、観《ママ》（＝歓）喜して切に授受せんことを冀う。時に師、方《まさ》に帰朝す。堂、命じて戒師為《た》らしむ。師、妙総の道心堅実なるを知りて、乃ち所伝の妙訣を開示し、蓮華心王仏の三大戒を授与す。妙総、当下に大解脱門に入り得て、心地平穏、始めて従前錯《あやま》りて偸心の為に使い将《も》ち去らるることを識る。是れ従り機鋒消尽して、己事を究明するの外、澹《たん》として別事無し。堂、乃ち僧伽黎《そうぎゃり》（＝袈裟）を附し、〈真空妙総〉と称す。此れより降《のち》、総、師を敬いて師兄《すひん》と称す。一日、師、尼の生縁を問う。総曰く、『此の事、口を断ずること五十年、今ま一問に遭いて覆蔵するに堪えず。胆を瀝して傾倒せん』と、師、熟《つらつ》ら聞きて疑い怪しみ、仍《よ》りて問う、『尼の右脇に黒子有ること無しや』と。尼曰く、『有り』と。腕を攘《かか》ぐれば黒子七点、列なること北斗の如し。乳母の言に合す。師、喜涙懺悔して曰く、『大師は実に是れ我が母なり。我れは是れ実に子なり』と。妙総、憢惚として言うこと能わず。徐ろに曰く、『大乗の菩薩に四大願有り。尼は猶お子に遇うの一願を加う。此の日、何の日ぞ。正に五種の大願、一時に円満することを得たり。仏神の妙助に匪《あら》ざる自《よ》りは、焉《いずく》んぞ能く此の事有らん』と。〔延文〕四年（一三五九）、妙総、微恙に嬰《かか》りて、師に謂いて曰く、『尼の一生の大願、悉く皆な成就す。胸宇、濯《あら》うが如し。我れ聞く、世尊、忉利に升《のぼ》りて母の為に説法し、頓に正覚を成ぜしむと。今ま師兄も亦た爾《しか》り。冀《こいねが》わくは、師の手を仮りて末後の句を書かん』と。迺ち口占して曰く、『虚空を裁縫して福田衣と作《な》す、変成男子《へんじょうなんし》、第二機に落つ』と。乃ち合掌して『南無蓮華心王仏』と唱うること数十声して長逝す。時に十一月三日。寿は六十九。師、遺命に依りて那珂山に葬り、菩提樹を種ゆ。木牌に偈を題して曰く、『摩耶《まや》は忉《とう》利《り》に生じ、華鮮《かせん》は南方に去る。妙総に来処無し、去るも亦た故郷無し。一夜千山の雪、白鶴、北邙を遶る。中に第一義有り、道樹鬱として蒼蒼、愛道、我が比《たぐ》いに非ず。石女空しく断腸す』と。時の人、妙総仏の木塔婆と称す。樵牧、敢えて其の地を穢《けが》さず。往来の者、必ず合掌敬拝す（省月堂次、陳台山見仏受戒事。堂曰、是妙戒印定齏。先是有尼妙総。機辯敏捷、自比鉄磨末山。聞堂化風、特来礼謁。堂問曰、尼何時受戒。尼曰、未。堂痛罵曰、向下未及、徒譚向上。此是邪魔種族。把主丈趕出、閉却門。尼茫然失度、再三悔謝、具陳未戒因由曰、尼昔発心初有同志者数十輩。奪起志力、受持具足

十重等、無有克終者。日日荒惰、年年毀廃。被時非笑。或有罪越波羅夷、或罹王刑。尼密念、凡心未転、厳制其外、以至欺仏毀法、自招阿鼻。不如参禅徹了、偸心死尽、方好登壇受具。某雖戒緩、未曾犯五根本一小罪。所以自念、我不受猶如受。不知有過否。堂曰、妙総、若汝言則禅戒作両橛了。如来一乗法、無二無三。唯是一心尼。観《(ママ)》喜切冀授受。于時師方帰朝。堂命為戒師。師知妙総道心堅実、乃開示初伝妙訣、授与蓮華心王仏三大戒。妙総当下入得大解脱門、心地平穏、始識従前錯為偸心使将去。従是機鋒消尽、究明己事之外、澹無別事。堂乃附僧伽黎、称真空妙総。此降、総敬師称師兄。一日師問尼生縁。総曰、此事断口五十年、今遭一問不堪覆蔵。瀝胆傾倒。師熟聞疑怪、仍問、尼右脇無有黒子麼。尼曰、有。攘腕黒子七点列如北斗。合乳母言。師喜涙懺悔曰、大師実是我母、我是実子。妙総憢惚不能言。徐曰、大乗菩薩有四大願。尼猶加遇子一願。此日何日。正得五種大願、一時円満。自匪仏神妙助、焉能有此事哉。四年、妙総嬰微恙、謂師曰、尼一生大願、悉皆成就。胸宇如濯。我聞、世尊升忉利、為母説法、頓成正覚。今師兄亦爾。冀仮師手書我末後句。迺口占曰、裁縫虚空作福田衣、変成男子落第二機。乃合掌唱南無蓮華心王仏数十声、長逝。時十一月三日。寿六十九。師依遺命葬于那珂山、種菩提樹。木牌題偈曰、摩耶生忉利、華鮮去南方。妙総無来処、去亦無故郷。一夜千山雪、白鶴遶北邙。中有第一義、道樹鬱蒼蒼。爰道非我比、石女空断腸。時人称妙総仏木塔婆。樵牧不敢穢其地。往来者、必合掌敬拝）」。つまり、「妙総」とは月堂に参じ、無我より「蓮華心王仏」の三大戒を授けられた尼僧であり、また、無我が幼い頃に生き別れた実母でもあった、ということが分かる。

○鍼芥縁＝針の先に芥子の種がぶつかるような、極めて希有な出会いのこと。北本『涅槃経』巻二に「芥子、針鋒に投ずるも、仏の出《いず》ることは是れよりも難し（芥子投針鋒、仏出難於是）」（T12-372c）とある。

○華鮮＝大休宗休『円満本光国師見桃録』巻二「道号頌上」の「芳心（宗妙）」条に、「一字元来仏宣べず、龍児八歳、華鮮と称す。月宮豈に三星の繞るを待たんや、維徳維馨、当体蓮なり（一字元来仏不宣、龍児八歳称華鮮。月宮豈待三星繞、維徳維馨当体蓮）」（T81-435c）とあり、柳田聖山訳注本では「『法華経』の提婆達多品第十二に、八歳の竜女が珠を献じ、法華の功徳で頓悟成仏する話あり、謂わゆる変成男児のこと。華鮮は、蓮華のこと。謝霊運の山居賦に左あり、『備物は偕なりと雖も、美は独り扶桑の華鮮なる』と。『眼裏沙』に、常庵（竜嵩）の解をあげ、『二祖師の録に之を見るも、未だ本拠を見ず』とする（二祖師は大応と徹翁か）。また、『蔵経の中に花鮮経と云う有り、此の録には之を載す可きも、未だ行見せずと』と」（柳田聖山『圓満本光國師見桃録』國師四百五十年遠諱記念出版・霊雲本庵・一九九七・p.629）と注している。「龍児八歳称華鮮」は、『法華経』の中に見える、娑竭羅龍王の八歳の娘が男子に変じて成仏し、南方の無垢世界に行ったという話にもとづいたものであるが、『法華経』中には「華鮮」という語は見えない。ただし、同じく『見桃録』の巻四「預請秉炬」の「月渚明円禅尼下火　預請」条では、「五障の娑竭女、華鮮と号す（五障娑竭女号華鮮）」（T81-466b）とあることから、大休に拠れば、娑竭羅龍王の娘が「華鮮」と呼ばれていたことになる。後の資料ではあるが、他に典拠がないので、ここもそれに従う。

○北邙＝河南省洛陽市の北東にある邙山。また北山とも言う。後漢以降、多くの王侯・貴族がここに葬られた。転じて墓地を言う。

○第一義＝第一義諦・第一義門とも。言葉をもっても言い表せず、思惟をもっても想念できない究極の真理を指す。『翻訳名義集』巻五に、「吾が教は心を以て道と為す。心は乃ち自性清浄心なり。其の体湛寂、其の性霊照、名無く相無く、有を絶し無を絶し、心、思うこと能わず、口、議すること能わず。褒美して称して第一義諦と為す（吾教以心為道。心乃自性清浄心也。其体湛寂、其性霊照、無名無相、絶有絶無、心不能思、口不能議。褒美称為第一義諦）」（T54-1130b）とある。

○道樹＝その下で仏がその下で悟りを開き初めて説法を行う樹。仏によってその樹は異なり、釈尊の場合は菩提樹（阿沛多羅樹・畢鉢羅樹）である（『法苑珠林』巻八「道樹部」T53-334b）。弥勒菩薩の場合は龍華樹だとされる（同前・巻一六・405a）。

○愛道＝摩《ま》訶《か》波《は》闍《じゃ》波《は》提《だい》のこと。梵語でマハープラジャーパティ（Mahāprajāpatī）の音写。大愛道・大生主・憍曇弥と漢訳される（『翻訳名義集』巻一・T54-1065b）。摩耶夫人の妹で、釈尊の叔母に当たり（『釈氏要覧』巻一「尼」T54-262a）、摩耶夫人の死後、釈尊を養育した。後に出家してインド仏教教団で最初の比丘尼となった。

○石女空断腸＝「石女」は、〔63〕の「生児石女老黄梅」の注を参照。「断腸」は、直接には腸を切断するという意味であるが、極度の思念や悲痛の形容をさす（『漢語』第六冊・p.1095）。

○風顛＝神経錯乱、精神異常（『漢語』第八冊・p.342）といった意味であり、常軌を逸した行動を取る人を「風顛漢」と呼ぶ。

○貞治二年再入元、坐心華堂＝「行実」では、「貞治癸卯（二年）（一三六三）、師の年五十四、再び元に入る。乃ち至正二十三年なり。中竺の心華堂に抵《いた》る（貞治癸卯師年五十四再入元。乃至正二十三年也。抵中竺心華堂）」に作る。

○痴禅・栢堂＝「行実」に拠れば、「時に明兵、元に克ちて、人境多く非なり。陳氏の子、師に投じて僧と為り、痴禅と名づく。天台の僧玄章、教外の旨を問う。師曰く、『一代時教、能詮所詮、唯だ是れ一心なり。汝が心、曾て蔵に入る也否《や》』と。章云く、『二千年前、我が心、烏《いずくん》ぞ蔵に入らん』と。師曰く、『恁麼ならば則ち汝が心、是れ教外にあらずや。達磨大師、心を以て心を伝う』と。章、服従して弟子と為り、号して栢堂と曰う。師、二僧、及び湛円慧澄に命じて化主と為し、牛頭の殿堂を恢復せしむ（時明兵克元、人境多非。陳氏子、投師為僧、名痴禅。天台僧玄章問教外旨。師曰、一代時教、能詮所詮、唯是一心。汝心曾入蔵也否。章云、二千年前、我心烏入蔵。師曰、恁麼則汝心不是教外耶。達磨大師以心伝心。章服従為弟子、号曰栢堂。師命二僧及湛円慧澄為化主、恢復牛頭殿堂）」とある。つまり「痴禅」というのは、元の陳氏の子で、無我のもとで出家した僧侶である。また、「栢堂」というのは、無我に服従して禅僧となった天台僧の玄章である。さらに牛頭を恢復したのは、彼ら二人だけではなく、そこに「湛円慧澄」なる僧も加わっていた、という。

○化主＝寺院経営のための収入を補うために檀越に寄付を勧化する役職（『勅修百丈清規』巻四「化主」条・T48-1133a）。

ここでは荒廃した牛頭山を復興するリーダーのことであって、信者の家をまわって浄財を勧募する役を指す。また『禅林象器箋』第七類「街坊化主」条（p.273~274）参照。

○懽悦＝歓喜すること（『漢語』第七冊・p.794）。

○遐邇＝遠くも近くも（『漢語』第一〇冊・p.1104）。

○紫雲瀰空、天華敷地＝『仏説仁王般若波羅蜜経』巻下「散華品第六」に、「諸天は天華を釈迦牟尼仏の上に散じ、虚空中に紫雲を成して三千大千世界を蓋覆す（諸天散天華於釈迦牟尼仏上、虚空中成紫雲、蓋覆三千大千世界）」（T8-830c）とあるように、諸天による仏に対する尊崇を示す瑞祥。

○大明皇帝＝朱元璋（一三二八～一三九八）。明朝の初代皇帝である洪武帝のこと。

○貧道＝僧侶が使う謙称（『漢語』第一〇冊・p.108）。

○残喘＝残り少ない余命。老衰し、あるいはまさに死に直面している時の喘ぐ息（『漢語』第一〇冊・p.1104）。

○奏対＝天子に申し上げる。又、天子の問いに奉答すること（『大漢和』巻三・p.588）。

○紫金＝紫磨黄金の略。紫色を帯びた金で、黄金の中の最高とされる。仏の身体の色でもある（『中村』「紫金」「紫磨金」「紫磨金色」条・p.546）。

○裡許＝なか。うちがわ。そとを「外許」というのに対する（『禅語』「裏許」条・p.472、参照）。

○欛柄＝刀のつか、転じて、つまかえどころ、ものの根拠、より処（『禅学』p.1030）。

○衆星拱北辰、万国帰皇化＝「衆星拱北辰」は、『論語』「為政篇」の「政を為すに徳を以てすれば、譬えば北辰の、其の所に居て衆星之に共（＝拱）するが如し（為政以徳、譬如北辰、居其所而衆星共之）」（岩波文庫本・p.26）を踏まえる。「皇化」は、皇帝の徳政と教化（『漢語』第八冊・p.257）。禅録に見える「四海九州、尽く皇化に帰す（四海九州尽帰皇化）」（『五燈会元』巻二〇・Z138-411a など）と同意。

○巴思八＝パスパ（パクパとも。一二三五～一二八〇）。チベット四大宗派の一つであるサキャ（薩迦）派の第六代教主。フビライの帰依を受け、フビライが帝位に就いた中統元年（一二六〇）に国師として玉印を授けられ（『元史』巻四・p.68）、フビライの命により蒙古文字、いわゆるパスパ文字を制作した（『元史』巻二〇二・p.4518）。そしてパスパ文字が完成頒布した翌年の至元七年（一二七〇）には、帝師に昇進している（『仏祖歴代通載』巻二一・367b）。帝師は文字通り皇帝の師であり、元代仏教界の最高位であり、絶大な権力を持っていた。その伝は、『仏祖歴代通載』巻二一「発思八行状」（T49-707b）などに見える。

○師力乱曰＝ここの「乱」の字は「行実」に「辞」に作る。誤字であろう。

○保任＝保護任持して失わず、自分のものにすること。用例としては、『大慧普覚禅師語録』巻一九「示清浄居士」の「聡明霊利の者は入り易しと雖も保任し難し。蓋し入処甚だしくは深からずして、力弱きが故なり（聡明霊利者雖易入、而難保任。蓋入処不甚深、而力弱故也）」（T47-890b）などが分かりやすい。

○木叉妙訣＝「木叉」は「波羅提木叉」のこと。「戒本」と漢訳される。原意は、それぞれの煩悩について解脱を得ることで、「別解脱」（『釈氏要覧』巻上・T54-272b）や「彼彼解脱」（『翻梵語』巻一・T54-984a）などと訳されている。後に戒律の条文を指すようになる。

○震襟内秘、四海来王＝「行実」は、「淵衷内秘、万邦来王」に作る。「淵衷」は、奥深い胸中の思い。多く皇帝を賞賛するのに用いられる（『漢語』第五冊・p.1486）。「震襟」は諸辞書に見えないが、「震」という字には八卦の方位から「東方」という意味があり、それに伴って、「震宮」という語に「皇太子の宮殿。東宮」という意味がある（『漢語』第一一冊・p.692）。「震襟」も、天子の胸の内、という程の意味であろう。「四海」は、天下、全国各所の意味（『漢語』第五冊・p.1486）。「来王」は、古代、諸侯が定期的に天子に朝観したことをいう（『漢語』第一冊・p.1297）。

○十四年二月望＝洪武十四年二月十五日。「望」というのは、陰暦の毎月十五日（『漢辞海』p.688）。

○仏泥洹像＝「泥洹」は、涅槃に同じ。煩悩の火が吹き消された状態。「行実」では「仏涅槃像」に作る。

○大死底人＝死に切った人。すべての情識分別が無くなった人。『碧巌録』第四一則・本則の「大死底の人却って活する時如何（大死底人却活時如何）」（T48-178c、岩波文庫本㊥p.107、末木訳㊥p.129）という趙州の問いが良く知られている。

○酸鼻＝悲しみのために涙を流すこと、ひどく心を痛めて悲しむこと（『漢語』第九冊・p.1414）。

○世尊一字不説、達磨不立文字＝教外別伝を掲げる禅門の代表的な標語。「世尊一字不説」、つまり釈尊は成道から涅槃まで一字も説かなかったという説は、『楞伽経』巻三（T16-498c～499a）、『像法決疑経』（T85-1338b）に基づいている。また、「達磨不立文字」については、『法演禅師語録』巻中の「達磨西来不立文字」（T47-659b）などの用例がある。

○較些子＝「ちょっと足りない」ということ。「今ひとつ（駄目）だ」という意味と、「今ひと息（で完璧）だ」の意となる場合とがある（『禅語』p.58）。

○莫墜真風＝似た語に「真風不墜」というものがあり、禅録の諸処に見える。『虚堂和尚語録』巻二に「一念万年、真風不墜」（T47-995a）とあって、『犂耕』に「常住の真心、祖師の風規、地に墜ちざるなり（常住真心、祖師風規、不墜地也）」（禅研影印本・p.198）とある。

○迦文＝「釈迦文仏」の略で、釈迦牟尼仏のこと。「文」は「牟尼」と同じ梵語の音写。『翻訳名義集』巻一「釈迦文」条（T54-1057c）、『翻梵語』（T54-981b）などを参照。

○坐化＝坐禅したまま死ぬこと。坐脱に同じ。「化」は、肉体から抜け出して新たな形に変わること。立ったまま死ぬ「立亡」と共に理想的な禅僧の死に方の一つとされており、「疾無くして坐化す（無疾坐化）」（『景徳伝燈録』巻三「隆化寺慧満禅師」条・T51-221c）・「怡然として坐化す（怡然坐化）」（同前・巻一一「霊樹如敏禅師」条・286c）・「恬然として坐化す（恬然坐化）」（同前・巻二一「資福院智遠禅師」条・377c）など、禅僧の立派な最期を示す表現として用例は多い。

○火後一柱骨不焼。其色青白、仏形宛然、衣体如彫、舎利黏綴、髻珠璀璨。門人奉持、＝「柱骨」は頸椎の一番下の「天柱骨」の意であろう。『御纂医宗金鑑』巻六四に「天柱骨は即ち大椎骨なり（天柱骨即大椎骨也）」（四庫全書本・4b）とあり、明の張介賓撰『類経』巻七に「肩背の上、頸項《首》の根を天柱骨と為す（肩背之上、頸項之根、為天柱骨）」（四庫全書本・3b）とある。この一文を「行実」では、「火《火葬》して後、一柱骨燔《や》けず。其の色、青白にして、仏形宛然、面貌円満、相好具足す。袈裟の割截《縫い目》、衣裳の襞積《ひだ》、宛かも彫刻の如し。設利羅《舎利》、大小百余粒、黏綴《くっ付け》して髻珠と作さば、五色璨然たり。法子湛円等、奉事すること在《いま》すが如くす。塔を建つるも心華の扁を革《あらた》めず（火後一柱骨不燔。其色青白、仏形宛然、面貌円満、相好具足。袈裟割截、衣裳襞積、宛如彫刻。設利羅大小百余粒、黏綴作髻珠、五色璨然。法子湛円等、奉事如在。建塔不革心華扁）」に作る。

○衣体＝前注に引用した「行実」の「袈裟割截《縫い目》、衣裳襞積《ひだ》、宛如彫刻」という一文に拠るならば、衣を付けた身体《すがた》の意であろう。もともとは、「衣体」は法衣を作る材質のこと（『禅学』p.99）。法衣の材質については、『根本薩婆多部律摂』巻五の次の説明を参照。「五種の衣有り。一には有施主衣。謂く、定んで彼の施衣の人あることを知る。二に無施主衣。謂く、定んで施主の処を知らず。三に往還衣。謂く、将に深摩舎那の処に往きて返り持ち還らんとす。四に深摩舎那衣。謂く、屍林に棄在す。五に糞掃衣。此に五別有り。一に途中糞掃衣、二に河辺糞掃衣、三に空処糞掃衣、四に糞聚処糞掃衣、五に破砕糞掃衣なり。復た五種有り。謂く牛嚼、鼠齧、蟻穿、火焼、乳母棄衣なり。此の衣体、事の差別及び出処の不同に由りて、総て七種有り。何を謂いて七と為す。一には毛衣、二には芻摩衣、三には奢搋迦衣、四には羯播死迦衣、五には独孤洛迦衣、六には高詁薄迦衣、七には阿般闍得加衣なり（有五種衣。一、有施主衣。謂定知有彼施衣人。二、無施主衣。謂不定知施主之処。三、往還衣。謂将往深摩舎那処而返持還。四、深摩舎那

衣。謂棄在屍林。五、糞掃衣。此有五別。一、途中糞掃衣。二、河辺糞掃衣。三、空処糞掃衣。四、糞聚処糞掃衣。五、破砕糞掃衣。復有五種。謂牛嚼、鼠齧、蟻穿、火焼、乳母棄衣。此之衣体、由事差別及出処不同、総有七種。何謂為七。一者、毛衣。二、芻摩衣。三、奢搦迦衣。四、羯播死迦衣。五、独孤洛迦衣。六、高詁薄迦衣。七、阿般蘭得加衣)」(T24-552a)。

○黏綴＝糊づけにして付ける。用例として『中峰和尚広録』巻一一「山房夜話 中」に、「其の悟理罔《な》く、惟《た》だ言通を尚《たっと》び、自ら知解に渉入するを覚知せず、相似般若を以て識田に黏綴し、自ら了明すと謂いて、虚妄なることを知る莫し(罔其悟理、惟尚言通、不自覚知渉入知解、以相似般若黏綴識田、自謂了明、莫知虚妄)」(B25-803a)とある。

○髻珠璀璨＝「髻珠」は、法華七喩の一つである「髻中明珠喩」を指し、『法華経』「安楽行品」(T9-39a)に説かれる。転輪聖王が諸国の王を討伐するにあたり、功労があった勇士には田宅・城邑・衣服・珍宝・奴婢などを与えるが、最も功労のある者には、自分の髻《もとどり》の中に秘蔵されている明珠を与えた。それと同様に、仏はもろもろの煩悩の魔と戦う者には大方便を以て種々の経典を説き与えるが、最上の教えである法華経は一切の煩悩を対治する真の勇者にだけ与える、という。

○璀璨＝キラキラと光り輝いて色鮮やかなこと、またそのような珠玉や珍宝(『漢語』第四冊・p.629)。

○震悼＝ひどく驚いて悲しみ悼むこと(『漢語』第一一冊・p.693)。

○衮龍＝龍が描かれた天子の礼服(『漢語』第九冊・p.40)。

○金餅百錠＝「金餅」は金貨の意であるが、現代式の貨幣ではなく、丁銀のように細長い餅の様な形をしたものであろう。「錠」は金銀の塊を数える量詞。

○斎供＝故人や神仏への供物、あるいは寺院内の食事の供応、僧侶の飲食の布施(『漢語』第一二冊・p.1438)。

○五岳諸山名宿＝「五岳」は五山、「諸山」は十刹以下の寺院を指す。ちなみに中国の五山・十刹・甲刹の名称と位次については、玉村竹二校訂『扶桑五山記』(臨川書店・一九八三年)を参照。

○南堂清欲哀冊文曰＝「行実」では、「南堂清欲、病みて来たらず、侍者を遣りて香を贈り、哀冊を誦せしむ。其の略に曰く（南堂清欲病不来、遣侍者贈香、誦哀冊。其略曰）」に作る。つまり、南堂清欲は、病に伏せっていたので、侍者を代わりに送り、哀冊文を読み上げさせたというのである。「哀冊文」は、天子、および后妃の生前の功徳をたたえた韻文。いわゆる弔辞に類するもので、その屍を殯にうつす時に読むもの（『大漢和』巻二・p.998）。

○的孫＝法孫（法を継ぐ子孫）のこと。例えば『祖庭事苑』巻一に、「明瓚は、嵩山普寂の嗣子、北秀（北宗神秀）の的孫なり（明瓚、嵩山普寂之嗣子、北秀之的孫）」（Z113-13b）とあり、「嗣子」と「的孫」が列記されているように、二伝の孫弟子を指す。無我省吾は、南浦紹明の孫弟子に当たる。

○㽄嗄器、盛天沢水、破沙盆賑小室門＝『㽄嗄器』は、用例として『臨済録』「示衆」に「夫れ㽄嗄《ぜいさ》の器の如きは、醍醐を貯うるに堪えず（夫如㽄嗄之器、不堪貯醍醐）」（T47-499a）とあり、岩波文庫本の注に「二字とも物の割れる音。ひびの入った器」（p.71）とある。「天沢水」は虚堂智愚の法、「破沙盆」の「沙盆」は、素焼の脆い盆、「破」はひびが入っていること（『禅語』p.376）、「小室《ママ》門」は、少室山に住した達磨の法門のことである。

○末世僧宝、無依道人＝「僧宝」は、三宝の一つとしての意味ではなく、宝のような僧侶、という意味。「無依道人」は、言うまでもなく『臨済録』に多用される語で我々に具わった仏性を意味するが、ここでは何ものにもとらわれることのない僧侶を指す。

○遺一老払袖＝「一老」は、文章の流れからして南堂自身を指すものとも取れるが、後の「妙心只許迦葉伝」との繋がりから見れば、無我省吾の法嗣である心翁省印（生卒年不詳）のことを指すと思われる。「払袖」は、袖を打ち払う。禅録の中では、主に「袖を払って去る（払袖而去）」（『龐居士語録』巻上・Z120-30c など）という形で用いられることが多く、問答の最後に相手の答えに満足できず、決然として立ち去るときの気勢を示す場合が多い。

○寒灰煨芋魁＝喪失感による冷え切った心の有り様を表現したもの。「寒灰」は冷え切った灰。「芋魁」は芋のこと。

上三字だけを用いた用例としては、『汝州首山念和尚語録』の「白雲深き処に向《お》いて坐すること莫かれ。切に忌む寒灰、人を煨煞《殺》することを（莫向白雲深処坐。切忌寒灰煨煞人）」（『古尊宿語録』巻八・Z118-125b）があるが、「寒灰煨芋魁」に近い用例は見えない。

○鸞膠＝鸞鳥のあぶらで作った大変に強力な膠。『海内十洲記』にこの膠の効力を示す次の様な逸話が載せられている。「鳳麟洲は西海の中央、地方一千五百里に在り。洲の四面に弱水有りて之を繞る。鴻毛も浮かばず、越ゆ可からざるなり。洲の上に鳳麟多く、数万各おの群を為す。又た山川池沢、及び神薬百種有り、亦た多くの仙家、鳳喙及び麟角を煮て、合煎して膏と作し、之を名づけて『続弦膠』と為し、或いは『連金泥』と名づく。此の膠は能く弓弩の已に断ずるの弦、刀剣の断折するの金を続ぐ。更に膠を以て之を連続せば、力士をして之を掣《ひ》かしむるも、他処は乃ち断ずるも、続ぐ所の際、終に断ずること無きなり。武帝の天漢三年（紀元前九八）、帝、北海に幸し恒山に祠す。四月、西国の王使至りて、此の膠四両・吉光毛裘を献ず。武帝、受けて以て外庫に付す。膠・裘二物の妙用を知らざるなり。以為《おも》えらく、西国遠しと雖も、上貢する者、奇《珍奇》ならずと。使者を稽留して未だ遣らず。又た時に武帝、華林園に幸し、虎を射て弩弦断つ。使者、時に駕に従う。又た膠一分を上《たてまつ》り、口をして濡らしめて以て弩弦を続ぐ。帝驚きて曰く、『異物なり』と。乃ち武士数人をして、共に対して之を掣引すること終日なるも、脱せざること未だ続がざる時の如きなり（鳳麟洲在西海之中央、地方一千五百里。洲四面有弱水繞之。鴻毛不浮、不可越也。洲上多鳳麟、数万各為群。又有山川池沢、及神薬百種、亦多仙家煮鳳喙及麟角、合煎作膏、名之為続弦膠、或名連金泥。此膠能続弓弩已断之弦、刀剣断折之金。更以膠連続之、使力士掣之、他処乃断、所続之際、終無断也。武帝天漢三年、帝幸北海祠恒山。四月、西国王使至、献此膠四両吉光毛裘。武帝受以付外庫。不知膠裘二物之妙用也。以為西国雖遠、而上貢者不奇。稽留使者未遣。又時武帝幸華林園、射虎而弩弦断。使者時従駕。又上膠一分、使口濡以続弩弦。帝驚曰、異物也。乃使武士数人、共対掣引之終日、不脱如未続時也）」（四庫全書本・五丁表）。

○空索索地＝胸中が洒脱で、少しも心に引っかかるものがないことの形容（『漢語』「空索索」条・第八冊・p.417）。
○絶後光前＝空前絶後（『漢語』第九冊・p.837）。
○輪指＝五輪の指。如来の五本の指のこと。『楞厳経』巻一に「如来、金色の臂を挙げ、五輪の指を屈す（如来挙金色臂、屈五輪指）」（T19-108c）とあり、長水子璿の『首楞厳義疏注経』巻一に、「地・水・火・風・空輪、各おの一指に対す。又た一一の指端に千輪の相有り。故に輪指と云う（地水火風空輪各対一指。又一一指端有千輪相。故云輪指）」（T39-838a）とある。
○金仙＝仏のこと。『仏祖統紀』巻四六「宣和元年（一一一九）正月」条に、「仏を以て大覚金仙と為して、天尊の服を服《着》せ、菩薩を大士と為し、僧を徳士と為し、尼を女徳士と為す（以仏為大覚金仙、服天尊服、菩薩為大士、僧為徳士、尼為女徳士）」（T49-421a）とある。
○拶出＝「拶」は、グサリ一突きすること（『禅語』p.159）。
○根葉＝貝葉。経典のこと。「根多・根多羅」は梵語 pattra の音訳、葉の意。インド産のヤシ科の常緑高木多羅（tala）の葉を指すことが多く、仏典の書写に用いた（『漢辞海』p.726）。
○菩提薩埵＝boodhi-sattva の音写。菩薩のこと。『釈氏要覧』巻中「菩薩」条（T54-286b）、『翻訳名義集』巻一「菩薩」条（T54-1060b~c）を参照。
○仏日＝無明の闇を破る仏の威徳を太陽の輝きにたとえたもの。例えば、八十巻本『華厳経』巻二二「昇兜率天宮品第二三」に、「恒《つね》に仏日普く法界を照らすを以て、本願力に随いて常に現れて没せず（恒以仏日普照法界、随本願力常現不没）」（T10-118c）とある。禅門においては「三時回向」などに頻出する「仏日増輝《ぶじずんぴ》」という語が良く知られている。
○北極＝北辰。北極星のこと。また、上記の注「衆星拱北辰、万国帰皇化」にも見えるように、北極星が多くの星の中心であるところから、宮廷や天子などの譬喩として用いられる（『漢語』第二冊・p.20）。

○玄機＝玄妙なはたらき。『碧巌録』第五六則・本則評唱に、「一出一入、一擒一縦、当機覿面に提し、覿面当機に疾く、都《すべ》て有無得失に落ちず、之を玄機と謂う（一出一入、一擒一縦、当機覿面提、覿面当機疾、都不落有無得失、謂之玄機）」（T48-190a、岩波文庫本㊥p.233、末木訳㊥p.303）とある。また、同安常察の「十玄談」の一つとして挙げられている（『景徳伝燈録』巻二九・T51-455b）。

○亀毛払冲天＝「亀毛」は亀の毛。兎角（兎の角）と共に、この世に有り得ないものの比喩として使用される（『禅語』p.77、参照）。「払」は払子のこと。『景徳伝燈録』巻一四「漳州三平義忠禅師」条に「亀毛払子、兔角拄杖」（T51-316c、禅研本⑤p.436~437）とある。「冲天」は、まっすぐに天高くのぼること（『漢辞海』p.793）。

○妙心只許迦葉伝＝「拈華微笑」の因縁にもとづいたもの。『無門関』第六則「世尊拈花」に「世尊、昔し霊山会上に在りて、花を拈じて衆に示す。是の時、衆、皆な黙然たり。惟だ迦葉尊者のみ破顔微笑す。世尊云く、『吾れに正法眼蔵・涅槃妙心、実相無相・微妙の法門有り、不立文字・教外別伝、摩訶迦葉に付嘱す（世尊昔在霊山会上、拈花示衆。是時衆皆黙然。惟迦葉尊者破顔微笑。世尊云、吾有正法眼蔵、涅槃妙心、実相無相、微妙法門、不立文字、教外別伝、付嘱摩訶迦葉）」（T48-293c）とある。

○真寂＝真の寂滅。涅槃のこと。『大智度論』巻二二に、「寂滅は是れ涅槃なり。三毒・三衰の火、滅するが故に（寂滅者是涅槃。三毒三衰火滅故）」（T25-222b）とある。禅門では住持の「入龕念誦」の文章に、「真寂に帰す（帰真寂）」（『勅修百丈清規』巻三「入龕」T48-1127c）という表現が用いられている。

○行蔵不測＝「行蔵」は出処進退の意。『論語』「述而篇」に「子、顔淵に謂いて曰く、『之を用うれば則ち行ない、之を舍《す》つれば則ち蔵《かく》る、唯だ我れと爾《なんじ》と是れ有るかな（子謂顔淵曰、用之則行、舍之則蔵、唯我与爾有是夫）」（岩波文庫本・p.93）とあるのにもとづく。

〔80〕無方応禅師

師諱宗応、号無方。嗣法月堂。曾南遊、大元（ママ）皇帝請師陞座説法。帰来住顕孝・横岳・聖福及本寺。

＊

無《む》方《ほう》応《おう》禅師

師、諱は宗応《そうおう》、無方《むほう》と号す。法を月堂《げつどう》に嗣ぐ。曾て南遊《なんゆう》するに、大元（ママ）の皇帝、師を請《しょう》じて陞座説法《しんぞせっぽう》せしむ。帰り来たりて顕孝《けんこう》・横岳《おうがく》・聖福《しょうふく》、及び本寺に住す。

＊

無方宗応《むほうそうおう》禅師

師の諱《いみな》は宗応《そうおう》で、無方《むほう》と号する。法を月堂《げつどう》〔宗規《そうき》〕に嗣いだ。後に南方《中国》へ遊歴したが、大元（ママ）（＝明）〔の国〕の皇帝は、師を招き陞座《上堂》して説法させた。〔日本に〕帰って来て、顕孝寺《けんこうじ》・横岳山《おうがくさん》（＝崇福寺《そうふくじ》）・聖福寺《しょうふくじ》、および本寺《妙楽寺》に住持した。

＊

○無方応禅師＝〔45〕の「無方応公」、〔74〕の「無方応禅師」の注、および〔150〕を参照。
○月堂＝月堂宗規のこと〔24〕の「先師月堂」の注、および〔77〕を参照。
○南遊＝南方に遊歴すること（『禅学』p.974）。ここは明への留学を指す。

○大元皇帝＝「大元」は誤り。ここは明の太祖のこと。
○陞座説法＝請により師家が説法で高座に登ること。座は法堂の須弥座の意。『禅林象器箋』第十一類「垂説門」の「陞座」条によれば、古くは陞座と上堂は同義だが後世は異なるとする（p.424）。
○顕孝横岳聖福＝「顕孝」は顕孝寺のこと。〔74〕の「旌忠顕孝禅寺」の注を参照。「横岳」は横岳山崇福寺のこと。〔77〕の「横岳」の注を参照。

〔81〕岳《(ママ)》雲丘禅師

師諱宗丘、号岳雲。嗣法月堂。住本寺及横岳。

*

岳雲丘《がくうんきゅう》禅師

師、諱は宗丘《そうきゅう》、岳雲と号す。法を月堂に嗣ぐ。本寺及び横岳に住す。

*

嶽雲宗丘《がくうんそうきゅう》禅師

師の諱《いみな》は宗丘《そうきゅう》で、嶽雲《がくうん》と号する。法を月堂《げつどう》〔宗規《そうき》〕に〔法を〕嗣いだ。本寺《妙楽寺》、および横岳山《おうがくさん》（＝崇福寺《そうふくじ》）に住持した。

*

○岳雲丘禅師＝嶽雲宗丘。〔57〕に既出。『石城山前住籍』に拠れば、「嗣法月堂。興徳寺（三十世）・崇福寺（二十七世）・豊後万寿寺に住す。某年五月十八日示寂（『洪福宗鑑録』に応永十四年〔一四〇七〕九月二十四日寂とあり）」とある。
○月堂＝月堂宗規のこと〔24〕の「先師月堂」の注、および〔77〕を参照。
○横岳＝横岳山崇福寺のこと。〔77〕の「横岳」の注を参照。

〔82〕石隠璵禅師

師諱宗璵、字石隠。嗣月堂。住本寺。八十七歳、寂于支那。

＊

石隠璵《せきいんよ》禅師

師、諱は宗璵《そうよ》、字は石隠《せきいん》。月堂《げつどう》に嗣ぐ。本寺に住す。八十七歳、支那に寂す。

＊

石隠宗璵《せきいんそうよ》禅師

師の諱《いみな》は宗璵《そうよ》で、字《あざな》は石隠《せきいん》である。月堂《げつどう》〔宗規《そうき》〕に〔法を〕嗣いだ。本寺《妙楽寺》に住持した。八十七歳で支那《中国》で示寂した。

＊

○石隠璵禅師＝『石城山前住籍』に拠れば、「嗣法月堂。恒中と共に入明。虚堂禅師の『虎丘の十詠』を入手、当山に寄す。彼地にて示寂。世寿八十七（『宗鑑録』には永楽十四年＝応永二十二年〔一四一六〕八月二十日寂とあり）」とある。
〔叙〕の「石隠璵」の注を参照。
○月堂＝月堂宗規のこと。〔24〕の「先師月堂」の注、および〔77〕を参照。

〔83〕恒中立禅師

師諱宗立、号恒中。嗣月堂。住本寺。某年寂支那。

＊

恒中立《こうちゅうりゅう》禅師

師、諱は宗立《そうりゅう》、恒中《こうちゅう》と号す。月堂《げつどう》に嗣ぐ。本寺に住す。某年、支那に寂す。

恒中宗立《こうちゅうそうりゅう》禅師

師の諱《いみな》は宗立《そうりゅう》で、恒中《こうちゅう》と号した。月堂《げつどう》〔宗規《そうき》〕に〔法を〕嗣ぐ。本寺《妙楽寺》に住持した。某年、支那《中国》で示寂した。

＊

○恒中立禅師＝『石城山前住籍』に拠れば、「嗣法月堂。石隠と共に入明、彼地に於いて示寂（洪福宗鑑録に永楽年間〔一四〇三～一四二四〕＝応永十九年〔一四一二〕十月二十三日寂とあり）。季潭宗泐《きたんそうろく》の『全室外集』に曰く、『立恒中に贈る。海外に商船を趁い、江東に住すること幾年。草音已に習うと雖も、郷信若為《いかん》ぞ伝えん。一鉢随縁の飯、諸峰列処の禅。涼秋の明月の夜、夢に石橋の烟を度《わた》る（贈立恒中。海外趁商船、江東住幾年。草音雖已習、郷信若為伝。一鉢随縁飯、諸峰列処禅。涼秋明月夜、夢度石橋烟）』」とある。〔叙〕の「桓中宗立」の注を参照。

遺宝集中諸師略伝

〔84〕 法雲

字閑極。嗣法虚堂愚。住虎丘承天等諸刹。

*

法雲《ほううん》

字は閑極《かんき》。虚堂《きどう》の愚《ぐ》に嗣法す。虎丘《くきゅう》・承天《じょうてん》等の諸刹に住す。

*

法雲《ほううん》

字《あざな》は閑極《かんき》。虚堂智愚《きどうちぐ》に嗣法した。虎丘《くきゅう》・承天《じょうてん》等の諸寺に住持した。

*

○法雲＝〔11〕の「法雲」の注を参照。

〔85〕虚谷

諱希陵。婺州人。嗣雪巌欽。住径山。

＊

虚谷《ひよく》

諱《いみな》は希陵《きりん》。婺州《ぶしゅう》の人。雪巌欽《せつがんきん》に嗣ぐ。径山《きんざん》に住す。

＊

虚谷《ひよく》

諱《いみな》は希陵《きりん》。婺州《ぶしゅう》（浙江省金華）〔出身〕の人。〔法を〕雪巌祖欽《せつがんそきん》に嗣法した。径山《きんざん》に住持した。

＊

◯虚谷＝〔12〕の「虚谷」の注を参照。

〔86〕妙坦

号竺西。婺州浦江金氏子。得法虚舟度。住承天・霊巌・天童諸名籃。

＊

妙坦《みょうたん》

笠西《じくせい》と号す。婺州《ぶしゅう》浦江《ほこう》の金氏の子。法を虚舟度《きょしゅうど》に得《う》。承天《じょうてん》寺・霊巌《れいがん》寺・天童《てんどう》寺の諸名藍《めいらん》に住す。

＊

妙坦《みょうたん》

笠西《じくせい》と号した。婺州《ぶしゅう》（浙江省金華）浦江《ほこう》の金《きん》氏の子である。法を虚舟普度《きょしゅうふど》から得た。承天《じょうてん》寺・霊巌《れいがん》寺・天《てん》童《どう》寺の諸名刹《めいさつ》に住持した。

＊

○妙坦＝〔13〕の「妙坦」の注を参照。

〔87〕浄日

字東岩。嗣法西巌慧。慧嗣無準範。住天童。

＊

浄日《じょうにち》

字《あざな》は東岩《とうがん》、法を西巌《せいがん》の慧《え》に嗣ぐ。慧は無準《ぶじゅん》の範《はん》に嗣ぐ。天童《てんどう》に住す。

＊

浄日《じょうにち》

字《あざな》は東岩《とうがん》、西巌了慧《せいがんりょうえ》に嗣法した。〔その〕了慧《りょうえ》は無準師範《ぶじゅんしはん》に嗣法した。天童寺《てんどうじ》に住持した。

＊

○浄日＝〔14〕の「浄日」の注を参照。

〔88〕云宙

宙或作雷。

＊

云宙《うんちゅう》

宙《ちゅう》、或いは雷《らい》に作る。

＊

云宙《うんちゅう》

宙《ちゅう》〔の字〕は、或いは雷《らい》〔の字〕に作っている。

＊

○云宙＝「雲岫」の誤り。〔15〕の「云宙」の注を参照。
○宙或作雷＝「宙」は「岫」の誤字であり、「雷」も「岫」の別体である「峀」を誤ったものと思われる。

〔89〕道洵

号東磵。台之僊居人。嗣古田垕。居温州江心。

＊

道洵《どうじゅん》

東磵《とうかん》と号す。台《たい》の僊居《せんきょ》の人である。古田垕《こでんこう》に嗣ぐ。温州《うんしゅう》の江心《こうしん》に居す。

＊

道洵《どうじゅん》

東磵《とうかん》と号した。台州《たいしゅう》（浙江省）の仙居《せんきょ》の人。古田垕《こでんこう》に嗣法した。温州《うんしゅう》（浙江省）の江心寺《こうしんじ》に〔住持して〕居た。

＊

○道洵＝〔16〕の「道洵」の注を参照。

〔90〕祖誾

字悦堂。南康周氏子。嗣介石朋。初出世西林、継住開先・東林・霊隠諸刹。

＊

祖闇《そぎん》

字は悦堂《えつどう》。南康周氏《なんこうしゅうし》の子。介石朋《かいせきほう》に嗣ぐ。初め西林寺《さいりん》に出世し、継いで開先《かいせん》・東林《とうりん》・霊隠《れいいん》の諸刹に住す。

＊

祖闇《そぎん》

字《あざな》は悦堂《えつどう》。南康《なんこう》（江西省）周《しゅう》氏の子である。介石智朋《かいせきちほう》に嗣法した。初め西林《さいりん》寺に出世して、継いで開先《かいせん》寺・東林《とうりん》寺・霊隠《れいいん》寺の諸刹に住持した。

＊

○祖闇＝〔17〕の「祖闇」の注を参照。

〔91〕寿永

＊

号東州。得旨石林鞏。住蕪之虎丘。

＊

寿永《じゅえい》

東州《とうしゅう》と号す。旨を石林鞏《せきりんきょう》に得。蕪《そ》の虎丘《くきゅう》に住す。

寿永《じゅえい》

東州《とうしゅう》と号した。石林行鞏《せきりんぎょうきょう》から得旨《嗣法》した。蘇州《そしゅう》（江蘇省《こうそしょう》）の虎丘山《くぎゅうざん》に住持した。

＊

○寿永＝〔18〕の「寿永」の注を参照。

〔92〕法塞

闕。

＊

法塞《ほうさい》

闕《か》く。

＊

法塞《ほうさい》

欠文。

＊

○法塞＝〔19〕に既出。

〔93〕如芝

字霊石。嗣虚堂愚。初住嘉禾興聖、継転湧泉・本覚、後遷杭浄慈。

＊

如芝《によし》

字は霊石《りんし》。虚堂愚《きどうぐ》に嗣ぐ。初め嘉禾《かか》の興聖《こうしょう》に住し、継いで湧泉《ゆうせん》・本覚《ほんがく》に転じ、後《のち》に杭《こう》の浄慈《じんず》に遷る。

＊

如芝《によし》

字《あざな》は霊石《りんし》。虚堂智愚《きどうちぐ》に嗣法した。初め嘉禾《かか》（浙江省嘉興）の興聖《こうしょう》寺に住持し、継いで湧泉《ゆうせん》寺・本覚《ほんがく》寺に転住し、後《のち》に杭州《こうしゅう》（浙江省）の浄慈《じんず》寺に遷った。

＊

○如芝＝〔20〕の「如芝」の注を参照。

〔94〕仁叔

号象原。台之臨海陳氏子。嗣古鼎銘。初出世天目及大覚、後移天寧径山等。

＊

仁叔《にんしゅく》

象原《ぞうげん》と号す。台の臨海《りんかい》の陳《ちん》氏の子。古鼎銘《こていめい》に嗣ぐ。初め天目《てんもく》及び大覚《だいがく》に出世し、後に天寧《てんねい》・径山《きんざん》等に移る。

＊

仁叔《にんしゅく》

象原《ぞうげん》と号した。台州《たいしゅう》（浙江省）の臨海《りんかい》の陳《ちん》氏の子である。古鼎《こてい》祖銘《そめい》に嗣法した。初め天目《てんもく》山、及び大覚《だいかく》寺に出世し、後《のち》に天寧《てんねい》寺・径山《きんざん》等に移った。

＊

○仁叔＝〔21〕の「仁叔」の注を参照。

〔95〕石隠

伝見于宗系略伝。

＊

石隠《せきいん》

伝は「宗系略伝《しゅうけいりゃくでん》」に見ゆ。

＊

石隠《せきいん》

伝は「石城山宗系略伝《せきじょうざんしゅうけいりゃくでん》」に見えている。

*

○石隠＝石隠宗璵。〔22〕の「石隠」、および〔82〕の「石隠璵禅師」の注を参照。

〔96〕雪谷

闕。

*

雪谷《せっこく》

闕《か》く。

*

雪谷《せっこく》

欠文。

*

○雪谷＝雪谷宗戒。〔23〕を参照。

〔97〕来復

字見心。号蒲庵。豫象人。嗣南楚悦。悦嗣虎岩伏。住杭霊隠。有蒲庵集。

＊

来復《らいふく》

字は見心《けんしん》。蒲庵《ほあん》と号す。豫象《よしょう》の人。南楚悦《なんそえつ》に嗣ぐ。悦は虎岩伏《こがんふく》に嗣ぐ。杭の霊隠《れいいん》に住す。『蒲庵集《ほあんしゅう》』有り。

＊

来復《らいふく》

字《あざな》は見心《けんしん》。蒲庵《ほあん》と号した。豫象《よしょう》（江西省）の人である。南楚師悦《なんそしえつ》の法嗣。師悦は虎巌浄伏《こがんじょうふく》の法嗣。杭州《こうしゅう》（浙江省）の霊隠寺《れいいんじ》に住持した。〔著書に〕『蒲庵集《ほあんしゅう》』がある。

＊

○来復＝〔24〕の「来復」の注を参照。

〔98〕南堂

諱清欲。号了庵。台之臨海朱氏之子也。嗣法古林茂。初出世漂水開福、後遷蕪之霊岩・嘉禾本覚、晩年退居称南堂遺老。

＊

南堂《なんどう》

諱は清欲《せいよく》。了庵《りょうあん》と号す。台の臨海《りんかい》の朱《しゅ》氏の子なり。古林茂《くりんむ》に嗣法す。初め漂水《ひょうすい》の開福《かいふく》に出世し、後に蘓《そ》の霊岩《れいがん》、嘉禾《かか》の本覚《ほんがく》に遷り、晩年、退居して南堂遺老《なんどういろう》と称す。

＊

南堂《なんどう》

諱《いみな》は清欲《せいよく》。了庵《りょうあん》と号した。台州《たいしゅう》（浙江省）の臨海《りんかい》の朱《しゅ》氏の子である。古林清茂《くりんせいむ》に嗣法した。初め漂水《ひょうすい》（湖北省）の開福《かいふく》寺に出世し、後《のち》に蘇州《そしゅう》（江蘇省）の霊岩《れいがん》寺、嘉禾《かか》（江蘇省嘉興）の本覚《ほんがく》寺に遷り、晩年、退居して南堂遺老《なんどういろう》と称した。

＊

○南堂＝〔25〕の「南堂遺老清欲」の注を参照。

〔99〕楚石

諱梵琦。四明象山人。姓朱氏。嗣法原叟（ママ）端。初出世海塩福臻、継移杭報国、嘉興本覚・天寧・永祚等名藍。後投老於永祚之西斎、因号ニ西斎老人。

＊

楚石《そせき》

諱は梵琦《ぼんき》。四明《しめい》の象山《しょうざん》の人。姓は朱《しゅ》氏。原叟端《げんそうたん》に嗣法す。初め海塩《かいえん》の福臻《ふくしん》に出世し、継いで杭の報国《ほうこく》、嘉《か》興《こう》の本覚《ほんがく》・天寧《てんねい》・永祚《えいそ》等の名藍に移る。後《のち》に老を永祚の西斎《せいさい》に投ず。因りて西斎老人《せいさいろうじん》と号す。

＊

楚石《そせき》

諱《いみな》は梵琦《ぼんき》。四明《しめい》（浙江省）の象山《しょうざん》の人である。姓は朱《しゅ》氏。元叟行端《げんそうぎょうたん》に嗣法した。初め海塩《かいえん》（浙江省嘉興）の福臻《ふくしん》寺に出世し、継いで杭州《こうしゅう》（浙江省）の報国《ほうこく》寺や、嘉興《かこう》（浙江省）の本覚《ほんがく》寺・天寧《てんねい》寺・永祚《えいそ》寺などの名刹に移った。後《のち》に永祚《えいそ》寺の西斎《せいさい》に投老《隠居》したので、西斎老人《せいさいろうじん》と号した。

＊

○楚石＝〔26〕の「西斎道人梵琦」の注を参照。

〔100〕良琦

号元璞。嗣法石室瑛。瑛嗣晦機熙。住嘉禾興聖。

＊

良琦《りょうき》

元璞《げんはく》と号す。法を石室瑛《せきしつえい》に嗣ぐ。瑛は晦機熙《かいきき》に嗣ぐ。嘉禾《かか》の興聖《こうしょう》に住す。

＊

良琦《りょうき》

元璞《げんはく》と号す。石室祖瑛《せきしつそえい》の法嗣である。祖瑛は晦機元熙《かいきげんき》に嗣いでいる。嘉禾《かか》（浙江省嘉興）の興聖《こうしょう》寺に住持した。

＊

○良琦＝〔27〕の「呉山老樵良琦」の注を参照。

〔101〕文信

闕。

＊

文信《ぶんしん》

闕《か》く。

＊

文信《ぶんしん》

欠文。

○文信＝雪山文信。〔28〕の「雪山文信」の注を参照。

＊

〔102〕祖闡

字仲猷、号帰庵。族姓陳氏。鄞人。嗣原《（ママ）》叟端。住天寧。本朝応安六年、奉大明帝命使本邦。

＊

祖闡《そせん》

字は仲猷《ちゅうゆう》。帰庵《きあん》と号す。族姓は陳《ちん》氏。鄞《ぎん》の人。原叟端《げんそうたん》に嗣ぐ。天寧《てんねい》に住す。本朝の応安《おうあん》六年、大明帝の命を奉じて本邦に使いす。

＊

祖闡《そせん》

字《あざな》は仲猷《ちゅうゆう》。帰庵《きあん》と号する。族姓《名字》は陳《ちん》氏。鄞《ぎん》（浙江省寧波）〔出身〕の人である。元叟行端《げんそうぎょうたん》に嗣ぎ、〔明州の〕天寧《てんねい》寺に住持した。本朝《日本》の応安《おうあん》六年（中国の洪武六年・一三六三）、大明《明国》の皇帝の命令を奉じて本邦《日本》に使者としてきた。

＊

○祖闡＝〔29〕の「四明祖闡」の注を参照。

〔103〕克勤

号無逸。住天台瓦棺教寺。同仲猷使本邦。乃天台宗匠也。

＊

克勤《こくごん》

無逸《むいつ》と号す。天台の瓦棺教寺《がかんきょうじ》に住す。仲猷《ちゅうゆう》と同じく本邦に使いす。乃ち天台の宗匠なり。

＊

克勤《こくごん》

無逸《むいつ》と号す。天台宗の瓦棺教寺《がかんきょうじ》（南京・教宗十刹第十位）に住持していた。仲猷《ちゅうゆう》と一緒に本邦《日本》に使者としてきた。天台宗の宗匠である。

＊

○克勤＝〔30〕の「会稽克勤」の注を参照。

〔104〕王幼倩

闕。

《附》　320

闕《か》く。

欠文。

○王幼倩＝〔31〕の「姑蘓王幼倩」の注を参照。

闕。

闕《か》く。

王《おう》幼《よう》倩《せん》

王《おう》幼《よう》倩《せん》

〔105〕朱本

朱本

朱本

＊

＊

＊

＊

＊

欠文。

*

○朱本＝〔32〕の「四明朱本」の注を参照。

〔106〕詹鈺

闕。

*

詹鈺《せんぎょく》

闕《か》く。

*

詹鈺《せんぎょく》

欠文。

*

○詹鈺＝〔33〕の「四明詹鈺」の注を参照。

〔107〕守仁

富春人。天台宗匠也。任僧録司右講経、住普福天台教寺。曾書夢窓石禅師塔銘篆額。

守仁《しゆじん》

富春《ふしゆん》の人。天台の宗匠なり。僧録司右講経《そうろくしうこうきょう》に任ぜられて、普福《ふふく》の天台教寺に住す。曾て夢窓《むそうせき》石禅師の塔銘の篆額《てんがく》を書す。

＊

守仁《しゆじん》

富春《ふしゆん》（浙江省厳州府桐廬県）の人。天台宗の宗匠である。僧録司右講経《そうろくしうこうきょう》に任命されて、普福寺《ふふく》（杭州・教宗十刹第三位）という天台教寺に住持していた。かつて夢窓疎石《むそうそせき》禅師の塔銘《とうめい》の篆書《てんしょ》の額を書いたことがある。

＊

○守仁＝〔34〕の「守仁」の注を参照。

＊

〔108〕清曇

号独芳。嗣清拙澄。曾南游、帰来住豊州蔣山万寿寺。後移建仁・天龍・南禅。所居庵曰自牧。

＊

清曇《せいどん》

独芳《どくほう》と号す。清拙澄《せいせつちょう》に嗣ぐ。曾て南游し、帰り来たりて豊州《ぶしゅう》の蔣山万寿寺《まこもさんまんじゅじ》に住す。後《のち》に建仁《けんにん》・天龍《てんりゅう》・南《なん》禅《ぜん》に移る。居る所の庵《いおり》を「自牧《じぼく》」と曰う。

＊

清曇《せいどん》

独芳《どくほう》と号す。清拙正澄《せいせつしょうちょう》に嗣法した。以前、南游《入元》し、帰朝してから豊州《豊後》（大分県）の蔣山万寿寺《まこもさんまんじゅじ》に住持した。後《のち》に〔京都の〕建仁《けんにん》寺・天龍《てんりゅう》寺・南禅《なんぜん》寺に移る。住んでいた庵《いおり》〔の名前〕を「自牧《じぼく》」と言う。

＊

◯清曇＝〔35〕の「清曇」の注を参照。

＊

〔109〕海寿

或作清寿。字椿庭。自称木杯子。嗣法竺僊僊。航海邁元、帰来住京師真如寺、継移南禅。曾撰伝燈録鈔。

＊

海寿《かいじゅ》

或いは清寿《せいじゅ》に作る。字は椿庭《ちんてい》。自ら木杯子《もくはいし》と称す。竺僊僊《じくせんせん》に嗣法す。海を航《わた》りて元に邁《ゆ》く。帰り来たりて京師の真如《しんにょ》寺に住し、継いで南禅《なんぜん》に移る。曾て『伝燈録鈔《でんとうろくしょう》』を撰す。

＊

海寿《かいじゅ》

または清寿《せいじゅ》に作る。字《あざな》は椿庭《ちんてい》。自分では木杯子《もくはいし》と称していた。竺僊梵僊《じくせんぼんせん》に嗣法する。海を航《わた》って元に行き、帰朝してから京師《京都》の真如《しんにょ》寺に住持し、継いで南禅《なんぜん》寺に移った。以前、『伝燈録鈔《でんとうろくしょう》』〔という本〕を撰述している。

＊

○海寿＝〔36〕の「海寿」の注を参照。

〔110〕 良中

字大本。得法東林丘。丘嗣一山寧。住上野長楽寺。其第三十世也。

＊

良中《りょうちゅう》

字は大本《たいほん》。法を東林丘《とうりんきゅう》に得《う》。丘は一山寧《いっさんねい》に嗣ぐ。上野《こうずけ》の長楽寺《ちょうらくじ》に住す。其の第三十世なり。

＊

良中《りょうちゅう》

字《あざな》は大本《たいほん》。東林友丘《とうりんゆうきゅう》に法を得た。友丘は一山一寧《いっさんいちねい》に嗣いでいる。上野《こうずけ》（群馬県）の長楽寺《ちょうらくじ》に住持した。その〔長楽寺の〕第三十世である。

＊

○良中＝〔37〕の「良中」の注を参照。

〔111〕仲謙

諱道敏。嗣法東璵海。海嗣石林鞏。住翠峰。

＊

仲謙《ちゅうけん》

諱は道敏《どうびん》。法を東璵海《とうよかい》に嗣ぐ。海は石林鞏《せきりんきょう》に嗣ぐ。翠峰《すいほう》に住す。

＊

仲謙《ちゅうけん》

諱《いみな》は道敏《どうびん》。東璵《とうよ》徳海《とっかい》に嗣法した。徳海は石林行鞏《せきりんぎょうきょう》に嗣いでいる。翠峰寺《すいほう》（未詳）に住持した。

＊

○仲謙＝〔38〕の「冷泉仲謙」の注を参照。

〔112〕 良佐

或曰妙佐。号汝霖。遠江高園人。某年同絶海使大明。帰来住播州法雲寺。其集曰高園稾。

＊

良佐《りょうさ》

或いは妙佐《みょうさ》と曰う。汝霖《じょりん》と号す。遠江《とおとうみ》の高園《たかぞの》の人。某年、絶海《ぜっかい》と同じく大明に使いす。帰り来たりて播《ばん》州《しゅう》の法雲《ほううん》寺に住す。其の集を『高園稾《こうえんこう》』と曰う。

＊

良佐《りょうさ》

もしくは妙佐《みょうさ》と言う。汝霖《じょりん》と号した。遠江《とおとうみ》（静岡県）の高園《たかぞの》の人。某年、絶海《ぜっかい》〔中津《ちゅうしん》〕と一緒に大明《明国》への使者となった。帰朝して播州《ばんしゅう》（兵庫県）の法雲《ほううん》寺に住持した。その〔詩文〕集を『高園稾《こうえんこう》』と言う。

＊

○良佐＝〔39〕の「遠江良佐」の注を参照。

〔113〕 啓諸

号一元。嗣法曇芳応。応嗣夢窓石。

＊　啓諸《けいしょ》

一元《いちげん》と号す。法を曇芳応《どんぽうおう》に嗣ぐ。応は夢窓石《むそうせき》に嗣ぐ。

＊　啓諸《けいしょ》

一元《いちげん》と号した。曇芳周応《どんぽうしゅうおう》に嗣法した。周応は夢窓疎石《むそうそせき》に嗣いでいる。

＊

○啓諸＝〔40〕の「茅関啓諸」の注を参照。

〔114〕陸仁

闕。

＊　陸仁《りくじん》

闕《か》く。

＊

陸仁《りくじん》

欠文。

＊

○陸仁＝〔41〕の「河南陸仁」の注を参照。

〔115〕崇忠

闕。

＊

崇忠《そうちゅう》

闕《か》く。

＊

崇忠《そうちゅう》

欠文。

＊

○崇忠＝丹崖崇忠。〔42〕の「丹崖崇忠」の注を参照。

〔116〕省吾

伝見于宗系略伝。

＊

省吾《しょうご》

伝は「宗系略伝《しゅうけいりゃくでん》」に見ゆ。

＊

省吾《しょうご》

伝記は「石城山宗系略伝《せきじょうざんしゅうけいりゃくでん》」に見える。

＊

○省吾＝無我省吾。〔43〕の「牛頭山省吾」の注、および〔79〕を参照。

〔117〕懐渭

字清遠。又号竹庵。豫象人。得旨笑隠訢。住浄慈。有四会語録及外集若干巻。

＊

懐渭《かいい》

字は清遠《せいおん》。又た竹庵《ちくあん》と号す。豫象《よしょう》の人。旨を笑隠訢《しょういんきん》に得《う》。浄慈《じんず》に住す。四会《しえ》の語録、及び外集《げしゅう》、若干巻有り。

*

懐渭《かいい》

字《あざな》は清遠《せいおん》。また竹庵《ちくあん》とも号する。豫象《よしょう》（江西省南昌）の人。笑隠大訢《しょういんだいきん》に得旨《嗣法》した。浄慈寺《じんずじ》（杭州）に住持する。四会《しえ》（住持した四ヶ寺）の『語録』、及び『外集《げしゅう》』（詩文集）、若干巻がある。

*

○懐渭＝〔44〕の「豫章竹庵懐渭」の注を参照。

〔118〕惟肖

諱得岩《（ママ）》。嗣草堂芳。芳嗣明極俊。

*

惟肖《いしょう》

諱は得岩《とくがん》。草堂芳《そうどうほう》に嗣ぐ。芳は明極俊《みんきしゅん》に嗣ぐ。

*

惟肖《いしょう》

諱《いみな》は得巌《とくがん》。草堂得芳《そうどうとくほう》に嗣いだ。得芳は明極楚俊《みんきそしゅん》に嗣いでいる。

＊

○惟肖＝〔45〕の「双桂惟肖」の注を参照。

〔119〕永璵

号東陵。嗣法雲外岫。乃洞山十六世孫。観応二年、東渡。住南禅・天龍等。謚妙応光国慧海慈済禅師。

＊

永璵《ようよ》

東陵《とうりん》と号す。法を雲外岫《うんがいしゅう》に嗣ぐ。乃ち洞山《とうざん》十六世の孫なり。観応《かんのう》二年、東渡す。南禅《なんぜん》・天龍《てんりゅう》等に住す。謚《おくりな》は妙応光国慧海慈済禅師《みょうおうこうこくえかいじさいぜんじ》。

＊

永璵《ようよ》

東陵《とうりん》と号する。雲外雲岫《うんがいうんしゅう》に嗣法した。洞山《とうざん》十六世の法孫である。観応《かんのう》二年（一三五一）、東《日本》に渡来する。南《なん》禅《ぜん》寺・天龍《てんりゅう》寺等に住持した。謚《おくりな》は妙応光国慧海慈済禅師《みょうおうこうこくえかいじさいぜんじ》である。

＊

○永璵＝〔46〕の「四明閑衲永璵」の注を参照。

〔120〕 宗規

伝見于宗系略伝。

宗規《そうき》

伝、「宗系略伝《しゅうけいりゃくでん》」に見ゆ。

＊

宗規《そうき》

伝記は「石城山宗系略伝《せきじょうざんしゅうけいりゃくでん》」に見える。

＊

○宗規＝〔24〕の「先師月堂」・〔47〕の「水月老人宗規」の注、および〔77〕を参照。

＊

〔121〕 徳見

号龍山。得旨寂庵照。乃建仁千光第五世之孫也。歴住諸刹、晩遷南禅。謚真源大照禅師。

＊

徳見《とっけん》

龍山《りゅうざん》と号す。旨を寂庵照《じゃくあんしょう》に得《う》。乃ち建仁千光《けんにんせんこう》の第五世の孫なり。諸刹を歴住して、晩に南禅《なんぜん》に遷る。諡《おくりな》は真源大照禅師《しんげんだいしょうぜんじ》。

＊

徳見《とっけん》

龍山《りゅうざん》と号す。寂庵上照《じゃくあんじょうしょう》に得旨《嗣法》した。建仁《けんにん》寺の千光祖師《せんこうそし》（＝栄西）の第五世の法孫である。諸刹を歴住して、晩年に南禅《なんぜん》寺に遷った。諡《おくりな》は真源大照禅師《しんげんだいしょうぜんじ》である。

＊

○徳見＝〔48〕の「龍安山人徳見」の注を参照。

〔122〕士曇

字乾峰。嗣南山雲。住南禅・東福。又創海会寺於泉南。塔在南禅曰龍興、在東福曰菩提。

＊

士曇《しどん》

字は乾峰《けんぽう》。南山雲《なんざんうん》に嗣ぐ。南禅《なんぜん》・東福《とうふく》に住す。又た海会《かいえ》寺を泉南《せんなん》に創《はじ》む。塔、南禅《なんぜん》に在るを龍興《りゅうこう》と曰い、東福《とうふく》に在るを菩提《ぼだい》と曰う。

＊

士曇《しどん》

字《あざな》は乾峰《けんぽう》。南山士雲《なんざんしうん》に嗣いだ。南禅《なんぜん》寺・東福《とうふく》寺に住持した。また海会《かいえ》寺を泉南《せんなん》（大阪府）に創建した。塔《はか》で、南禅《なんぜん》寺に在るものを「龍興《りゅうこう》」と言い、東福《とうふく》寺に在るものを「菩提《ぼだい》」と言う。

＊

○士曇＝〔49〕の「南禅老拙士曇」の注を参照。

〔123〕善玖

号石室。入元、得旨古林茂。帰来住建長。創武州巌築平林寺。

善玖《ぜんきゅう》

＊

石室《せきしつ》と号す。入元して、旨を古林茂《くりんむ》に得《う》。帰り来たりて建長《けんちょう》に住す。武州巌築《ぶしゅういわつき》の平林《へいりん》寺を創《はじ》む。

善玖《ぜんきゅう》

＊

石室《せきしつ》と号す。入元して、古林清茂《くりんせいむ》に得旨《嗣法》した。帰朝して建長《けんちょう》寺に住持する。〔また〕武州《ぶしゅう》（埼玉県）巌築《いわつき》

（岩槻）の平林《へいりん》寺を創建した。

＊

○善玖＝〔50〕の「建長老拙善玖」の注を参照。

〔124〕祖禅

号定山。嗣法双峰源。住東福寺。塔曰芬陀梨華院。謚普応円融禅師。

＊

祖禅《そぜん》

定山《じょうざん》と号す。法を双峰源《そうほうげん》に嗣ぐ。東福《とうふく》寺に住す。塔を芬陀梨華院《ふんだりげいん》と曰う。謚《おくりな》は普応円融禅師《ふおうえんゆうぜんじ》。

＊

祖禅《そぜん》

定山《じょうざん》と号す。双峰宗源《そうほうそうげん》に嗣法した。東福《とうふく》寺に住持する。塔《はか》を芬陀梨華院《ふんだりげいん》と言う。謚《おくりな》は普応円融禅師《ふおうえんゆうぜんじ》である。

＊

○祖禅＝〔51〕の「東福祖禅」の注を参照。

〔125〕宗冑

号的伝。嗣法翁《ママ》一。一嗣南浦明。出世横岳。

宗冑《そうちゅう》

的伝《てきでん》と号す。法翁一《ほうおういち》に嗣ぐ。一は南浦明《なんぽみん》に嗣ぐ。横岳《よこたけ》に出世す。

＊

宗冑《そうちゅう》

的伝《てきでん》と号す。峰翁祖一《ほうおうそいち》に嗣いだ。祖一は南浦紹明《なんぽじょうみん》に嗣いだ。横岳《よこたけ》（崇福寺）に出世した。

＊

○宗冑＝〔52〕の「横岳宗冑」の注を参照。「法翁」は「峰翁」の誤字、もしくは「嗣法」の下に「峰」の一字が脱している可能性もある。

＊

〔126〕周皓

号玉泉。嗣夢窓石。住臨川寺。

＊周皓《しゅうこう》

玉泉《ぎょくせん》と号す。夢窓石《むそうせき》に嗣ぐ。臨川寺《りんせん》に住す。

＊周皓《しゅうこう》

玉泉《ぎょくせん》と号す。夢窓疎石《むそうそせき》に嗣いだ。臨川寺《りんせん》（天龍寺塔頭）に住持する。

＊

○周皓＝〔53〕の「臨川周皓」の注を参照。

〔127〕本鞏

号石門。得法明室喆。喆嗣絶崖卓。住築之崇福。

＊本鞏《ほんきょう》

石門《せきもん》と号す。法を明室喆《めいしつてつ》に得《う》。喆は絶崖卓《ぜつがいたく》に嗣ぐ。築《ちく》の崇福《そうふく》に住す。

＊本鞏《ほんきょう》

石門《せきもん》と号す。明室宗喆《めいしつそうてつ》に得法《嗣法》した。宗喆は絶崖宗卓《ぜつがいそうたく》に嗣いだ。築《筑前》（福岡県）の崇福寺《そうふく》に住持する。

＊

○本鞏＝〔54〕の「崇福本鞏」の注を参照。

〔128〕祖裔

号竺芳。嗣石梁恭。住南禅寺。

＊

祖裔《そえい》

竺芳《じくほう》と号す。石梁恭《せきりょうきょう》に嗣ぐ。南禅寺《なんぜん》に住す。

＊

祖裔《そえい》

竺芳《じくほう》と号す。石梁仁恭《せきりょうじんきょう》に嗣いだ。南禅寺《なんぜん》に住持する。

＊

○祖裔＝〔55〕の「慈受祖裔」の注を参照。

〔129〕宗柱

闕。

＊

宗柱《そうちゅう》

闕《か》く。

＊

宗柱《そうちゅう》

欠文。

＊

○宗柱＝金峰宗柱。〔56〕の「金峰宗柱」の注を参照。

〔130〕宗丘

伝見于宗系略伝。

＊

宗丘《そうきゅう》

伝は「宗系略伝《しゅうけいりゃくでん》」に見ゆ。

＊

宗丘《そうきゅう》

伝記は「石城山宗系略伝《せきじょうざんしゅうけいりゃくでん》」に見える。

＊

○宗丘＝嶽雲宗丘。〔57〕の「西都宗丘」の注、および〔81〕を参照。

〔131〕 周及

号愚中。暦応三年、南游、嗣法即休了。帰来住藝州仏通寺。諡仏徳禅師。著宗鏡稟明鈔。

周及《しゅうきゅう》

愚中《ぐちゅう》と号す。暦応《りゃくおう》三年、南游し、法を即休了《しっきゅうりょう》に嗣ぐ。帰り来たりて藝州《げいしゅう》の仏通《ぶっつう》寺に住す。諡《おくりな》は仏徳禅師《ぶっとくぜんじ》。『宗鏡稟明鈔《すぎょうりんみょうしょう》』を著す。

＊

周及《しゅうきゅう》

＊

愚中《ぐちゅう》と号す。暦応《りゃくおう》三年（一三四〇）、南游《入元》し、即休契了《しっきゅうかいりょう》に嗣法する。帰朝して藝州《げいしゅう》（広島県）の仏通寺《ぶっつうじ》に住持した。諡《おくりな》は仏徳禅師《ぶっとくぜんじ》。『宗鏡録稟明鈔《すぎょうろくりんみょうしょう》』を著した。

＊

○周及＝〔58〕の「関東周及」の注を参照。

〔132〕明極

諱楚俊。号明極。四明昌国黄氏之子。嗣虎巌伏。東渡、住建長及南禅等。

＊

明極《みんき》

諱は楚俊《そしゅん》。明極《みんき》と号す。四明昌国《しめいしょうこく》の黄《こう》氏の子。虎巌伏《こがんふく》に嗣ぐ。東渡して建長《けんちょう》及び南禅《なんぜん》等に住す。

＊

明極《みんき》

諱《いみな》は楚俊《そしゅん》。明極《みんき》と号した。四明《しめい》（浙江省）昌国《しょうこく》の黄《こう》氏の子。虎巌浄伏《こがんじょうふく》に嗣法した。東渡《来朝》して、建長《けんちょう》寺、及び南禅《なんぜん》寺等に住持した。

＊

○明極＝〔60〕の「楚俊」の注を参照。

〔133〕古林

諱清茂。字古林。休居叟其別号也。得旨横川珙。出世于蘊之天平、継遷開元及永福保寧。

＊

古林《くりん》

諱は清茂《せいむ》。字は古林《くりん》。休居叟《きゅうきょそう》は其の別号なり。旨を横川珙《わんせんこう》に得《う》。蘊《そ》の天平《てんぴょう》に出世し、継いで開元《かいげん》及び永《えい》福《ふく》・保寧《ほねい》に遷る。

＊

古林《くりん》

諱《いみな》は清茂《せいむ》。字《あざな》は古林《くりん》。休居叟《きゅうきょそう》はその別号である。横川如珙《わんせんにょこう》に得旨《嗣法》する。蘇州《そしゅう》（平江府）の天平《てんぴょう》（白雲禅寺）に出世し、継いで開元《かいげん》寺、及び永福《えいふく》寺・保寧《ほねい》寺に遷った。

＊

○古林＝〔67〕の「古林清茂」の注を参照。

〔134〕恕中

諱無慍。字恕中。有空室別号。台之臨海人。族姓陳氏。嗣法竺源《（ママ）》道。出世明之霊巌、継住台之瑞巌。洪武七年、依本邦請、大明帝召師至闕、師以老病辞。

＊

恕中《じょちゅう》

諱は無慍《むおん》。字は恕中《じょちゅう》。空室《くうしつ》の別号有り。台《たい》の臨海《りんかい》の人。族姓は陳《ちん》氏。法を竺源道《じくげんどう》に嗣ぐ。明《めい》の霊巌《れいがん》に出世し、継いで台《たい》の瑞巌《ずいがん》に住す。洪武《こうぶ》七年、本邦の請に依りて、大明帝、師を召して闕《けつ》に至らしむるも、師、老病を以て辞す。

＊

恕中《じょちゅう》

諱《いみな》は無慍《むおん》、字《あざな》は恕中《じょちゅう》。空室《くうしつ》の別号がある。台州《たいしゅう》（浙江省）臨海《りんかい》の人。族姓《名字》は陳《ちん》氏。竺元妙道《じくげんみょうどう》に嗣法する。四明《しめい》（浙江省）の霊巌寺《れいがん》に出世し、継いで台州《たいしゅう》（浙江省）の瑞巌寺《ずいがん》に住持した。洪武《こうぶ》七年（一三七四）、本邦《日本》の要請に依って、大明《明朝》の皇帝は師（＝恕中）を召し出して闕《宮城》に至らせたが、師は老病を以て〔日本行きを〕辞退した。

＊

○恕中＝〔66〕の「恕中無慍」の注を参照。

〔135〕月江

諱正印。自号松月翁。福之連江劉氏子。嗣法虎巌伏。初住碧雲・南禅・道場等、後遷育王。

*

月江《げっこう》

諱は正印《しょういん》。自ら松月翁《しょうげつおう》と号す。福《ふく》の連江《れんこう》の劉《りゅう》氏の子。法を虎巌伏《こがんふく》に嗣ぐ。初め碧雲《へきうん》・南禅《なんぜん》・道場《どうじょう》等に住し、後《のち》に育王《いおう》に遷る。

*

月江《げっこう》

諱《いみな》は正印《しょういん》。自分では松月翁《しょうげつおう》と号した。福州《ふくしゅう》（福建省）の連江《れんこう》の劉《りゅう》氏の子である。虎巌浄伏《こがんじょうふく》に嗣法した。初め碧雲《へきうん》寺・南禅《なんぜん》寺・道場《どうじょう》寺などに住し、後《のち》に育王《いおう》に遷った。

*

○月江＝〔68〕の「月江正印」の注を参照。

〔136〕季潭

諱宗泐。号全室。自称蒲庵。台之臨海人。周姓。嗣法笑隠訢。住中天竺及径山・天界諸刹。有全室集。

＊

季潭《きたん》

諱は宗泐《そうろく》。号は全室《ぜんしつ》。自ら蒲庵《ほあん》と称す。台《たい》の臨海《りんかい》の人。周《しゅう》姓。法を笑隠訢《しょういんきん》に嗣ぐ。中天竺《ちゅうてんじく》、及び径山《きんざん》・天《てん》界《がい》の諸刹に住す。『全室集《ぜんしつしゅう》』有り。

＊

季潭《きたん》

諱《いみな》は宗泐《そうろく》。号は全室《ぜんしつ》。蒲庵《ほあん》と自称した。台州《たいしゅう》（浙江省）臨海《りんかい》の人。周《しゅう》という姓《名字》である。笑隠大訢《しょういんだいきん》に嗣法する。中天竺寺《ちゅうてんじくじ》、および径山《きんざん》・天界《てんがい》寺の諸刹に住持した。〔著述として〕『全室集《ぜんしつしゅう》』がある。

＊

○季潭＝〔72〕の「季潭宗泐」の注を参照。

〔137〕絶海

諱中津。字絶海。自号蕉堅道人。土佐津野人。嗣法夢窓石。本朝応安元年、遨海入明。帰来開法于甲之慧林寺、継住等持・鹿苑・南禅等諸名刹。有四会語録及蕉堅稾。

＊

絶海《ぜっかい》

諱は中津《ちゅうしん》。字は絶海《ぜっかい》。自ら蕉堅道人《しょうけんどうにん》と号す。土佐《とさ》の津野《つの》の人。法を夢窓石《むそうせき》に嗣ぐ。本朝の応安《おうあん》元年、海を逾《こ》えて明に入る。帰り来たりて甲《こう》の慧林《えりん》寺に開法す。継いで等持《とうじ》・鹿苑《ろくおん》・南禅《なんぜん》等の諸名刹に住す。四会《しえ》の『語録』及び『蕉堅稾《しょうけんこう》』有り。

＊

絶海《ぜっかい》

諱《いみな》は中津《ちゅうしん》。字《あざな》は絶海《ぜっかい》。自ら蕉堅道人《しょうけんどうにん》と号した。土佐《とさ》（高知県）津野《つの》の人。夢窓疎石《むそうそせき》に嗣法する。本朝《日本》の応《おう》安《あん》元年（一三六八）、海を逾《こ》えて明《みん》に入った。帰朝して甲斐《かい》（山梨県）の慧林《えりん》寺に開法《住持》した。継いで等持《とうじ》寺・鹿苑《ろくおん》寺・南禅《なんぜん》寺などの諸もろの名刹に住持する。〔著述として〕四会《四ヶ寺》の『語録』および『蕉堅稾《しょうけんこう》』がある。

＊

○絶海＝〔74〕の「絶海中津」の注を参照。

〔138〕笑翁

諱妙堪。嗣無用全。初出世妙勝、次第転霊隠・瑞岩・浄慈・育王・天童・虎丘等諸刹。

＊

笑翁《しょうおう》

諱は妙堪《みょうたん》。無用全《むようぜん》に嗣ぐ。初め妙勝《みょうしょう》に出世し、次第に霊隠《れいいん》・瑞岩《ずいがん》・浄慈《じんず》・育王《いおう》・天童《てんどう》・虎丘《くきゅう》等の諸刹に転ず。

＊

笑翁《しょうおう》

諱《いみな》は妙堪《みょうたん》。無用浄全《むようじょうぜん》に嗣法した。初め妙勝《みょうしょう》寺に出世し、霊隠《れいいん》寺・瑞岩《ずいがん》寺・浄慈《じんず》寺・育王《いおう》寺・天童《てんどう》寺・虎丘《くぎゅう》寺などの諸刹に次々に住持した。

＊

○笑翁＝〔11〕の「笑翁」の注を参照。

〔139〕約翁

闕。

＊

約翁《やくおう》

闕《か》く。

＊

欠文。

約翁《やくおう》

○約翁＝約翁礼公。〔叙〕の「約翁礼公」の注を参照。

＊

〔140〕大蔭

嗣月庵光。光嗣大蟲岑、岑嗣峰翁一、一嗣南浦明。

＊

大蔭《だいいん》

月庵光《げつあんこう》に嗣ぐ。光は大蟲岑《だいちゅうしん》に嗣ぎ、岑は峰翁一《ほうおういち》に嗣ぎ、一は南浦明《なんぽみょう》に嗣ぐ。

＊

大蔭《だいいん》

月庵宗光《げつあんそうこう》に嗣いだ。宗光は大蟲宗岑《だいちゅうそうしん》に嗣ぎ、宗岑は峰翁祖一《ほうおうそいち》に嗣ぎ、祖一は南浦紹明《なんぽじょうみん》に嗣いでいる。

＊

○大蔭＝大蔭宗蔭。〔45〕の「大蔭禅伯」の注を参照。

諸師略伝畢

＊

「諸師略伝《しょしりゃくでん》」畢《お》わる。

＊

「諸師略伝《しょしりゃくでん》」畢《お》わり。

跋文

此書出於筑前州博多津石城山妙楽禅寺之文庫。開山月堂規和尚嗣法南浦明公。寺隷于崇福官刹。爾来名宿継武者不鮮。古書亦蘊積。余以元録乙亥、応請住本寺。偶閲古書、中得虎丘十詠等一軸、知宗流所源委。題曰石城遺宝。且撰宗系及集中諸師略伝、以便後学。同志紹庸欲鏤梓寿世。仍記顛末如斯。

元禄十三年龍舎庚辰九月二十七日、石城山主紹宙性宗謹跋。

*

此の書は、筑前州《ちくぜんしゅう》博多の津《つ》、石城山妙楽禅寺《せきじょうざんみょうらくぜんじ》の文庫より出づ。開山の月堂規《げつどうき》和尚は、南浦明《なんぽみん》公に嗣法す。寺は崇福《そうふく》官刹に隷《れい》す。爾来《じらい》、名宿、武《あと》を継ぐ者鮮《すく》なからず。古書も亦た蘊積《うんせき》す。余、元録乙亥《げんろくいつがい》を以て、請《しょう》に応じて本寺に住す。偶《たま》たま古書を閲《けみ》して、中に「虎丘十詠《くきゅうじゅうえい》」等《など》の一軸を得て、宗流《しゅうりゅう》の源委《げんい》する所を知る。題して『石城遺宝《せきじょういほう》』と曰《い》う。且《か》つ「宗系《しゅうけい》」及び「集中諸師略伝《しゅうちゅうしょしりゃくでん》」を撰して、以て後学《こうがく》に便《べん》にす。同志《どうし》の紹庸《しょうよう》、梓《あずさ》に鏤《ろう》し世に寿《ひさ》しうせんと欲す。仍《よ》って顛末《てんまつ》を記すこと斯《か》くの如し。

元禄十三年、龍、庚辰《こうしん》に舎《やど》る、九月二十七日、石城山主紹宙性宗《せきじょうざんしゅしょうちゅうしょうしゅう》謹んで跋す。

*

この書は、筑前州《ちくぜんしゅう》（福岡県）博多の津《みなと》の石城山妙楽禅寺《せきじょうざんみょうらくぜんじ》の文庫《書庫》から見つかった。〔妙楽寺の〕開山である月堂宗規《げつどうそうき》和尚は、南浦紹明《なんぽじょうみん》公に嗣法した。〔妙楽〕寺は官刹である崇福《そうふく》寺〔の下〕に属した。それ以来、すぐれた尊宿たちで〔開山である月堂の〕足跡を嗣ぐ者たちは少なくなかった。〔妙楽寺には〕古書もまた〔数多く〕蓄積されていた。私は、元禄《げんろく》〔八年〕乙亥《きのとい》（一六九五）に、請われて本寺《妙楽寺》に住持した。たまたま〔所蔵している〕古書を調べていた時、その中に「虎丘十詠《くぎゅうじゅうえい》」など〔を収めた〕一軸を見つけて、〔我が〕宗〔門の法の〕流れの本末を知った。〔この書は〕題して『石城遺宝』という。〔私は〕さらに「〔石城山《せきじょうざん》〕宗系《しゅうけい》〔略伝《りゃくでん》〕」、および「〔遺宝《いほう》〕集中諸師略伝《しゅうちゅうしょしりゃくでん》」を撰述して、後学〔のため〕に便宜をはかった。〔そして、私の〕同志である〔中巌《ちゅうがん》〕紹庸《しょうよう》は、梓《版木》を刻《ほ》って〔出版し〕、この世に残そうとした。そこで〔この書の出版に至る〕顛末を記述するものである。

元禄《げんろく》十三年（一七〇〇）に龍が庚辰《かのえたつ》に舎《やど》る九月二十七日、石城山〔妙楽寺の〕主《住職》である紹宙《しょうちゅう》性宗《しょうしゅう》が謹んで跋《後書き》した。

＊

○継武＝足跡を継ぐこと。武は足跡の意（『漢語』第九冊・p.1044）。

○源委＝発元と帰宿。本末（『漢語』第六冊・p.11）。

○鏤梓寿世＝「梓」はノウゼンカズラ科の落葉高木。材が良質で、棺や器物・版木などにする。転じて、版木そのものを指す。「鏤」は彫刻すること（『漢辞海』p.1482）。「寿」は長く保全すること（『漢語』第二冊・p.1200）。「寿世」で世の中にいつまでも残す意となる。

石城遺宝什物之写　不載石城遺宝分

石城遺宝拾遺

〔141〕大応国師像讃　今存于山　明極楚俊

済済範模、堂堂体相。無世智闌提之滑稽、有法界含容之度量。十年遊胡宋、沾天沢一滴余波、四処董名藍、激渤海千尋巨浪。振直旨単伝之化風、掃異学邪宗之毀謗。語悦龍顔、道超祖望。動公卿之仰瞻、罄士俗之帰向。夫是之謂巨福山中第十一代祖師南浦和尚。円通大応国師像、妙楽方丈規長老請賛。　元徳改元孟冬、前双林法姪比丘楚俊拝。

＊

大応国師像讃《だいおうこくしぞうさん》　今、山に存す。　明極楚俊《みんきそしゅん》

済済《さいさい》たる範模《はんも》、堂堂たる体相。世智闌提《せちせんだい》の滑稽無く、法界含容《ほっかいがんよう》の度量有り。十年胡宋《こそう》に遊びて、天沢一滴《てんたくいってき》の余波に沾《うるお》い、四処名藍《めいらん》を董《とう》して、渤海千尋《ぼっかいせんじん》の巨浪《きょろう》を激す。直旨単伝《じきしたんでん》の化風《けふう》を振るい、異学邪宗《いがくじゃしゅう》の毀謗《きぼう》を掃う。語は龍顔《りゅうがん》を悦ばし、道は祖望《そぼう》を超ゆ。公卿の仰瞻《ぎょうせん》を動かし、士俗の帰向《ききょう》を罄《つ》くす。夫れ是れ之れを巨福山中《こふくさんちゅう》第十一代祖師南浦《なんぽ》和尚と謂う。円通大応国師《えんづうだいおうこくし》の像、妙楽《みょうらく》の方丈の規《き》長老、賛を請う。　元徳《げんとく》改元孟冬《もうとう》、前双林法姪《ほうてつ》比丘楚俊《そしゅん》拝す。

＊

大応国師《だいおうこくし》の像〔に付された〕讃《さん》　今は〔石城山妙楽寺〕に存する。　明極楚俊《みんきそしゅん》

済済《きちん》とした範模《手本》、堂堂とした体相《すがた》。世〔俗的な〕智〔慧に安住している凡夫〕や〔悟りとは無縁の〕闡提《せんだい》の滑稽さは無く、法界《全宇宙》を包み込む度量が具わっている。十年間、胡宋《中国》に遊学して、天沢《虚堂智愚》の一滴《教え》の余波に潤わされ、四個所の名刹に董《住持》して、渤海《ぼっかい》の〔大海原に起こる〕千尋〔もの高さ〕の巨《おお》きな波と戯れた。〔達磨以来の〕直指単伝《じきしたんでん》（＝ズバリと真理を指し示して端的に伝える）という教化の風《やり方》によって、異なった学派や邪まな宗派〔の人々〕からの攻撃を一掃した。〔その口から出る〕語《言葉》は龍顔《天子》を悦ばせ、〔伝えた〕道《教え》は祖〔師たちの〕望《名声》をも超越した。公卿たちの仰望《尊敬》〔の心〕を動かし、士俗からこの上ない帰依を受けた。これこそが巨福山《こふくさん》〔建長寺《けんちょうじ》〕の中の第十一代の祖師である南浦《なんぽ》〔紹明《じょうみん》〕和尚と呼ばれる〔人物なの〕である。円通大応《えんづうだいおう》国師の像に、妙楽寺の方丈《住職》である〔月堂宗《げつどうそう》〕規《き》長老が賛を〔着けるよう私に〕請うた〔ので、以上のような賛を作った〕。元徳改元《げんとく元年》（一三二九）孟冬《十月》、〔中国の婺州《ぶしゅう》（浙江省）にある〕双林寺《そうりんじ》〔の住職で、南浦紹明の〕法姪《後輩》〔に当たる〕比丘《僧侶》の〔明極〕楚俊が拝し〔て書い〕た。

＊

○明極楚俊＝〔60〕の「楚俊」の注を参照。
○済済範模＝きちんとして美しいさま（『漢語』第六冊・p.194）。または厳かで恭しいさま（『漢辞海』p.826）。「範模」は模範のこと。
○世智＝世俗智の略。世俗の凡夫の智。八難の七番目に「世智辯聡」（『翻訳名義集』巻二・T54-1092b）が挙げられているように、悟道を妨げる大きな要因である。

○闡提＝一闡提の略。生死を欲して出離を求めない、救いようのない者。南本『涅槃経』巻一七に、「一闡提とは、因果を信ぜずして、慚愧有ること無く、業報を信ぜずして、現在及び未来世を見ず、善友に親しまず、諸仏説く所の教誡に随わず、是くの如きの人を一闡提と名づく。諸仏世尊も治むる能わざる所なり（一闡提者、不信因果、無有慚愧、不信業報、不見現在及未来世、不親善友、不随諸仏所説教誡、如是之人、名一闡提。諸仏世尊所不能治）」（T12-720c〜721a）とある。

○滑稽＝弁舌が流ちょうであるとか、世渡りに如才がないという意味もあるが（『漢語』第五冊・p.1481）、ここでは現代の用法と同じ「こっけい」の意であろう。『一切経音義』巻五六に「滑稽は猶お俳諧（＝ふざけた・おかしい）のごときなり（滑稽猶俳諧也）」（T54-683a）とある。

○十年遊胡宋、沾天沢一滴余波＝大応は正元元年（一二五九）に入宋し、咸淳三年（一二六七）に帰国しているから、中国滞在は足かけ九年ということになる。「天沢一滴」の「天沢」は虚堂智愚が住していた径山の天沢庵のことで、虚堂のことを指す。「一滴」は、「曹源一滴水」（『金陵清涼院文益禅師語録』・T47-591b）や「曹源一滴」（『法演禅師語録』巻上・T47-652c）という語で示される「禅宗の根源である曹渓《六祖慧能》の一滴の源泉」という表現を踏まえており、「白雲一滴水（白雲《五祖法演》の〔教えの〕一滴の水）」（『法演禅師語録』巻中・T47-656c）や、本書〔74〕の「天源一滴（天源《南浦紹明》の〔教えの〕一滴）」などの応用例が見られる。

○四処董名藍＝南浦紹明が住した名刹、興徳寺（福岡県）・崇福寺（福岡県）・万寿寺（京都府）・嘉元寺（京都府）・建長寺（神奈川県）のうちの四ヶ寺を指すのであろう。

○渤海＝黄海の一部で、遼東半島と山東半島との間の内海。〔29〕の「金翅分開渤海乾」の注を参照。

○直旨単伝＝「直指単伝」（『密庵和尚語録』・T47-977b、『松源崇岳禅師語録』巻上・Z121-287d など）に同じ。「旨」と「指」とは音通。前後を入れ替えた「単伝直指」（『圜悟仏果禅師語録』巻一四・T47-776c、『大慧普覚禅師語録』巻一二・T47-859b

など）という表現もよく見られる。禅門の標語の一つであり、ズバリと師から弟子へと直接伝えること。説明としては、例えば『石渓心月禅師語録』巻中に、「霊山に在りては、之を単伝と謂い、少林に到りては、之を直指と謂う。単伝して自家の本心を伝え、直指して自己の本性を指す（在霊山、謂之単伝、到少林、謂之直指。単伝伝自家本心、直指指自己本性）」（Z123-56b）とある。

○毀謗＝言葉で互いに攻撃する、あるいは嘲りからかう（『漢語』第六冊・p.1500）。『摩訶般若波羅蜜経』巻九「尊導品第三十六」に、「一切の種智を修めて断ぜざれば、是の人亦た能く難論毀謗を降伏せん（修一切種智不断、是人亦能降伏難論毀謗）」（T8-289b）と「難論」と並記されているのが分かりやすい。

○龍顔＝天子の立派な顔。『史記』「周本紀第四」に引用された「史記正義」の注に、「文王は龍顔虎肩にして、身長は十尺、胸に四乳有り（文王龍顔虎肩、身長十尺、胸有四乳）」（中華書局校点本・p.116）とある。

○仰瞻＝仰ぎ見ること（『漢語』第一冊・p.1211）。例えば南本『涅槃経』巻一八「梵行品第二十」に、「爾《そ》の時、大王即ち娑羅双樹の間に往き、仏の所に至りて、如来の三十二相・八十種好を仰瞻するに、猶お微妙真金の山の如し（爾時大王即往娑羅双樹間、至於仏所、仰瞻如来三十二相・八十種好、猶如微妙真金之山）」（T12-726a）とある。

○帰向＝帰依すること（『漢語』第五冊・p.370）。八十巻本『華厳経』巻二三「十廻向品第二十五」の「心は常に如来に帰向す（心常帰向於如来）」（T10-127a）など用例は数多い。

○巨福山＝鎌倉建長寺の山号。巨福山建長寺のこと。

○妙楽方丈規長老＝「妙楽」は妙楽寺のこと。〔45〕の「妙楽寺乃冷泉石城遺址也」の注を参照。「方丈」は、寺院の住持が暮らしている一丈四方の居間のこと（『釈氏要覧』巻上「方丈」条・T54-263b）。転じて住職のことを指す場合もある。「規長老」は月堂宗規のこと。〔24〕の「先師月堂」の注を参照。

○双林＝婺州（浙江省）双林寺。

○法姪＝法侄。直接は、法系上、自分の法兄弟の弟子を指すが、ここでは法系上同じ派に属する後輩の意。明極楚俊は南浦紹明と同じ松源派であるが、二十七歳年下である。明極楚俊の師承は、松源宗岳―無得覚通―虚舟普度―虎巌浄伏―明極楚俊と繋がっており、一方、南浦紹明は、松源宗岳―運庵普巌―虚堂智愚―南浦紹明と次第している。

〔142〕月堂和尚像賛　今存山　南堂清欲

聖福月堂公禅師寿像、小師省吾拝求、南堂遺老清欲賛。四主名藍、大行祖道。皎月堂堂、清風浩浩。無党無偏、有用有照。撥万像独露全身、截群機無窺其徼。孰謂大応之後、復有此老者耶。至正巳亥四月初吉。

＊

月堂《げつどう》和《お》尚《しょう》像賛《ぞうさん》　今、山に存す　南堂清欲《なんどうせいよく》

聖《しょう》福《ふく》の月堂公《げつどうこう》禅師の寿像《じゅぞう》、小師省吾《しょうご》拝求し、南堂遺老清欲《なんどういろうせいよく》賛す。四たび名藍《めいらん》を主《つかさど》り、大いに祖道を行う。皎月堂堂《こうげつどうどう》、清風浩浩《せいふうこうこう》。党無く偏無し、用有り照有り。万像《ばんしょう》を撥《はら》いて独り全身を露わし、群機を截《き》りて其の徼《きょう》を窺うこと無し。孰《たれ》か大応《だいおう》の後に復た此の老者有りと謂《おも》わん。至正己亥《ししょうきがい》四月初吉。

＊

月堂《げつどう》和尚の像《頂相》〔に着けられた〕賛《さん》　今、山《妙楽寺》に存する　南堂清欲《なんどうせいよく》

聖《しょう》福《ふく》寺の月堂公《げつどう》〔宗規《そうき》〕禅師の寿像《じゅぞう》（＝生前に描かれた頂相《ちんそう》）に、小師《弟子》である〔無我《むが》〕省吾《しょうご》が請い求めて、南堂遺老《なんどういろう》こと清欲《せいよく》が賛をした。〔月堂禅師は〕四回、名刹の主《住職》となり、大いに祖〔師の〕道を行なった。

〔それはまるで〕皎《しろ》い月が堂々〔として遍く照らし出し〕、〔また〕清風が広々〔と果てしなく吹きわたるように〕、党《ひいき》も偏りもなく、〔相手に応ずる〕用（＝身のはたらき）も〔相手をうつしみる〕照（＝心のはたらき）もあった。森羅万象を取り除いてすっかり〔法身そのものである〕全身を露呈し、〔厳しい接化で〕群機《衆生》をぶった切り〔続けて〕その際限を窺えなかった。誰が大応《だいおう》〔国師〕の〔ようなすぐれた禅僧の〕後に、再びこのような〔立派な〕老僧が現れるなどと思ったであろうか。至正《ししょう》〔十九年〕己亥《つちのとい》（一三五九）四月の初吉《朔日》。

＊

○月堂和尚＝〔24〕の「先師月堂」の注を参照。
○南堂清欲＝〔25〕の「南堂遺老清欲」の注を参照。
○寿像＝その人の存命中に作成された肖像画や彫刻のこと。
○小師省吾＝「小師」は、具足戒を受けて、いまだ十夏に満たない者。転じて、弟子のこと（『禅林象器箋』第六類「称呼門」の「小師」条・p.187）。「省吾」は無我省吾のこと。〔79〕を参照。
○拝求＝拝謁して求める。請い願う（『漢語』第六冊・p.428）。
○無党無偏＝公正で偏りのないこと。「不偏不党」（『漢語』第一冊・p.442）に同じ。禅録中にしばしば見える表現で、例えば『無準師範禅師語録』巻一「謝新旧知事上堂」に、「『世諦門中には、新有り旧有り、出有り入有り、進有り退有り。仏法向上には、高無く下無く、彼無く此無く、党無く偏無し。是《か》くの如しと雖然《いえど》も、阿那箇の些子か是れ仏法、阿那箇の些子か是れ世諦。試みに乳峰《わたし》の為に一糸頭を拈出して看よ』。良久して云く、『放憨《馬鹿なことを》して作麼』と（世諦門中、有新有旧、有出有入、有進有退。仏法向上、無高無下、無彼無此、無党無偏。雖然如是、阿那箇些子是仏法、阿那箇些子是世諦。試為乳峰拈出一糸頭看。良久云、放憨作麼）」（Z121-433a）とある。

○有用有照＝「用」は機に応ずる働き、「照」はその機をうつしみること。「用」は身のはたらき、「照」は心のはたらき（『禅学』「照用」条・p.588）。師家が弟子を接化する時の方法の一つで、一般には、前後を入れ替えた「有照有用」、もしくは「也有照也有用」という形で使用され、権・実、巻・舒、殺・活などと並列して用いられることが多い。圜悟克勤の『圜悟仏果禅師語録』や『碧巌録』に用例が数多く、例えば『圜悟仏果禅師語録』巻九「小参」に見える「諸聖出で来たりて、物《相手》に応じて形《すがた》を現し、機《能力》に随いて教を逗《あた》うるに、便ち権有り実有り、照有り用有り、殺有り活有り、賓有り主有り、問有り答有り、万別千差たり（諸聖出来、応物現形、随機逗教、便有権有実、有照有用、有殺有活、有賓有主、有問有答、万別千差）」（T47-754b）などがある。

○独露全身＝全体がそっくりそのまま現れること。真如性が余すところなく、まったく露呈すること。全体露現（『禅学』「全身独露」条・p.692）。『撫州曹山元証禅師語録』「五位旨訣」の「正中来」に、「全身独露す、万法の根源、咎も無く誉も無し（全身独露、万法根源、無咎無誉）」（T47-533b）とある。

○群機＝多く様々な機根。衆生のこと。用例として『圜悟仏果禅師語録』巻九に、「群機に利鈍有り、悟る所に浅深有り（群機有利鈍、所悟有浅深）」（T47-754b）とある。

○窺其徼＝『老子』第一章に「故に常に欲無くして以て其の妙を観、常に欲有りて以て其の徼を観る（故常無欲以観其妙、常有欲以観其徼）」（岩波文庫本・p.12）とある。「徼」は、境界・国境の意（『漢辞海』p.505）。ここでは際限の意に取った。『呉都法乗』巻五「古道月江浄禅師伝」に「人、其の徼を窺うこと莫し（人莫窺其徼）」（B34-154b）とある。

○初吉＝ついたち。陰暦の一日のこと（『漢語』第二冊・p.618）。

〔143〕月堂和尚像賛　今存于山　石室善玖

魁徳龐厚、厳慈恩・大達之儀容。氷懐雪慮、凜韶石・米山之真風。斠九霄之天沢、濯五濁之塵蒙。我昔謁師呑碧上、只今伸讃霊鷲（ママ）（＝亀）中。烱烱衆星囲一月、山堂雲歛（ママ）（＝斂）巻簾櫳。前住聖福月堂和尚像、其子妙楽住持象外越公禅師請賛、永充知足庵中供養云。　前天龍石室叟善玖敬書

＊

月堂和尚像賛《げつどうおしょうぞうさん》　今、山に存す。　石室善玖《せきしつぜんきゅう》

魁徳龐厚《かいとくほうこう》、慈恩《じおん》・大達《だいたつ》の儀容《ぎよう》より厳なり。氷懐雪慮《ひょうかいせつりょ》、韶石《しょうせき》・米山《べいざん》の真風より凜《りん》たり。九霄《きゅうしょう》の天沢《てんたく》に斠《く》みて、五濁《ごじょく》の塵蒙《じんもう》を濯《あら》う。我れ昔、師に呑碧《どんぺき》の上に謁し、只今《しこん》讃を霊鷲（ママ）（＝亀）の中に伸ぶ。烱烱《けいけい》たる衆星、一月を囲み、山堂雲歛（ママ）（＝斂）まりて簾櫳を巻く。前住聖福《しょうふく》月堂和尚の像、其の子の妙楽住持象外越公《ぞうげえつこう》禅師、賛を請い、永く知足庵《ちそくあん》中の供養に充《あ》つと云う。　前天龍石室叟善玖《せきしつそうぜんきゅう》敬書す。

＊

月堂《げつどう》和尚の像の賛《さん》　今、山《妙楽寺》に存する。　石室善玖《せきしつぜんきゅう》

〔月堂宗規《げつどうそうき》和尚の〕偉大で重厚な徳〔を具えた姿〕は、慈恩《じおん》〔大師〕（＝窺基《きき》）や大達《だいたつ》〔国師〕（＝汾州《ふんしゅう》無《む》業《ごう》）の風貌より威厳があり、〔その〕氷や雪のような懐慮《こころ》〔の冷徹さ〕は、韶石《雲門文偃》や米山《睦州道蹤》の真〔正の禅〕風より凜《りん》としている。九霄《天空》にある天沢《天上の渓谷》（＝虚堂智愚）から〔法《おしえ》の水〕を汲んで、〔俗世における命濁《みょうじょく》・衆生《しゅじょう》

濁《じょく》・煩悩濁《ぼんのうじょく》・見濁《けんじょく》・劫濁《ごうじょく》という〕五〔つの〕濁《けがれ》の塵蒙《束縛》を洗った。私は昔、師《月堂》と呑碧楼《どんぺきろう》の上で拝謁し、〔そして〕今、〔月堂和尚像への〕讃文を〔作って〕霊《れい》鷲《(ママ)》（=亀《き》）山《ざん》〔天龍寺《てんりゅうじ》〕の中で述べ〔ようとし〕ている。明るく輝くたくさんの星が一つの月を囲み、山中の寺院では雲が晴れたので窓にかかった簾《みす》を巻き上げている。聖福寺《しょうふくじ》の前の住職である月堂和尚の像に〔ついて〕、〔その〕弟子である妙楽寺《みょうらくじ》住持の象外宗越《ぞうげそうえつ》禅師が〔石室善玖《わたし》に〕賛を〔作るよう〕請い、いつまでも〔妙楽寺の塔頭《たっちゅう》である〕知足庵《ちそくあん》の中に〔安置して月堂和尚の〕供養をするとのことである。

天龍寺《てんりゅうじ》の前の住職である石室叟善玖《せきしつそうぜんきゅう》が敬《つつし》んで書いた。

＊

〇月堂和尚＝〔24〕の「先師月堂」の注を参照。

〇石室善玖＝〔50〕の「建長老拙善玖」の注を参照。

〇魁徳龐厚＝「魁」も「龐」も「大きい」の意。偉大で重厚な徳。

〇慈恩・大達＝「慈恩大師」と「大達国師」のこと。「慈恩大師」は、玄奘三蔵を助けて法相宗を開いた慈恩大師窺基（正式には「基」、六三二〜六八二）のこと。また「大達国師」は、汾州無業（七六二〜八二四）の諡である。『禅林僧宝伝』巻二「韶州雲門大慈雲弘明禅師」条に、「其の人を想い見るに、奇偉傑茂、慈恩・大達の輩の如し。其の像を見るに及んでは、頽然として胡牀に偃坐し、広顙平頂、宣律師に類す（想見其人、奇偉傑茂、如慈恩大達輩。及見其像、頽然偃坐胡牀、広顙平頂、類宣律師）」（Z137-226a）とある。

〇儀容＝容貌（『漢語』第一冊・p.1703）

〇氷懐雪慮＝氷雪と懐慮の互文。用例として、『元叟行端禅師語録』巻二に「草衣木食し、雪慮氷懐なるも、仏法は一毫を増さず（草衣木食、雪慮氷懐、仏法不増一毫）」（Z124-7a）とある。

○韶石・米山＝「韶石」は雲門文偃（八六四～九四九）のことで、「米山」は睦州道蹤（生卒年不詳）のこと。『五家正宗賛』巻四「香林遠禅師」条に「韶石」の語が見え、『助桀』に拠れば、「韶石山は雲門山と別なり。但だ韶州の名は、韶石に因りて之を得。韶州も亦た韶石を称するのみ。而れども雲門、韶州に在るが故に、亦た州の名に依りて雲門を呼びて韶石と為すなり（韶石山与雲門山別也。但韶州名、因韶石得之。故韶州亦称韶石耳。而雲門在韶州。故亦依州名呼雲門為韶石也）」（禅研影印本・p.730）とある。また「米山」は、筠州（江西省）にある。『禅林僧宝伝』巻二「韶州雲門大慈雲弘明禅師」条に、「禅師の名は文偃。…初め睦州に至る。…老宿の名は道蹤。黄檗断際禅師に嗣ぎて、高安の米山寺に住す（禅師名文偃。…初至睦州。…老宿名道蹤。嗣黄檗断際禅師、住高安米山寺）」（Z137-224b）とある。月堂宗規は、『雲門広録』（T47-562c）に見える「蝦跳不出斗」という語によって悟っている。〔77〕に拠れば、「大応国師の籌室《ちゅうしつ》を扣《たた》きて声を励まして曰く、『仏心は従来、千聖《せんしょう》不伝《ふでん》なり。甚《なん》と為《し》てか「教外別伝《きょうげべつでん》」と道《い》う』と。応、劈脊《へきせき》に打して曰く、『蝦《か》、跳べども斗《と》を出でず』と。師云く、『和尚、却って圏繢《けんかい》に落在《らくざい》す。作麼生《そもさん》か別伝《べつでん》の的《もの》』と。声未だ絶えざるに、応、拄杖《しゅじょう》を擲下《てきげ》して、手を以て其の口を掩《おお》う。師、当下《とうげ》に心地《しんち》豁然《かつねん》たり（扣大応国師之籌室、励声曰、仏心従来千聖不伝、為甚道、教外別伝。応劈背打曰、蝦跳不出斗。師云、和尚却落在圏繢。作麼生別伝的。声未絶、応擲下拄杖、以手掩其口。師当下心地豁然）」とある。

○㒵九霄之天沢＝「㒵」は、「㒵」の譌字（『大漢和』巻五・p.618）。「㒵」は、汲む（同前）。「九霄」は、天。天空の極めて高い場所のこと（『漢語』第一冊・p.752）。「天沢」は、文字通りには「天上にある沢《渓谷》」であるが、ここでは虚堂智愚の塔処である天沢庵の名称を踏まえ、虚堂智愚のことを指すのであろう。

○五濁＝〔79〕の「五濁」の注を参照。

○塵蒙＝世俗における束縛、憂い、愚かさ（『漢語』第二冊・p.1196）。

○霊鷲＝石室善玖が住持した寺のうち、山号が似た天龍寺のことであろう。天龍寺の山号は「霊亀山」であるから、

「亀」と「鶩」を誤ったものか。
○烱烱＝明るく光り輝いている様子（『漢語』第七冊・p.51）。
○山堂＝山中にある寺院（『漢語』第三冊・p.785）。『大慧普覚禅師語録』巻一一「寄無垢居士」に「山堂尽日《一日中》香を焚きて坐す（山堂尽日焚香坐）」（T47-857c）とある。
○雲歛巻簾櫳＝「歛」は「斂」の誤字。「簾櫳」は「簾籠」とも。簾と窓。また広く窓の簾を指す（『漢語』第八冊・p.1267）。『雪峰義存禅師語録』巻下附録「雪峰禅寺二十四景詩」の「枯木庵」に「壁月珠星を竅穴より窺い、錦雲彩霧を簾櫳と作す（壁月珠星窺竅穴、錦雲彩霧作簾櫳）」（Z119-493d）とある。
○知足庵＝妙楽寺の塔頭の一つ。〔152〕の「石城山　妙楽円満禅寺塔頭」にその名前が見える。〔77〕の「月堂規禅師」条に見えるように、月堂は自ら「知足子」と称していた。

〔144〕無方応和尚自賛

人生百歳拙於鳩、枯木巌前万事休。一滴霑唇天沢水、老懐猶翫月堂秋。小師亮椿書記、絵余陋質請賛、書以塞請。無方老衲八十四歳宗応

＊

無方応和尚自賛《むほうおうおしょうじさん》

人生百歳鳩よりも拙し、枯木巌前万事休《こぼくがんぜんばんじきゅう》す。一滴唇《いってきくちびる》を霑《うるお》す天沢の水、老懐猶《ろうかいな》お翫《もてあそ》ぶ月堂の秋。小師亮椿《りょうちん》書記《しょき》、余が陋質《ろうしつ》を絵《えが》きて賛を請う。書して以て請を塞ぐ。無方《むほう》老衲八十四歳宗応《そうおう》

＊

無方宗応《むほうそうおう》和尚の自賛《じさん》

人は百歳まで生き〔たとし〕ても〔愚鈍な〕鳩よりも〔さらに〕拙いもので、〔私は人里離れた山奥の〕枯木や岩山の前で〔年だけ取って修行も終わらず〕万事休している。一滴〔の水〕で唇を潤した〔だけの〕天沢《虚堂智愚》の水《おしえ》〔なのに〕、老懐《私の心》をなおも慰《なぐさ》めてくれる月堂《妙楽寺》の秋である。〔私の〕小師《弟子》である〔寿嶺《じゅれい》〕亮椿《りょうちん》書記が、私の陋質《すがた》を絵に描いて賛を求めたので、〔賛を〕書いて求めに応じた。八十四歳の老衲である無方《むほう》宗応《そうおう》〔が応永八年（一四〇一）に書いた〕。

＊

○無方応和尚＝〔45〕の「無方応公」の注を参照。

○人生百歳拙於鳩＝『虚堂録』巻四「無補侍者請」条に、「計較拙於鳩、軒昂老而虎」（T47-1013c）とあって、『犂耕』に拠れば、「度世の計較拙きなり。忠曰く、『『埤雅』七に曰く、「鵻《しらこばと》は今の鴉鳩なり。云云」と。『禽経』に曰く、「拙は鳩に如《し》くは莫《な》く、巧は鶻《ハヤブサ》に如《し》くは莫《な》し。今ま鳩、巣を累《かさ》ぬること数枝に止まる。纔《わず》かに能く身を載するのみ。鷦《みそさざい》は巧なるも危く、鵻《しらこばと》は拙きも安し」と』と（度世之計較拙也。忠曰、埤雅七曰、鵻今鴉鳩也。云云。禽経曰、拙者莫如鳩、巧者莫如鶻。今鳩累巣止於数枝。纔能載身而已。鷦巧而危、鵻拙而安）」（禅研影印本・p.467）とある。

○枯木巌前＝『景徳伝燈録』巻二九「同安察禅師十玄談」の「一色」条に、「枯木巌前に差路多し、行人、此《ここ》に到って尽く蹉跎《さた》す（枯木巌前差路多、行人到此尽蹉跎）」（T51-455c）とある。

○天沢水＝「天沢」は虚堂智愚のこと。虚堂の教え。〔143〕の「斞九霄之天沢」の注を参照。

○老懐＝老人の心境（『漢語』第八冊・p.631）。ここは無方自身を指す。

○小師亮椿書記＝寿嶺亮椿。文明二年（一四七〇）九月二十四日寂。無方宗応の法嗣で、〔145〕の無涯亮倪の兄弟弟子に当たる。「開山月堂規禅師行実」（『月堂和尚語録』所収）の撰者。無涯は妙楽寺十二世であり、寿嶺も同寺の世代とされるが、代数は不明である（『洪福宗鑑録』）。

〔145〕無涯亮倪和尚自賛

眼睫上按眉、依稀乇苕帚。鼻孔下挂口、彷彿破沙盆。将謂南方魔子、足称東海児孫。若言我是渠、弄仮像真。若言我非渠、顕影隠身。直饒写得相肖、未免皁白已分。咦。東壁胡蘆長子葉、無功用処立功勳。九鼎紹勳首座、絵予幻影請賛。時文安改元八月初吉、前住建長無涯亮倪

＊

無涯亮倪和尚自賛《むがいりょうげいおしょうじさん》

眼睫上《がんしょうじょう》に眉を按《あん》ずるも、乇苕帚《すいちょうそう》に依稀《いき》たり。鼻孔下《びくうか》に口を挂《か》くるも、破沙盆《はさぼん》に彷彿たり。将に謂《おも》えり南方の魔子にして、東海の児孫と称するに足れりと。若し我れは是れ渠《かれ》と言わば、仮《け》を弄して真に像《に》たり、若し我れ渠に非ずと言わば、影を顕わして身を隠す。直饒《たと》い写し得て相い肖《に》たるも、未だ免れず皁白已《そうはくすで》に分かるることを。咦《い》。東壁の胡蘆は子葉を長ず。無功用の処に功勳を立つ。九鼎紹勳《きゅうていしょうくん》首座、予《わ》が幻影を絵《えが》きて賛を請う。時に文安《ぶんあん》改元八月初吉、前住建長無涯亮倪《むがいりょうげい》。

＊

無涯亮倪《むがいりょうげい》和尚の自賛《じさん》

〔頂相《ちんそう》に描かれた私には〕眼睫《まつげ》の上に眉があるが、〔それは〕使い古した箒《ほうき》に似ており、鼻の穴の下に口が掛かっているが、〔それは〕罅《ひび》の入った素焼きの盆のようだ。〔その姿は、まるで〕南方の魔子《悪魔》〔と徳山宣鑑《とくざんせんかん》から言われた南宗禅の祖師そのもの〕であり、〔虚堂智愚《きどうちぐ》のいう〕東海の児孫《日本弟子》と称するに十分だ。もし私は〔頂相に描かれた〕渠《かれ》に他ならぬと言えば、仮《にせもの》の方が真《ほんもの》に似ている〔ということになるし〕、私は〔頂相に描かれた〕渠《かれ》とは違うと言うならば、影〔だけ〕を顕して〔本当の〕身を隠したことになる。たとえ〔真の私の姿を〕写すことができて〔それが〕よく似ていたとしても、やはり〔本物と偽物の〕白黒《しろくろ》がとっくに付いていることを免れない。咦《おやおや》。東の壁に〔かかった〕胡蘆《ひょうたん》から出た子葉《新芽》が成長している。何の造作《はからい》も加えないところで功勲《手柄》を立てているのだ。〔無涯亮倪《わたし》の法嗣で〕首座《しゅそ》〔修行僧の主席〕である九鼎《きゅうてい》紹勲《しょうくん》が、私の幻影《すがた》を描いて、〔私に自《じ》〕賛《さん》を求めた。時に文安《ぶんあん》改元（一四四四）八月初吉《朔日》、建長寺《けんちょうじ》の前住職である無涯亮倪《むがいりょうげい》〔が書いた〕。

＊

○無涯亮倪和尚＝無方宗応の法嗣。妙楽寺第十二世。『石城山前住籍』に拠れば、「十二世無涯亮倪。嗣法無方。秀善寺を創し、師、無方を以って開山と為す。応永二十六年（一四一九）十一月、日本正使として蔵経を求め渡鮮。翌二十七年三月、回礼使宗希璟と共に赤間関に帰着。初め当寺に住し、後、聖福寺（百世）に転ず。永享八年（一四三六）八月二十三日、建長寺（二〇三世）に出世。宝徳元年（一四四九）六月二日示寂。当寺前住籍には某年正月五日とあり」とある。

○生苕帚＝『葛藤語箋』巻七の考証に拠れば、使い込んで先の禿《ち》びた箒《ほうき》をいう（『禅語』p.236）。『淮海原肇禅師語録』に収められる「寒山拖屐執帚」条に、「脚下の破木屐、手内の生苕箒。放不下にして拕却して走り、笑いて指す時人の有を知らざることを（脚下破木屐、手内生苕箒。放不下拕却走、笑指時人不知有）」（Z121-183c）とある。

○破沙盆＝「沙盆」は、素焼の脆い盆。「破」は、ひびが入っていること（『禅語』p.376）。

○眼睫上按眉…鼻孔下挂口＝この二句が一対で使われる用例はないし、似たものはあるものの、これらの句がそのまま見える用例もない。『禅語』には「眉毛横眼上」という句を取り上げていて、「まゆ毛は眼の上にある。『諸法各住自位』（一切の物は本来それぞれの在りようで完結している）という意」（p.392）と解している。ここの二句も同様であろう。それぞれ、無涯亮倪の眉と口に喩えたもの。

○南方魔子＝南方の邪僧。『碧巌録』第四則・本則評唱に「徳山は本と是れ講僧、西蜀に在りて金剛経を講ず。因みに教中に道《い》わく、『金剛喩定後得智の中に、千劫、仏の威儀を学び、万劫、仏の細行を学び、然る後に成仏す』と。他の南方の魔子は、便ち『即心是仏』と説く。遂に発憤して、疏鈔を担いて行脚し、直に南方に往きて、這の魔子の輩を破らんとす（徳山本是講僧、在西蜀講金剛経。因教中道、金剛喩定後得智中、千劫学仏威儀、万劫学仏細行、然後成仏。他南方魔子、便説即心是仏。遂発憤、担疏鈔行脚、直往南方、破這魔子輩）」（T48-143b~c、岩波文庫本㊤p.80、末木訳㊤p.84）とある。

○東海児孫＝虚堂智愚の日本での弟子のこと。虚堂智愚が南浦紹明に与えた「送日本南浦知客」（『虚堂和尚語録』巻一〇・T47-1063a）と題する送別の偈の中に見える語。偈の全文は「門庭を敲磕《たたきやぶる》して細かく揣磨《おしはかり》し、路頭の尽きる処、再び経過す。明明に説与す虚堂叟、東海の児孫、日に転《うた》た多からん（敲磕門庭細揣磨、路頭尽処再経過。明明説与虚堂叟、東海児孫日転多）」の四句から成る。この第四句は、虚堂が日本における大応派の繁栄を予言したものとされ、「児孫日多の記」（『無相大師遺誡』）と呼ばれている。

○若言我是渠…若言我非渠＝洞山良价の投機の偈に見える、「渠は今正に是れ我、我は今是れ渠ならず（渠今正是我、我今不是渠）」（『筠州洞山悟本禅師語録』・T47-508a）を踏まえる。「我」と「渠」の対比は、ここでは実在する「我」と頂相に描かれた「渠」として用いられている。似た用例としては、時代は下るが、明代末期、万暦の三高僧の一人である紫栢真可の「自賛」に、「渠は是れ我、我何れの所にか存せん。我は是れ渠、渠何れの所にか留まらん（渠是我兮、我何所存。我是渠兮、渠何所留）」（Z126-474c）とある。

○弄仮像真＝『虚堂録』巻六の「代別一百則／仏祖讃」「楊岐会和尚」条に、「灰頭土面、弄仮像真。三脚驢子、独角麒麟」（T47-1031c）とあり、『犂耕』に「仮の肖像を弄して真身を象《かたど》り出だすなり（弄仮之肖像而象出真身也）」（禅研影印本・p.747）としている。また『大応語録』巻下「偈頌」の「泥塑達磨」条に、「身心一片、牆壁の如く、仮を弄すること分明にして却って真に像《に》たり。更に問う西来縁る底の事、普通（＝達磨が西来したのは普通元年）は年遠くして幾たびか春を経る（身心一片如牆壁、弄仮分明却像真。更問西来縁底事、普通年遠幾経春）」（T80-125a）とあって、柳田聖山訓注本では「身心牆壁の如くにしてと云う点では、泥塑の達磨の方が真物である」（横井［柳田］聖山『圓通大應國師語録』其中堂・1957・p.318）と注している。

○東壁胡蘆＝『趙州録』に「問う、『如何なるか是れ祖師西来の意』と。師云く、『東壁上に葫蘆を掛けてより多少《いくばく》の時ぞ』と（問、如何是祖師西来意。師云、東壁上掛葫蘆多少時也）」（『古尊宿語録』巻一四・Z118-160d）とあるのにもとづく。秋月龍珉氏は、これを「たとえば、外出先から帰って玄関で帽子を壁にかけてから、もうどれほどたったろうか、というほどのことで、何の特別の意味もない日常会話の一句である。そこに西来意を見るというのである」（筑摩本・p.237）と解している。また『助桀』では「旧解」として「無用処」という解を紹介しているが（禅研影印本・p.535）、ただ無著は否定的である。

○無功用＝自然ありのままで造作分別を加えないこと。またその境地。『碧巌録』第八〇則・頌評唱に「眼耳鼻舌身意有りと雖も、六塵を分別すること能わず。蓋し無功用なり。既に這般の田地に到れば、便乃《すなわ》ち龍を降し虎を伏し、坐脱立亡せん。……無功用の処なりと雖然《いえど》も、依旧《あいかわらず》山は是れ山、水は是れ水なり（雖有眼耳鼻舌身意、而不能分別六塵。蓋無功用也。既到這般田地、便乃降龍伏虎、坐脱立亡。……雖然無功用処、依旧山是山水是水）」（T48-207a、岩波文庫本㊦p.88、末木訳㊦p.103~104）とある。

○九鼎紹勲首座＝無涯亮倪の法嗣。『石城山前住籍』に拠れば、「嗣法無涯。建長に分座説法し、妙楽に開法すとある。延徳元年（一四八九）十月十四日示寂」とある。「前住」とされるが世代数に入っておらず、十八世と十九世の間に「補住」として載せられている。

〔146〕鼎巌銘禅師讃(1)　絶海

東洲跨竈之子、大応的骨之孫。観光壮遊輦轂、衣錦蚤栄里門。掌外記於亀山、翰苑花綻、振玄辯於倪座、口海瀾翻。既能妙年而聞道、孰曰半途而擢轅。海印光中全体露、叢林千古典型存。

石禅師廼東洲的嗣。拠書記位、秉払於洛之天龍。石城之子庵海印庵開基祖也。故讃語及之(2)。

※本条は、『絶海和尚語録』巻下（T80-757b）にも収められている。字の異同は次の通り。

（1）鼎巌銘禅師讃＝鼎巌銘書記。（2）右禅師……故讃語及之＝ナシ。

＊

鼎巌銘禅師讃《ていがんめいぜんじさん》　絶海《ぜっかい》

東洲《とうしゅう》跨竈《こそう》の子、大応的骨《だいおうてきこつ》の孫。光を観て壮に輦轂《れんこく》に遊び、錦を衣《き》て蚤《つと》に里門に栄ゆ。外記《げき》を亀山《かめやま》に掌りて、翰苑《かんえん》の花綻《ほころ》び、玄辯《げんべん》を猊座《げいざ》に振るいて、口海の瀾《なみ》翻える。既に能《よ》く妙年にして道を聞く、孰《たれ》か曰《い》わん、半途にして轅《ながえ》を摧《くじ》くと。海印光中に全体露《あらわ》れ、叢林千古《そうりんせんこ》の典型存《てんけいそん》す。

右《みぎ》禅師は洒《すなわ》ち東洲《とうしゅう》の的嗣《てきし》なり。書記《しょき》の位に拠りて、洛の天龍《てんりゅう》に秉払《ひんぽつ》す。石城《せきじょう》の子庵《しあん》の海印庵《かいいんあん》の開基の祖なり。故に讃語、之に及ぶ。

＊

鼎巌銘《ていがんめい》禅師の讃《さん》　絶海《ぜっかい》〔中津《ちゅうしん》〕

〔鼎巌銘《ていがんめい》禅師は〕東洲《とうしゅう》の跨竈《親勝り》の弟子であり、大応《だいおう》〔国師〕の的骨《正統》な孫《まご》〔弟子〕である。〔彼は、諸方の〕光《有り様》を見て回って〔諸師に参じ、〕壮《年若く》して京都に遊学し、錦《立派な袈裟》を着けて早くに里門《故郷》で栄《名声》をえた。〔かつて〕書記《しょき》〔の職位〕を亀山《天龍寺》で掌って、〔五山の〕文壇で〔文才の〕花が綻び、猊座《説法の座》で玄辯《奥深い弁舌》を振るって、海〔にも比すべき広大な〕口の瀾《なみ》が逆巻いていた。とっくに道《真理》を聞くことができているのであり、途半《修行》ばで摧轅《挫折》したなどと誰が言おうか。海印《かいいん》〔三昧《さんまい》〕の光の中に〔彼の〕全体《完全な姿》が露《あらわ》れ、〔そこには〕叢林《禅門》の千古《永遠》の典型《模範》が存《そな》わっている。

右の〔鼎巌銘《ていがんめい》〕禅師は、東洲《とうしゅう》の的嗣《法嗣》である。書記《しょき》の職位にあって、洛西〔京都府〕の天龍寺《てんりゅうじ》で秉払《ひんぽつ》した。石城《せきじょう》〔山妙楽寺《ざんみょうらくじ》〕の子庵である海印庵《かいいんあん》の開基の祖である。だから讃語〔の中〕で、そのことに〔話が〕及んでいるのだ。

＊

○鼎巌銘禅師＝跋語によって妙楽寺の塔頭の海印庵の開山であることが知られるが、それ以外は未詳。

○絶海＝絶海中津（一三三六～一四〇五）のこと。〔74〕の「絶海中津」の注を参照。

○東洲跨竈之子、大応的骨之孫＝似た表現として、東山慧空（一〇九六～一一五八）撰『雪峰空和尚外集』「楮庵」条に、「長蘆夫跳竈之子、天衣懐的骨之孫」（D50-82b）という語がある。天衣義懐の法嗣が長蘆応夫であるから、文字通り、法系上の弟子と孫弟子である。

○東洲＝前注にあるように、「子」「孫」が文字通り法嗣と法孫を指すとすれば、東洲は大応の法嗣ということになる。ただ、崇福寺第七十世に東洲宗瑞なる人物がいるが、宗瑞は崇福寺第六十三世の錦渓守文の法嗣で、守文は徳巌誉の法嗣とされているから（『横嶽山前住籍』）、鼎巌は大応の法嗣では無いことになる。また守文は「応永十九壬辰年（一四一二）四月十七日示寂」（同前）とされているので、絶海との年令の前後関係にも疑問が残る。もちろん「的骨孫」を文字通り孫弟子としない用例もあり、たとえば『智証伝』に「首山は臨済・興化の的骨の孫と謂う可きなり（首山、可謂臨済・興化的骨孫也）」（Z111-111a）といった表現もある。待考。

○跨竈＝良馬の意で、父親を超える優れた子供の比喩として用いられる（『漢語』第一〇冊・p.461）。

○的骨之孫＝「的骨」は辞書類には見えないが、禅録にしばしば見える表現で、血筋の繋がった法孫の意。「的骨子」という語もあり、たとえば「六祖は黄梅の心印を得て、以て本来無一物を悟り、遂に的骨の子と為る（六祖得黄梅心印、以悟本来無一物、遂為的骨子）」（『憨山老人夢遊集』巻二〇「重刻六祖壇経序」・Z127-248c）とあるように法嗣を意味している。同様に「的骨孫」は孫弟子の法嗣を指す場合がほとんどであり、用例として『禅林僧宝伝』巻六「澧州洛浦安禅師」条の「洞山价・夾山会、皆薬山的骨孫（＝洞山良价も夾山善会も薬山惟儼の孫弟子に当たる）」（Z137-235a）、『月江正印禅師語録』巻下「育王横川和尚」条の「松源的骨孫（＝横川如珙は松源崇岳の孫弟子に当たる）」（Z123-142d）などがある。また、「孫」が「孫弟子」を示さない用例として、『了堂惟一禅師語録』巻三「悼寿昌別源法兄」条の「松源五世的孫」（Z123-474c）といった用法も見える。別源法源は、松源崇岳―滅翁文礼―横川如珙―竺元妙道―別源法源という法系に連なっており、松源を第一世とした第五世である。
○輦轂＝天子の乗り物の意で、引いては天子のお膝元、つまり京都を指す（『漢語』第九冊・p.1283）とある。
○衣錦＝錦の衣裳を身にまとっていること。高貴であることを示す（『漢語』第九冊・p.25）。
○里門＝村の入り口に設けられた門。または郷里のこと（『漢語』第一〇冊・p.369）。ここは同門の弟子たちが集まる場所という意味で訳した。
○外記＝書記のこと。禅門では、山門の榜疏などの文翰を掌る役。外史とも言う（『禅林象器箋』第七類「職位門」の「外史」「外記」各条・p.231）。
○亀山＝天龍寺のこと。天龍寺は、第九〇代天皇であった亀山天皇（一二四九～一三〇五）の離宮があった場所に建立された。
○翰苑＝文苑。つまり、文壇・文学界のこと（『漢語』第九冊・p.674）。
○猊座＝仏が説法のときに坐る牀座。獅子座のこと（『祖庭事苑』巻二「猊座」条・Z113-14c）。
○口海瀾翻＝雄弁の比喩。『圜悟仏果禅師語録』巻一六「示一書記」条に、「口海の瀾翻り、無礙の四辯を奮う（口海瀾翻、奮無礙四辯）」（T47-786c）とある。
○聞道＝『論語』里仁篇の「朝に道を聞かば、夕べに死すとも可なり（朝聞道、夕死可矣）」（岩波文庫本・p.55）を踏まえる。
○攉轅＝「轅《ながえ》」は、馬車や牛車などの長く前方に突き出た二本の棒のこと。
○海印＝海印三昧のこと。仏が『華厳経』を説いた時に入った三昧。『翻訳名義集』巻三によれば、「大海印三昧を得已《お》われば、能く一切衆生の心行を分別し、一切の法門に於いて、皆な慧明を得（得大海印三昧已、能分別一切衆生心行、於一切法門、皆得慧明）」（T54-1100a）とされる。

○秉払＝住持に代わって払子を秉《と》ること。住持となる資格審査のために行われる行事で、具体的には、一年に四回、五山の各寺において五人五座の問答が行なわれた。秉払する当事者のことを「秉払の頭首《ちょうしゅ》」と呼び、前堂首座・後堂首座・書記・蔵主二人（東蔵主・西蔵主）の五人がそれに該当した。住持は秉払の問答を見て評論を加え、労をねぎらう「謝語《じゃご》」を述べる。その「謝語」が秉払修了の証拠とされ、「謝語」を得た者は官刹の住持資格を手に入れたことになる。玉村竹二著『五山禅僧伝記集成』「用語解題」の「秉払」条（p.745）に詳しい。

〔147〕謝冬節後版秉払上堂

拈拄杖云、万寿手裡拄杖子化龍、無端展開広長舌根曰、吾山得第二位松源派下児孫。朝昇兜卒《ママ》（＝率）則天旋地転、暮帰閻浮則電捲雷奔。起於瑞雲於無辺刹、降於法雨於百千門。正与麼時、起自奮迅三昧、摩訶衍特地掀翻。且道、法戦一上、左右逢原。不渉従前汗馬蓋代功、如何論去。一卓。玉兎走過南浦水、扶桑樹上掛朝暾。

陽伯収公首座、拠仰嶠位、秉塵提唱、聳動衆聴。翌日鳴鼓陞堂、聊伸謝忱。出紙需拙語、書以応請云。京城万寿小比丘松渓叟永寅、書于東軒下。

右上堂語、吾山永禄二己未年八月十九日、嬰戎馬之難失却。故書以為後証也。

＊

冬節後版《とうせつごはん》の秉払《ひんぽつ》の上堂《じょうどう》を謝《しゃ》す

拄杖《しゅじょう》を拈じて云く、「万寿《まんじゅ》手裡《り》の拄杖子《しゅじょうす》、龍と化し、端無く広長舌根《こうちょうぜつこん》を展開して曰く、『吾が山、第二位松源派下《しょうげんはか》の児孫を得たり』と。朝に兜卒《とそつ》（＝率）に昇れば則ち天旋《めぐ》り地転じ、暮に閻浮《えんぶ》に帰れば則ち電捲《ま》き雷奔《はし》る。瑞雲を無辺の刹に起こし、法雨を百千の門に降す。正与麼《しょうよも》の時、奮迅三昧《ふんじんざんまい》自《よ》り起《た》ちて、摩訶《まか》衍《えん》、特地《とくち》に掀翻《きんほん》す。且《しばら》く道《い》え、法戦一上《ほっせんいちじょう》、左右原《さゆうみなもと》に逢う。従前《じゅうぜん》の汗馬《かんば》、蓋代《がいだい》の功に渉らず、如何が論じ去らん」と。一卓《いったく》。「玉兎《ぎょくと》、走りて南浦《なんぽ》の水を過ぎ、扶桑樹上《ふそうじゅじょう》、朝暾《ちょうとん》を掛く」と。

陽伯収公首座《ようはくしゅうこうしゅぞ》、仰嶠《ぎょうきょう》の位に拠りて、麈《しゅ》を秉《と》りて提唱し、衆の聴を聳動《しょうどう》す。翌日、鼓《こ》を鳴《な》らして堂に陞《のぼ》り、聊《いささ》か謝忱《しゃしん》を伸ぶ。紙を出だして拙語を需《もと》むれば、書して以て請《しょう》に応ずと云う。京城万寿《きょうじょうまんじゅ》小比丘、松渓叟永寅《しょうけいそうえいいん》、東軒下《とうけんか》に書す。

右《みぎ》上堂の語、吾が山、永禄二己未《えいろくにきび》の年八月十九日、戎馬《じゅうば》の難に嬰《かか》りて失却す。故に書して以て後《ご》証《しょう》と為すなり。

＊

冬至に後版《後堂首座》〔の職位にあった陽伯宗収首座《ようはくそうしゅうしゅぞ》〕が秉払《ひんぽつ》の上堂《じょうどう》〔を行ったこと〕に対する謝語《じゃご》。

〔松渓永寅《わたし》は〕拄杖《しゅじょう》を持ち上げて言った、「〔京都の〕万寿《まんじゅ》〔寺に住している陽伯宗収《わたし》〕の手の中にある拄《しゅ》杖子《じょうす》が龍に化《ば》け、〔仏と同じ〕広長舌《こうちょうぜつ》（＝広くて長い雄弁な舌）を展《の》べ開げて言った、『我々の山《寺》は、第二位〔の職位である後堂首座《ごどうしゅぞ》〕で松源《しょうげん》〔崇岳《すうがく》〕派下の児孫《弟子》〔である陽伯《ようはく》〕を得た』と。〔この龍は〕朝《あさ》に〔六欲天《ろくよくてん》の一つで、将来、仏となるべき菩薩の住処である〕兜率天《とそつてん》に昇っては天地を回転させ、夕暮れに〔我々の住んでいる〕閻浮提《えんぶだい》に帰ってきては電雷《いかづち》を巻き起こし、〔さらに吉兆である〕瑞雲を無数の刹《世界》に起こし、法雨を百千の門《家々》に降らせている。まさにその時、〔陽伯は、強烈な威力を持つ〕奮迅三昧《ふんじんざんまい》から起《た》ち上がると、摩訶衍《大乗》〔の教え〕をにわかにひっくり返してしまった。さあ言ってみよ、〔陽伯は秉払《ひんぽつ》の上堂において〕法戦《問答》を一度やったが、左右《すべて》〔道の〕原《根源》に出会〔い当てはま〕っていた。これまでの駿馬の当代《かれ》を圧倒する功績を離れて、どう評論したらよいであろうか」と。〔拄杖で〕一度〔トンと床《ゆか》を〕つい〔て言っ〕た、「月の中の白兎〔に比すべき陽伯〕は、走って南浦《川の南側の岸》（＝大応国師）の水（＝教え）を通り過ぎ、〔太陽が出るところにあるという〕扶桑《ふそう》（＝日本）の樹の上に掛かった輝く朝日のよう〔に人々を仏法で照らし出しているの〕である」と。

陽伯宗収公首座《ようはくそうしゅうこうしゅぞ》は、〔京都の万寿寺《まんじゅじ》で〕仰嶠《仰山慧寂》の位（＝第二位のことで後堂首座を意味する）に拠って、秉払《ひんぽつ》〔上堂《じょうどう》〕して提唱したが、大衆は〔それを〕聴いて心を動かされた。翌日、〔上堂開始の合図である〕太鼓を鳴らして法堂《はっとう》に陞《のぼ》り、〔秉払に対する〕感謝の気持ちを述べたが、〔陽伯は〕紙を出して拙語《私の言葉》を〔したためるよう〕需《もと》めたので、〔これを〕書いて求めに応えたものである。京城山万寿寺の小比丘、松渓叟永寅《しょうけいそうえいいん》が、東軒の下で書いた。

右の上堂の語は、吾が山《妙楽寺》が、永禄《えいろく》二年（一五五九）己未《つちのとひつじ》の歳の八月十九日に、戦乱による災難にかかって焼失したので、記録して後〔世への〕証拠とするものである。

＊

○後版＝後板とも。後堂首座のこと。『禅林象器箋』第二類「殿堂門」の「前板〔僧堂〕」条に拠れば、「僧堂聖僧龕の左右を出入板と為し、出入板自り已前を前板と為す。亦た前堂と曰う。即ち前堂首座、之を管領す。出入板自り已後を後板と為す。亦た後堂と曰う。即ち後堂首座、之を管領す（僧堂聖僧龕左右為出入板、自出入板已前為前板。亦曰前堂。即前堂首座管領之。自出入板已後為後板。亦曰後堂。即後堂首座管領之）」（p.34）とあって、聖僧龕の左右を出入板といい、そのうしろをいう。また後堂といい、後堂首座がこれを管理した。

○冬節＝四節の一。冬至のこと（『禅学』p.932）。

○秉払＝〔146〕の「秉払」の注を参照。

○万寿＝後に「京城万寿」とあることから、京都の万寿寺のこと。〔77〕の「応受旨住都下万寿寺」の注を参照。

○無端＝とっぴょうしもなく。いわれもなく（『禅語』p.439）。

○広長舌＝三十二相の一。仏の広く長い舌。転じて、諸仏の説法のこと（『禅学』p.319）。

○第二位松源派下児孫＝「第二位」は後堂首座を意味する。秉払ができる権利を持つ五人の頭首《ちょうしゅ》である前堂首座・後堂首座・書記・蔵主二人（東蔵主・西蔵主）のうち、第二位に相当する職位である。「松源」は松源崇岳のこと。松源崇岳の法は、運庵普巌―虚堂智愚と次第することから、第二位は虚堂のこと。

○兜率＝兜率天のこと。また覩史陀とも音訳され、妙足・知足と漢訳される。天上世界は、上から無色界・色界（四禅天）・欲界（六欲天）の三層になっているとされるが、そのうち最下層の欲界（六欲天）の下から四番目が兜率天である（『翻訳名義集』巻二・T54-1077b）。将来、仏となるべき菩薩の住処で、釈尊もかつてここで修行したとされ（『景徳伝燈録』巻一・T51-205b）、現在は弥勒菩薩がここで説法しているとされる（『楞厳経疏解蒙鈔』巻八・Z21-299b）。

○閻浮＝閻浮提のこと。須弥山の四方を囲む四大洲の一つで、須弥山の南にあることから南贍部洲とも言う。洲の形は北が広く南が狭くなっており、インドを念頭においたもの。我々人間が住む世界。『翻訳名義集』巻三「閻浮提」条（T54-1096a）参照。

○奮迅三昧＝奮迅は猛烈な勢いのことで、強力な威力を持つ三昧を意味する。いくつかの種類があり、『景徳伝燈録』

巻一に見える禅門の西天祖師で言えば、第二祖阿難の「風奮迅三昧」（T51-206c）、第三祖商那和修・第十二祖馬鳴大士の「龍奮迅三昧」（T51-207a・209c）、第六祖弥遮迦の「師子奮迅三昧」（T51-208b）がある。「風」「龍」「師子」と接頭語は違うがそれぞれ強力な物の喩えである。

○摩訶衍＝大乗仏教のこと。大きな乗り物の意（『釈氏要覧』巻二・T54-285b）。後の「仰嶠位」の注に見える仰山慧寂が「摩訶衍法」を説いたとされる一段を踏まえたものであろう。

○特地＝「とりわけ、わざわざ」（『禅語』p.350）の意味もあるが、ここは「突然、にわかに」（『漢辞海』p.900）の意味。

○一上＝「一下」「一場」などと同じく一回、一度の意（『禅語』p.14）。

○左右逢原＝どこでも道の根源に出会える。『孟子』「離婁下篇」に、「之（＝道）を資《と》ること深ければ、則ち之を左右に取りて其の原《みなもと》に逢う（資之深、則取之左右逢其原）」（岩波文庫本㊦p.75）とあるのに拠る。

○不渉従前汗馬蓋代功＝これまでの駿馬が成し遂げた当代を圧倒するその戦功とは無関係だということ。「汗馬」は、「汗血馬」のことで駿馬の意（『漢辞海』p.788）。「蓋代」は蓋世と同じく、世を圧倒するほど優れていること（『日本国語大辞典』）。また、『禅語』（「従前汗馬無人識、只要重論蓋代功」条・p.204）参照。

○一卓＝「卓一卓」と同じく拄杖で床を一度トンと突く意であろう。字数から言って、「玉兎」以下は七言二句であり、この二字だけが浮いている。

○玉兎＝神話に見える、月の中の白兎のこと。また、月自体を指す場合もある（『漢語』第四冊・p.484）。いずれにせよ、貴重なものの意である。ここでは、虚堂智愚の仏法と解した。

○扶桑＝〔24〕の「搏桑」の注、および〔45〕の「三桑」の注を参照。

○朝暾＝昇ったばかりの太陽。また早朝の陽光を指す（『漢語』第六冊・p.1327）。

○陽伯収首座＝妙楽寺十八世の陽伯宗収（？～一五六七）のこと。『石城山前住籍』に拠れば、「嗣法不詳。京城万寿寺にて秉払上堂。当山より聖福寺（一〇六世）に住し、後、当寺に帰り、天文十九年（一五五〇）七月、建長寺住持位に昇る。永禄元年（一五五八）志摩郡野北村に安養寺を創し隠栖す。同十年（一五六七）十月三日、示寂。塔は安養寺にあり」とあるが、本条を見れば、大応下の禅者のようである。

○仰嶠位＝第二位の意。「嶠」は「山」の当て字として代わりに用いられ、例えば「本山」を「本嶠」と表記する。「仰嶠」も「仰山」の意であり、「仰山再来」を「仰嶠再来」（『天目中峰広録』巻八「仰山雪巌慧朗禅師」・B25-779a）とする用例がある。「仰山の位」が「第二位」を示すのは、次の一段に拠る。「師（＝仰山）臥する次《おり》、夢に弥勒の内院に入る。衆堂中の諸位、皆な足る。惟《た》だ第二位のみ空し。師、遂に座に就く。一尊者有り、白槌して曰く、『今、第二座の説法に当たる』と。師、起《た》ちて白槌して曰く、『摩訶衍の法は、四句を離れ、百非を絶す。諦聴、諦聴』と。衆、皆な散じ去る。覚《めざ》むるに及びて潙（山）に挙似す。潙（山）曰く、『子已《なんじ》に聖位に入る』と。師便ち礼拝す（師臥次、夢入弥勒内院。衆堂中諸位皆足。惟第二位空。師遂就座。有一尊者白槌曰、今当第二座説法。師起白槌曰、摩訶衍法、離四句、絶百非。諦聴、諦聴。衆皆散去。及覚挙似潙。潙曰、子已入聖位。師便礼拝）」（『五燈会元』巻九「袁州仰山慧寂通智禅師」条・Z138-161c）。

○秉麈＝「秉払」に同じ。「麈」は大型の鹿で、その尾の毛が払子の材料として用いられたことから、「麈」だけで払子の意となり、また「麈払」「麈尾」なども払子の意として用いられる。

○聳動＝おそれ震える、という意味もあるが、ここは感動する、という意味（『漢語』第八冊・p.700）。

○謝忱＝感謝の心（『漢語』第一一冊・p.377）。

○出紙需拙語＝秉払の謝語を書いて貰うこと。官寺へ住持できる資格を示す証明書であった。

○京城万寿小比丘松渓叟永寅書于東軒下＝「京城万寿」は京城山万寿寺のこと。〔77〕の「応受旨住都下万寿寺」の注を参照。「松渓叟永寅」「東軒」については未詳。

○戎馬之難＝「戎馬」は、古代の戦車用の馬。または軍馬や軍隊の意味。転じて、戦乱を指すこともある。ここは戦争・戦乱のことであろう（『漢語』第五冊・p.185）。
○吾山永禄二己未年…故書以為後証也＝永禄二年（一五五九）二月に、大友宗麟に叛いた筑紫惟門が大友宗麟に反旗を翻し、二千人の兵が博多に攻め入って息浜一帯を焼き払い、妙楽寺も類焼した。この後、大友氏は四月に反撃を開始し、筑紫惟門は追放されることになる。

〔148〕陽伯収和尚自賛

胸襟雪老、面目春融。闢鴻基先爐、則現已往古釈迦于光明蔵、董雄席吾山、則仰下生新弥勒于知足宮。離教無禅、離禅無教。全空即仮、全仮即空。踞倪座打麈談。雖侔精衛滇海。懸羊頭売狗肉。寧異怪馬追風。文献不足、宗説争通。木剣在手、非云決勝千里之外。草廬容膝、何妨露身万象之中。咦、輝騰今古本来相、呼莫為東海暮翁。小師宗晤首座、絵予幻影請賛。永禄第八龍集乙丑夷則吉旦、石城山主陽伯宗収賛。

＊

陽伯収和尚自賛《ようはくしゅうおしょうじさん》

胸襟《きょうきん》は雪老《せつろう》、面目《めんもく》は春融《しゅんゆう》。鴻基《こうき》を先爐《せんろ》に闢《ひら》けば、則ち已往《いおう》の古釈迦《こしゃか》を光明蔵《こうみょうぞう》に現し、雄席《ゆうせき》を吾が山に董《とう》せば、則ち下生《あしょう》の新弥勒《しんみろく》を知足宮《ちそくきゅう》に仰ぐ。教を離れて禅無く、禅を離れて教無し。全空即仮《ぜんくうそくけ》、全仮即空《ぜんけそくくう》なり。猊座に踞《うずくま》り麈談《しゅだん》を打す。雖《あ》に精衛《せいえい》の海を湞《うず》むるに侔《ひと》しからんや。羊頭を懸けて狗肉を売る。寧《なん》ぞ怪馬の風を追うに異ならんや。文献足らざれば、宗説争《いか》でか通ぜん。木剣、手に在るも、勝《かち》を千里の外に決すと云うには非ず。草廬、膝を容るるのみなるも、何ぞ妨げん、身を万象の中に露わすことを。咦《い》。今古に輝騰《きとう》す本来の相、呼んで東海の暮翁と為すこと莫かれ。小師宗晤《そうご》首座、予が幻影を絵して賛を請う。永禄《えいろく》第八龍集《りょうしゅう》乙丑《いっちゅう》夷則吉日、石城山主陽伯宗収《ようはくそうしゅう》賛す。

＊

陽伯宗収《ようはくそうしゅう》和尚の自賛《じさん》

胸中は雪のような老人、面目《顔つき》は春の雪融け〔のように温和〕。〔仏教の教えを広めるという〕大きな事業の基礎を以前〔住持していた〕廬《寺》で始めた時には、則ち過去の古〔仏である〕釈迦〔の真実の姿〕を光明蔵《智慧の倉庫》〔である心〕に現し、雄席《立派な法座》に〔就いて〕吾が山《寺》に董《住持》した時には、〔未来に〕天上から下《くだ》って来る新〔たな仏である〕弥勒《みろく》を知足宮《兜率天》に仰ぐ〔かのように自らその姿を示して説法した〕。教《経典》を離れて禅は無いし、禅を離れて教《経典》は無い。完全な空はそのまま仮《かり》〔の存在〕であるし、完全な仮《かり》〔の存在〕はそのまま空である。〔仏の座である〕猊座に座り込み払子を持って説法しているが、どうして〔海で溺れ死んで鳥となった炎《えん》帝《てい》の娘〕精衛《せいえい》が〔石や木を運んで〕海を湮《うず》めようとしたのに等しい〔無駄な努力〕であろうか。羊の頭を〔店頭に〕懸けて〔実際には粗末な〕狗《いぬ》の肉を売ったが、どうして〔俊足で〕並外れた馬が風を追い駆けるのと異なるであろうか。文献《経典》が足らなければ、〔自らの修行によって得た〕宗〔旨と、その宗旨を自由に〕説〔示すること〕に、どうして通達できよう。〔魔を切り裂く〕木剣が〔すでに〕手にあっても〔禅の悟りが充分でなければ〕、〔巧みな戦略によって〕千里の外で勝利をおさめられるというわけではない。

膝を容れることができるだけの〔粗末な〕草の廬《いおり》で〔の暮らしで〕あっても、〔真実の〕身《すがた》を万物の中に露わすのに支障はない。咦《おやおや》、古今〔を通じて〕輝きつづけている〔頂相《ちんそう》に描かれた〕本来の相《すがた》、〔これを見て〕東海《日本》の老いぼれと呼んではならぬぞ。〔陽伯宗収《わたし》の〕小師《弟子》である宗悟《そうご》首座が、私の幻影《すがた》を描いて賛を求めた〔ので、それに応えて書いた〕。永禄《えいろく》八年（一五六五）、龍集乙丑《干支はきのとうし》の夷則《七月》吉日《一日》、石城《せきじょう》山〔妙楽《みょうらく》寺〕の主《住職》である陽伯宗収《ようはくそうしゅう》が〔自ら〕賛した。

＊

○陽伯収和尚＝陽伯宗収のこと。〔147〕の「陽伯収首座」の注を参照。
○雪老＝辞書類には見えない語だが、次の「春融」と対応しているから、雪のように厳しい老人の意であろう。
○春融＝春ののどかな雰囲気。また、春になって氷や雪がとけてやわらいだ情況（『日本国語大辞典』、『漢語』第五冊・p.654）。
○先廬＝用例として、例えば『虎穴録』に「茲《ここ》に於いて、大心老和尚、鈯斧《とっぷ》（＝切れ味の鈍い斧）を瑞泉の先廬に提ぐ（於茲、大心老和尚提鈯斧於瑞泉先廬）」（T81-344c）とある。「廬」は庵の意味であるが、下にある「吾山」と対応しているから、前に住持していた寺院の意であろう。
○古釈迦…新弥勒＝「古釈迦」と「新弥勒」を対で用いる例は多い。例えば『圜悟仏果禅師語録』巻六に「古釈迦は先ならず、新弥勒は後ならず（古釈迦不先、新弥勒不後）」（T47-741b）とある。
○光明蔵＝光明の宝庫。我々の心に光り輝く智慧がすべて具わっていることを言う。たとえば『明覚聡禅師語録』巻一一「解制小参」に、「若し個裡《ここ》に向《お》いて薦得し、自己の大光明蔵を打開せば、百千三昧の無量の法門・一切円満の修多羅、尽く個裡《ここ》従り流出し、外に向かって馳求し、枝を尋ね葉を摘むを須《もち》いず（若向個裡薦得、打開自己大光明蔵、

百千三昧無量法門・一切円満修多羅、尽従個裡流出、不須向外馳求、尋枝摘葉）」（L158-168b）とある。

○雄席＝立派な法席。『虚堂録』巻一〇中の「日本建長寺隆禅師語録跋」条に「三たび半千の雄席を董す（三董半千雄席）」（T47-1061b）とあり、『犂耕』に「雄は称美の詞なり（雄称美之詞）」（禅研影印本・p.1168）とある。

○下生＝次に仏に生まれ変わる一生補処の菩薩が、天上世界から娑婆世界に下りて生まれること。多くの場合、現在、兜率天に在る弥勒菩薩が、五十六億七千万年後にこの世に生まれることを指す（『菩薩従兜術天降神母胎説広普経』巻二・T12-1025c）。また竺法護訳『仏説弥勒下生経』一巻（T14）や鳩摩羅什訳『仏説弥勒下生成仏経』一巻（T14）などを参照。

○知足宮＝知足天宮。知足は「兜率天は此《中国》に知足と云う（兜率天、此云知足）」（『弥勒経遊意』・T38-271b）とあるように、兜率天のこと。知足宮は弥勒菩薩の住居。『大乗本生心地観経』巻五「無垢性品第四」に、「命終われば必ず知足天宮に生じ、弥勒に奉観して不退の位を証せん（命終必生知足天宮、奉覲弥勒証不退位）」（T3-315c）とある。〔147〕の「兜率」の注を併せて参照。

○全空即仮、全仮即空＝天台宗で説かれる空・仮・中の三諦を踏まえたもの。空諦は物事に実体が無いという真理。仮諦はすべての存在は仮有（仮の存在）であるという真理。中諦はすべては空でも有でもないという真理。同様の語の用例としては、『了庵清欲禅師語録』巻三「為曙講主下火」に、「六十四年前は、仮として空ならざるは無く、空として仮ならざるは無し。六十四年後は、全空即仮、全仮即空なり。正当六十四年中は、仮空倶に立たず、中道も亦た安んずるに非ず（六十四年前、無仮不空、無空不仮。六十四年後、全空即仮、全仮即空。正当六十四年中、仮空倶不立、中道亦非安）」（Z123-328d）とある。

○猊座＝仏が坐る獅子座のこと。『祖庭事苑』巻二「猊座」条に、「猊は狻猊なり。師子の属なり。西方の王者坐する所の座。猶お中国の龍牀のごときなり（猊、狻猊也。師子之属。西方王者所坐之座。猶中国龍牀也）」（Z113-14c）とある。

○精衛＝『山海経』「北山経」に見える伝説上の鳥。海におぼれて死んだ炎帝の娘が、精衛という鳥に化して木や石を運んで海を埋めようとしたという。

○懸羊頭売狗肉＝見かけと実質が異なること。『無門関』第六則に「羊頭を懸けて狗肉を売る（懸羊頭売狗肉）」（T48-293c）とあるのが広く知られているが、それ以前に、『法演禅師語録』巻中に「高く羊頭を懸けて狗肉を売る（高懸羊頭売狗肉）」（T47-656b）とある。

○宗説＝宗通・説通の略。自己の修行によって宗旨に通達するのが宗通であり、通達した宗旨に拠って自由に説示するのが説通である。もともと四巻『楞伽経（楞伽阿跋多羅宝経）』巻三「一切仏語心品」に見える、次の一段を踏まえる。「仏、大慧に告ぐ、『一切の声聞・縁覚・菩薩に二種の通相有り。謂く、宗通及び説通なり。大慧よ、宗通とは、謂く、自らに縁りて勝進を得る相なり。言説・文字の妄想を遠離して、無漏界に趣く自覚地の自相にして、一切の虚妄なる覚想を遠離し、一切の外道・衆魔を降伏し、自らに縁る覚趣の光明、暉き発す、是れを宗通の相と名づく。云何なるか説通の相。謂く、九部の種種の教法を説き、異不異・有無等の相を離れ、巧みなる方便を以て、衆生に随順して応ずるが如くに説法し、度脱を得せしむ、是れを説通の相と名づく』と（仏告大慧、一切声聞・縁覚・菩薩、有二種通相。謂、宗通及説通。大慧、宗通者、謂、縁自得勝進相。遠離言説文字妄想、趣無漏界自覚地自相、遠離一切虚妄覚想、降伏一切外道衆魔、縁自覚趣光明暉発。是名宗通相。云何説通相。謂、説九部種種教法、離異不異・有無等相、以巧方便、随順衆生如応説法、令得度脱、是名説通相）」（T16-499b～c、〔参考〕常盤義伸著『楞伽阿跋多羅宝経─本文校訂と訓読』・p.137、同『「ランカーに入る」大乗の思想と実践の宝経─復元梵文の日本語訳注と解説』・p.174、何れも二〇〇三年私版）。

○木剣在手＝『景徳伝燈録』巻一〇「湖南祇林和尚」条に「手に木剣を持ち、自ら魔を降すと謂い、才《わず》かに僧の参礼する有れば、便ち『魔来たれり、魔来たれり』と云い、剣を以て乱揮し、方丈に潜入す（手持木剣、自謂降魔、才有僧参礼、便云、魔来也、魔来也。以剣乱揮、潜入方丈）」（T51-280b、禅研本④p.138）とある。

○決勝千里之外＝漢の高祖が張良の知略を褒めた語。本営にいながら千里の外の戦いに勝利をおさめるような巧みな戦略家であることをいう。『史記』巻八「高祖本紀」に「夫れ籌策を帷帳の中に運《めぐら》し、勝《かち》を韆里の外に決するは、吾れ子房に如《し》かず（夫運籌策帷帳之中、決勝于韆里之外、吾不如子房）」（中華書局校点本・p.381）とある。

○草廬容膝何妨＝「容膝」は、両膝を入れることができるだけの場所。狭小な場所のこと（『漢語』第三冊・p.1496）。『韓詩外伝』巻九に「今ま駟《し》を結び騎《き》を列ね、安んずる所、膝を容るるに過ぎず（今結駟列騎、所安不過容膝）」とある。「何妨」は、ひとつ……してみたらどうか、……したっていいではないか、ということ（『禅語』p.44）。

○咦＝驚きやいぶかりを表す。はて、おや、あれ。（『中国語』p.3681）。

○龍集＝年次、歳次。龍は星の名で、木星あるいは太歳星のこと。集は宿る。この星は一年をかけて天空を周行することから、一年を指す（『大漢和』巻一二・p.1125）。年号の下、干支の上に記される語で、直接には干支を指し示す。

○夷則＝陰暦七月のこと。

〔149〕無方住顕孝山門疏　絶海

海上名藍有如珠宮貝闕、関西人物亦猶麟角鳳毛。適得宗門之勝流、当復法席全盛。某　堂々儀表、落々襟期。南遊二十年、焼宝薌入水晶宮殿、東帰幾万里、把長竿払珊瑚樹枝。輔教志慕仲霊、説法神交寂子。天源一滴霈法雨於九垓、虚堂三伝耿真燈於五濁。矧忠孝之道並顕、而人境之奇有加。龍闘虎争、故国山川如昔鼉鳴鯨吼、叢林礼楽維新。力扶墜地之宗綱、丕衍斉天之叡算。

右、無方応禅師、歴遍大明年久矣。身未出世之先、大明皇帝召入禁中、陞座普説。故疏語及之。

※〔74〕に既出。ただし、題目が「無方応禅師住筑州旌忠顕孝禅寺山門疏」となっており、「右無方応禅師……及之」の三十六字の後跋が付されていない。

＊

無方《むほう》、顕孝《けんこう》に住する山門《さんもん》の疏《しょ》　絶海《ぜっかい》

〔本文の書き下し文は省略。〔74〕を参照。〕

右、無方応《むほうおう》禅師、大明《だいみん》を歴遍すること年久し。身、未だ出世せざるの先、大明皇帝、召して禁中に入れ、陞座普説《しんぞふせつ》せしむ。故に疏語《しょご》、之に及ぶ。

＊

無方《むほう》〔宗応《そうおう》禅師〕が〔筑州〔福岡県〕の旌忠《せいちゅう》〕顕孝《けんこう》〔禅寺〕に住する〔時の〕山門の疏《しょ》　絶海《ぜっかい》〔中津《ちゅうしん》〕

〔本文の口語訳は省略。〔74〕を参照。〕

右、無方宗応《むほうそうおう》禅師は〔中国の〕大明《だいみん》〔国《こく》〕を長年遍歴し、まだ出世〔住持〕する以前の身でありながら、大明〔国〕の皇帝が禁中《宮殿》に召し出して、陞座普説《しんぞふせつ》させた。だから、疏《しょ》の語《文章》で、このことに言及しているのである。

＊

○無方応禅師＝〔45〕の「無方応公」の注、および〔150〕を参照。
○絶海中津＝〔74〕の「絶海中津」の注を参照。

○旌忠顕孝禅寺＝〔74〕の「旌忠顕孝禅寺」の注を参照。
○陞座普説＝「陞座」は、〔80〕の「陞座説法」の注を参照。「普説」は、普段に行われる説法。普説も上堂も同じ陞座であるが、普説は祝香を焚かず、法衣を搭けないとされる（『禅林象器箋』第十一類「垂説門」の「普説」条・p.433）。

〔150〕無方応禅師略伝

禅師諱宗応、字無方。泉州日根郡産也。踰溟参問元明諸大宗匠久矣。大明皇帝、召師入禁裡、陞座普説。及東帰、出世筑之聖福、辨（ママ）（＝瓣）香為月堂之嗣。遷崇福・顕孝・妙楽諸大刹、受其衣盂者、亮椿書記・陳外郎。応永十四丁亥年二月五日、唱滅于石城山。徒衆奉全身、葬於明照庵。塔曰慈徳。

無我菩薩省吾禅師行実、別本記。一心妙戒別本一巻有之。

＊

無方応禅師略伝《むほうおうぜんじりゃくでん》

禅師、諱は宗応《そうおう》、字は無方《むほう》。泉州《せんしゅう》日根郡《ひねこおり》の産なり。溟《めい》を踰《こ》えて元明の諸大宗匠に参問すること久し。大明皇帝、師を召して禁裡《きんり》に入れ、陞座普説《しんぞふせつ》せしむ。東帰するに及び、筑の聖福《しょうふく》に出世し、辨（ママ）（＝瓣《べん》）香《こう》して月堂《げつどう》の嗣と為る。崇福《そうふく》・顕孝《けんこう》・妙楽《みょうらく》の諸大刹に遷り、其の衣盂《えう》を受くる者、亮椿書記《りょうちんしょき》・陳外郎《ちんういろう》。応永《おうえい》十四丁亥《ていがい》年二月五日、滅を石城山《せきじょうざん》に唱う。徒衆、全身を奉じて明照庵《みょうしょうあん》に葬る。塔を慈徳《じとく》と曰う。

無我《むが》菩薩省吾《しょうご》禅師の行実は別本に記す。『一心妙戒《いっしんみょうかい》』の別本一巻、之れ有り。

＊

無方宗応《むほうそうおう》禅師の略伝《りゃくでん》

禅師は、諱《いみな》は宗応《そうおう》、字《あざな》は無方《むほう》である。泉州《せんしゅう》（大阪府）の日根郡《ひねこおり》の出身である。海を踰えて〔中国に渡り、〕元や明の〔時代の〕諸もろの大宗匠と長年の間、参禅問答していた。〔それを聞いた〕大明《だいみん》〔国《こく》の〕皇帝は、師を禁裡《宮殿》に召し出して、陞座普説《しんぞふせつ》させた。東《日本》に帰るに及んで、筑前（福岡県）の聖福寺《しょうふくじ》に出世し、〔嗣《し》法拈香《ほうねんこう》で〕瓣香《べんこう》〔を焚くこと〕で月堂〔宗規〕の嗣《弟子》となった。〔その後、〕崇福寺《そうふくじ》・顕孝寺《けんこうじ》・妙楽寺《みょうらくじ》の諸大刹に遷り、その〔法嗣として伝法の証である〕衣《袈裟》と盂《鉢》を受けた者は、〔寿嶺《じゅれい》〕亮椿《りょうちん》書記と陳外郎《ちんういろう》〔の二人である〕。応永《おうえい》十四年丁亥《ひのとい》（一四〇七）二月五日に、〔自らの〕滅《遷化》を石城山〔妙楽寺〕で宣言した。〔遷化した後、〕徒衆《弟子たち》は〔彼の〕全身を捧げ持って、〔塔頭《たっちゅう》の〕明照庵《みょうしょうあん》に葬った。〔その〕塔《墓》〔の名称〕を慈徳《じとく》といった。

無我《むが》菩薩 省吾《しょうご》禅師の行実《伝記》は、別の本に記されている。『一心妙戒《いっしんみょうかい》』という別本一巻もまた存在する。

＊

○泉州日根郡＝「泉州」は大阪府南西部。「日根郡」は、現在の貝塚市・泉佐野市・泉南市・阪南市に該当する。

○陞座普説＝〔149〕の「陞座普説」の注を参照。

○聖福＝博多にある安国山聖福寺のこと。

○辨香＝「辨」は「瓣」の誤字。瓣香のこと。「瓣」は瓜瓣。香の形状からつけられた名称。開堂の時に嗣法した師のために献ずることから「嗣法拈香」と呼ばれるが、この制度は興化存奨から始まったとされる（『禅林象器箋』第九類「叢軌門」の「嗣法拈香」条・p.317~318）。「嗣法拈香」の意味については、臨済下六世である石門蘊聡（九六五〜一〇三二）の『石門山慈照禅師鳳巌集』に見える次の一段が有名である。「師（＝石門）開堂拈香して云く、『西天二十八祖、唐土六祖、過去の聖人は、尽く衣《袈裟》を伝え法を付することを得たり。唐代六祖の後に至りて、道を得る者、稲麻竹葦の如ければ、其の衣を伝えず、只だ其の法を伝えて、皆な香を以て信と為すのみ。今日の一瓣香、什麼人《なんぴと》の為に信を通ずるや。某甲《わたし》言わずと雖も、大衆已《すで》に委悉《熟知》せば、此の一炷香を爇《や》かん』と（師開堂拈香云、西天二十八祖、唐土六祖、過去聖人、尽得伝衣付法。至唐代六祖之後、得道者如稲麻竹葦、不伝其衣、只伝其法、皆以香為信。今日一瓣香為什麼人通信。某甲雖不言、大衆已委悉、爇此一炷香也）」（『古尊宿語録』巻九・Z118-129a）。特に元代以降、複数の宗匠から印可を得た僧侶が多く、優秀な禅僧が開堂の際に誰に嗣法するのかは大きな注目の的であった。

○顕孝＝「顕孝」は顕孝寺のこと。〔74〕の「旌忠顕孝禅寺」の注を参照。「横岳」は大宰府にあった横岳山崇福寺のこと。〔77〕の「横岳」の注を参照。

○受其衣盂＝「衣盂」は、衣鉢と同じ。禅宗では伝法の証として袈裟と鉢を与えたことから、「受其衣盂」で法を受けることを意味する。『圜悟仏果禅師語録』巻一二「小参」に、「黄梅（＝五祖弘忍の門下）の七百の高僧は、尽く是れ仏法を会する底《もの》なり。只だ盧行者《ろあんじゃ》一人のみ有りて仏法を会せず。所以《ゆえ》に他（＝五祖）の衣盂を得たり（黄梅七百高僧、尽是会仏法底。只有盧行者一人不会仏法。所以得他衣盂）」（T47-769b~c）とある。

○唱滅＝辞書類に見えない語であるが、『南宋元明禅林僧宝伝』巻一一「烏石愚禅師」条に「愚、衆を集めて普説し、已にして高声に滅を唱う（愚集衆普説、已而高声唱滅）」（Z137-362a）とあるから、自らの死を宣言することであろう。その他、「三世の如来、十方の諸仏、生を示し滅を唱う（三世如来、十方諸仏、示生唱滅）」（『律宗会元』巻下・Z105-900a）や、「生に非ざるに生を現じ、滅に非ざるに滅を唱う（非生現生、非滅唱滅）」（『天台名目類聚鈔』巻二・D40-199a）といった表現から推して、方便としての死の宣言であり、「示滅」や「現滅」に近い意味合いかと思われる。

○明照庵＝〔152〕の「石城山　妙楽円満禅寺塔頭」では「明照院」となっているが同じものであろう。〔151〕にも、陳外郎が「簡妙楽禅刹之境、縛小庵、号明照」とあるから、もともとは明照庵と呼ばれていたものであろうか。
○無我菩薩省吾禅師行実別本記＝『無我集』に収められている『大明勅贈菩薩無我省吾禅師行状』のことであろう。
○一心妙戒＝月堂から授けられた「一心妙戒」について縷々述べた同名の書物が残されている。〔79〕の「一心戒」の注を参照。

〔151〕礼部員外郎陳氏台山敬居士之行実

陳氏延祐、台州之人。仕元順宗、官至礼部員外郎。至正末年、逮明滅元、祐不潔事二君、逃竄本朝、家筑前博多。為人仁厚而才識、兼能□□。北山相公徴不起。日参崇福無方和尚、已受衣盂、号台山、諱宗敬。後簡妙楽禅刹之境、縛小庵、号明照。預知死期、告別諸友、自作祭文曰、嗣子某恭祭先考台山居士之霊。伏冀尚享。嗚呼先生、七十余霜、処生旅泊、観死故郷。去来何物。幻遊夫（ママ）桑、瞻前忽後。敢問其方、舞笏只道、陳員外郎、風月友善、吾我共喪。已殯無奠。唯有篆香。子継父業、父成子狂。可知礼也。笑哭一場。応永二乙亥七月二日卒。蓋寿七十三矣。台山之子宗奇、法号大年、大年之子常祐、法名月海、共奉鹿苑相公、医術多済世。如今洛夷□□透頂香、此其遺方也。相州小田原、唯呼官名称外郎。

＊

礼部員外郎《れいぶいんういろう》の陳氏台山敬居士《ちんしたいさんけいこじ》の行実《ぎょうじつ》

陳《ちん》氏《し》延祐《えんゆう》は、台州《たいしゅう》の人なり。元《げん》の順宗《じゅんそう》に仕えて、官、礼部員外郎《れいぶいんういろう》に至る。至正《ししょう》の末年、明《みん》、元《げん》を滅ばすに逮《およ》んで、祐、二君に事《つか》うることを潔しとせず、本朝に逃竄《とうざん》して、筑前博多に家《いえ》す。人と為《な》りは仁厚《じんこう》にして才識あり、兼ねて□□を能《よ》くす。北山《きたやま》の相公《しょうこう》、徴すれども起《た》たず。日《ひび》に崇福《そうふく》の無方《むほう》和尚に参じ、已《すで》に衣盂《えう》を受けて、台山《たいさん》と号し、宗敬《そうけい》と諱《いみな》す。後に妙楽《みょうらく》禅刹の境を簡《えら》びて、小庵を縛して明照《みょうしょう》と号す。預《あらかじ》め死期を知りて、諸友に別れを告ぐ。自ら祭文《さいもん》を作りて曰く、「嗣子《しし》某《なにがし》、恭しく先考《せんこう》台山居士の霊を祭る。伏して冀《こいねがわ》くは尚お享《う》けよ。嗚呼《ああ》、先生、七十余霜、生に処《お》ること旅泊のごとく、死を観ること故郷のごとし。去来何物ぞ。夫桑《ふそう》に幻遊し、前と瞻《み》れば忽ち後なり。敢えて其の方《ほう》を問わば、笏《こつ》を舞して只だ道《い》う、『陳《ちん》員外郎《いんういろう》、風月友善《ふうげつゆうぜん》、吾我《ごが》共に喪《わす》る』と。已《すで》に殯《かりもがり》するに奠《てん》無し。唯だ篆香《てんこう》のみ有り。子は父の業を継ぎ、父は子の狂を成す。礼を知る可きなり。笑哭一場《しょうこくいちじょう》」と。

応永《おうえい》二乙亥《いつがい》七月二日卒す。蓋し寿七十三なり。台山の子宗奇《そうき》、法号大年《たいねん》、大年の子常祐《じょうゆう》、法名月海《げっかい》、共に鹿苑相公《ろくおんしょうこう》に奉じて、医術もて多く世を済《すく》う。如今《いま》の洛夷《らくい》□□透頂香《とうちんこう》、此れ其の遺方なり。相州《そうしゅう》小田原《おだわら》、唯だ官名を呼びて外郎《ういろう》と称す。

＊

礼部員外郎《れいぶいんういろう》であった陳《ちん》氏台山宗敬《たいざんそうけい》居士の行実《ぎょうじつ》

陳《ちん》氏延祐《えんゆう》〔宗敬《そうけい》〕は、〔中国の浙江省〕台州《たいしゅう》の人である。元《げん》の順宗《じゅんそう》に仕えて、官位は礼部員外郎《れいぶいんういろう》に至った。至正《ししょう》の末年（＝三〇年・一三七〇）、明《みん》が元を滅ぼすに及んで、延祐は、〔元と明の皇帝〕二君に仕えることを潔しとせず、日本に逃げ隠れて、筑前〔福岡県〕の博多にとどまった。人となりは仁〔愛の情に〕厚く、才〔能と〕識〔見が〕あり、加えて□□に長けていた。北山《きたやま》の相公《しょうこう》（＝足利義満）が呼び出しても〔それに〕応えなかった。日々、崇福寺《そうふくじ》の無方《むほう》〔宗応《そうおう》〕和尚に参じて、ほどなく〔嗣法の証である〕衣盂《えう》（＝袈裟と鉢）を受け、法号《ほうごう》は台山《たいざん》、法諱《ほうき》は宗敬《そうけい》となった。後に妙楽禅刹《みょうらくぜんさつ》の境内《けいだい》を選び、〔その中に〕小庵を作って「明照《みょうしょう》」と号した。預《あらかじ》め死期をさとり、多くの友に別れを告げた。自ら〔葬儀に使う〕祭文を作り、「嗣子《後継ぎ》である某《なにがし》は、恭しく先考《亡父》である台山居士の霊を祭る。どうか心から〔故人が〕この祀りをお受け取り頂けますように。ああ、先生は、七十余年〔の間〕、生《この世》に留まっていたが〔それはまるで〕旅先の宿りのようなものであり、〔また〕死は故郷〔に帰るか〕のように考えていた。〔この世に〕来ることや〔この世から〕去ることは、いったいどれほどのものであろうか。〔先生は中国を離れて〕扶桑《日本》に幻遊《やってき》たが、前に見えたかと思うと、忽《たちま》ち後ろ〔にいるという具合いに人々を救うために自在に動き回っていたので〕、あえてその方《行き先》を問うと、〔学人指導のために使う〕笏《しゃく》を振るって〔彼は〕ただ言った、『陳員外郎《わたし》は、風月に親しんで、吾我《じぶん》がすっかり無くなっている。〔無我だから行き先も行く物も無い〕』と。〔そこで〕すでに〔仮埋葬である〕殯《かりもがり》した時にも〔その前には、酒食などの〕奠《お供え》はなく、ただ〔渦巻き線香の〕篆香《てんこう》があるだけであった。子は父の業《家業》（＝医術と無我の法の両方）を継ぎ、父は子の狂《非常識》〔な行い〕を成就させたのだ。礼を知〔って、人としての節度を守〕るべきであろう。ひとしきりの笑い泣きだ」と。

応永《おうえい》二年乙亥《きのとい》（一三九五）の七月二日に卒《逝去》した。七十三歳であった。台山〔宗敬《そうけい》〕の子である宗奇《そうき》、法号は大年《たいねん》と、大年の子の常祐《じょうゆう》、法名は月海《げっかい》とは、共に鹿苑相公《足利義満》に従って、〔その〕医術によって多くの世間〔の人々〕を救った。現在の洛夷《らくい》□□透頂香《とうちんこう》はその〔宗奇と常祐の〕遺した処方である。相州《そうしゅう》（神奈川県）

小田原《おだわら》では、ただ官名で呼んで〔台山のことを〕外郎《ういろう》と称した。

＊

○礼部員外郎＝官職の名。隋、文帝の開皇三年（五八三）には、初めて尚書省二十四司に外員外郎一人を置き、その曹の帳簿を掌り、侍郎を欠く時は、その曹の行政事務を摂行する。その後、設置と廃置を繰り返し、貞観二年（六二八）になって、郎中に次ぎ、礼楽・学校・衣冠・符印・表疏・図書・冊命・祥瑞・鋪設、および百官宮人の喪葬・贈賻の数を掌り、宋には郎中と共に礼楽・祭祀・朝会・宴享・学校・貢挙の事に参預する。元に至って員数を増やし、明には改めて犠制清吏司外郎とし、清もこれに拠ったとされる（『大漢和』巻八・p.508、参照）。元朝一代の中にあって、礼部の設置そのものに変遷があり、員外郎の人数も変化している。『元史』巻八五「百官一」に拠れば、次の様にある。「礼部は、尚書三員、正三品。侍郎二員、正四品。郎中二員、従五品。員外郎二員、従六品。天下の礼楽・祭祀・朝会・燕享・貢挙の政令を掌る。凡そ儀制損益の文、符印簡冊の信、神人封謚の法、忠孝貞義の褒、送迎聘好の節、文学僧道の事、婚姻継続の辨、音芸膳供の物、悉く以て之に任す。世祖の中統元年（一二六〇）、吏・戸・礼を以て左三部と為し、尚書二員・侍郎二員・郎中四員・員外郎六員を置き、三部の事を総領せしむ。至元元年（一二六四）、分立して吏礼部と為す。尚書三員・侍郎仍お二員・郎中仍お四員・員外郎四員。七年（一二七〇）、別に礼部を立つ。尚書一員・侍郎一員・郎中二員・員外郎は旧の如し。明年、又た合して吏礼部と為す。十三年（一二七六）、又た別に礼部を為る。二十三年（一二八六）、六部尚書・侍郎・郎中・員外郎、定むるに二員を以て額と為す。成宗の元貞元年（一二九五）、復た尚書一員を増す（礼部、尚書三員、正三品。侍郎二員、正四品。郎中二員、従五品。員外郎二員、従六品。掌天下礼楽・祭祀・朝会・燕享・貢挙之政令。凡儀制損益之文、符印簡冊之信、神人封謚之法、忠孝貞義之褒、送迎聘好之節、文学僧道之事、婚姻継続之辨、音芸膳供之物、悉以任之。世祖中統元年、以吏・戸・礼為左三部、置尚書二員・侍郎二員・郎中四員・員外郎六員、総領三部之事。至元元年、分立為吏礼部。尚書三員・侍郎仍二員・郎中仍四員・

員外郎四員。七年、別立礼部。尚書一員・侍郎一員・郎中二員・員外郎如旧。明年、又合為吏礼部。十三年、又別為礼部。二十三年、六部尚書・侍郎・郎中・員外郎定以二員為額。成宗元貞元年、復増尚書一員）」（中華書局校点本・p.2136）。

○陳氏台山敬居士＝元の医師である陳延祐（一三二二〜一三九五）のこと。元の滅亡で応安（一三六八〜一三七五）の頃に博多に亡命。崇福寺で出家した。元では礼部員外郎だったので、以後代々「陳外郎」と称した。応永二年七月二日寂。陳外郎については、藤原重雄「陳外郎関係史料（稿）・解題―京都陳外郎を中心に―」（『東京大学日本史研究紀要』第二号・一九九八）参照。

○元順宗＝元の皇族。フビライの孫のダルマバラ。一二六四年生、一二九二年没。

○北山相公＝「北山」と「相公」という語から連想されるのは、北山文化で知られる、室町幕府第三代将軍の足利義満（一三五八〜一四〇八、在職一三六八〜一三九四）である。下文に「鹿苑相公」が出ており、重出することに疑問は残るが、年代的には問題がないと考えられる。

○受衣盂＝「衣鉢」は本来、「三衣一鉢」の略で、僧侶の大切な持ち物の一つにすぎなかったが、後に伝法の証として袈裟と応量器を伝えたことから、伝法の意味とされるようになった。

○先考＝亡くなった父。『礼記』「曲礼下」に「生けるには父と曰い、母と曰い、妻と曰い、死しては考《こう》と曰い、妣《ひ》と曰い、嬪《ひん》と曰う（生曰父、曰母、曰妻、死曰考、曰妣、曰嬪）」（新釈本㊤p.75）とある。

○尚享＝かつては祭文の結語に用いて、死者が現れて用意した祭品を受ける意思を表すことを求めたもの（『漢語』第二冊・p.1661）。

○夫桑＝底本では「夫」は「攴（ぼく）」にもみえるが、ここは「夫」の異体字とする。ここの「夫桑」は「扶桑」のことであろう。「扶桑」は日本のこと。〔24〕の「搏桑」の注、および〔45〕の「三桑」の注を参照。

○幻遊＝遊行する。「幻」は実体がないことを示す接頭語的な使用であろう。『金剛般若経』の「一切有為法、如夢幻泡影、如露亦電」（T8-752b）や八十巻本『華厳経』巻七七の「一切世界皆幻住」「一切衆生皆幻住」「一切世間皆幻住」（T10-419b）などのように、この世の物事は全て夢幻のごとき存在とされており、ここでは移動する主体も行き先もすべて幻のような存在ということになる。『憨山老人夢遊集』巻一七「与于中甫比部」の「鄙人《わたし》は去秋、乞法の因縁を以て王城を幻遊す（鄙人去秋以乞法因縁幻遊王城）」（Z127-224c）や『霊峰蕅益大師宗論』巻九「布袋和尚像賛」の「兜率を離れず、人世を幻遊す（不離兜率、幻遊人世）」（J36-409a）といった文中の「幻遊」も同意である。

○瞻前忽後＝顔淵が孔子を称賛した言葉の一部。『論語』「子罕篇」に「之を瞻《み》れば前に在り、忽焉《こつえん》として後に在り（瞻之在前、忽焉在後）」（岩波文庫本・p.172）とあり、「前方に認められたかと思うと、ふいにまたうしろにある」（同上）と訳す。自在に動いてとらえがたいこと。

○笏＝音は「こつ」。日本では「骨」と同音を嫌って「しゃく」と呼ばれた。元来は官人の所持する手版。木・角・竹などで製られる（『禅学』p.352）。笏を用いた有名な禅問答として、次の一段がある。「裴相公来たる。師、裴の笏を拈起して問う、『天子の手中に在りては珪と為し、官人の手中に在りては笏と為す。老僧の手中に在りては、且く道《い》え、喚んで甚麼《なん》と為すや』と。裴、対《こた》うる無し。師、乃ち笏子を留下す（裴相公來。師拈起裴笏問、在天子手中為珪、在官人手中為笏。在老僧手中、且道、喚作甚麼。裴無対。師乃留下笏子）」（『聯燈会要』巻二〇「石霜慶諸禅師」条・Z136-381d）。

○友善＝親密友好（『漢語』第二冊・p.854）。

○吾我＝自我のこと。例えば『釈氏要覧』巻中に「四大をば仮りに名づけて身と為す。中に於いて空寂、本より吾我無し（四大仮名為身。於中空寂、本無吾我）」（T54-278b）とある。

○殯＝儒教の葬儀で行われる仮埋葬の儀式のこと。殯の後に風水によって墓所を選定し、墓を作り、棺を移して本葬を行う。『礼記』「王制」に「天子は七日にして殯《ひん》し、七月にして葬《そう》す。諸侯は五日にして殯し、五月にして葬す。

大夫・士・庶人は、三日にして殯し、三月にして葬す（天子七日而殯、七月而葬。諸侯五日而殯、五月而葬。大夫・士・庶人、三日而殯、三月而葬）」とあるように、位階によって殯・葬までの日数が異なっていた。

○奠＝酒食を供えて祭ること（『漢辞海』p.348）。

○篆香＝盤香。楡の皮の粉で糊を作り、それに香料を混ぜて作った円盤状の線香（『漢語』第八冊・p.1219）。

○子継父業＝子が父の遺産を相続する。ここは世俗的な意味で用いられているが、禅門でも『景徳伝燈録』巻八「利山和尚」条に「子は父の業を承《う》く」（T51-260c、禅研本③p.182）とあり、また『虚堂録』巻九にも「仰山は子として父の業を承く（仰山子承父業）」（T47-1048b）などとある。

○可知礼也＝『雲門録』巻下（T47-575a）や『虚堂録』巻九（T47-1052b）、『五家正宗賛』巻二（Z135-469a）などに見える。ちなみに『虚堂録』には、「上堂。乾坤の内、宇宙の間、中に一宝有り、形山に秘在す。形山は即ち問わず、如何なるか是れ一宝。是れ『上大人、丘乙己』なること莫《な》きや。咄。礼を知る可きなり（上堂。乾坤之内、宇宙之間、中有一宝、秘在形山。形山即不問、如何是一宝。莫是上大人丘乙己麼。咄。可知礼也）」とあり、『犂耕』には、「『祝允明猥譚』に曰く、『上大人、丘乙己、化三千、七十士、爾小生、八九子、佳作仁、可知礼』と。右の八句、末に「也」の字を曳く。知らず、何《いず》くより起こるかを。今ま小児、書を学ぶに、必ず此れを首とす。天下同《とも》に然り。…忠曰く、『言《いうこころ》は、学者、学得底の語を以て、我が一宝を撈問するに、小児の上大人を唱うるが如くなること莫きや。是れ甚だ礼度無しと為すが故に、咄破して云く、『汝、須く礼度を知るべし』と。乃ち上大人の尾句を以て、呵責の語と為すなり（祝允明猥譚曰、上大人、丘乙己、化三千、七十士、爾小生、八九子、佳作仁、可知礼。右八句、末曳也字。不知何起。今小児学書、必首此。天下同然。…忠曰、言学者、以学得底語、酬我撈問一宝、莫如小児唱上大人麼。是為甚無礼度故、咄破云、汝須知礼度也。乃以上大人尾句為呵責語）」（禅研影印本・p.1063）とある。つまり、学者は学んだ語を繰り返すことで、問者の問いに応えようとしたが、それはまるで子供が小学校で最初に学んだ「上大人」云々の語を唱えるようなものだと批判しているのである。ここも同じであろう。また『助桀』には、「旧解に、寿徳云く、『「上大人」は上古の聖人なり。「丘」は孔子なり。「乙」は鳦と同じ。鳦鳥の卵を呑みて孔子を生む。故に孔と曰う。「已」は語終わるの辞、「化三千」は孔子の化する三千の門徒なり。就中、傑出する者、七十二人。「爾小生」等、爾《なんじ》等小生八歳九歳の子、善佳《よ》く仁道を作為し、又た礼を知る可きなりの義なり。或いは曰く、「八九歳にして、小学に入るが故に言うなり」と』と（旧解、寿徳云、上大人、上古聖人也。丘孔子也。乙与鳦同。呑鳦鳥卵、生孔子。故曰孔。已語終辞、化三千孔子化三千門徒。就中、傑出者七十二人。爾小生等、爾等小生八歳九歳之子、善佳作為仁道、又可知礼也之義也。或曰、八九歳而入小学故言也）」（禅研影印本・p.385）とある。

○笑哭一場＝「一場」は、ひとしきり、一幕。また「一下」「一上」に同じ（『禅語』p.15）。比較的長いと思われる経過を一区切りとして数える量詞（末木訳㊤p.26）。

〔152〕石城山　妙楽円満禅寺塔頭

明照院　向陽庵　宝雲庵　宝泉院　聴松院　石門庵　心華庵　光蔵庵　海印庵　知足庵　本来軒　水月庵
西鳳軒　一枝軒　黄林軒　長慶軒　梅処軒　常照軒　徳林軒　浄古軒　玉龍軒　随処軒　天瑞軒　西湖軒
西方軒　光徳庵　大同庵　指月軒　龍徳軒

已上二十九院

＊

石城山《せきじょうざん》　妙楽円満禅寺《みょうらくえんまんぜんじ》塔頭《たっちゅう》

明《みょう》照《しょう》院《いん》　向《こう》陽《よう》庵《あん》　宝《ほう》雲《うん》庵《あん》　宝《ほう》泉《せん》院《いん》　聴《ちょう》松《しょう》院《いん》　石《せき》門《もん》庵《あん》　心《しん》華《げ》庵《あん》　光《こう》蔵《ぞう》庵《あん》　海《かい》印《いん》庵《あん》　知《ち》足《そく》庵《あん》　本《ほん》来《らい》軒《けん》　水《すい》
月《げつ》庵《あん》　西《せい》鳳《ほう》軒《けん》　一《いっ》枝《し》軒《けん》　黄《おう》林《りん》軒《けん》　長《ちょう》慶《けい》軒《けん》　梅《ばい》処《しょ》軒《けん》　常《じょう》照《しょう》軒《けん》　徳《とく》林《りん》軒《けん》　浄《じょう》古《こ》軒《けん》　玉《ぎょく》龍《りゅう》軒《けん》　随《ずい》処《しょ》軒《けん》　天《てん》瑞《ずい》軒《けん》
西《さい》湖《こ》軒《けん》　西《さい》方《ほう》軒《けん》　光《こう》徳《とく》庵《あん》　大《だい》同《どう》庵《あん》　指《し》月《げつ》軒《けん》　龍《りゅう》徳《とく》軒《けん》

已《い》上《じょう》二十九院《いん》

＊

○明照院＝無方宗応の開創。無方の塔がある。〔150〕を参照。
○知足庵＝月堂宗規の開創。〔143〕を参照。
○海印庵＝鼎巌銘の開創。〔146〕を参照。

《解　説》

廣田宗玄

一般的に「博多の三禅刹」といえば、明庵栄西《みんなんようさい》（一一四一～一二一五）を開山とする妙心寺派の安国山《あんこくざん》聖福寺《しょうふくじ》、南浦紹明《なんぽじょうみん》（大応国師、一二三五～一三〇八）を開山とする大徳寺派の横嶽山崇福寺《おうがくさんそうふくじ》、そして、円爾《えんに》（一二〇二～一二八〇）を開山とする東福寺派の萬松山承天寺《ばんしょうざんじょうてんじ》の三ヶ寺を指す。

しかし、日本の中世における中国との交流の窓口であり、大唐街といわれる中国人居留地が存在した国際都市・博多にあって、創建以来、その象徴的な存在として異彩を放ち続けた、石城山妙楽寺《せきじょうざんみょうらくじ》もまた、これらの寺院に勝るとも劣らぬ名刹である。

崇福寺と同じく京都の大徳寺を本山とする妙楽寺は、鎌倉時代の末期の正和五年（一三一六）に、博多の商人たちが、南浦紹明（大応国師）の法嗣である月堂宗規《げつどうそうき》（一二八五～一三六一）の長養のために創った「石城庵《せきじょうあん》」という一宇を前身とする。石城庵は、その後、南北朝時代の貞和二年（南朝興国七年・一三四六）に改修されて、「石城山妙楽円満禅寺《せきじょうざんみょうらくえんまんぜんじ》」と名を改められた。ちなみに、旧名称、ならびに山号にも、さらには現在の博多の地名としても残されている「石城」という名称は、海岸線に築かれていた城壁にも見える元寇防塁の威容にちなんだものである。

妙楽寺は、創建当初は博多津《はかたのつ》の息浜《おきのはま》の浜辺にあった。寺域は八町四方の広大な敷地を誇り、山門・仏殿・法堂・方丈・庫裡・僧堂・鐘楼・浴室など、七堂伽藍を備えており、寺の西南の隅に呑碧楼という三層の楼閣が建てられていた。そのことは、龍翔曇芳忠（一二七五～一三四八）の法嗣である蘭江清濋（生没年不詳）の「呑碧楼〈在日本九州〉」という偈に、「九州城曲の楼三層、襟を披《ひら》き気を御《ぎょ》して吾れ登るを歓ぶ（九州城曲楼三層、披襟御気歓吾登）」（伊藤威山編『隣交徴書』巻之二・三二丁裏）とあることからも明白である。ただ、呑碧楼はほどなく台風によって壊れたため、その扁額を山門に移し、外門が潮音閣《ちょうおんかく》、山門が呑碧楼《どんぺきろう》と呼ばれるようになった（『石城志』巻四〔復刻本、津田元顧校訂・津田元貫編録、九州公論社〕p.15、参照）。呑碧楼は、もともと月堂宗規の法嗣の無我省吾《むがしょうご》（一三一〇～一三八一）が、月堂が年老いた時の禅燕《ぜんえん》（=隠居）の場所として建てたものである。

東福寺・南禅寺・建長寺・円覚寺などの名刹を歴住した、博多出身の乾峰士曇《けんぽうしどん》（一二八五～一三六一）が、呑碧楼のことを「百尺《ひゃくしゃく》（=約三十メートル）の危楼《きろう》」（訳注〔49〕条）と表現したように、当時としてはかなり高層な建物であった。呑碧楼は、十二の欄干が楼の周りを囲み（訳注〔32〕条）、楼内の壁には、元・明・日本の善知識の作にかかる、楼にちなんだ題詠の詩が掲げられていたものであったようで（訳注〔45〕条）、まさに妙楽寺のシンボル的な建造物であった。

その素晴らしさについては、鄞県（浙江省寧波府）天寧寺・杭州（浙江省）霊隠寺に住した見心来復《けんしんらいふく》（一三一九～一三九一）が洪武七年（一三七四）に撰した「石城山呑碧楼記」（訳注〔24〕条）や、三十四人（月堂宗規と無我省吾を含む）もの日本と元の人々が呑碧楼の美しさについて謳った「呑碧楼題詠」（訳注〔25〕～

〔58〕条）に余す所無く表現されている。

さて、室町時代の五山僧の天隠竜沢《てんいんりゅうたく》（一四二二〜一五〇〇）が、妙楽寺のことを、その著の『黙雲集』の中で「遣唐使《ママ》（実際には「遣明使」）の駅」と評したように、遣明船の発着に際しては使節らの宿泊所となるなど、室町期には対外交流の一大拠点として重用された。

台州（浙江省）に生まれ、元の滅亡後に亡命し、「透頂香《とうちんこう》」という漢方薬を日本にもたらした陳外郎《ちんういろう》（陳延祐・一三二一〜一三九五）がここに滞在したことからも、妙楽寺が国境を超えて活動する人々の受け皿であったことが窺える。

また、当時の妙楽寺は二十九宇の塔頭（明照院・向陽庵・宝雲庵・宝泉院・聴松院・石門庵・心華庵・光蔵庵・海印庵・知足庵・本来軒・水月庵・西鳳軒・一枝軒・黄林軒・長慶軒・梅処軒・常照軒・徳林軒・浄古軒・玉龍軒・随処軒・天瑞軒・西湖軒・西方軒・光徳庵・大同庵・指月軒・龍徳軒）、十三ヶ寺の末寺（臨泉庵・善応寺・秀善寺・円通寺・西福寺・正隆寺・随養寺・安養寺・海蔵寺・東林寺・弥勒寺・東照寺・大泉庵）を有し、志摩《しま》郡芥屋《けや》・小金丸・野北・桜井・馬場の五村に七十町余の寺領があった。さらに室町時代には、五山十刹制度の中で十刹に次ぐ諸山に列せられ、将軍家の祈祷所として申請する寺院ともなった（『蔭凉軒日録』延徳二年［一四九〇］十月、条）。

このように、息浜時代には大変に繁栄していた妙楽寺ではあったが、天文七年（一五三八）に博多で起こった大火事によって全焼。その後、いったん復旧しかかるが、永禄二年（一五五九）と天正十四年（一五八六）、二度の大火が発生し、再び全焼した。やがて慶長年間（一五九六〜一六一五）、筑前守《ちくぜんのかみ》であった黒《くろ》田長政《だながまさ》から御供所町《ごくしょまち》に寺地を与えられ、現在の場所、つまり聖福寺と承天寺の間に移転して、ようやく再建を果たすことになる。

境内地に隣接する墓地には黒田家重臣の墓が建ち並び、戦国時代から江戸時代初期にかけて活躍した博多の豪商、神屋宗湛《かみやそうたん》（一五五三〜一六三五）や、宗湛に少し遅れて登場した伊藤小左衛門《いとうこざえもん》（？〜一六六七）などの墓も妙楽寺内にある。そのことから、近世に入ってからも妙楽寺は、引き続き博多商人と深い関係を有していたことが推測できるのである。

○開山　月堂宗規

妙楽寺の開山　月堂宗規《げつどうそうき》は、「知足子」「水月道人」とも号し、弘安八年（一二八五）一月十六日、筑前（福岡県）の太宰府で生まれた。『月堂和尚語録』に附された「妙楽開山月堂規和尚行実」（以下〔行実〕）に拠れば、月堂生誕の時、母は夢の中で覩史天《としてん》（将来仏となるべき菩薩の住処）に上り、そこで弥勒菩薩と出会ったという（『延宝伝燈録』『本朝高僧伝』では、弥勒の聖像を抱く夢を見たとする）。月堂が弥勒の再臨であるとの暗喩であろう。

正安元年（一二九九）、月堂十五歳の時、太宰府の天台宗、清水山観世音寺《せいすいざんかんぜおんじ》の照法師《しょう》について出家得度し、さらに太宰府の原山にあったという醍醐寺の良範師《りょうはん》のもとで天台教学の研鑽を積んだ。しかし、嘉元二年（一三〇四）、月堂二十歳の時、突風が燈火を吹き消したのを機縁として教学の虚しさを知り、持っていた経典を焼き棄て、当時、横嶽山崇福寺に在った南浦紹明《なんぽじょうみん》に参じた。

南浦紹明は、南宋で虚堂智愚《きどうちぐ》（一一八五～一二六九）から嗣法し、その下から宗峰妙超《しゅうほうみょうちょう》（大燈国師・一二八二～一三三七）・関山慧玄《かんざんえげん》（無相大師・一二七七～一三六〇）を打出したことで、後に「応燈関」と称されるようになる、わが国で最も重要な禅者の一人である。

南浦に参じた月堂は、早々に南浦に「教外別伝」の真意について問い質した。すると南浦は、月堂の背中を打ち、「蝦跳不出斗（蝦《か》、跳べども斗《と》を出でず／〔捕らえられた〕エビは容れ物の外に飛び出せない）」と言い放った。

この語は、もともとは雲門文偃《うんもんぶんえん》（八六四～九四九）の『雲門広録』（T47-562c）に見えるものであり、従来、捕らえられたエビが、どんなに跳ねても容れ物の外に出ることができないように、自分で作った枠の中で完結してしまうことを戒めた言葉であると解されている。月堂が、未だ教条主義的な立場にいることを批判したものであろう。

月堂の質問に「蝦跳不出斗」と答えた南浦の真意を理解できない月堂は、南浦に対して「和尚《おしょう》の方が反《はん》対《たい》に罠《わな》にはまりましたぞ。〔容《い》れ物《もの》の中《なか》にある〕別《べつ》に伝《つた》えるものとは何《なん》でしょうか（尚却落在圏繢。作麼生別伝的）」という言葉を返した。しかし、それに対して南浦は、月堂の質問がまだ終わらないうちに、その口を手で塞いだ。南浦は、教外別伝の真意を行動で示したのである。この南浦の教示によって月堂の疑問は氷消し、大悟に至るのである。悟道の偈は以下の通り。

踏破大毘盧　〔智慧の象徴である〕毘盧遮那仏を踏みつぶし
脚跟転処殊　脚の向きを変え〔て新〕た〔に向かう、その〕場所は格別である
虚空鞭鉄馬　〔仏の法身である〕虚空が鉄〔でできた〕馬を鞭打ち
昨夜過雲衢　昨夜、〔大空の〕雲の路を〔走り〕過ぎた

月堂の境地を深く認めた南浦は、早々に月堂を侍者《じしゃ》に任用した。月堂は、嘉元二年（一三〇四）に南浦が崇福寺から京都の万寿寺《まんじゅじ》に移った時も随侍し、万寿寺では蔵鑰《ぞうやく》（経蔵の鍵を預かる役）に就いた[1]。蔵鑰とは蔵主《ぞうす》（蔵司）のことであり、当時、官刹の住持資格を得るための試験である秉払《ひんぽつ》を行える高位の役職であった。

徳治二年（一三〇七）、南浦は、北条貞時《ほうじょうさだとき》の招きで鎌倉の建長寺《けんちょうじ》に遷住したが、月堂はこれには同行せずに諸方を歴遊したようである。そして、前述した通り、正和五年（一三一六）に、博多の檀越が息浜《おきのはま》に石城庵《せきじょうあん》を創建し、月堂の安居の場所とした。

やがて時が経ち、元号が「正中」から「嘉暦」に改元した時（一三二六）、独照祖輝《どくしょうそき》（一二六二〜一三三五）が、奥州の松島（宮城県宮城郡松島町）の円福寺《えんぷくじ》（現在の瑞巌寺《ずいがんじ》）から筑前の聖福寺に遷住した。

独照祖輝は京都の出身で、蘭渓道隆《らんけいどうりゅう》の法嗣の義翁紹仁《ぎおうしょうにん》（一二一七〜一二八一）から嗣法した大覚派の僧である。独照は月堂を聖福寺の第一座として招き、独照が京都建仁寺へ遷住するに当たっても、月堂は随侍した。

京に移って間もない嘉暦二年（一三二七）、月堂は拝請を受けて京都洛西の龍翔禅寺《りょうしょうぜんじ》に出世《しゅっせ》し、そこで開堂をした。

龍翔寺は山号を「瑞鳳山《ずいほうざん》」といい、後宇多天皇《ごうだてんのう》が大応国師の塔所《たっしょ》として、延慶二年（一三〇九）、南浦の法嗣の絶崖宗卓《ぜつがいそうたく》（?～一三三四）に、太秦《うずまさ》安井にあった後宇多天皇離宮（柳殿御所跡）を寄進して、絶崖が創建したものであって、南浦を勧請《かんじょう》開山とする。龍翔寺は、至徳三年（南朝元中三年・一三八六）には、山城国十刹中の第九位に列せられた（文明期の末［一四六九～一四八七］末に諸山に降格）、五山系大応派の山城国の拠点のひとつであり、崇福寺の末寺的存在であったという。(2)

月堂は、龍翔寺に住すること九年を経た延元元年（北朝建武三年・一三三六）五月二日、故郷の筑前に帰り、崇福寺に住する（再住は貞和二年［南朝興国七年・一三四六］五月一日のこと）。当時の崇福寺の修行僧は三百人程もいたようであり、(3)大変な活況を呈していた。寛正元年（一四六〇）、京都円福寺の古伯真稽《こはくしんけい》が、瑞渓周鳳《ずいけいしゅうほう》（一三九二～一四七三）に対して、往時には僧衆三百人を擁していた崇福寺が、今ではわずかに五六人を数えるのみだと語っていることから（『臥雲日件録抜尤』）、まさに月堂が崇福寺に住していた期間こそが、崇福寺の最盛期であったのである。

やがて貞和二年（南朝興国七年・一三四六）、地元の商人たちが石城庵を改めて一寺院とした。それが妙楽寺である。ついで弟子の無我省吾《むがしょうご》が、月堂の隠居所として「呑碧楼《どんぺきろう》」を寺域の南西隅に建造した。呑碧楼は、妙楽寺自体が息浜の北岸に面していた関係もあり、博多湾を一望できる絶佳な楼台であった。おそらくは、妙楽寺が落成して間もなく、月堂は崇福寺を退いて、妙楽寺に入ったことであろう。

こうして妙楽寺にあった月堂ではあるが、やがて文和二年（一三五三）三月二十二日、古林清茂《くりんせいむ》（一二六二〜一三二九）の法嗣の石室善玖《せきしつぜんきゅう》（一二九三〜一三八九）の跡を襲って聖福寺に入寺する。聖福寺での生活は八年に及び、その間に塔頭龍華院を開創した(4)。

その翌年、月堂七十七歳の康安元年（南朝正平十六年・一三六一）、月堂に病魔が襲い、聖福寺を退いて、妙楽寺に退居した。月堂の病状は悪化の一途をたどり、余命幾ばくもなくなった。

同年九月二十七日、入寂が迫った月堂に、弟子たちは筆を取って末後の一著を求めた。しかし月堂はその筆を放り投げ、「〔言葉《ことば》をしゃべらず〕一喝《いっかつ》したとしても口皮《くち》に関《かか》わってしまう。せっかくの好《よ》い時節《じせつ》に、どうして〔そんな〕回《まわ》りくどいことをしようか（一喝尚渉口皮、好個時節、什麽打之遶）」と叫んだ。弟子たちは月堂を宥《なだ》めたが、遂に大声で一偈を唱えて、俄かに示寂した。遺偈は以下の通り。

脱身一路　この〔迷《まよ》いの〕世界《せかい》から抜《ぬ》け出《だ》す一本道《いっぽんみち》に

非古来今　過去《かこ》も現在《げんざい》も未来《みらい》もない

朝々日上　〔ただ〕毎朝、日が昇り

夜々月沈　毎夜《まいよ》、日《ひ》が沈《しず》む〔だけのことだ〕

月堂の遺骨は妙楽寺の「水月《すいげつ》」（『延宝伝燈録』『本朝高僧伝』は「知足」とする）、聖福寺の「三会《さんえ》」の二つの塔に埋葬された。

『月堂和尚語録』に附される「冷泉津石城山妙楽円満禅寺開山月堂規和尚法嗣《れいぜいのつせきじょうざんみょうらくえんまんぜんじかいさんげつどうきおしょうはっす》」に拠れば、月堂の法嗣は、象外宗越《ぞうげそうえつ》・無我省吾《むがしょうご》・無方宗応《むほうそうおう》・岳雲宗丘《がくうんそうきゅう》・石隠宗璵《せきいんそうよ》・静山宗凝《じょうざんそうぎ》・孝仲宗穎《こうちゅうそうえい》・大正宗健《だいしょうそうけん》・恒中《こうちゅう》宗立《そうりゅう》の九人であった。

月堂は七十七年の生涯の大部分を九州の地で過ごし、太宰府を中心に、南浦の禅を挙揚した禅者であった。当時の九州は、大陸との窓口であり、いわば文化の入り口であった。しかも月堂が住し、再住までした崇福寺は、大応派の総本山的な存在であった。そのような場所で活躍をした月堂宗規は、後の「応燈《おうとう》関《かん》」の法系から判ずれば、南浦の正系でないかもしれないが、当時の状況から見れば、まさしく南浦の禅の王道を歩んだ禅者であったと言えるのである。(5)

なお、月堂の生涯やその思想の詳細については、野口善敬・廣田宗玄共訳『博多妙楽寺開山『月堂和尚語録』訳注（附行状）』（中国書店・二〇一〇）を参照頂きたい。

○呑碧楼について

呑碧楼は、妙楽寺が息浜《おきのはま》にあった頃、無我省吾が、師である月堂宗規の隠居所として寺域の海岸に面した南西隅に建てたものである。その華麗さ、壮大さについては、当代の禅者たちが腕を競って、その素晴らしさについて詠いあげた、本書中の「呑碧楼記」や「呑碧楼題詠」をご一読頂ければ十分理解できよう。たとえばその高さについて、本中朱本《ほんちゅうしゅほん》（生卒年不詳）は「〔呑碧の〕高楼は百尺（＝約三十メートル）もあって虹に触れる〔ほど高く聳えており〕、〔高楼の〕十二〔本〕の欄干は〔天空の〕北斗〔七星〕に連なっている〔ように見える〕（高楼百尺払虹蜺、十二欄干北斗斉）」（訳注〔32〕条）とし、また四明詹鈺《しめいせんぎょく》（生卒年不詳）は「谷や丘は千年もの昔から変わらないが、〔そこに〕さらに加えて百尺（＝約三十メートル）もの雄々しい〔姿の〕壮麗な建物が創られているのだ（谷陵不変千年旧、輪奐重開百尺雄）」（訳注〔33〕条）と表現している。一方、翠峰仲謙《すいほうちゅうけん》（生卒年不詳）は「天上世界に〔まで届きそうに聳えて〕いる楼閣は〔その高さが〕十尋（＝二十四メートル）余り、その中で高僧が閑居を楽しんでいる（上方楼子十尋余、中有高僧楽燕居）」（訳注〔38〕条）と述べている。これらに拠ると、呑碧楼の高さは、優に二十メートルは超え、三十メートル近くはあったようである。

また仲猷祖闡《ちゅうゆうそせん》（生卒年不詳）は「石城《妙楽寺》〔の地〕に高く〔聳えて〕碧色の雲の端に倚りかかり、何層もある呑碧の高い楼閣〔から見える〕宇宙《せかい》は広大である（石城高倚翠雲端　呑碧層楼宇宙寛）」（訳注〔29〕条）と延べ、会稽克勤《かいけいこくごん》（生卒年不詳）は、「石城《妙楽寺》の高い楼閣が雲の端に現れ、〔楼閣の〕下には青い波が打ち寄せて〔海が〕寒々と広がっている。〔高層の呑碧楼から眺めれば〕目の前にある〔ように近くに見える〕蓬《ほう》莱山《らいさん》の孤髻《聳える峰》は小さなものだし、〔蓬莱山を隔てる伝説の〕弱水《じゃくすい》〔に比すべき東海〕も、掌の〔上にあるかの〕ように平らかで、一杯の盃《さかずき》ほどの寛さでしかない（石城高閣出雲端、下吸滄波万頃寒。目短蓬莱孤髻小、掌平弱水一盃寛）」（訳注〔30〕条）と表現して、呑碧楼が、そこに雲がかかる程の高層建築であったと述べている。

無論、そのような高所から見える景色も格別であったようで、そのことは、冷泉仲謙《れいせんちゅうけん》（生卒年不詳）が「三更《真夜中》の〔闇を打ち破る〕曙の光は海〔の方〕から先ず輝きはじめ、万里もの〔広さにひろがる〕晴天の日ざし〔に照らされた風景〕は〔どんなに上手く〕画こうとも〔本物には〕及ばない。〔私は中国の〕江南〔地方の名勝地〕を巡り尽くしたがこれほどの〔美しい〕景色は〔見たことが〕ない（三更曙色海先爛、万里晴光画不如。歴尽江南無此景）」（訳注〔38〕条）と述べていることに表れている。

さらに、呑碧楼そのものも大変に美しい建物であったようであり、石室善玖《せきしつぜんきゅう》（一二九三～一三八九）は「雄大な呑碧楼は奇《素晴》らしい楼閣だが、〔その〕奇趣《素晴らしいおもむき》は俗人には理解しがたいものだ。〔その壮麗さは、八大龍王《はちだいりゅうおう》の一つである〕沙竭羅龍王《しゃからりゅうおう》の宮殿の門を開き、〔帝釈天宮《たいしゃくてんぐう》に張り巡らされている〕因陀羅網《いんだらもう》の〔結び目に付けられた〕珠玉がキラキラと輝いている〔かのような美しさである〕（雄呑碧楼一楼奇、奇趣難教俗子知。娑竭王宮開玉鑰、因陀羅網燦珠輝）」（訳注〔50〕条）と讃えている。

高さだけならば、当時であっても他にもっと高層な建築物もあったろうし、美しい建物も他に数多あるにもかかわらず、何故に、呑碧楼がこれほどに褒めそやされたのであろうか。その理由の一つは、立地にあったと思われる。

妙楽寺は現在、海岸からは数百メートル離れた内陸に位置するが、先にも述べた通り、創建当初は息浜の北岸に面した位置に建っていて、呑碧楼は、その西南の隅にあったという。そのことを汝霖良佐《じょりんりょうさ》（生卒年不詳）は「石城〔山妙楽〕寺は〔博多湾に注ぎ込む〕川に跨《また》がっており、〔その寺の〕上には〔突き出た三〕層の〔屋根がある〕とりわけ並外れた〔立派な〕楼閣がある。〔その楼閣に登れば〕風が巻き上げる波しぶきが、晴れて〔いるのに〕雪のよう〔に降り注《そそ》ぎ〕、天《そら》が海上の靄《もや》を集めた暁《夜明け》には〔周りに〕雲〔がある天上世界〕のよう〔に見える〕（石城之寺跨江濆、上有層楼最不群。風捲浪花晴似雪、天凝海気暁如雲）」（訳注〔39〕条）と述べている。ただ、「博多古地図」に拠れば、妙楽寺と川縁はやや距離があるので、汝霖良佐の表現は誇張したものであった可能性もある。南禅寺の惟肖得巌《いしょうとくがん》（一三八〇～一四三七）が「〔その楼は海面から高く〕突き出て海上の小島に建っていた（突起拠孤洲）」（訳注〔45〕条）とあるのが実際に近かったのであろう。

ともあれ、呑碧楼は海岸縁にあったが故に、外からの姿も、内からの見晴らしも、見る者にとって、その高さをより強く感じることとなったのであろう。加えて、一大貿易都市であった博多に出入りする多くの船にとっては一つの目印でもあったろうし、実際、燈台としての役目も果たしていたとも考えられている[6]。

そのような大変にすぐれた建造物であった呑碧楼ではあるが、後に台風によって壊れたと伝えられており、無我省吾が建立して百年ほど経った頃には、既に無くなっていたようである。惟肖得巌《いしょうとくがん》は次のように述べている、「私はすでに七十二歳〔の高齢〕となり、長い歳月が流れてしまい、〔呑碧〕楼もまた壊れて、修復されない〔ままである〕。……〔そんな呑碧楼も崩れて、現在ではその遺構が〕雑草によって覆い隠されていると聞く、〔呑碧楼が無くなったことで〕関西《九州》の優れた遊覧〔の場所〕を失ったのだ（予已七秩加二。歳月多矣。楼亦崩壊、不修無復。……聞説今蕪没　関西欠勝遊）」（訳注〔45〕条）と。

惟肖得巌は、康暦二年（南朝天授六年／一三八〇）生まれであるから、七十二歳は一四五一年のことである。それから何度かの祝融の災によって妙楽寺自体も全壊し、やがて慶長年間（一五九六〜一六一四）、に至り、海岸縁を離れて御供所町の現在地に移転するが、その後、ついに呑碧楼が再建されることはなかった。明和二年（一七六五）に編纂された『石城志』の巻之四「妙楽寺」条に、「外門を潮音閣と云《いい》、山門を呑碧楼と云《いう》」（九州公論社・一九七七年）とあるように、移転後の江戸期には山門に「呑碧楼」の額が掲げられていたと思われる。

現在では、ただ妙楽寺の方丈前に「呑碧」と扁額が掲げられていて、往年の面影を偲ばせているだけである。

○『石城遺宝』について——『虎丘十詠』を中心に——

『石城遺宝』は、石城山妙楽寺に伝えられた古文書を一つにまとめたものであり、中世禅宗の史料としても大変に貴重なものである。

本書の成立は、まず、虚堂智愚がまとめた『虎丘十詠』が、石城山妙楽寺にもたらされたことに端を発する。その辺りの様子について、横岳山崇福寺の古外宗少《こがいそうしょう》（?〜一七〇六）が著した「石城遺宝叙」や、紹宙性宗《しょうちゅうしょうしゅう》（?〜一七二七）による『石城遺宝』の跋文、さらに『虎丘十詠』に附された跋文を参考に、簡単にまとめてみたい。

運庵普巌《うんなんふがん》の法を嗣いだ虚堂智愚《きどうちぐ》は、かつて修行に励んでいた頃、当時、蘇州の虎丘山雲巌寺に住持していた笑翁妙堪《しょうおうみょうたん》（一一七七〜一二四八）の会中に在錫していた時期がある。笑翁が虎丘山に入ったのは宝慶元年（一二二五）のことで、その翌年には雪峰山に移っているから、わずか一年ほどの間のことである。

虚堂は、虎丘山での修行の合間に、虎丘山の中の風光のすぐれた場所を十箇所選んで「十境」（剣池・生公台・花雨亭・千人坐・点頭石・憨憨泉・呉王家・白蓮池・小呉軒）と名付け、それぞれについて七言絶句を詠んだ。そして、それら十編をまとめて、『虎丘十詠』と名づけたのである。そもそも笑翁の会中には、すぐれた者たちが雲のように集まっていて、彼らは互いに詩歌を贈り合うことで自らの禅境《ぜんきょう》を磨いたというから、これも修行の一環であったのであろう（訳注〔11〕参照）。

しかし、この修行時代の虚堂の作品は、その存在を知られることなく六十数年を経るが、たまたま虎丘山にあった約翁礼《やくおうれい》という禅僧が『虎丘十詠』を手に入れることになる。そして約翁は、『虎丘十詠』本編だけではなく、虚堂ゆかりの諸老宿を歴訪して跋文を求め、本編に附してまとめようと志した。結果的に跋文は十三本となり、後に一つにまとめられて、「宗門の至宝」として大切に後世に伝えられたのである。

やがて、洪武九年（一三七六）の象原仁叔《ぞうげんにんしゅく》（?〜一三八〇）の〔21〕条の跋文に拠れば、「日東《日本》の恒中宗《こうちゅうそう》立西堂《りゅうせいどう》の受業《出家》の師〔である南浦紹明《なんぽじょうみん》禅師〕は、法を虚堂〔禅師〕に嗣いだ。つまり〔恒中は〕師《虚堂》の法孫なのである。〔恒中は〕これを物好きな人から買って、その末に〔附ける跋文を私に〕書かせようとしている。そこで〔私は文章を〕作って〔こう〕言ったのだ、『これは〔虚堂禅師の法を嗣ぐ者たちの〕公家《本家》の旧物《家宝》であるから、携えて本国〔たる日本〕に帰れば、世にも稀な宝物となるであろう。よく大切にしなければならない』と（日東恒中立西堂受業師、法嗣虚堂。蓋法門師孫也。購之好事者、俾書其末。因作而言曰、此公家旧物、携帰本国、希世之宝也。宜善加護焉）」とあって、月堂宗規の法嗣であり、妙楽寺第七世の恒中宗立《こうちゅうそうりゅう》（？～一四一二）が、元に渡って遊学していた時、その途上、好事家から跋文を含むこの一軸を見いだし、購入して妙楽寺に持ち帰ろうとすることになる。

しかし、〔23〕条の雪谷宗戒《せっこくそうかい》（生卒年不詳）の跋文には、「日東《日本》の師《僧侶》である恒中宗立翁《こうちゅうそうりゅうおう》と石隠宗璵翁《せきいんそうよおう》の二師は、〔法の上での〕先祖の遺墨《いぼく》〔である『虚丘十詠』〕のことを気にかけ、本国〔である日本〕に持ち帰りたいと思ったが、〔それは、日本に〕伝えて立派な行いにしたいと考えたからに他ならない。〔それから〕今〔に至るまで〕、八九十年が過ぎたが、〔いまだに〕滇《雲南省》に漂泊していて、願いは果たされずにいる（日東師恒中立翁、石隠璵翁二師、念先祖遺墨、欲下寄帰本国。伝而盛事耳。今経八九十年、流落於滇、不果所願）」とあり、恒中と同じく月堂宗規の法嗣で、妙楽寺第八世の石隠宗璵《せきいんそうよ》（？～一四一六）と恒中本人の二人が、『虚丘十詠』を購入して妙楽寺に持ち帰ろうとしたが、長年果たせないままになっていたのである。

そして、〔22〕条の、八十七歳になった時点での石隠自らの跋文の中に、「虚堂《きどう》〔智愚《ちぐ》〕禅師〔から数えて〕四代〔目〕の〔法〕孫で、日本の妙楽寺《みょうらくじ》の僧である八十七歳の〔石隠《せきいん》〕宗璵《そうよ》〔こと私〕が、〔法の上での〕先祖〔である虚堂禅師〕の遺墨（＝『虚丘十詠』）を入手してから随分と年が経った。もし、日本の僧侶がやって来て、この〔私の〕字《言葉》を附して〔虚堂禅師の遺墨を〕日本の妙楽寺に送る〔ことができる〕

ならば、私は願心《ねがい》を遂げる〔ことができる〕」（虚堂禅師四代孫、日本妙楽寺僧八十七歳宗璵、得先祖遺墨年深。若有日本僧来、付此字日本妙楽寺、余了願心也）」とあることから、すでにこの時には、自らが帰朝して『虎丘十詠』を日本に持ち帰ろうとは思わなくなっていたようである。結局、彼らは帰朝せず、明《みん》に変わった中国で示寂した。

やがて明の成化《せいか》十三年（一四七七）に至り、前述した、中国滇城《てんじょう》（雲南省）昆明《こんめい》にある五華寺の僧である雪谷宗戒《せっこくそうかい》が、たまたま『虎丘十詠』を目にすることになる。〔23〕条に、「日本僧が天子に拝閲するために宮殿に訪れるのを待って、〔もしやって来たならば〕この巻物を彼に託し、本国〔である日本〕の妙楽寺に持ち帰って〔もらいたい〕、〔それによって私は〕先師の願いを叶えようとするものである（待日本朝覲僧詣闕、将此巻付之、持帰本国妙楽寺、以了先師之願）」とあることから、雪谷は、跋文に書かれた祖師たちの『虎丘十詠』に対する思いを知り、武定（雲南省）の公子である郭省斎《かくせいさい》君なる人物を頼って、日本からやって来る僧が天子に謁見する機会をとらえて『虎丘十詠』を託すよう、彼に依頼するのである。

そして、広大な中国を転々とした『虎丘十詠』は、はるばる海を渡って、ようやく妙楽寺に伝来されることになったのである。

さて、近年、日本中世史・東アジア交流史を専門とする伊藤幸司氏が、「日明貿易と雲南――初期入明僧の雲南移送事件と流転する『虎丘十詠』――」（『仏教史学研究』第五二号・二〇〇九年）と題した論文を発表し、『虎丘十詠』について、いくつかの新知見を呈している。以下、伊藤論文で新たに明らかになった、『虎丘十詠』の本朝伝来の経過についてまとめたい。

まず、恒中と石隠の二人が明に渡ったのは、洪武四年（一三七一）の征西将軍懐良親王《かねながしんのう》の遣明使か、同七年（一三七四）の足利義満の遣明使への参加による。明に入ってから後は、史謹《しきん》（南京［江蘇省］）撰『独酔亭集』巻中に「送立恒中上人」（四庫全書本・11a）という七言律詩があり、また、王行《おうこう》（蘇州［江蘇省］）撰『半軒集』「方外補遺」の「思緩堂〔有序〕」に「恒中禅者は、日本に生まれて中華に来たり、問法すること歳年有り（恒中禅者、生日本而来中華、問法有歳年矣）」[7]（四庫全書本・17b）とあることから、恒中らは江南地方を遊歴していたようである。伊藤氏は、この時期に好事家から『虎丘十詠』を入手したのだと推測している。

やがて恒中らは、洪武九年（一三七六）六月、径山《きんざん》万寿寺に赴いて、象原仁叔から跋文をもらい、日本へ向かおうとする。だが、この直後、洪武帝が入明僧の行脚を禁止したため、行き場所を無くすことになる。江寧府（江蘇省）金陵（南京）の天界寺住持であった季潭宗泐《きたんそうろく》の『全室外集』巻五に、「贈立恒中」[8]（四庫全書本・7a）という五言律詩があることから、恒中は天界寺に軟禁されたようである。そして、洪武年間（一三六八～一三九八）に雲南府学教授として活躍していた虞堪《ぐたん》が、恒中に「贈日本僧立恒中蔵主」（『希澹園詩集』巻三、四庫全書本・11b）という詩を贈っていることから、その後、天界寺から雲南に移送されたことが分かる。虞堪が恒中に詩を贈っているということは、恒中が雲南の昆明にいたことを示しているからである。

また、恒中だけではなく、石隠もまた昆明（雲南省）にいたようである。もとは江南地域にあったはずの『虎丘十詠』が、雪谷の跋文が書かれた時点で昆明の五華寺にあったのは、彼らと共に移動したからに相違ない。

こうして、『虎丘十詠』は、恒中と石隠と共に雲南に残され、日本に将来されることなく、そのまま約六十年間、昆明に存在し続けたのである。

ちなみに、雪谷の跋文には「前五華住山」との朱印が捺されているので、雪谷がこの跋文を草した時点以前に五華寺の住持となっていたことが分かる。このことから伊藤氏は、雪谷が、虚堂派の至宝とも言える『虎丘十詠』を昆明で発見し、そして仁叔や石隠の跋文を見て、『虎丘十詠』を日本の妙楽寺に送ろうと考えたのだとする。また諸師の跋文について、雪谷が「巻」と表現していることから、巻子本の形で次々に書き加えられていたのであり、この巻子の末尾に経緯を記した跋文を雪谷自ら書き足し、昆明から南京に帰る省斎郭君なる人物に『虎丘十詠』を預けて、南京で日本の来朝僧に託すように斡旋したのだとするのである。

やがて、成化十三年（一四七七）、『虎丘十詠』は日本へ将来されることになるが、伊藤氏は、その仲介役となった僧侶を、その時期に派遣されていた、第十三次文明《ぶんめい》八年度（一四七六）の遣明船に乗船していた人物であると推測する。

ちなみに、この遣明船は、堺の商人によって請け負われていたため、妙楽寺のある博多ではなく堺に帰国した。しかし、堺には南浦紹明の法孫が住持であった大応派の寺院も存在しており、これら大応派のネットワークによって、『虎丘十詠』は妙楽寺にもたらされたのではないかと結論づけている。

この伊藤氏の研究によって、『虎丘十詠』が妙楽寺にもたらされるまでの経過がほぼ明らかになったと言えよう。まさに『虎丘十詠』は、流転の書であった。


では、次にわが国にもたらされて以後の『虎丘十詠』の経過について説明したい。

前述の通り、わが国に『虎丘十詠』が伝わったのは成化十三年のことである、この年は日本では文明九年に当たり、応仁元年（一四六七）に始まった応仁の乱が終結した年であって、戦国の世となりつつあった混乱の時代であった。そういった時代背景を承けて、『虎丘十詠』は、その後、二百年余り、妙楽寺に山積された古書の中に埋もれて人知れず眠ることになるのである。

妙楽寺第二十四世の紹宙《しょうちゅう》性宗《しょうしゅう》（生卒年不詳）による『石城遺宝』跋文に拠れば、元禄八年（一六九五）、妙楽寺住持となったばかりの紹宙性宗が、たまたま蔵書を調べていて、その中に『虎丘十詠』等の一軸を見つけた。そして、これに「石城山宗系略伝」と「遺宝集中諸師略伝」を撰して付け加えて一本にまとめあげたという。ここで妙楽寺に埋もれていた「『虎丘十詠』等の一軸」というのは、『呑碧楼記』等も含めた巻子だったろうから、これは『虎丘十詠』の原本ではなく、複写だったのであろう。

ともあれ、「石城遺宝叙」に拠れば、この時、崇福寺の中巌紹庸《ちゅうがんしょうよう》（生卒年不詳）が、「どうか、これ（＝『虎丘十詠』）を琢磨《たくま》して、永久に後世（の人々の心）を照らし出（す智慧の明かりに）したいものだ（冀琢之磨之、永照来葉）」（「石城遺宝叙」）と提案し、彼らの師である崇福寺の古外宗少《こがいそうしょう》もまた、「尊貴な道徳で、自分自身を磨きあげ〔るだけでなく〕、他人も磨き上げることになるならば、なんと素晴らしいことではないか。もし〔『虎丘十詠』を〕美しい詩文だと〔いう上っ面だけの見方で〕見るならば、〔『論語』にもあるように、貴重品である〕亀の甲や宝玉を〔大事に仕舞った〕小箱の中で壊してしまい、〔跡形もなく〕粉微塵にしてしまうだけのことであろうか。〔叢林にとって大変な損失なのである〕」と諭して、刊行を勧めたという。

こうして元禄十三年（一七〇〇）、性宗は、中巌に板刻の協力を得て、妙楽寺から『石城遺宝』が刊行されることになったのである。この時の版木は近年まで妙楽寺に存していたようであるが、残念ながら先の戦災で焼失したという。

『石城遺宝』の跋文の記述に拠る『石城遺宝』成立の過程は以上の通りであるが、『虎丘十詠』については、個別に資料に当たってみると、別の経過が浮かび上がってくる。

妙楽寺は、天文七年（一五三八）、の火災、また天正十四年（一五八六）の薩摩軍による兵火によって二度にわたって伽藍が焼亡した。

『石城志』巻四「仏寺 上」「妙楽寺」条に拠れば、後者の火災の折に、難を免れるために一櫃に入れられた『虎丘十詠』、ならびに元・明・清の諸名宿の墨蹟数軸は、檀那の田中紹府なる人物に預けられた。しかし、薩摩の賊兵がこれを見つけて略奪した。紹府は、筑後まで帰った薩摩兵を追いかけ、大黒銀（「安政丁銀」という貨幣）六百貫目で、それらを買い戻した。そのことを、筑前藩主であった黒田長政が耳にして、慶長年間（一五九六〜一六一五）、大豆百石で『石城遺宝』を召し上げたという。(9)

また、妙楽寺第三十九世の渡邊桂堂師による『石城遺宝』（一九八五年）「あとがき」に拠ると、『虎丘十詠』は、長政から徳川二代将軍の秀忠に献上され、また秀忠から酒井雅楽頭《うたのかみ》（年代的には酒井忠世〔一五七二～一六三六〕であろうか）に下賜された。しかし、十三本の跋文については、黒田長政の手により分割されて、その一部が家老中に下賜されたようである。[10] つまり、この時点までは巻子の状態であったのである。『虎丘十詠』と十三本の跋文の原本は、その後、いかなる経過をたどったのであろうか。[11]

江戸時代、紫衣事件に連座した大徳寺の江月宗玩《こうげつそうがん》（一五七四～一六四三）は、茶や詩文にすぐれた禅僧であり、数多くの祖師の墨蹟を書写し、そのいくつかに添え書きを付けている。そして、それらをまとめたものが、竹内尚次『江月宗玩墨蹟之写の研究』（一九七六年・図書刊行会）である。

その元和元年（一六一五）条に『虎丘十詠』が、慶長十九年（一六一四）条には〔12〕条の虚谷希陵（一二四七～一三二二）と〔18〕条の東州寿永（生卒年不詳）の跋文（p.129~131）が、さらに元和二年（一六一六）〔下〕の条には〔13〕条の竺西妙坦（一二四五～一三一五）の跋文（p.370~371）、元和六年（一六二〇）〔下〕の条には〔20〕条の霊石如芝（生卒年不詳）の跋文（p.917~918）が、それぞれ掲載されている。

これらのうち、〔12〕条の虚谷と〔18〕条の東州の跋文には、「右、虚谷・寿永ノ両筆、筑前、妙楽寺之什物、虚堂墨蹟之跋共也、此両幅ハ、田中紹斎ゟ出候、今ハ、材木屋喜右衛門所持也、帋ヲツキ一幅ニシテ、両筆ノ文字ト成ソ」（p.131）と添え書きがされている。これにより、『石城志』に名が挙げられていた檀那の田中紹斎（紹府）の所持していた跋文が、慶長十九年の段階では材木屋喜右衛門の手元に移っていたこと、また、虚谷と東州の書が合わせて一幅であったことがうかがえる。ちなみに、虚谷・東州ともに跋文は現存していない。なお、九州産業大学の渡邊雄二氏は、材木屋喜右衛門なる人物について、『天王寺屋会記　宗達茶湯日記』に見える「〈材木屋〉四郎左入〈左衛門入道〉」の一族であろうかとしている。(12)

さらに〔20〕条の霊石如芝の跋文の写の後には、「此墨蹟、深江屋庄左衛門所持也、前博多在之。……」(p.918)とあることから、江月が書写した時には、田中紹斎(紹府)の手を経て、銀座の筆頭で、その子は琳派の画家の芦舟であった、深江屋庄左衛門の手元にあったようである。ちなみに、霊石の跋文は、後述する通り、大和文華館に現存している。

これ以外については、昭和四十六年(一九七一)の時点での田山方南氏の調査に拠れば、〔16〕条の東磵道洵(生卒年不詳)と〔17〕条の悦堂祖誾(一二三四~一三〇八)の一幅が、もと西本願寺伝来で馬越家旧蔵であったということ(「虚堂の虎丘十詠と諸跋――その一つ法雲・雲岫両筆の墨蹟の出現」〔『古美術』第三五号・一九七一年十二月十五日〕)、〔14〕条の東巌浄日の跋が、大分市の生野祥雲斎氏の所蔵であったということ(「東巌浄日の墨蹟――虚堂の虎丘十詠諸跋補遺として――」『古美術』第三八号・一九七二年九月二十五日)が分かっている。後述するように、〔16〕条・〔17〕条は、現在、奈良の個人蔵であり、〔14〕条は、MOA美術館の所蔵である。

その他のものについては未詳ではあるが、一部は美術館や博物館などに保管されている。以下、その現状と、現存するものはその所蔵場所である。番号は、この訳注書の通番である。なお、〔11〕条と〔15〕条、〔16〕条と〔17〕条は、二本の跋文が一本に軸装されている。

〔1〕～〔10〕『虎丘十詠』虚堂智愚（現存／MOA美術館〔静岡県熱海市桃山町二六―二〕）
〔11〕「虎丘十詠跋文」閑極法雲（現存／〔15〕と合わせて一軸／出光美術館〔東京都千代田区丸の内三―一―一帝劇ビル九階〕）
〔12〕「同右」虚谷希陵（所在不明）
〔13〕「同右」妙坦竺西（所在不明）
〔14〕「同右」東巌浄日（現存／MOA美術館）
〔15〕「同右」云宙（「雲外雲岫」のこと／現存／〔11〕と合わせて一軸）
〔16〕「同右」東礀道洵（現存／奈良・個人／〔17〕と合わせて一軸）
〔17〕「同右」悦堂祖誾（現存／同右／〔16〕と合わせて一軸）
〔18〕「同右」東州寿永（所在不明）
〔19〕「同右」法塞（所在不明）
〔20〕「同右」霊石如芝（現存／大和文華館〔奈良県奈良市学園南一丁目一一番六号〕）
〔21〕「同右」象源仁叔（所在不明）
〔22〕「同右」石隠宗璵（所在不明）
〔23〕「同右」雪谷宗戒（現存／福岡市博物館〔福岡県福岡市早良区百道浜三丁目一―一〕）

○呑碧楼記について

『石城山呑碧楼記《せきじょうざんどんぺきろうき》』（以下『呑碧楼記』と表記）は、無我省吾《むがしょうご》の請いに応じて、杭州（浙江省）霊隠寺の見心来復《けんしんらいふく》が、洪武七年（一三七四）に撰したものである。

無我省吾は、妙楽寺第三世の日本寺僧である。無我の略伝については、その行状をまとめた「大明勅贈菩薩無我省吾禅師行実」（以下「行実」と表記）に詳しいが、無我の「行実」には延享三年（一七四六）の刊本と、安永九年（一七八〇）の刊本との二種類があって、いずれも無我省吾が「一心妙戒」について縷々述べたことを弟子達がまとめた『一心妙戒教』に附されている。

本来ならばより古い延享本を使うべきであろうが、両書には少なからず字句の異同があり、延享本はやや乱れが目立つ。よって、今回は安政本を使用した。

その「行実」によって無我の伝を抄出すれば、次の様なものとなる。

無我省吾（一三一〇～一三八一）は妙楽寺第三世であり、延慶三年一月十三日、花園天皇（一二九七～一三四八）の側室の子として生まれた。母は仁木氏といった。しかし、正室が嫉んだため、家臣の林氏のもとで育てられた。元亨三年（一三二二）十三歳の時、林氏のもとを離れて出家を志し、慧春なる僧（後に妙楽寺第二世象外宗越であることが判明）によって「海信」という僧名を授かった。その後、高野山・比叡山で顕密の法を学んだが、やがて禅を知ったことで、大徳寺の宗峰妙超のもとに参じた。

嘉暦二年（一三二七）、無我十八歳の時、月堂宗規が、京の洛西龍翔寺で開堂したが、その時、宗峰は法兄である月堂のために無我を月堂のもとに遣わした。無我はその後も月堂に随侍して博多へ赴き、引き続き崇福寺で蔵主となって修行に励み、やがて月堂から嗣法した。その折に、月堂から「無我省吾」の名と「一心妙戒」を賜ったのである。

貞和四年（一三四八）、三十九歳の時、無我は元に渡り、『延宝伝燈録』に拠れば、承天寺の仲銘克新（生卒年不詳）、浄慈寺の用章廷俊（一二九九～一三六八）、霊隠寺の用貞輔良（一三一七～一三七一）と見心来復（一三一九～一三九一）に参じて賞せられ、杭州の中天竺寺で蔵主となり、次いで天寧寺の楚石梵琦（一二九〇～一三七〇）、本覚寺の了庵清欲（一二八八～一三六三）、育王山の月江正印（生卒年不詳）に参見したようである。また径山に登って虚堂の塔を礼し、五台金剛窟に登って化仏を拝して妙戒訣を受け、やがて金陵（南京）の牛頭山に住して、嗣香を焚いて月堂に供した。

翌年の至正十七年（一三五七）、帰朝。無我の帰朝に当たっては、楚石梵琦を初めとする（〔七一〕条）諸善知識が偈を贈って餞とした（〔七二〕条）。しかし、貞治二年（一三六三／至正二十三年）再び元に渡り、中天竺寺の中の心華室にとどまって、荒廃した牛頭山の復興に励んだ。その功が認められ、洪武六年（一三七三）、明の太祖に禁裏に招かれて問答を行い、紫金衣を賜った。

やがて洪武十四年二月十五日、仏涅槃の像を拝し、「〔情識分別を離れた〕大死底人《死にきった》が涅槃《終わり》だと叫んでいる。彼を騙しても彼に騙されてはならぬぞ。〔無我である私に涅槃などありはしないのだから。〕千峰《山々》が

〔説法の〕席に〔集まって〕きて空しく涙を流して悲しんでいる。〔その涙に濡れたためか〕地面いっぱいに花が散っている脚下《あしもと》が冷たい（大死底人叫涅槃、瞞他不得被他瞞。千峰臨席空酸鼻、満地落花脚底寒）」と唱え、心華室に入り、平生の偈頌数十巻を焚いた。そして、法弟の無方宗応と問答応酬した後、

此岸彼岸　此岸《迷い》と彼岸《悟り》とを
一踏々翻　一蹴りで蹴倒し
迦文求薬　釈尊は〔真の〕薬を求めて
平呑乾坤　乾坤《天地》〔の衆生〕を呑み尽くしたのだ

と書し、筆を擲って示寂した。世寿七十二、法臘は五十九であった。

太祖は無我の遷化をひどく嘆き、中使を遣わして、大梅檀香・袞龍紫帽。珊瑚念珠を与え、菩薩の号を贈った。また五嶽（泰山〔山東省〕・衡山〔湖南省〕・嵩山〔河南省〕・華山〔陝西省〕・恒山〔山西省〕）の名宿も無我の遷化を悼んだという。

その伝は、前述のごとく『一心妙戒教』附録の「大明勅贈菩薩無我省吾禅師行実」に詳しいが、その他、『本朝高僧伝』巻三三・「元国牛頭山沙門省吾伝」条（p.204）、『延宝伝燈録』巻二一・「元国金陵牛頭山無我省吾禅師」条（p.260）にも見える。

一方、見心来復は、臨済宗松源派の僧で、豫章（江西省）豊城県の出身である。俗姓は王氏、別号は蒲庵。径山の南楚師説の法嗣で、月江正印や明極楚俊の法侄に当たる。元末の兵乱を避けて会稽山に入って定水院に出世し、鄞州（浙江省）の天寧寺を経て、至元七年（一三四一）に五山の霊隠寺に住持した（『浄慈寺志』巻一〇・33a）。

明代に入り、洪武初年は厚遇を受け、洪武三年（一三七〇）には「十大高僧」の一人として応宣説法し、金襴の袈裟を下賜され（『径山志』巻三・12b）、洪武十五年（一三八二）には、僧官として「僧録司左覚義」に除され高位を極めた（『護法録』巻九・23b）。しかし、洪武二十四年（一三九一）、讒訴により「胡惟庸の獄」に連坐して刑死した（同前）。法嗣として日本の以亭得兼《いこうとつけん》（佐賀県鳥栖市萬歳寺の中興開山）がいる。

その伝は、『護法録』巻九「蒲庵禅師画像賛」（23b）、『継燈録』巻五（Z147-401a）、『径山志』巻三「法侶」（12b）、『浄慈寺志』巻一〇（33a）などに見える。著述として、『蒲庵集』存六巻（巻一至六）附『幻庵詩』一巻（『禅門逸書初編』第七冊、洪武刊本）、『蒲庵集』不分巻（『禅門逸書初編』第七冊、鈔本）、『蒲庵詩文集』六巻（静嘉堂・写本）、および『澹游集』三巻（『五山版中国禅籍叢刊』第一一巻・臨川書店）が存する。ただし、これらの著述の中に、「石城山呑碧楼記」は収載されていない。なお、関係する論攷として、井手誠之輔「頂相における像主の表象——見心来復像の場合」（『仏教芸術』二八二号・二〇〇五年）、同「見心来復編『澹游集』編目一覧（附、見心来復略年譜）」（『美術研究』三七二号・二〇〇〇年）がある。

『呑碧楼記』には、見心来復による、明の洪武七年（一三七四）二月二十四日付けの序文が附されている。内容は、呑碧楼に登楼する人に対して、娯楽や観光のためではなく、その名や壮麗さを通して、仏教の奥義の自覚を求めたものである。しかし、見心来復は、霊隠寺を訪れた無我省吾から、自らが仏教を学んだ地は東シナ海に面して、四方の景色が渾然《こんぜん》として水《海》と雲《空》が一つに溶け合い、紺碧《真っ青》に見える場所であること、そして、そこに無我が、師である月堂宗規の隠居所として楼台を作り、『呑碧楼』という名を付けて、その勝景を表したことを聞いて、この文章を著したのであって、実際にその眼で見てこの文を草したのではない。それ故か、単に呑碧楼の壮麗さを讃えたものとはならず、「呑碧」の意義を仏教的に説いた奥深いものとなっている。

○呑碧楼題詠について

『呑碧楼題詠《どんぺきろうだいえい》』は、諸老宿による、呑碧楼を讃えた詩文集である。偈を寄せた人々の一覧は以下の通りである。

〔25〕「寄題呑碧楼」　了庵清欲
〔26〕又　楚石梵琦
〔27〕又二首　呉山老樵良琦
〔28〕又　雪山文信
〔29〕又　仲猷祖闡

〔30〕又　　無逸克勤

〔31〕又　　姑蘇王幼倩

〔32〕又　　朱本本中

〔33〕又　　四明詹鈺

〔34〕又　　一初守仁

〔35〕又　　独芳清曇

〔36〕又　　椿庭海寿

〔37〕又　　大本良中

〔38〕又　　翠峰仲謙

〔39〕又　　汝霖良佐

〔40〕又　　一元啓諸

〔41〕又　　河南陸仁

〔42〕又　　丹崖崇忠

〔43〕又　　無我省吾

〔44〕又　　清遠懐渭

〔45〕又二首　　惟肖得巌

〔46〕題鎮西石城呑碧楼写呈堂上月堂和尚尊前　東陵永璵

〔47〕次韻　月堂宗規
〔48〕仝　龍山徳見
〔49〕仝　乾峰士曇
〔50〕仝　石室善玖
〔51〕仝　定山祖禅
〔52〕仝　的伝宗冑
〔53〕仝　玉泉周皓
〔54〕仝　石門本鞏
〔55〕仝　竺芳祖裔
〔56〕仝　金峰宗柱
〔57〕仝　嶽雲宗丘
〔58〕仝　愚中周及

○無我省吾関係偈頌

前述した通り、無我省吾は、貞和四年（一三四八）、元に遊学し、延文二年（一三五七／至正十七）に一旦、帰朝。月堂宗規が遷化した後、貞治二年（一三六三）再入元し、洪武十四年（一三八一／永徳元）彼の地で示寂した。

その無我が中国（一部は日本）において当代を代表する禅僧から得た数多くの墨蹟が、ここに列挙された一連の詩文である。その一覧は以下の通りである。

〔59〕知足軒歌　楚石梵琦（至正二十六年／一三六六）
〔60〕為規長老作月堂歌　明極楚俊
〔61〕心華室銘　楚石梵琦（至正二十六年／一三六六）
〔62〕同銘贈吾蔵主　了庵清欲
〔63〕本来軒歌　楚石梵琦
〔64〕無我銘　楚石梵琦（至正十七年／一三五七）
〔65〕同銘　了庵清欲
〔66〕無我号　恕中無慍
〔67〕同号　古林清茂
〔68〕送日本吾蔵主礼虚空師祖塔　月江正印
〔69〕次韻　了庵清欲
〔70〕仝　楚石梵琦
〔71〕送中天竺吾蔵司還日本　楚石梵琦

〔72〕送吾長老帰日本　季潭宗泐
〔73〕用無我禅師山居韻五首　楚石梵琦
〔74〕無方応禅師住筑州旌忠顕孝禅寺山門疏　絶海中津
〔75〕無方号　古林清茂

このうち、〔61〕条の楚石梵琦「心華室銘」は東京の永青文庫にもとの墨蹟が所蔵されている。偈の中に年号のあるものは、〔59〕条・〔61〕条・〔64〕条の三つだけであるが、〔71〕条と〔72〕条は、無我が帰朝する贐の偈なので、自ずと至正十七年（延文二年・一三五七）であることが明らかである。

〔68〕条・〔69〕条・〔70〕条は、『本朝高僧伝』巻三三「元国牛頭山沙門省吾伝」に、「〔貞和〕四年春、月堂《月堂宗規》を辞して元に入る。……径山に上り、虚堂和尚の塔を拝す。月江《月江正印》、偈を作り贈りて曰く、『天沢《虚堂智愚》の余波、海東《日本》に到り、児孫個個吾が宗を起こす。黄金、国に充つれども人の識る無し、三たび浮図を扣《たた》きて祖翁を問う』と。楚石《楚石梵琦》・了庵《了庵清欲》、同《とも》に焉《これ》を贈る（〔貞和〕四年春、辞堂入元。……上径山、拝虚堂和尚塔。月江作偈贈曰、天沢余波到海東、児孫個個起吾宗。黄金充国無人識、三扣浮図問祖翁。楚石・了庵同贈焉）」とあることから、第一回目の入元の折（一三四八～一三五七）のことだと分かる。

また『本朝高僧伝』ではこれに続いて、「楚石・了庵、無我の銘を作りて之に送り、恕中慍《恕中無慍》・古林茂《古林清茂》、無我号に頌して之を与う（楚石・了庵作無我銘送之、恕中慍・古林茂、頌無我号与之）」とあることから、〔64〕条は無論、〔65〕条・〔66〕条・〔67〕条の、すべてが同じく第一回目の入元の間の時のものだと分かる。

問題は、残りの〔60〕条・〔62〕条・〔63〕条・〔73〕条・〔74〕条・〔75〕条である。

まず、〔60〕条の明極楚俊（一二六二～一三三六）は、慶元府（浙江省）昌国の出身であり、霊隠寺の虎巌浄伏の法を嗣ぎ、諸山に歴住した後に竺仙梵僊と共に元徳元年（一三二九）に来朝した。来朝後は、元徳二年（一三三〇）に後醍醐天皇に宗要を説き、「佛日燄慧禅師」の号を賜った。また建長寺・南禅寺・建仁寺に住した後、摂津（兵庫県）に広厳寺を開いて第一世となった。やがて南禅寺に少林院・建長寺に雲沢庵を構えて養老の地とし、建武三年、建仁寺で示寂した。

さて、明極が来朝した頃、月堂は京都の龍翔寺にあった（一三三六年まで）。明極が建仁寺に入ったのは建武元年（一三三四）のことなので、この頃に月堂と接触があったのかもしれない。ちなみにこの偈と無我省吾との関係は不明である。

また、楚石梵琦と了庵清欲については、『本朝高僧伝』『延宝伝燈録』に拠れば、第一回の入元中にしか会っていない。よって、〔62〕条・〔63〕条・〔73〕条は、第一回入元中のものであろう。さらに〔74〕条は、無方宗応は、第一回目の入元の後、帰朝してから第二回目の入元までの間（一三五七～一三六三）に、時期は未詳であるが筑前（福岡県）多々良の顕孝寺に入っており、その入寺の時に絶海中津から贈られたものである。

顕孝寺は、山号を神感山といい、闡提正具（?～一三二九）が開山の禅寺である。闡提正具は明庵栄西から四代後の印叟救海から嗣法した臨済宗黄龍派の禅者であり、京都の法界寺に住した後、豊後（大分県）守護で鎮西探題の引付頭人である大友貞宗に招かれて蔣山万寿寺に住し、後に同氏によって、筑前の多々良に開かれた顕孝寺に入寺して開山となった。ちなみにこの偈についても、〔60〕条と同様に無我省吾との関係は不明である。〔74〕条については、時期は未詳であるが、無方入元中のものであろう。

○「石城山宗系略伝」「遺宝集中諸師略伝」

「石城山宗系略伝」と「遺宝集中諸師略伝」は、元禄十三年（一七〇〇）に紹宙性宙が『石城遺宝』を編んだ時に、同時に撰したものである。

「石城山宗系略伝」には、以下の八人の伝が記載されている。

〔76〕南浦明禅師（南浦紹明）…妙楽寺開山
〔77〕月堂規禅師（月堂宗規）…月堂の法嗣。妙楽寺第二世
〔78〕象外越禅師（象外宗越）…月堂の法嗣。妙楽寺第三世
〔79〕無我吾禅師（無我省吾）…月堂の法嗣。妙楽寺第四世
〔80〕無方応禅師（無方宗応）…月堂の法嗣。妙楽寺第六世
〔81〕岳雲丘禅師（岳雲宗丘）…月堂の法嗣。妙楽寺第八世
〔82〕石隠璵禅師（石隠宗璵）…

〔83〕恒中立禅師（恒中宗立）…月堂の法嗣。妙楽寺第七世

以上の通りであるが、何故か妙楽寺第五世の静山宗嶷の伝だけが欠落している。

また「遺宝集中諸師略伝」では、『虎丘十詠』に跋を寄せた十三人、さらに『呑碧楼記』『呑碧楼題詠』を寄せた二十二人、東陵永璵が月堂に呈した呑碧楼題詠に次韻を寄せた十三人、無我省吾・無方宗応が留学の際に交流があった禅匠九人、計五十七人の略伝が収められている。以下、一覧である。下段は当該の禅僧が出ている条数を示している。

〔84〕閑極法雲…〔11〕虎丘十詠跋
〔85〕虚谷希陵…〔12〕同上
〔86〕竺西妙坦…〔13〕同上
〔87〕東岩浄日…〔14〕同上
〔88〕雲巌雲岫…〔15〕同上
〔89〕東磵道洵…〔16〕同上
〔90〕悦堂祖誾…〔17〕同上
〔91〕東州寿永…〔18〕同上

〔92〕法塞（伝、欠）…〔19〕同上
〔93〕霊石如芝…〔20〕同上
〔94〕象原仁叔…〔21〕同上
〔95〕石隠宗璵…〔22〕同上
〔96〕雪谷宗戒（伝、欠）…〔23〕同上　＊「虎丘十詠跋」は以上
〔97〕見心来復…〔24〕石城山呑碧楼記
〔98〕了庵清欲…〔25〕「寄題呑碧楼」（「呑碧楼題詠」、〔58〕まで）・〔62〕「心華室銘贈吾蔵主」・〔65〕「無我銘」・〔69〕「送日本吾蔵主礼虚空師祖塔　次韻」
〔99〕楚石梵琦…〔26〕同上、〔60〕「為規長老作月堂歌」・〔61〕「心華室銘」・〔63〕「本来軒歌」・〔64〕無我銘・〔70〕「送日本吾蔵主礼虚空師祖塔　次韻」・〔71〕「送中天竺吾蔵司還日本」・〔73〕「用無我禅師山居韻」
〔100〕元璞良琦…〔27〕同上
〔101〕雪山文信（伝、欠）…〔28〕同上
〔102〕帰庵仲猷祖闡…〔29〕同上
〔103〕無逸克勤…〔30〕同上
〔104〕王幼倩…〔31〕同上
〔105〕朱本本中（伝、欠）…〔32〕同上

〔106〕四明詹鈺（伝、欠）…〔33〕同上
〔107〕守仁一初…〔34〕同上
〔108〕独方清曇…〔35〕同上
〔109〕椿庭海寿…〔36〕同上
〔110〕大本良中…〔37〕同上
〔111〕翠峰仲謙…〔38〕同上
〔112〕汝霖良佐…〔39〕同上
〔113〕一元啓諸…〔40〕同上
〔114〕陸元良…〔41〕同上
〔115〕丹崖崇忠（伝、欠）…〔42〕同上
〔116〕無我省吾…〔43〕同上、〔79〕「無我吾禅師」
〔117〕清遠懐渭…〔44〕同上
〔118〕惟肖得巌…〔45〕同上
〔119〕東陵永璵…〔46〕「題鎮西石城呑碧楼。写呈堂上月堂和尚尊前」
〔120〕月堂宗規…〔47〕「次韻」、〔77〕「月堂規禅師」
〔121〕龍山徳見…〔48〕同上
〔122〕乾峰士曇…〔49〕同上

〔123〕石室善玖…〔50〕同上
〔124〕定山祖禅…〔51〕同上
〔125〕的伝宗冑…〔52〕同上
〔126〕玉泉周皓…〔53〕同上
〔127〕石門本鞏…〔54〕同上
〔128〕竺芳祖裔…〔55〕同上
〔129〕金峰宗柱（伝、欠）…〔56〕同上
〔130〕岳雲宗丘…〔57〕同上
〔131〕愚中周及…〔58〕同上　＊「呑碧楼題詠」は以上
〔132〕明極楚俊…〔60〕「為規長老作月堂歌」
〔133〕古林清茂…〔67〕「無我号」・〔75〕「無方号」
〔134〕恕中無慍…〔66〕「無我号」
〔135〕月江正印…〔68〕「送日本吾蔵主礼虚空師祖塔」
〔136〕季潭宗泐…〔72〕「送吾長老帰日本」
〔137〕絶海中津…〔74〕「無方応禅師住筑州旌忠顕孝禅寺山門疏」
〔138〕笑翁妙堪…〔11〕「跋虎丘十詠」と〔19〕「虎丘十詠跋」の中で名が挙げられる。
〔139〕約翁（伝、欠）…「石城遺宝叙」と〔11〕「跋虎丘十詠」の中で名が挙げられる。

〔140〕大蔭宗蔭…〔45〕「寄題呑碧楼」の中で名が挙げられる。

○「石城遺宝拾遺」

「石城遺宝拾遺」は、妙楽寺所蔵の原本には、表紙に「石城山、什物の写し『石城遺宝』に載せざる分なり（石城山什物之写　不載石城遺宝分）」とあることから、『石城遺宝』から漏れた妙楽寺の什物を『石城遺宝』中に収めたもので、本来は別のものである。とはいえ、貴重な資料であることは変わりないので、今回採録した。

残念ながら、〔145〕条〜〔151〕条の原本は、すでに戦国時代に失われ、〔141〕条・〔142〕条・〔143〕条・〔144〕条もまた、先の大戦で焼失してしまったようである。

「石城遺宝拾遺」の一覧は以下の通り。

〔141〕「大応国師像讃」明極楚俊　元徳元年（一三二九）
〔142〕「月堂和尚像讃」南堂清欲　至正十九年（一三五九）
〔143〕「月堂和尚像賛」石室善玖
〔144〕「無方応和尚自賛」無方宗応　応永八年（一四〇一）
〔145〕「無涯亮倪和尚自賛」無涯亮倪　文安元年（一四四四）

〔146〕「鼎巌銘禅師讃」絶海中津
〔147〕「謝冬節後版秉払上堂」松渓永寅　永禄二年（一五五九）
〔148〕「陽伯収和尚自賛」陽伯宗収　永禄八年（一五六五）
〔149〕「無方住顕孝山門疏」絶海中津
〔150〕「無方応禅師略伝」未詳
〔151〕「礼部員外郎陳氏台山敬居士之行実」未詳

【注】

（1）『延宝伝燈録』『本朝高僧伝』では「輪蔵」とする。

（2）伊藤幸司「中世の崇福寺」（図録『大応国師七百回忌記念特別展――大応国師と崇福寺』福岡市美術館・二〇〇七年、所収）を参照。

（3）『月堂和尚語録』に「上堂。崇福今夏三百衆」とある。『「月堂和尚語録」訳注（附行状）』（p.77）参照。

（4）龍華院は現在廃寺。『聖福寺通史』（p.92）参照。なお、月堂が聖福寺にあった時のこととして、曹洞宗の密《みっ》雲彦契《うんげんかい》（一七〇三～一七四九）が編んだ、豊後ゆかりの僧の伝や語を集めた『豊鐘善鳴録』巻一「豊前州羅漢寺円龕禅師」条に、次のような記録が残されている。

庚子冬十月望日、釈尊・文殊・普賢十大弟子・二八応身・半千尊者、及び侍衛の者、都《すべ》て計七百余軀を以て慶讃供養す。一千余員の僧を聚め、聖福の月堂禅師に請うて、開導の師と為す。（以庚子冬十月望日、

釈尊・文殊・普賢十大弟子・二八応身・半千尊者及侍衛之者、都計七百余軀、慶讃供養。聚一千余員僧、請聖福月堂禅師、為開導師）（『曹洞宗全書』「拾遺」15a）。

月堂が聖福寺在住中の「庚子」、つまり延文五年（南朝正平十五年・一三六〇）に、豊前（大分県）の耆闍窟山羅漢寺の開山である円龕昭覚《えんがんしょうがく》が、建順という僧と共に羅漢寺に安置するために五百羅漢像を彫り、その慶讃法要の導師として月堂が招かれ、盛大に法要が行われたというのである。老齢の月堂の活動の一端が窺われる記録であると共に、月堂の九州での地位を窺わせる記録でもある。ちなみに羅漢寺は、開創当初は臨済宗の寺であったが、慶長五年（一六〇〇）に曹洞宗に改められたという。

（5）「行実」、および『延宝伝燈録』『本朝高僧伝』の伝記に見える月堂の生涯は、およそ以上の通りであり、内容的に大きな差異はない。ただ、『語録』に付録された用章廷俊の「跋文」（『月堂和尚語録』訳注（附行状）』·p.301）は、月堂が住持した寺院として龍翔・崇福・妙楽・聖福の四ヶ寺以外に、「寿聖」の名を挙げて「五大刹」に住したとしている。用貞輔良の「跋文」（前掲書·p.305）も同様である。この「寿聖」がどこの寺院を指すのかは不明であるし、なぜこの様な混乱が起きたのかも分からないが、無我省吾が中国の用章や用貞に見せた「塔銘」などの伝記資料が、現存する「行実」とは別に有った可能性がある。

（6）『よみがえる中世1――東アジアの国際都市　博多』（平凡社・一九八八年·p.128）参照。

（7）「思緩堂〈有序〉」は以下の通り、「恒中禅者、生日本而来中華、問法有歳年矣。帰未獲、然天倫有不可泯者。故倚門之懐常戚戚。然因名其堂曰思緩。士大夫多賦之者、蓋吾道所当嘉也。故亦為之題云。問法西来歳月侵、郷言都已変華音。望中故国天同覆、思入寒泉地更深。日出未回東海夢、花開長係北堂心。客衣尚有臨行線、寸艸春暉忍重吟」。

（8）「贈立恒中」は以下の通り、「海外趁商船、江東住幾年。草音雖已習、郷信若為伝。一鉢随縁飯、諸峰列処禅。

涼秋明月夜、夢度石橋烟」。

（9）『石城志』巻四「仏寺 上」「妙楽寺」条に、「当寺、古へは棱割若干ありしが、天正十四年、兵火の時、悉く焼失せり。虚堂和尚の十咏、並に元・明・本朝の諸名宿の墨蹟・数軸、一櫃に入て、賊難を遁れんため、檀那田中紹府といふ者へ預け置ける処に、賊兵是を奪ひ取、筑後まで帰りけるを、紹府逐行、大黒銀六百目出して、右の一櫃を取返せり。長政公是を聞及ばせ給ひ、大豆百石を賜りて、彼一櫃をめし上らる。その写等は今に此寺にあり」（p.15~16）とある。

（10）昭和六十年五月に複製製本された『石城遺宝』に附された、妙楽寺第三十九世渡邊義芳師による「あとがき」の全文は以下の通り。なお、明らかな脱字については文字を補い、読みやすいように読点を追加した。

石城遺宝は、当寺が沖の浜（博多区対馬小路一帯）に在った時の什物の写しを集成し、元禄十三年（一七〇〇）当寺の性宗和尚が集成し、版木に刻し、「石城遺宝」と名付け、上梓したものである。これを刻した紹庸とは、古外和尚の弟子で、当寺に現存する大応国師の頂相、安養寺陽伯和尚の頂相等を画いた人でもあり、随分器用な人であった様である。この人は、後、興徳寺六十九世となった中巌紹庸のことである。惜しい哉、この版木は戦災で焼失してしまい今は無い。石城遺宝にみえる虚堂禅師虎丘の十詠は、当寺八世石隠宗与が入明して手に入れたもので、当寺の一番大切な什物であったが、江戸時代初期、黒田長政公の手に渡り、長政より二代将軍秀忠公に献じられ、秀忠より酒井雅楽頭に下賜されたことが「御重宝記」にみえる。恐らく三百八十余年後の今日、現存することはまずないだろうと思っていたら、昨年の昭和五十九年九月、神奈川県熱海市のＭＯＡ美術館に赴いた時、同館の名品図録にこれを見出すことができ、感激一入であった。この十詠の跋が、十三名の老宿によってなされているが、この跋も、やはり長政公の手に渡っており、その一部を家老中に切って下賜されたことが、「御重宝記」により分かる。

今でもその跋が黒田家に残っているのではないかと思う。他に遺宝中、梵琦が無我省吾に与えた偈が重要文化財となって細川家の所蔵として残っている。「石城山什物之写」の分として、大応国師頂相（明極楚俊賛）、月堂和尚頂相（南堂清欲賛）、月堂和尚頂相（石室善玖賛）、無方宗応自賛頂相が、今次の戦災で焼失するまで存在していた。他は戦国時代に失なっている様である。「石城山前住籍」は、二十九世の正岩和尚が、以前よりあった前住籍を整書したもので、その後、住職交替ごとに書き加えられたものであるが、詳しいものではない。これに小衲が当寺・崇福寺文書、他の禅宗史資料をもとに書き加え編集したのをここに附した。また「妙楽寺法系図」は、当寺・崇福寺・秀善寺の資料を参考に、江戸時代以降の妙楽寺一派の師弟関係を図に示した。今までにない試みあるので参考になると思う。本年六月、先住省吾和尚の一周忌に当り、禅宗史に造詣が深く、妙楽寺をこよなく愛した省吾和尚の供養の為、五十部を複製製本して有縁の方々にお配りする次第である。

尚、題字は、省吾和尚が先年、石城遺宝を複本した時に書したものを引用した。

昭和六十年五月　　妙楽三十九世義芳誌

(11)　九州産業大学の渡邊雄二氏は、「館蔵『雪谷宗戒墨蹟　虎丘十詠跋』について」（『福岡市博物館研究紀要』第二号・一九九二年）で、付属の覚書なるものの記述を根拠に、『虎丘十詠』本文は、延宝八年（一六八〇）に、徳川家光から酒井忠清へ、江戸城二の丸において献茶のとき拝領したものとする。そして、『徳川実紀』（厳有院殿御実紀巻六〇）に、この時、家光が病となり、それを慰めるために、酒井忠清が、二の丸に迎えて饗応したことを伝えており、渡邊氏は、この時点で家光から酒井忠清のもとに移ったと推測している（ただし、家光は一六五一年に没している。ここは、一六八〇年に没している、家綱の誤りか）。また田山方南氏も、「虚堂の虎丘十詠と諸跋」の冒頭で、「熱海美術館の御所蔵に虚堂和尚墨蹟で虎丘の十詠というのがある…それが日本に伝来して、後に柳営御物となり、次いで姫路城主酒井忠清の拝領するところとなった」と述べている。

(12) 前掲論文（p.98）参照。

《法系図》

釈迦牟尼仏―第一祖 摩訶迦葉―第二祖 阿難―第三祖 商和和修―第四祖 優婆毱多―第五祖 提多迦―第六祖 弥遮迦―第七祖 婆須蜜多―第八祖 仏陀難提

―第九祖 伏駄蜜多―第十祖 脇尊者―第十一祖 富那夜奢―第十二祖 馬鳴―第十三祖 迦毘摩羅―第十四祖 龍樹―第十五祖 迦那提婆―第十六祖 羅睺羅多―第十七祖 僧伽難提

―第十八祖 伽耶舎多―第十九祖 鳩摩羅多―第二十祖 闍夜多―第二十一祖 婆須盤頭―第二十二祖 摩拏羅―第二十三祖 鶴勒那―第二十四祖 師子―第二十五祖 婆舎斯多―第二十六祖 不如蜜多

―第二十七祖 般若多羅―中国初祖 菩提達磨―第二祖 慧可―第三祖 僧璨―第四祖 道信―第五祖 弘忍―第六祖 大鑑慧能

―青原派 青原行思…（三代）…曹洞宗 洞山良价―雲居道膺…（十代）…天童如浄―（日本）曹洞宗 永平道元

　　　　　　　　　　　　　　　　　　　洞山良价―曹山本寂

―南嶽派 南嶽懐譲―馬祖道一―百丈懐海―黄檗希運―臨済宗 臨済義玄―興化存奨―南院慧顒―風穴延沼

―首山省念―汾陽善昭―石霜楚円―

- 黄龍慧南（黄龍派）—晦堂祖心…（五代）…虚庵懐敞—（日本）明庵栄西（千光派）
- 楊岐方会（楊岐派）—白雲守端—五祖法演—圜悟克勤
  - 大慧宗杲
  - 虎丘紹隆—応庵曇華—密庵咸傑
    - 破庵祖先—無準師範
      - 雪巌祖欽—高峰原妙—中峰明本…（十五代）…（日本）隠元隆琦（黄檗宗）
      - （日本）円爾弁円（聖一派）—東山湛照—虎関師錬
      - （日本）無学祖元（仏光派）—高峰顕日—夢窓疎石
    - 松源崇岳
      - 無明慧性—（日本）蘭渓道隆（大覚派）
      - 運庵普巌—虚堂智愚—（日本）南浦紹明（大応派）
        - 即山宗運
        - 絶崖宗卓
        - 峰翁祖一—梵才俊—清叔紹進（妙楽十七世）
        - 雪庭宗禅
        - 宗峰妙超
          - 関山慧玄……【現在の臨済宗各派道場】
          - 徹翁義亨

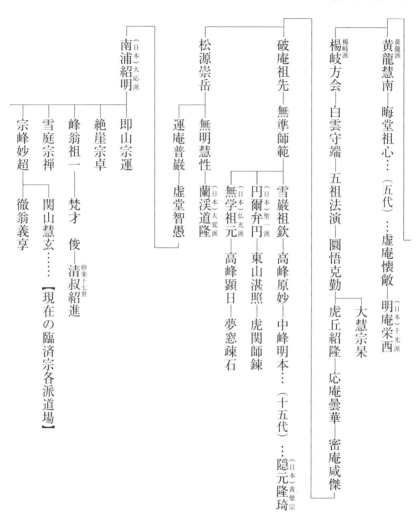

- 即庵宗心
  - 象外宗越（妙楽二世）
    - 南溟宗済
- 済川宗津
- 月堂宗規（妙楽開山一世）
  - 象外宗越（妙楽二世）
    - 南溟宗済
  - 無我省吾（妙楽三世）
    - 心翁省印（妙楽十三世）
  - 無方宗応（妙楽四世）
    - 無涯亮倪（妙楽十二世）
      - 九鼎紹勲
    - 寿嶺亮椿（世代）（代数不明。『洪福宗鑑録』に拠る）
  - 静山宗凝（妙楽五世）
    - 梅遷宗林（妙楽九世）
      - 文明曾修（妙楽十四世）
  - 岳雲宗丘（妙楽六世）
  - 恒中宗立（妙楽七世）
  - 石隠宗璵（妙楽八世）
  - 孝仲宗穎
    - 嵩岳宗祝（妙楽十一世）
  - 大正宗健
    - 南仲宗耕（妙楽十六世）
- 秀崖宗胤
- 可翁宗然
- 通翁鏡円
- 滅宗宗興
- 東洲宗隅
- 月谷宗忠
- 松岳宗友
- 物外可什
  - 直庵啓瑞
- 雲川宗龍
- 鉄門宗鈍
  - 直秀宗諒（妙楽十世）
- 柏庵宗意

※妙楽十五世の如庵□侃、十八世の陽伯宗収は法系未詳。

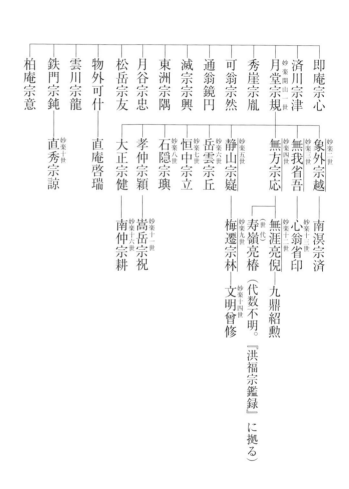

あとがき

禅門における詩文は、本来、自らが到達した悟りの境涯を示すものであり、世俗的なものとは異なるものだとされる。元代を代表する禅僧の一人である天如惟則は、「文字を離れている〔禅宗の〕学《おしえ》が、一変して言葉となり、再変して音韻となり、更に変じて詩に至って極致となるのだ（離文字之学、一変而為語言、再変而為音韻、又変而至於詩、極矣）」（『天如惟則禅師語録』巻七「跋賢上人送行詩軸」）と、宗門の詩について述べている。不立文字の禅宗に在っては、詩文は単なる趣味や芸術のために存在するものではなく、「それを利用して徳を高め修行する手段（取以為進脩之法）」（同前・巻六「銭王銅塔詩巻序」）に他ならないのである。

禅宗の文献で、禅僧が撰述した文章を集めた書物は、概ね内集と外集とに分けられる。内集はいわゆる「語録」であり、外集は「詩文集」である。もちろん厳格な区分ではないが、上堂などを集めた内集は形式的なものが大部分であり面白味に欠けるきらいがある。その点、外集には詩文を撰述した禅僧の人柄を偲ばせる作品が数多く見られ、文学作品としても優れた価値があるものがある。

だが、外集に収載された詩文は、必ずしも制作当初の原形通りではなく、編集の際に様々な理由から弟子たちの手で改訂された可能性がある。その意味では、墨蹟に書かれた直筆の詩文は、最初の形を伝えているし、単にそれだけでなく、撰述墨書した年月の記載がされている場合も多いから、制作年次の特定につながる資料的な価値が存在しているのである。

『石城遺宝』は、特定個人の詩文を集めた別集ではなく、数多くの禅僧の作品を集めた総集の類であるが、墨蹟として残された原書、もしくはその写しを底本として編纂された書物である。その意味では原形をとどめた資料集としての価値を備えていると言えよう。

この『石城遺宝』の内容は、簡単に言えば、文字通り石城山妙楽寺の遺宝集、それも妙楽寺に什物として昔、所蔵されていた墨蹟について、その文章を蒐集整理したものである。この訳注書の序文や解説に縷々述べられているように、これらの墨蹟は、現在は散逸して寺には一点も残されていないが、曾て妙楽寺が禅門において如何に重要な位置を占めていたかを物語る資料集となっている。

収載された詩文のうち、妙楽寺の開山月堂宗規の法祖に当たる虚堂智愚の「虎丘十詠」と、諸師によるその跋文は、応燈関に連なる日本臨済禅における至宝の一つと言っても過言ではない。しかも「虎丘十詠」本体と一部の跋文は、各地の美術館等に現存しており、名だたる禅僧の手蹟を目にし、古徳の遺風を偲ぶことが今でも可能なのである。

また、呑碧楼に関する見心来復の「呑碧楼記」と一連の「題詠」は、博多の海辺に聳え立っていた三層の高楼が、妙楽寺を象徴する建造物として中国にまで広く知れ渡っていたことを教えてくれる。残念なことにその姿を描いた絵が残されておらず、具体的な形状を知ることはできないが、「題詠」によって楼閣の有り様と、そこから見える景観を十分に想像することができる。

更に、無我省吾が元末明初期に活躍した中国の禅僧たちから得た十七点の詩偈や銘文は、当時、中国へ渡った日本僧がいかに諸方を遍歴して修行を積み、名刹の高僧と交流を深めていたか、その事実を証明している。同時期に日本から入元・入明した禅僧は数多いが、彼らは中国で入手した法語や詩偈などの墨蹟を大切に日本に持ち帰っている。無我と同様、古林清茂や了菴清欲の書を得て帰朝した無夢一清（一二九四〜一三六八）は、将来した墨蹟のうち九点が現存しているが（トピック展『中国を旅した禅僧の足跡』図録・九州国立博物館・二〇一四年）、その点、無我の場合、十七点のうち楚石梵琦「心華室銘」（重要文化財・永青文庫所蔵）の一点しか残されていない。非常に残念なことである。

妙楽寺に関わる重要な書籍としては、この『石城遺宝』以外に、門人の無我省吾等編『月堂和尚語録』一冊と無我省吾撰『一心妙戒教』一巻がある。『月堂和尚語録』については月堂禅師六百五十年遠諱記念として既に出版されているが（『月堂和尚語録』訳注・附行状、中国書店・二〇一〇年）、『一心妙戒教』については未だに詳細な訳注がなされておらず、今後を期したいと考えている。

妙楽寺住職の渡邊桂堂師から『石城遺宝』の訳注の依頼を受けたのは、『月堂和尚語録』の訳注書が出版されてからしばらく経った数年前のことであったと記憶している。今回も『月堂和尚語録』の時と同様、廣田宗玄師に相談し、訳注作業の下準備と「解説」の執筆を担って頂くことになったので、安心してお引き受けした。ただ、私自身の能力の不足に加えて、作業が長期に亙ったため、訳語の不統一や語注の遺漏が多々あることと思われる。諸大徳の斧正をお願いできれば幸いである。

最後になるが、今回の出版に当たって快く協力を頂いた株式会社汲古書院社長の三井久人氏、及び図版の提供を頂いたＭＯＡ美術館・福岡市博物館・永青文庫の各機関に深甚の謝意を表したい。また、訳注に際して様々な形で御教示を賜った諸賢、及び貴重な機会を与えて頂いた渡邊師に心からの感謝を捧げるものである。

平成二十九年一月吉日

野口善敬

訳注者紹介

野口　善敬（のぐち　ぜんけい）
1954年生まれ。九州大学大学院博士課程中退。花園大学国際禅学研究所所長。花園大学教授。臨済宗妙心寺派長性寺住職。博士（文学・東洋大学）。

廣田　宗玄（ひろた　そうげん）
1967年生まれ。花園大学大学院博士課程修了。花園大学非常勤講師。臨済宗妙心寺派順心寺住職。博士（文学・花園大学）。

石城遺宝　訳注

平成二十九年五月十日　発行

訳注者　野口善敬
　　　　廣田宗玄
発行者　博多妙楽寺
製作発売　汲古書院
〒102—0072　東京都千代田区飯田橋二—五—四
電話　〇三（三二六五）九七六四
FAX　〇三（三二二二）一八四五

ISBN978-4-7629-9566-8 C3015

KYUKO-SHOIN, CO., LTD. TOKYO

《人 名 索 引》

〈凡　例〉

○索引は「人名」のみとした。

○本文の索引であり、語注は含まれていない。

○見出しの語は、原則として本文中の表記のままの表記で採録し、俗称が用いられている場合には、別途、正式な名称を見出しとして立てた。

○各項目に書かれた数字は、ページ数ではなく、本文に付された〔1〕〜〔152〕および〔叙〕〔跋〕の条数を示している。

○漢字は原則として本文通りの文字表記に従い、概ね常用漢字を使用した。

○各項目の並び順は、頭字の読みの「あいうえお」順に従った。

○各項目の数字がゴチック体になっているものは、その該当項目の文章の撰述者であることを示している。

○各項目の数字の右肩に着けられた「*」は、その条にその項目に関する語注が立てられていることを示す。

○〔84〕〜〔140〕の「遺宝集中諸師略伝」の項目について、数字の右肩に「○」「×」「△」が付されているが、これはその該当項目の略伝の文章が「○」＝存在する、「×」＝欠文になっている、「△」＝〔76〕〜〔83〕の「石城山宗系略伝」と重複しているため省略されていることを、それぞれ意味している。

[え]

[お]

[か]

[き]

[く]

［け］

［こ］

［さ］

［し］